화엄경청량소
華嚴經淸涼疏

화엄경청량소

제32권

제9 서다원림법회 ④

[제39 입법계품 ⑩ - ⑭]

청량징관 저

석반산 역주

담앤북스

일러두기

1. 본 화엄경소초의 번역에 사용된 원본은 봉은사에 소장된 목판 80권 『화엄경소초회본』이다.

2. 교정본은 민국(民國) 31년(1942) 대만의 화엄소초편인회(華嚴疏鈔編印會)에서 합본으로 교간(校刊)한 『화엄경소초 10권』을 사용하였다. 그리고 원본현토는 화엄학 연구소의 원조각성 강백의 현토본을 참고하였다.

3. 대장경 속에 경전과 합본으로 수록된 것은 없고, 다만 大正大藏經 권35에 『화엄경소 60권』이 있으며 권36에 『화엄경수소연의초(華嚴經隨疏演義鈔) 90권』이 있지만 경의 본문과의 손쉬운 대조를 위해 회본(會本)을 기본으로 하였으며, 일일이 찾아서 대장경과 대조하지는 못하였다.

4. 교재본이라 한 것은 민족사에서 1997년에 발간한 『현토과목 화엄경』(전 4권)을 지칭하며, 원문 인용은 이 본을 기본으로 하였다.

5. 본『청량소』전권에서는 소(疏)의 전문을 해석하였고, 초문(鈔文)은 너무 번다하고 중복되는 부분을 필자가 임의로 생략하였다.

6. 본문의 이해를 돕기 위하여 도표로 작성한 것은 전강 스승이신 봉선사 능엄학림의 월운강백께 허락을 얻어『화엄경과도(華嚴經科圖)』를 준용(準用)한 것이다.

7. 목차(目次)는 『화엄경소초』의 과목을 사용하였고『화엄경과도』를 준용하였다. 과목에 이어지는 ( ) 안에는 간편한 대조를 위하여 목판본의 페이지를 표시하였다. 예) 一. 一) (一) 1 1) (1) 가. 가) (가) ㄱ. ㄱ) (ㄱ) a. a) (a) ㊀ ① ㉮ ㉠ ⓐ ㉯ ㉺ Ⓐ ⊟ ⊡ ⓖ ⓐ Ⓐ ㅏ ● ❶ 가 ㄱ a A ⊟ ⊡ 가 ㄱ a A

8. 목차는 되도록 현대적 번역어로 제목을 삼으려 하였고, 제목에 이어 표기된 아라비아 숫자는 문단의 개수이다.

9. 경과 소문(疏文)은 조금 띄워서 차별화하였고 소문(疏文) 앞에는 ■ 표시를, 초문(鈔文) 앞에는 ● 로 표시하여 번역문을 수록하였다. ❖ 표시는 역자의 견해를 밝힌 부분이다.

10. 경구(經句)의 번역문은 한글대장경과 민족사 간(刊)『화엄경 전10권』을 참고하였고, 소(疏) 문장의 번역은 직역을 원칙으로 하였고, 인용문은 주로 한글대장경의 번역을 따르고자 노력하였다.

11. 본 청량소 번역에 참고한 주요 도서는 다음과 같다.

    (1) 한글대장경『화엄경1, 2, 3』『보살본업경』『대승입능가경』『대반열반경』『보살영락경』; 동국역경원 刊

    (2) 한글대장경『성유식론』『십지경론』『아비달마잡집론』『유가사지론』『대지도론』『섭대승론』『섭대승론석』『대승기신론소별기』『현양성교론』『신화엄경론』; 동국역경원 刊

    (3) 『대정신수대장경』; 大正一切經刊行會 刊

(4) 현토과목『화엄경』; 민족사 刊

(5) 『망월대사전』; 세계성전간행협회 刊,『불교학대사전』; 홍법원 刊,『중국불교인명사전』; 明復 編,『인도불교고유명사사전』; 法藏館 刊

(6) 『신완역 주역』; 명문당 刊,『장자』; 신원문화사 刊,『노자도덕경』; 교림 刊,『논어』; 전통문화연구회 編

12. 주)의 교정본 양식

(1) 소초회본; 대만교정본[華嚴疏鈔編印會]
(2) 宋元明淸南續金纂本 등; 소초회본의 출전 소개 양식

『화엄경청량소』 제32권 차례

大方廣佛華嚴經疏鈔 제69권 師字卷下
제39. 법계에 증득해 들어가는 품[入法界品] ⑩

나) 제33. 보덕정광주야신 선지식 4. ····················18
ㄱ. 선지식의 가르침에 의지하여 나아가 구하다 ···········19
ㄴ. 만나서 공경을 표하고 법문을 묻다 ···················19
ㄷ. 선재동자를 칭찬하고 법문을 설해 주다 2. ············21
ㄱ) 선재동자를 칭찬하다 ·······························21
ㄴ) 법문을 설해 주다 2. ·······························21
(ㄱ) 장항으로 밝히다 3. ·······························21
a. 바로 법문을 설해 주다 4. ·······························21
㊀ 진여실법에 반연하는 선정 ··························26
㊁ 현재의 법에 즐겨 머무르는 선정 ····················31
㊂ 공덕을 이끌어 내는 선정 ····························37
㊃ 중생을 요익하는 선정 ······························38
b. 자신은 겸양하고 뛰어난 분을 추천하다 ···············41
c. 다음 선지식을 지시하다 ·······························41
(ㄴ) 게송으로 밝히다 ······························43
ㄹ. 덕을 연모하여 예배하고 물러가다 ····················48
다) 제34. 희목관찰주야신 선지식 6. ····················49
ㄱ. 선지식의 가르침에 의지하여 나아가 구하다 ···········49
ㄴ. 만나서 공경을 표하고 법문을 묻다 ···················55
ㄷ. 자신의 법계를 보이다 3. ····························55

ㄱ) 명칭과 체성을 표방하다 ··· 55
ㄴ) 업과 작용을 밝히다 3. ··· 55
 (ㄱ) 그지없는 작용을 밝히다 ·· 55
 (ㄴ) 작용으로 얻은 이익을 보다 ·· 77
 (ㄷ) 열 게송은 이익을 경하하고 칭찬하다 ························· 79
ㄷ) (92개 게송은) 발심한 원인을 내보이다 2. ······················ 83
 a. (91개 게송은) 게송으로 대답하다 2. ······························ 84
  a) 79개 게송은 발심의 역사를 대답하다 10. ···················· 84
   (a) 31개 게송은 적정음겁의 역사 ···································· 84
   (b) 네 개 반의 게송은 천승겁의 역사 ···························· 95
   (c) 다섯 개 반의 게송은 범광명겁의 역사 ···················· 97
   (d) 다섯 개 반의 게송은 공덕월겁의 역사 ···················· 99
   (e) 여섯 개 반의 게송은 적정혜겁의 역사 ·················· 101
   (f) 여섯 개 반의 게송은 선출현겁의 역사 ·················· 103
   (g) 여섯 개 반의 게송은 집견고왕겁의 역사 ·············· 105
   (h) 다섯 개 반의 게송은 묘승주겁의 역사 ·················· 107
   (i) 다섯 개 반의 게송은 천공덕겁의 역사 ··················· 109
   (j) 네 개 반의 게송은 무착장엄겁의 역사 ··················· 110
  b) 12개 게송은 법을 얻은 시절에 대해 대답하다 ············ 113
 b. 옛과 지금을 회통하다 ·· 118
ㄹ. 자신은 겸양하고 뛰어난 분을 추천하다 ························ 119
ㅁ. 다음 선지식을 지시하다 ·· 121
ㅂ. 덕을 사모하여 예배하고 물러가다 ································ 121

大方廣佛華嚴經疏鈔 제70권 火字卷上
제39. 법계에 증득해 들어가는 품[入法界品] ⑪

라) 제35. 보구중생주야신 선지식 5. ···124
ㄱ. 선지식의 가르침에 의지해 나아가 구하다·····························125
ㄴ. 만나서 공경을 표하고 법문을 묻다 4. ·································126
ㄱ) 광명을 나타내어 가지하다 ··126
ㄴ) 광명을 보고 얻은 이익···128
ㄷ) 삼업으로 공경하고 칭찬하다 3. ··135
(ㄱ) 몸과 마음으로 공경하고 존중하다·································135
(ㄴ) 선지식의 자재한 신통을 밝히다·····································135
(ㄷ) 구업으로 노래하여 칭찬하다 ···136
ㄹ) 인연에 대해 묻고 답하다 2. ··143
a. 심오하여 설하지 못함을 찬탄하다······································144
b. (부처님의) 힘을 받들어 연설하다 2. ···································146
a) 장항으로 밝히다 2. ··146
㊀ 세 가지 질문에 통틀어 대답하다 3. ································146
① 묘덕안녀가 법을 깨달은 역사 10. ································146
㋕ 지나간 겁과 국토에서 부처님이 출현하시다···············147
㋖ 국토의 모습을 통틀어 밝히다·······································147
㋗ 태어난 처소를 개별로 밝히다 ······································149
㋘ 본생의 부모를 밝히다···151
㋙ 본생의 몸을 밝히다···151
㋚ 부처님의 현재의 원인을 밝히다···································152
㋛ 부처님이 출현하여 중생에게 이익 주다······················153
㋜ 선지식의 인도를 받다···164

㉔ 묘덕안녀가 인행을 수행하다 ································ 172
㉕ 경문을 듣고 이익을 얻다 ··································· 175
② 대승의 마음을 내기 시작하다 ································ 180
③ 옛과 지금을 결론하여 회통하다 ······························ 182
㊂ 과거 수행하여 다스림에 대해 개별로 대답하다 2. ············ 184
① 대광겁을 거론하다 ··· 184
② 여러 겁을 총합하여 밝히다 ································· 189
b) 게송으로 거듭 밝히다 3. ···································· 190
(a) 두 게송은 법을 거론하여 들을 것을 훈계하다 ············ 190
(b) 38개 게송은 앞의 바로 설함을 노래하다 ················ 191
(c) 한 게송은 인행을 거론하며 수행하기 권하다 ············ 204
ㄷ. 자신은 겸양하고 뛰어난 분을 추천하다 ······················ 205
ㄹ. 다음 선지식을 지시하다 ····································· 205
ㅁ. 덕을 사모하여 예배하고 물러가다 ··························· 205

大方廣佛華嚴經疏鈔 제71권 火字卷中
제39. 법계에 증득해 들어가는 품[入法界品] ⑫

마) 제36. 적정음해주야신 선지식 6. ····························· 210
(가) 선지식의 가르침에 의지해 나아가 구하다 ················· 210
(나) 만나서 공경을 표하고 법문을 묻다 ······················· 211
(다) 선재동자를 칭찬하고 법문을 설해 주다 3. ··············· 212
(ㄱ) 해탈문의 업과 작용 4. ································· 213
(a) 세 번 어떤 방편이 일어나는가에 대답하다 ············ 221
(b) 하나는 무엇을 위한 사업인가에 대답하다 ············ 221

(c) 네 가지는 무슨 관찰을 짓는가에 대답하다 ····················229
(d) 두 가지는 무슨 경계를 행함인지에 대답하다 ··················236
(ㄴ) 해탈문을 얻은 원인을 밝히다 ······································240
(ㄷ) 발심의 역사를 밝히다 2. ···242
  a) 장항으로 밝히다 3. ··244
    (a) 나머지 국토에서 수행하다···244
    (b) 사바세계에서 수행으로 법을 깨닫다 ······························252
    (c) 결론하여 그 질문에 대답하다 ·······································262
  b) 게송으로 노래하다 ··263
(라) 자신은 겸양하고 뛰어난 분을 추천하다 ·························268
(마) 다음 선지식을 지시하다 ··268
(바) 덕을 사모하여 예배하고 물러가다································269
바) 제37. 수호일체성주야신 선지식 6. ·································274
(가) 선지식의 가르침에 의지해 나아가 구하다·······················275
(나) 만나서 공경을 표하고 법문을 묻다·······························275
(다) 선재동자를 칭찬하고 법문을 설해 주다 2. ····················277
  ㄱ. 선재동자의 발심을 칭찬하다··277
  ㄴ. 법계를 바로 설해 주다 3. ··278
    ㄱ) 명칭과 체성을 총합하여 표방하다································278
    ㄴ) 업과 작용을 바로 밝히다···279
    ㄷ) 법을 얻은 근원이 깊음을 밝히다 2. ····························288
      a. 첫째 겁의 수행 289   b. 여러 겁의 수행과 유례하다 303
(라) 자신은 겸양하고 뛰어난 분을 추천하다 ·························303
(마) 다음 선지식을 지시하다 3.···305
  ㄱ. 다음 지위를 가리키다··305
  ㄴ. 앞의 법을 게송으로 찬탄하다······································306

ㄷ. 선재동자가 얻은 이익 ··· 311
(바) 덕을 사모하여 예배하고 물러가다 ······························· 316

大方廣佛華嚴經疏鈔 제72권 火字卷下
제39. 법계에 증득해 들어가는 품[入法界品] ⑬

사) 제38. 개부수화주야신 선지식 6. ································· 318
(가) 가르침에 의지해 나아가 구하다 ··································· 318
(나) 만나서 공경을 표하고 법문을 묻다 ······························ 318
(다) 자신의 법계를 설해 주다 4. ·· 320
ㄱ. 법과 행을 밝히다 ··· 320
ㄴ. 법문의 명칭을 세우다 ·· 323
ㄷ. 업과 작용을 밝히다 2. ··· 324
ㄱ) 해탈문에 대해 질문하다 ·· 324
ㄴ) 대답하다 2. ·· 324
(a) 발심하던 시절 ·· 326
(b) 널리 섭수하는 행법을 시작하다 ···································· 329
ㄹ. 법을 얻은 근원이 심오함을 밝히다 2. ·························· 335
(ㄱ) 심오함을 찬탄하고 설법하기를 허락하다 ····················· 336
(ㄴ) 부처님 힘을 받들어 바로 대답하다 2. ························· 347
a. 장항으로 밝히다 4. ··· 348
(a) 부처님이 태어나신 때와 장소 ·· 348
(b) 본래 보살행 닦던 때와 장소 ··· 349
(c) 발심하던 뛰어난 인연 ·· 350
(d) 보광명녀가 발심하던 옛 일 6. ······································ 370

㈠ 발심하던 몸의 덕행···370

㈡ 대승의 보리심을 발하다···370

㈢ 대왕이 섭수하는 말을 하다··370

㈣ 보광명녀가 왕의 공덕을 찬탄하다······························373

㈤ 대왕이 말로 찬탄하다··391

㈥ 보시행으로 섭수하여 지니다·····································391

b. 게송으로 노래하다···394

(라) 자신은 겸양하고 뛰어난 분을 추천하다··················397

(마) 다음 선지식을 지시하다··398

(바) 덕을 사모하여 예배하고 물러가다··························398

大方廣佛華嚴經疏鈔 제73권 帝字卷上
제39. 법계에 증득해 들어가는 품[入法界品] ⑭

아) 제39. 대원정진력주야신 선지식 6.···························402

ㄱ. 가르침에 의지해 나아가 구하다······························402

ㄴ. 만나서 공경을 표하고 법문을 묻다 3.······················404

ㄱ) 법문의 뛰어난 작용을 보다····································404

ㄴ) 공경을 표하고 증득해 들어가다 4.··························407

(ㄱ) 공경을 표하고 예를 갖추다···································407

(ㄴ) 더욱 수승한 마음을 내다······································407

(ㄷ) 깊게 증득하여 같은 점을 나타내다·························409

(ㄹ) 게송으로 경하하고 찬탄하다·································419

ㄷ) 해탈문과 발심에 대해 묻다····································424

ㄷ. 자신의 법계를 설해 주다 2.····································425

(ㄱ) 해탈문의 명칭을 대답하다 ···425
(ㄴ) 발심의 역사를 대답하다 2. ···438
a. 깊음을 찬탄하고 설법을 허락하다···438
b. 질문에 바로 대답하다 2. ···446
(a) 장항으로 밝히다 3. ···446
㈀ 선광겁의 역사 2. ··446
① 최초 부처님이 수행하고 증득한 결과 3. ·······································447
㉮ 옛 부처님이 출현하시다···447
㉯ 승광왕이 다스려 교화하다 ···449
㉰ 야신이 인행을 닦다 3. ···449
㉠ 재가 시절의 본사 10. ···449
ⓐ 선복태자가 죄인을 대비심으로 구제하다 ·····································449
ⓑ 신하들이 이치가 틀리다고 논의하다···449
ⓒ 죄수의 목숨을 대신하려고 청하다 ···450
ⓓ 신하들이 죄수를 죽이라고 고집하다 ··450
ⓔ 왕후가 애절하게 읍소하다 ··453
ⓕ 대왕이 태자의 의지를 꺾다··453
ⓖ 태자의 구제할 의지를 확인하다···453
ⓗ 모후가 인행 닦기를 간청하다 ···453
ⓘ 보시하는 도량을 설치하다 ··453
ⓙ 여래께서 친히 구제하시다 ··455
㉡ 옛과 지금을 결론하여 회통하다 ··460
㉢ 출가해서 법을 깨닫다··463
② 생을 바꾸어 부처님을 친견하고 수행하다 ····································465
㊁ 일광겁의 역사···467
㊂ 시간과 장소를 결론하다··469

차례 15

(b) 게송으로 거듭 노래하다 ································· 470
ㄹ. 자신은 겸양하고 뛰어난 분을 추천하다 ················ 482
ㅁ. 다음 선지식을 지시하다 ································· 483
ㅂ. 덕을 사모하여 예배하고 물러가다 ······················ 483

大方廣佛華嚴經 제69권
大方廣佛華嚴經疏鈔 제69권 師字卷下
제39 入法界品 ⑩

제39. 법계에 증득해 들어가는 품[入法界品] ⑩

제33. 보덕정광(普德淨光)주야신 선지식이 지난 수행 시절 부처님의 보살핌으로 인해 해탈을 얻어 부처님을 알아볼 수 있었다는 마음으로 설한 게송이다. [다생인연포교]

부처님 몸 부사의하여	佛身不思議라
법계에 충만하시며	法界悉充滿하사
모든 세계에 나타나시며	普現一切刹하시니
여러 중생을 못 보는 이 없고	一切無不見이니라
부처님이 옛날 수행하실 때	佛昔修諸行에
나를 거두어 주셨으므로	己曾攝受我일새
오늘날 여래께서	故得見如來가
모든 세계에 나타나심을 보네.	普現一切刹이로다

大方廣佛華嚴經 제69권
大方廣佛華嚴經疏鈔 제69권 師字卷下

제39. 법계에 증득해 들어가는 품[入法界品] ⑩

나) 제33. 보덕정광주야신 선지식[普德淨光主夜神] 2.
- 제2. 이구지(離垢地)에 의탁한 선지식

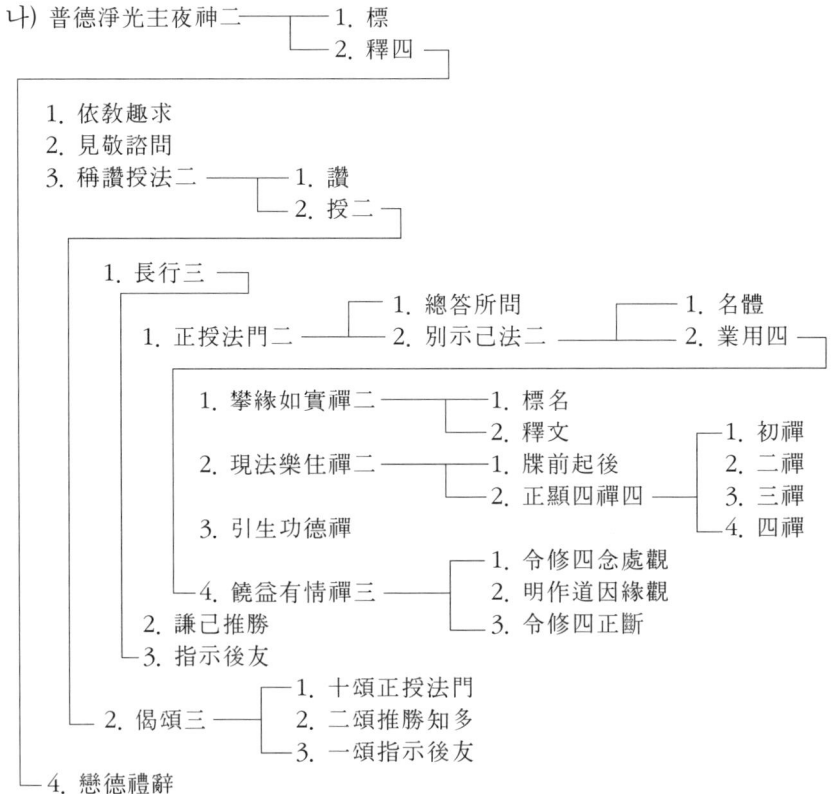

(가) 표방하다[標] (第二 1上10)
(나) 해석하다[釋] 4.

ㄱ. 선지식의 가르침에 의지하여 나아가 구하다[依敎趣求] (文則)
ㄴ. 만나서 공경을 표하고 법문을 묻다[見敬諮問] (第二)

爾時에 善財童子가 了知彼婆珊婆演底夜神의 初發菩提心하여 所生菩薩藏과 所發菩薩願과 所淨菩薩度와 所入菩薩地와 所修菩薩行과 所行出離道와 一切智光海와 普救衆生心과 普徧大悲雲과 於一切佛剎에 盡未來際토록 常能出生普賢行願하고 漸次遊行하여 至普德淨光夜神所하여 頂禮其足하며 遶無數帀하며 於前合掌하여 而作是言하되 聖者여 我已先發阿耨多羅三藐三菩提心하니 而我未知菩薩이 云何修行菩薩地며 云何出生菩薩地며 云何成就菩薩地리잇고

그때 선재동자는 바산바연저 밤 맡은 신의 (1) 처음으로 보리심을 내던 일과 (2) 보살의 장을 내던 일과 (3) 보살의 원을 세우던 일과 (4) 보살의 바라밀다를 깨끗이 하던 일과 (5) 보살의 지위에 들어가던 일과 (6) 보살의 행을 닦던 일과 (7) 보살의 벗어나는 길을 행하던 일과 (8) 온갖 지혜의 광명 바다와 (9) 중생을 구원하는 마음과 (10) 널리 두루하는 크게 가엾이 여기는 구름과 (11) 모든 세계에서 오는 세월이 끝나도록 보현의 행과 원을 항상 내는 것을 분명히 알면서, 점점 나아가 보덕정광 밤 맡은 신에 이르러 그의 발

에 절하고 수없이 돌고 합장하고 서서 말하였다. "거룩하신 이여, 저는 이미 아뇩다라삼먁삼보리심을 내었사오나 보살이 어떻게 보살의 지위를 수행하며 어떻게 보살의 지위를 내며 어떻게 보살의 지위를 성취하는지를 알지 못하나이다."

[疏] 第二, 普德淨光夜神은 寄離垢地善友니 義如前說이니라 文則具六이나 且分爲四니 第一, 依敎趣求요 第二, 見敬咨問이요 第三, 稱讚授法이요 第四, 戀德禮辭라 今初니 先, 念前法이라 有十一句하니 初一은 念發心이요 餘十은 念得法이라 第二, 頂禮下는 見敬咨問이라

- 나) 보덕정광주야신은 제2. 이구지에 의탁한 선지식이니 뜻은 앞에서 설명한 내용과 같다. 경문은 여섯 과목을 갖추었지만 우선 넷으로 나누리라. ㄱ. 선지식의 가르침에 의지하여 나아가 구함이요, ㄴ. 만나서 공경을 표하고 법문을 물음이요, ㄷ. 선재동자를 칭찬하고 법문을 설해 줌이요, ㄹ. 덕을 연모하여 예배하고 물러감이다. 지금은 ㄱ.이니 ㄱ) 앞의 선지식의 법을 기억함이니 11구절이 있다. (ㄱ) 한 구절은 발심에 대해 기억함이요, (ㄴ) 열 구절은 법을 깨달음을 기억함이다. ㄴ. 頂禮 아래는 만나서 공경을 표하고 법문을 물음이다.

[鈔] 寄離垢地者는 謂具淨尸羅가 離於能起微細하고 毁犯煩惱垢故니라
- 이구지에 의탁한다는 것은 말하자면 시라(尸羅)를 모두 맑게 해서 미세하게 훼범하는 번뇌의 허물을 멀리 여의기 때문이다.

ㄷ. 선재동자를 칭찬하고 법문을 설해 주다[稱讚授法] 2.

ㄱ) 선재동자를 칭찬하다[讚] (第三 2上2)

夜神이 答言하시되 善哉善哉라 善男子여 汝已能發阿耨
多羅三藐三菩提心하고 今復問於菩薩地에 修行出生과
及以成就로다
밤 말은 신이 대답하였다. "좋고 좋다. 착한 남자여, 그대는
능히 아뇩다라삼약삼보디심을 내었고 이제 또 보살의 지위
를 수행하고 내고 성취함을 묻는구나.

[疏] 第三, 夜神答下는 稱讚授法이니 先, 讚이요 後, 授라
■ ㄷ. 夜神答 아래는 선재동자를 칭찬하고 법문을 설해 줌이다. ㄱ) 선재동자를 칭찬함이요, ㄴ) 법문을 설해 줌이다.

ㄴ) 법문을 설해 주다[授] 2.
(ㄱ) 장항으로 밝히다[長行] 3.

a. 바로 법문을 설해 주다[正授法門] 2.
a) 질문에 대해 총합하여 대답하다[總答所問] (授中 2下5)

善男子여 菩薩이 成就十法하여 能圓滿菩薩行하나니 何
者爲十고 一者는 得淸淨三昧하여 常見一切佛이요 二者
는 得淸淨眼하여 常觀一切佛相好莊嚴이요 三者는 知一

切如來無量無邊功德大海요 四者는 知等法界無量諸佛
法光明海요 五者는 知一切如來一一毛孔에 放等衆生數
大光明海하여 利益無量一切衆生이요 六者는 見一切如
來一一毛孔에 出一切寶色光明焰海요 七者는 於念念中
에 出現一切佛變化海하여 充滿法界하여 究竟一切諸佛
境界하여 調伏衆生이요 八者는 得佛音聲하여 同一切衆
生言音海하여 轉三世一切佛法輪이요 九者는 知一切佛
無邊名號海요 十者는 知一切佛調伏衆生不思議自在力
이니 善男子여 菩薩이 成就此十種法하면 則能圓滿菩薩
諸行이니라

착한 남자여, 보살이 열 가지 법을 성취하면, 능히 보살의 행을 원만히 하느니라. 무엇이 열인가? 하나는 청정한 삼매를 얻어 모든 부처님을 항상 봄이요, 둘은 청정한 눈을 얻어 모든 부처님의 잘생긴 모습으로 장엄함을 관찰함이요, 셋은 모든 여래의 한량없고 그지없는 공덕의 큰 바다를 앎이요, 넷은 법계와 평등한 한량없는 부처님의 법의 광명 바다를 앎이요, 다섯은 모든 여래의 털구멍마다 중생의 수효와 같은 큰 광명 바다를 놓아 한량없는 중생을 이익함이요, 여섯은 모든 여래의 털구멍마다 모든 보배 빛 광명 불꽃 내는 것을 봄이요, 일곱은 생각마다 모든 부처님의 변화하는 바다를 나타내어 법계에 가득하고 모든 부처의 경계에 끝까지 이르러 중생을 조복함이요, 여덟은 부처님의 음성을 얻고 모든 중생의 말과 같아서 세상 온갖 부처님의 법륜을 굴림이요, 아홉은 모든 부처님의 그지없는 이름 바다를 앎이요, 열은 모든 부처님께서 중생을 조복하는 부사의하고 자재한 힘을 앎이니라. 착한 남자여, 보살이 이 열 가지 법을 성취하면 보살의 모든 행을 원만하느니라.

[疏] 授中에 二니 先, 長行이요 後, 偈頌이라 長行中에 三이니 第一, 正授法門이요 第二, 謙己推勝이요 第三, 指示後友라 初中에 二니 先, 總答所問이요 後, 別示己法이라 今初에 有標와 徵과 釋과 結이라 釋中에 有十句하니 初는 總이요 餘는 別이라 別中에 三, 是智法光明이요 四, 放光利益이요 五, 常光發燄이라 餘는 可知니라

ㄴ) 법문을 설해 줌 중에 둘이니 (ㄱ) 장항으로 밝힘이요, (ㄴ) 게송으로 노래함이다. (ㄱ) 장항 중에 셋이니 a. 바로 법문을 설해 줌이요, b. 자신은 겸양하고 뛰어난 분을 추천함이요, c. 다음 선지식을 지시함이다. b. 중에 둘이니 a) 질문에 대해 총합하여 대답함이요, b) 자신의 법계를 개별로 보임이다. 지금 a)는 (a) 표방함과 (b) 질문함과 (c) 해석함과 (d) 결론함이 있다. (c) 해석함 중에 열 구절이 있으니 ㊀ 첫 구절[(1) 得淸淨三昧 常見一切佛]은 총상이요, ㊁ 나머지 아홉 구절[(2) 得淸淨眼 常觀一切佛相好莊嚴 ~ (10) 知一切佛調伏衆生不思議自在力]은 별상이다. ㊂ 별상 중에 셋째는 지혜 법의 광명이요, 넷째는 광명을 놓은 이익이요, 다섯째는 (여래의) 항상하는 광명에서 불꽃을 냄이요, 나머지 네 구절은 알 수 있으리라.

[鈔] 別中에 三是智法光明者는 疏에 但隨難解三하니 今當重釋하리라 略有二意하니 一, 作總別釋¹⁾이니 初一은 總이요 餘九는 別이라 別中에

---

1) 釋은 甲南續金本作解.

一, 觀外相이요 二, 念內德이요 三, 知所證이요 四, 放光이요 五, 常光이요 六, 變化요 七, 圓音이요 八, 名號요 九, 調生이니라 二, 約十身釋이니 一, 菩提身이요 二, 相好身이요 三, 智身이요 四, 法身이요 五, 願身이니 如賢首品에 毛孔放光이 皆宿願故라 六, 福德身이요 七, 化身이요 八, 力持身이니 圓音持法이 盡未來故니라 九, 意生身이니 隨意立名故니라 十, 威勢身이니 結云威力故로 十身並彰이며 內外皆具니 若專念此하면 何行을 不成이리요하니라

㈢ '별상 중에 셋째는 지혜 법의 광명'이란 소에는 단지 힐난을 따라 해석함이 셋뿐이지만 지금 마땅히 거듭 해석하리라. 대략 두 가지 의미가 있으니 (1) 총상과 별상을 만들어 해석함이니, 처음 한 구절은 총상이요, 나머지 아홉 구절은 별상이다. 별상 중에 첫째, 외적인 양상을 관찰함이요, 둘째, 내적인 공덕을 기억함이요, 셋째, 증득할 대상을 앎이요, 넷째, 광명을 놓음이요, 다섯째, 항상하는 광명이요, 여섯째, 변화하는 몸이요, 일곱째, 원만한 음성이요, 여덟째, 명호요, 아홉째, 중생을 조복함이다. (2) 열 가지 몸을 잡아 해석함이니 ① 보리의 몸이요, ② 상호로 장엄한 몸이요, ③ 지혜의 몸이요, ④ 법의 몸이요, ⑤ 원력의 몸은 현수품과 같이 털구멍에서 광명을 놓음이 모두 숙세의 원력 때문이다. ⑥ 복덕의 몸이요, ⑦ 변화의 몸이요, ⑧ 힘을 가진 몸이니 원만한 음성으로 미래세가 다하도록 법을 지니는 까닭이다. ⑨ 생각대로 태어나는 몸이니 생각을 따라 이름을 세운 까닭이다. ⑩ 위세의 몸이니 결론하여 이르되, "위력 때문에 열 가지 몸을 아울러 밝히고 안과 밖으로 모두 갖추나니 만일 이것만 오로지 생각한다면 어떤 행법을 이루지 못하겠는가?"라고 하였다.

b) 자신의 법계를 개별로 보이다[別示己法] 2.
(a) 법문의 명칭과 체성[名體] (二善 3上9)

善男子여 我得菩薩解脫하니 名寂靜禪定樂普遊步라 普見三世一切諸佛하며 亦見彼佛의 清淨國土와 道場衆會와 神通名號와 說法壽命과 言音身相하여 種種不同을 悉皆明覩하되 而無取着하니 何以故오 知諸如來非去니 世趣永滅故며 非來니 體性無生故며 非生이니 法身平等故며 非滅이니 無有生相故며 非實이니 住如幻法故며 非妄이니 利益衆生故며 非遷이니 超過生死故며 非壞니 性常不變故며 一相이니 言語悉離故며 無相이니 性相本空故니라

착한 남자여, 나는 보살의 해탈을 얻었으니 이름이 고요한 선정의 낙으로 두루 노닐며 다님이라. 세 세상의 모든 부처님을 두루 보고 그 부처님들의 청정한 국토와 도량에 모인 대중을 보며, 신통과 이름과 법을 말함과 수명과 말씀과 모습이 각각 같지 아니함을 모두 보면서도 집착함이 없느니라. 왜냐하면 모든 여래는 (1) 지나간 것이 아니니 세상 길이 아주 없어진 연고이니라. (2) 오는 것이 아니니 자체의 성품이 남이 없는 연고이니라. (3) 나는 것이 아니니 법의 몸이 평등한 연고이니라. (4) 없어지는 것이 아니니 나는 모양이 없는 연고이니라. (5) 진실한 것이 아니니 환술 같은 법에 머무는 연고이니라. (6) 허망한 것이 아니니 중생을 이익하게 하는 연고이니라. (7) 변천하는 것이 아니니 생사를 초

월한 연고이니라. (8) 무너지는 것이 아니니 성품이 변하지 않는 연고이니라. (9) 한 모양이니 말을 여읜 연고이니라. (10) 모양이 없으니 성품과 모양이 본래 공한 연고이니라.

[疏] 二, 善男子我得下는 別示己法이라 於中에 二니 先, 標名體니 謂契理無着이 爲寂靜이요 止觀雙運이 爲禪定이요 正法樂住가 爲樂이요 大用無涯가 爲普遊步니라

- b) 善男子我得 아래는 자신의 법계를 개별로 보임이다. 그중에 둘이니 (a) 법문의 명칭과 체성이니 이른바 이치와 계합하되 집착 없음이 고요함이 되어 사마타와 위빠사나를 함께 움직임을 선정이라 함이요, 정법에 즐겨 머무름으로 즐거움을 삼음이요, 큰 작용이 끝이 없음으로 '두루 노닐며 다님'이라 하였다.

(b) 법문의 업과 작용[業用] 4.
㊀ 진여실법에 반연하는 선정[攀緣如實禪] 2.

① 명칭을 표방하다[標名] (後普 3下9)
② 경문 해석[釋文] (今初)

[疏] 後, 普見三世下는 廣顯業用이라 於中에 四니 初, 明攀緣如實禪이니 同如來淸淨禪이요 卽寂靜業用이니라 次, 現法樂住禪이니 卽定業用이요 三, 明引生功德禪이요 四, 饒益有情禪이니 此二는 卽普遊步業用이니라 今初의 文中에 有標와 徵과 釋하니 標에 以見佛無着故로 寂靜이요 釋云, 所以無着者는 窮了如來之體性故라 文有十非하니 大

同中論의 八不이니 謂不去不來와 不生不滅로 爲四요 其非實과 非妄은 卽是不常이요 非遷과 非壞는 卽是不斷이요 一相은 卽非異요 無相은 亦非一이니라

- (b) 普見三世 아래는 법문의 업과 작용을 널리 밝힘이다. 그중에 넷이니 ㊀ 진여실법에 반연하는 선정은 여래의 청정한 선정과 같음을 밝혔으니 곧 고요한 업과 작용이다. ㊁ 현재의 법에 즐겨 머무르는 선정은 곧 선정의 업과 작용이요, ㊂ 공덕을 이끌어 내는 선정을 밝힘이요, ㊃ 중생을 요익하는 선정이다. 여기의 둘은 곧 '두루 노닐며 다님'의 업과 작용이다. 지금은 ㊀이니 경문 중에 표방함과 질문함과 해석함이 있다. 부처님을 친견할 적에 집착이 없음을 표방한 연고로 고요한 것이다. 해석하여 이르되, "집착이 없는 이유는 여래의 체성을 끝까지 요달한 까닭이다. 경문에 열 가지 잘못이 있으니 크게는 『중론』의 팔불중도(八不中道)와 같다. 이른바 (1) 가지 않음 (2) 오지 않음 (3) 나지 않음 (4) 멸하지 않음으로 네 구절을 삼고, 그 실법도 아니고 망심도 아님은 곧 (5) 항상하지 않음이요, 변천하는 것도 아니고 무너지는 것도 아님은 곧 (6) 단멸하지 않음이요, 한 모양은 (7) 다르지 않음이요, 모양 없음도 또한 (8) 하나도 아님이다."

[鈔] 初明攀緣如實禪者는 楞伽第二에 說有四禪하니 經에 云, 大慧여 有四種禪하니 云何爲四오 謂愚夫所行禪과 觀察義禪과 攀緣如實禪과 如來禪이라 云何愚夫所行禪고 謂有聲聞緣覺과 外道修行者니 人無我와 自性과 共相과 骨瑣와 無常과 苦와 不淨相을 計着爲首하여 如是不異하여 觀前後轉進호대 想不除滅을 是名愚夫所行禪이니라 云何觀察義禪고 謂人無我와 自性과 共相과 外道의 自他俱가 無性

已에 觀法無我의 彼地相義하여 漸次增進을 是名觀察義禪이니라 云何攀緣如實禪고 謂妄想과 二無我妄想이 如實處에 不生妄想을 是名攀緣如實禪이니라 云何如來禪고 謂入如來地하여 行自覺聖智相과 三種樂住하여 成辦衆生不思議事를 是名如來禪이니라 故로 偈云, 凡夫所行禪과 觀察相義禪과 攀緣如實禪과 如來淸淨禪이라하니라 釋曰, 然이나 古皆配位에 自有二師하니 一은 云, 初는 凡小요 二는 至七地요 三은 八地已上이요 四는 卽佛地라하니라 二, 大雲이 言호대 亦初는 凡小요 二는 十信으로 至廻向이요 三은 卽加行이요 四는 卽初地로 至佛地니 以證如故로 皆名如來라하니라 若修觀者인대 凡夫가 直用如來淨禪이니라 今此文中에 卽以第三으로 同於第四하고 不用[2]初二니 初는 是凡小요 二는 猶未亡[3]法無我故라 卽以三四는 因果交徹이니 謂見佛法界가 卽緣如義요 無取無入이 卽同如來淸淨禪義니라 又如來禪이 不礙下文의 廣利樂故니라

- ㈠ 진여실법에 반연하는 선정은 『능가경』 제2권에 네 가지 선정에 대해 말하였다. 경문에 이르되, "또 대혜여, 네 가지의 선(禪)이 있으니, 무엇이 네 가지인가? (1) 어리석은 범부가 행하는 선과 (2) 이치를 관찰하는 선과 (3) 진여(眞如)실법에 반연하는 선과 (4) 여래선(如來禪)을 말한다. 어떤 것이 어리석은 범부가 행하는 선인가? 성문과 연각과 외도(外道) 수행자가 인무아(人無我)의 성품[性]의 자상(自相)과 공상(共相)을 골쇄관(骨鎖觀)과 무상(無常)과 고(苦)와 부정상(不淨相)으로 계착하여 관찰하는 것으로 으뜸을 삼는 것이다. 이와 같은 모습이 다르지 않다고 관찰하고는 전후로 전진(轉進)하는 생각을 끊어서 없애지 못하는 것이니, 이를 '어리석은 범부가 행하는 선'이라고 이름

---

2) 用은 原本作同, 甲南續金本作用.
3) 亡은 南纂續金本作忘.

한다. 무엇이 이치를 관찰하는 선인가? 인무아(人無我)와 자상(自相)· 공상(共相)·외도(外道)·자타(自他)가 모두 성품이 없음을 알고 나서, 법무아(法無我)와 모든 지위의 모습과 이치를 관찰하여 점차로 증진하는 것이니, 이를 '이치를 관찰하는 선'이라고 이름한다. 무엇이 진여(眞如)실법과 반연하는 선인가? 두 가지 무아(無我)가 망상인 줄 알고, 여실한 것이 망상인 줄 알아, 망상을 일으키지 않는 것이니, 이를 '진여실법과 반연하는 선'이라고 이름한다. 무엇을 여래선(如來禪)이라고 하는가? 여래지(如來地)에 들어가 자각성지(自覺聖智)의 모양을 행하여 세 가지 즐거움[三種樂]에 머물고 중생의 부사의(不思議)한 일을 이루어 마치는 것이니, 이를 '여래선(如來禪)'이라고 이름한다"라고 하였다. 그러므로 게송에 이르되, "범부가 행하는 선과 모습과 이치를 관찰하는 선과 진여실법에 반연하는 선과 여래의 청정한 선"이라 하였다. 해석하자면 그러나 예전에 이미 지위에 배대하면 자연히 두 법사가 있다. 한 법사는 이르되, "(1) 범부와 소승이요, (2) 제7지까지요, (3) 제8지 이상이요, (4) 부처님 지위이다"라 하였고, 둘째 대운(大雲)법사는 말하되, "또한 (1) 범부와 소승이요, (2) 십신위에서 십회향까지요, (3) 가행위요, (4) 초지에서 부처님 지위까지는 진여를 증득한 연고로 모두 여래라 이름한다"라고 하였다. 만일 관법을 수행한다면 범부가 바로 여래의 청정한 선을 사용한다. 지금은 이 경문 중에는 곧 (3)은 (4)와 같다. (1)과 (2)를 사용하지 않았으니 (여기서는) (1) 범부와 소승이요, (2) 아직 법에 무아가 없지 않기 때문이니, 곧 (3)과 (4)로 인행과 과덕이 서로 사무친다. 말하자면 부처님 법계를 발견함은 곧 진여의 이치를 인연하고 취함도 없고 들어감도 없음은 곧 여래의 청정한 선의 뜻과 같다. 또한 여래선은 아래 경문을 장애하지 않고 널리 이롭고 즐거운 까닭이다.

文有十非하니 大同中論의 八不者는 不全同故로 名爲大同이요 而涅槃等에는 多分全同하니 以其八不이 攝理盡故로 云全同耳니라 初四는 全同이요 後六은 合爲四라 言非實非妄이 卽是不常者는 常有二義하니 一, 虛妄計度生死有常이나 今云非妄은 卽非常矣니라 二者, 出世實法은 名常이어늘 今云非實하니 亦無常矣라 諸法實相中에는 無實이며 無非實故니라 非遷과 非壞는 卽是不斷者는 斷亦有二하니 一, 世法遷移일새 卽有斷滅이요 二, 滅壞煩惱하여 成於斷德이라 今並非之일새 故로 不斷也니라

又此十句가 標多約體요 釋多約用이니 意明體用이 皆無二故라 亦可總爲五對體用이니 初, 不來不去는 卽體用自體요 二, 不生滅은 卽體用相이요 三, 非實虛는 卽體用力이요 四, 非遷壞는 卽體用性이요 五, 一相無相은 卽體用德이라 如十行辨이니라

- '경문에 열 가지 잘못이 있으니 크게는 중론의 팔불중도와 같다'는 것은 완전히 같지는 않으므로 크게는 같다고 이름하지만 열반경 등은 대부분 완전히 같고 그 팔불중도(八不中道)는 이치를 모두 포섭한 연고로 완전히 같다고 말했을 뿐이다. 처음 네 구절은 완전히 같고, 뒤의 여섯 구절은 합쳐서 네 구절이 된 것이다. '실법도 아니고 망심도 아님은 곧 항상하지 않음'이라 말한 것은 항상함에 두 가지 뜻이 있으니 (1) 허망한 계탁으로 나고 죽음에 항상함이 있으나 지금은 망심이 아님이 곧 항상하지 않음이라 말한다. (2) 출세간의 실법은 항상하다고 하고 지금은 실법이 아님도 또한 항상하지 않다고 말한다. 모든 법의 실다운 모양 중에 실다움도 없고 실답지 않음도 없으므로

변천하는 것이 아니고 무너지는 것이 아님이 곧 단멸하지 않음이니 단멸에도 또한 둘이 있다. (1) 세간법이 옮겨 감은 곧 단멸함이 있음이요, (2) 번뇌를 없애고 무너뜨려서 단멸의 덕을 성취하나니 지금은 모두 부정하는 연고로 단멸함이 아니다.

또한 여기의 열 구절은 표방함은 대부분 체성을 잡은 것이요, 해석에는 대부분 작용을 잡았다. 의미로는 체성과 작용은 모두 둘이 없음을 밝힌 연고로 또한 총합하여 다섯 구절로 체성과 작용을 상대할 수 있다. (1) 오지 않고 가지 않음은 곧 체성과 작용하는 자체요, (2) 나고 멸하지 않음은 곧 체성과 작용하는 양상이요, (3) 실답거나 허망하지 않음은 곧 체성과 작용하는 능력이요, (4) 변천하거나 무너뜨리지 않음은 곧 체성과 작용의 성품이요, (5) 한 모양과 모양 없음은 곧 체성과 작용하는 덕이니 나머지는 제21. 십행품에서 밝히리라.

㊂ 현재의 법에 즐겨 머무르는 선정[現法樂住禪] 2.
① 앞을 따와서 뒤를 시작하다[牒前起後] (二善 6上1)

善男子여 我如是了知一切如來時에 於菩薩寂靜禪定樂普遊步解脫門에 分明了達하여 成就增長하여
착한 남자여, 내가 이렇게 모든 여래를 아는 때에, 보살의 고요한 선정의 낙으로 두루 노닐며 다니는 해탈문도 분명하게 알고 성취하고 자라게 하였노라.

[疏] 二, 善男子我如是了下는 明現法樂住禪이라 先, 牒前起後요
■　㊂ 善男子我如是了 아래는 현재의 법에 즐겨 머무르는 선정이다. ①

앞을 따와서 뒤를 시작함이요.

② 사선에 대해 밝히다[正顯四禪] 4.
㉮ 초선천의 선정[初禪] (後思 6上5)
㉯ 이선천의 선정[二禪] (二禪)
㉰ 삼선천의 선정[三禪] (三禪)
㉱ 사선천의 선정[四禪] (四禪)

思惟觀察하며 堅固莊嚴하며 不起一切妄想分別하며 大悲救護一切衆生하며 一心不動하여 修習初禪하고 息一切意業하며 攝一切衆生하며 智力勇猛하며 喜心悅豫하여 修第二禪하고 思惟一切衆生自性하며 厭離生死하여 修第三禪하고 悉能息滅一切衆生의 衆苦熱惱하여 修第四禪하고

㉮ 생각하고 관찰하여 견고하게 장엄하며, 모든 허망한 생각과 분별을 일으키지 않고 크게 가엾이 여김으로 모든 중생을 구호하며, 한결같은 마음이 흔들리지 않고 초선을 닦았으며, ㉯ 뜻으로 짓는 모든 업을 쉬고 모든 중생을 거두어 주며 지혜의 힘이 용맹하고 기쁜 마음이 매우 즐거워 제2선을 닦았으며, ㉰ 모든 중생의 성품을 생각하며 생사를 여의어 제3선을 닦았으며, ㉱ 모든 중생의 온갖 고통과 번뇌를 모두 멸하여 제4선을 닦았노라.

[疏] 後, 思惟下는 正顯四禪이라 初禪中에 思惟觀察은 即是尋伺니 當對

治支요 堅固莊嚴은 猶是尋伺之相이요 次不起一切妄想分別은 卽所離障이라 然이나 世禪은 但離欲惡不善이어니와 今에는 一乘深妙일새 故離一切妄想이니라 次大悲救護一切衆生은 卽利益支니 謂離自憂하고 念衆生憂일새 故生喜樂이니라 後, 一心下는 卽所依支니 謂彼二의 依止니라 二禪中에 息一切意業은 卽滅覺觀이요 次攝一切衆生은 是一心이요 智力勇猛은 是內淨無覺無觀이요 次喜心悅豫는 是定生喜樂이요 修第二禪은 卽彼二의 依止라 下의 三四禪도 準此니라 三禪中에 初思惟一切衆生自性은 卽捨念二支니 謂捨離前攝生之喜하고 於此捨中에 不失念故라 厭離生死는 卽慧樂二支니 謂正知生死를 不可喜故로 厭離하여 卽得眞寂之樂이니라 四禪中의 二句는 通具三支니 謂苦喜憂樂이 皆是衆苦熱惱어늘 於下苦中에 橫生樂故라 四受俱亡일새 故云悉能息滅이니 卽捨念이 淸淨이라 旣無苦樂이 卽是中受니라

■ ② 思惟 아래는 사선(四禪)에 대해 밝힘이다. ㉮ 초선천의 선정 중에 (1) 생각하고 관찰함은 곧 거친 생각[尋]·세밀한 생각[伺]이니, 다스림의 갈래에 해당하고, (2) 견고하게 장엄함은 오히려 거친 생각·세밀한 생각의 모양이요, (3) 모든 허망한 생각과 분별을 일으키지 않음은 곧 여읠 대상인 장애이다. 그러나 세간 선정은 단지 욕심과 악하고 착하지 않음을 여읠 뿐이요, (4) 지금은 일승법이 깊고 묘한 연고로 온갖 망상을 여의는 것이다. (5) 크게 가엾이 여김으로 모든 중생을 구호함은 곧 이익하는 갈래이니, 이른바 자신의 근심을 여의고 중생의 근심을 생각하는 연고로 기쁘고 즐거움이 생긴다. (6) 一心 아래는 의지할 대상인 갈래이다. 이른바 저 둘을 의지한다는 뜻이다. ㉯ 이선(二禪)의 선정 중에 (1) '뜻으로 짓는 모든 업을 쉼'은 곧 생각

하고 위빠사나를 없앰이요, (2) '모든 중생을 거두어 줌'은 한결같은 마음이다. (3) '지혜의 힘이 용맹함'은 안으로 정화되어 생각도 위빠사나도 없음의 뜻이요, (4) 기쁜 마음이 매우 즐거움은 곧 선정에서 생긴 기쁨과 즐거움이니 제2선정을 수행함은 곧 저 둘을 의지한다는 뜻이니, 아래 삼선(三禪)과 사선(四禪)은 여기에 준한다. ㉣ 삼선의 선정 중에 (1) '모든 중생의 성품을 생각함은 곧 버리고 생각하는 두 갈래이다. 이른바 앞의 중생을 섭수하는 기쁨을 버린다는 뜻이니, 이런 버림 중에 생각을 잃지 않는 까닭이다. (2) 나고 죽음을 싫어하고 여읨은 곧 지혜와 즐거움의 두 갈래이다. 이른바 나고 죽음이 기뻐할 수 없음을 바로 아는 까닭이다. (3) 싫어하고 여읨은 곧 진실한 적멸의 즐거움을 얻음을 뜻한다. ㉤ 사선의 선정 중에 두 구절[悉能息滅一切衆生 衆苦熱惱]은 세 갈래를 통틀어 갖추나니, 말하자면 (1) 괴롭고 기쁜 느낌, 근심하고 즐거워하는 느낌이 모두 뭇 고통과 번뇌이다. 아래 괴로움 중에서 갑작스레 즐거움이 생긴 까닭이다. (2) 네 가지 느낌이 모두 없어진 연고로 '번뇌를 모두 멸한다'고 말하나니, 곧 버리는 생각이 청정하면 이미 괴롭거나 즐거움이 없나니 곧 중간 느낌[中受]인 것이다.

[鈔] 後思惟下는 正顯四禪者는 斯則以如來禪으로 導於四禪이니 不同三地에 寄位四禪이라 四禪不同이 卽爲四別이라 然大小가 雖異나 支林功德의 名數는 皆同이라 有十八支하니 具如三地니라 地論에 皆攝以爲四類하니 一, 所離障이요 二, 對治支요 三, 利益支요 四, 彼二의 依止三昧라 四中에 後三은 是支요 初一은 非支니 並如前說이니라 離自憂者는 約五受說이니 初禪에 已憂受라 今에 大悲救護는 卽憂衆

生之憂니 離憂가 合是所離어늘 今에 念他憂하여 却生喜樂하니 故爲 利益이니라

- ② 思惟 아래는 사선(四禪)에 대해 바로 밝힘이다. 이렇다면 여래선이 사선을 이끌어서 제3. 발광지와는 같지 않나니 지위는 사선에 의탁하였지만, 사선정과 같지 않음은 곧 네 가지가 다른 까닭이다. 그러나 대승과 소승이 비록 다르지만 갈래와 숲의 공덕은 이름과 숫자가 모두 같고 18가지 갈래가 있어서 구체적으로 제3지와 같다.『십지경론』에 모두 포섭하여 네 종류로 삼았으니, (1) 다스릴 장애요 (2) 다스림의 갈래요 (3) 이익하는 갈래요 (4) 저 둘이 의지하는 삼매이니 네 가지 중에 뒤의 셋은 갈래이고 (1) 다스릴 장애 하나는 갈래가 아님도 아울러 앞에서 설한 내용과 같다. '자신의 근심을 여읨'이란 다섯 가지 느낌을 잡아 설명함이다. 초선에서 이미 근심하는 느낌이던 것이 지금은 큰 자비로 구호함은 곧 중생의 근심을 근심하고, 근심을 여의면 합쳐서 여읠 대상이 된다. 지금은 다른 근심을 생각하여 도리어 기쁨과 즐거움이 생겨난 연고로 이익이 된 것이다.

二禪中等者는 然이나 二禪이 具四支니 內淨과 喜樂과 定이라 初, 明滅覺觀이니 卽所離障이니라 次攝一切衆生은 是一心者는 一心攝故라 然이나 一心言은 是三地經에 有라 故로 彼經에 云, 滅覺觀하고 內淨一心하고 無覺無觀하고 定生喜樂하여 住第二禪이라하나라 然이나 其一心은 是釋內心義요 無覺無觀은 卽是淨義니 具此二法을 名之內淨이니라 又小乘의 內淨은 但是信心이요 大乘의 內淨은 卽合三禪의 三支所成이니 謂捨念과 正知라 此之三心은 尙爲喜覆하여 力用未勝하고 但能離外尋伺일새 故合爲內淨이어니와 今攝衆生이 一心攝故

로 已有合義니라 三禪中下는 然具五支니 捨念과 喜樂定이라 餘如前說이니라 四禪中者는 四禪에 有四支하니 捨念과 中受와 定이라 今에 四支俱亡은 是所離障이요 卽捨念淸淨은 爲對治支라 旣無苦樂은 卽是中受니 爲利益支라 然其捨受는 世爲利益이어니와 出世望之에는 亦是熱惱니 故로 今疏에 云, 於下苦中에 橫生樂想이라 旣一切息滅하니 則捨亦捨矣니 方是眞捨라 餘如三地니라

● ㉮ 이선의 선정 중 등이란 그러나 제2선에 네 갈래를 갖추나니 내등정(內等淨)·희(喜)·낙(樂)·정(定)이요, (1) 초선에 거친 생각과 세밀한 생각을 멸함은 곧 여읠 대상인 장애요, (2) '모든 중생이 한 마음에 포섭된다'는 것은 한 마음에 포섭되는 까닭이다. 그러나 '한 마음'이란 말은 제3. 발광지 경문에 있는 까닭이니, 저 경문에 이르되, "생각과 관찰함을 멸하고 속으로 한 마음을 깨끗이 하여 깨달음도 없고 관찰함도 없으면, 선정으로 기쁘고 즐거움을 내어[定生喜樂] 제2선에 머문다"라고 하였고, 그러나 그 한 마음이 안의 마음이란 뜻을 해석한 것이니 '깨달음도 없고 관찰함도 없음'은 곧 깨끗함의 뜻이다. 이런 두 법을 갖춘 것을 '안으로 청정함'이라 이름한다. 또한 소승의 안으로 청정함은 단지 믿는 마음뿐이지만 대승의 안으로 청정함은 곧 삼선천의 선정의 세 갈래로 성취함과 합하나니, 이른바 버림을 행함[行捨]과 정념(正念)과 바로 앎[正知]이다. 이런 세 가지 마음은 오히려 기쁨에 덮거나 힘과 작용으로 이길 수 없나니 단지 능히 바깥의 거친 생각과 미세한 생각을 여의는 연고로 합하여 안으로 청정함이 되며, 지금에 중생을 포섭하여 한 마음에 섭수되는 까닭이니 이미 합하는 뜻이 있다. ㉯ 三禪中 아래는 그런데 다섯 갈래를 갖추면 행사(行捨)·정념(正念)·기쁨(喜)[4]·즐거움을 느낌[受樂]·정(定)이니 나머지

는 앞에서 설한 내용과 같다. ㉑ 사선의 선정 중이란 "제4. 정려에 네 갈래가 있나니 행사청정(行捨淸淨)·생각이 청정함[念淸淨]·중간 느낌[中受]·정(定)이네"라고 하였으니, 지금 네 갈래가 모두 없는 것이 여읠 대상인 장애이니 곧 버리는 마음이 청정함으로 다스림의 갈래를 삼는다. 이미 괴로움과 즐거움이 없음이 곧 중간 느낌인 것은 이익되는 갈래가 된다. 그러나 그 덤덤한 느낌[捨受]은 세간에서 이익이 되지만 출세간과 비교해 보아도 또한 번뇌인 연고로 지금 소가가 말하되, "아래 괴로움 중에 갑작스레 즐거운 생각이 생겨난다"라 하였으니, 이미 모두가 쉬고 없어지면 버림도 또한 버려야만 비로소 진정한 버림인 것이다. 나머지는 제3. 발광지의 내용과 같다.

㊂ 공덕을 이끌어 내는 선정[引生功德禪] (三增 8下1)

增長圓滿一切智願하며 出生一切諸三昧海하며 入諸菩薩解脫海門하며 遊戲一切神通하며 成就一切變化하여 以淸淨智로 普入法界하라
그래서 모든 지혜와 서원을 증장하고 원만하며, 모든 삼매 바다를 내고, 보살들의 해탈 바다의 문에 들어가며 모든 신통에 유희하고 모든 변화를 성취하여, 청정한 지혜로 법계에 두루 들어갔느니라."

[疏] 三, 增長圓滿下는 引生功德禪이라 遊戲神通은 卽普遊步義라 上來에 皆約一乘이니 異於三地寄法故라 乃至云, 普入法界라하니라

---

4) 俱舍論에는 喜가 아닌 正慧라 하다.

■ ㈢ 增長圓滿 아래는 공덕을 이끌어 내는 선정이다. '신통에 유희함'은 곧 널리 노닐며 걷는다는 뜻이다. 여기까지는 모두 일승을 잡은 해석이요, 제3. 발광지에 의탁한 법과 다른 연고로 나아가 말하되, "법계에 두루 들어간다"라고 하였다.

㈣ 중생을 요익하는 선정[饒益有情禪] 3.
① 사념처관을 수행하게 하다[令修四念處觀] (四善 9上7)

善男子여 我修此解脫時에 以種種方便으로 成就衆生하니 所謂於在家放逸衆生에 令生不淨想과 可厭想과 疲勞想과 逼迫想과 繫縛想과 羅刹想과 無常想과 苦想과 無我想과 空想과 無生想과 不自在想과 老病死想하여 自於五欲에 不生樂着하며 亦勸衆生하여 不着欲樂하고 唯住法樂하여 出離於家하여 入於非家하니라

"착한 남자여, 나는 이 해탈을 닦을 적에 가지가지 방편으로 중생을 성취하였으니, 이른바 집에 있으면서 방일한 중생에게는 부정한 생각·싫은 생각·고달프다는 생각·핍박하는 생각·속박되는 생각·나찰이라는 생각·무상하다는 생각·괴롭다는 생각·<나>가 없는 생각·공한 생각·남이 없는 생각·자유롭지 못한 생각·늙고 병들어 죽는 생각을 내게 하며, 자기가 다섯 가지 욕락에도 집착을 내지 않고, 중생에게도 권하여 집착하지 않게 하며, 다만 법으로 즐거움에 머물러서 집을 떠나 집 아닌 데 들게 하였느니라.

[疏] 四, 善男子我修此下는 明饒益有情禪이라 種種方便으로 無不饒益이 亦普遊步義니라 文中에 三이니 初, 令修四念處等觀이요
- ④ 善男子我修此 아래는 중생을 요익하는 선정을 밝힘이니 갖가지 방편은 요익하지 않음이 없음도 역시 널리 노닐며 걷는다는 뜻이다. 경문 중에 셋이니 ① 사념처관을 수행하게 함이다.

② 도의 인연을 만드는 관법[明作道因緣觀] (次若 9上9)

若有衆生이 住於空閑이어든 我爲止息諸惡音聲하고 於靜夜時에 爲說深法하여 與順行緣하며 開出家門하여 示正道路하며 爲作光明하여 除其闇障하고 滅其怖畏하며 讚出家業하고 歎佛法僧과 及善知識의 具諸功德하며 亦歎親近善知識行하라

어떤 중생이 고요한 데 머물렀으면, 나는 그에게 나쁜 소리를 쉬게 하고, 고요한 밤에 깊은 법을 말하여 순조롭게 행할 인연을 주고 출가하는 문을 열어 바른 길을 보이며 광명이 되어 어두운 장애를 제하고 공포를 없애며, 출가하는 일과 불보·법보·승보와 선지식을 찬탄하여 공덕을 갖추게 하며, 또 선지식을 친근하는 행을 찬탄하였느니라."

[疏] 次, 若有衆生下는 明作道因緣이요
- ② 若有衆生 아래는 도의 인연을 만드는 관법을 설명함이다.

③ 네 가지 바른 끊음을 닦게 하다[令修四正斷] (後復 9上9)

復次善男子여 我修解脫時에 令諸衆生으로 不生非法貪하며 不起邪分別하며 不作諸罪業하고 若已作者란 皆令止息하며 若未生善法하며 未修波羅蜜行하며 未求一切智하며 未起大慈悲하며 未造人天業이어든 皆令其生하고 若已生者란 令其增長하여 我與如是順道因緣하여 乃至令成一切智智케하라

"또 착한 남자여, 내가 해탈을 닦을 때에는 중생들로 하여금 법답지 못한 탐욕을 내지 않게 하고 삿된 분별을 일으키지 않게 하며 여러 가지 죄를 짓지 않게 하고, 이미 지은 것은 모두 쉬게 하였으며, 만일 착한 법을 내지 못하였거나 바라밀다의 행을 닦지 못하였거나 온갖 지혜를 구하지 못하였거나 큰 자비심을 일으키지 못하였거나 인간과 천상에 태어날 업을 짓지 못한 것들은 모두 내게 하고, 이미 낸 것은 더욱 증장하게 하여, 이렇게 도에 순종하는 인연을 주기도 하고 내지 온갖 지혜의 지혜를 이루게 하였느니라."

[疏] 後, 復次下는 令修四正斷이니라
- ③ 復次 아래는 네 가지 바른 끊음을 닦게 함이다.

[鈔] 修四念處等觀者는 念處觀者는 卽無常과 苦와 不淨과 無我라 等者는 等取十想이니 與智度論第二十六의 十想으로 大同故라 言十想者는 論에 云, 一, 無常想이요 二, 苦想이요 三, 無我想이요 四, 食不淨想이요 五, 一切世間이 不可樂想이요 六, 死想이요 七, 不淨想이요 八, 斷想이요 九, 離想이요 十, 盡想이라 今有十三하니 故云大同이니라

● '네 가지 바른 끊음 등의 관법을 닦게 함'에서 사념처관은 곧 마음이 무상함과 느낌은 괴로움과 몸은 깨끗하지 않음과 법에 내가 없음이다. 등(等)이란 열 가지 생각을 똑같이 취하고『대지도론』제26권의 '열 가지 생각'과 크게는 같은 까닭이다. '열 가지 생각'이라 말한 것은 논에 이르되, "(1) 무상한 생각 (2) 괴로운 생각 (3) 내가 없다는 생각 (4) 음식이 깨끗하지 않다는 생각 (5) 온갖 세간이 즐거울 수 없다는 생각 (6) 죽는다는 생각 (7) 깨끗하지 않은 생각 (8) 단절하다는 생각 (9) 여의려는 생각 (10) 끝난다는 생각이다. 지금은 13가지가 있으므로 크게는 같다"라고 말하였다.

b. 자신은 겸양하고 뛰어난 분을 추천하다[謙己推勝] (第二 10上5)
c. 다음 선지식을 지시하다[指示後友] (第三)

善男子여 我唯得此菩薩寂靜禪定樂普遊步解脫門이어니와 如諸菩薩摩訶薩은 具足普賢所有行願하여 了達一切無邊法界하며 常能增長一切善根하며 照見一切如來智力하며 住於一切如來境界하며 恒處生死하되 心無障礙하며 疾能滿足一切智願하며 普能往詣一切世界하며 悉能觀見一切諸佛하며 徧能聽受一切佛法하며 能破一切衆生癡暗하며 能於生死大夜之中에 出生一切智慧光明하나니 而我云何能知能說彼功德行이리오 善男子여 去此不遠한 於菩提場右邊에 有一夜神하니 名喜目觀察衆生이니 汝詣彼問하되 云何學菩薩行이며 修菩薩道리잇고하라

"착한 남자여, 나는 다만 이 <보살의 고요한 선정의 낙으로 두루 다니는 해탈문>을 얻었거니와, 저 보살마하살들이 보현에게 있는 행과 원을 구족하고 모든 그지없는 법계를 통달하며, 항상 모든 착한 뿌리를 증장하고 모든 여래의 지혜의 힘을 비추어 보며, 모든 여래의 경계에 머물러서 생사 중에 있으면서도 장애가 없고 온갖 지혜와 원을 빨리 만족하며, 모든 세계에 널리 나아가 모든 부처님을 두루 뵈오며, 모든 부처의 법을 다 듣고 모든 중생의 어리석음을 능히 깨뜨리며, 나고 죽는 밤중에 온갖 지혜의 광명을 내는 일이야 내가 어떻게 알며, 그 공덕의 행을 말하겠는가? 착한 남자여, 여기서 멀지 않은 보리도량의 오른쪽에 밤 맡은 신이 있으니 이름이 희목관찰중생이라. 그대는 그에게 가서 '보살의 행을 어떻게 배우며, 보살의 도를 어떻게 닦느냐?'고 물으라."

[疏] 第二, 我唯下는 謙己推勝이라 第三, 去此不遠下는 指示後友라 去此不遠者는 同寄世間故라 菩提場右者는 依理發光이 義便易故라 喜目觀察者는 忍惡視物일새 故云喜目이요 發聞持光일새 故云觀察이니라

- b. 我唯 아래는 자신은 겸양하고 뛰어난 분을 추천함이요, c. 去此 不遠 아래는 다음 선지식을 지시함이다. '여기서 멀지 않다'는 것은 함께 세간에 의탁한 까닭이요, '보리도량의 오른쪽'이란 이치를 의지하여 광명을 발하나니 이치가 문득 쉬운 까닭이요, '기쁜 눈으로 관찰함'이란 악을 참고 사물을 보는 연고로 '기쁜 눈'이라 하였고, 듣고 가지는 광명을 발하는 연고로 '관찰한다'고 말하였다.

(ㄴ) 게송으로 밝히다[偈頌] 3.

a. 열 게송은 열 가지 법문을 설해 주다[十頌正授法門] (後偈 11上4)
a) 네 게송은 순서대로 네 가지 법을 노래하다

爾時에 普德淨光夜神이 欲重宣此解脫義하사 爲善財童子하여 而說頌曰,
그때 보덕정광 밤 맡은 신이 이 해탈의 뜻을 다시 펴려고 선재동자에게 게송을 말하였다.

若有信解心이면　　　　　盡見三世佛하리니
彼人眼淸淨하여　　　　　能入諸佛海니라
믿고 이해하는 마음이 있어
세 세상 부처님을 모두 본다면
그 사람 눈이 깨끗해
부처님 바다에 들어가리라.

汝觀諸佛身하라　　　　　淸淨相莊嚴하여
一念神通力으로　　　　　法界悉充滿이로다
부처님들의 몸매를 보라.
청정한 모습으로 장엄하시고
잠깐 동안에 신통한 힘으로
법계에 가득하시나니

盧舍那如來가　　　　　道場成正覺하사
　　　一切法界中에　　　　　轉於淨法輪이로다
　　　노사나여래께서
　　　도량에서 바른 깨달음 이루고
　　　모든 법계에서
　　　청정한 법륜을 굴리시나니

　　　如來知法性이　　　　　寂滅無有二나
　　　淸淨相嚴身으로　　　　徧示諸世間이로다
　　　여래는 법의 성품이
　　　고요하여 둘이 아님을 아시고
　　　청정한 모습으로 장엄한 몸을
　　　여러 세간에 보이시느니라.

b) 다섯째 게송은 건너뛰어 일곱째 법을 노래하다

　　　佛身不思議라　　　　　法界悉充滿하사
　　　普現一切刹하시니　　　一切無不見이니라
　　　부처님 몸 부사의하여
　　　법계에 충만하시며
　　　모든 세계에 나타나시며
　　　여러 중생을 못 보는 이 없고

c) 여섯째 게송은 여섯째 법을 노래하다

佛身常光明이 　　　　一切刹塵等하시니
種種淸淨色이 　　　　念念徧法界로다
부처님 몸의 늘 있는 광명
모든 세계의 티끌 수처럼
가지각색 청정한 빛이
잠깐잠깐마다 법계에 두루해

d) 일곱째 게송은 도리어 다섯째 법을 노래하다

如來一毛孔에 　　　　放不思議光하사
普照諸群生하여 　　　令其煩惱滅이로다
여래의 한 털구멍으로
부사의한 광명을 놓아
여러 중생에게 비추어
번뇌를 멸하게 하고

e) 여덟째 게송은 열째 법을 노래하다

如來一毛孔에 　　　　出生無盡化하사
充徧於法界하여 　　　除滅衆生苦로다
여래의 한 털구멍으로
끝이 없는 화신을 내어
법계에 가득하시어
중생들의 괴로움 없애 버리며

f) 아홉째 게송은 여덟째 법을 노래하다

　　佛演一妙音하사　　　　隨類皆令解하시되
　　普雨廣大法하여　　　　使發菩提意로다
　　부처님이 묘한 음성을 내어
　　여러 종류를 알게 하시고
　　광대한 법을 널리 비 내려
　　보리심을 내도록 하네.

g) 열째 게송은 아홉째 법을 노래하다

　　佛昔修諸行에　　　　　已曾攝受我일새
　　故得見如來가　　　　　普現一切刹이로다
　　부처님이 옛날 수행하실 때
　　나를 거두어 주셨으므로
　　오늘날 여래께서
　　모든 세계에 나타나심을 보네.

[疏] 後, 偈頌이라 十三偈를 分三이니 初, 十偈頌은 正授法門이요
- (ㄴ) 게송으로 밝힘이니 13개 게송을 셋으로 나누리니 a. 열 게송은 바로 법문을 설해 줌이요,

b. 두 게송은 뛰어난 분은 많은 것을 안다고 추천하다[二頌推勝知多]

(次二 11上4)

諸佛出世間에 　　　量等衆生數라
種種解脫境이여 　　非我所能知로다
여러 부처님 세간에 나심이
중생의 수효와 같으며
가지가지의 해탈한 경계
나로서는 알 수 없으며

一切諸菩薩이 　　　入佛一毛孔이니
如是妙解脫이여 　　非我所能知로다
모든 보살들이
부처님의 한 털구멍에 드나니
이와 같은 미묘한 해탈
나로서 알 수 없노라.

[疏] 次, 二頌은 謙己推勝이요
- b. 두 게송은 자신은 겸양하고 뛰어난 분을 추천함이요.

c. 한 게송은 다음 선지식은 지시하다[一頌指示後友] (後一 11上5)

此近有夜神하니 　　名喜目觀察이니
汝應往詣彼하여 　　問修菩薩行이어다
이 근처에 밤 맡은 신이 있어
이름은 희목관찰이라
그대는 그에게 가서

보살의 수행을 물으라.

[疏] 後, 一頌은 指示後友라 前中에 頌前十法하샤대 文小不次하니 初四는 如次頌前四法이요 五는 超頌第七이요 六은 頌第六이요 七은 却頌第五요 八은 頌第十이요 九는 頌第八이요 十은 頌第九니라

- c. 한 게송은 다음 선지식을 지시함이다. a. 중에서 앞의 열 가지 법을 노래하였는데 경문이 조금 순서가 다르다. a) 네 게송은 순서대로 네 가지 법을 노래함이요, b) 다섯째 게송은 건너뛰어 일곱째 법을 노래함이요, c) 여섯째 게송은 여섯째 법을 노래함이요, d) 일곱째 게송은 도리어 다섯째 법을 노래함이요, e) 여덟째 게송은 열째 법을 노래함이요, f) 아홉째 게송은 여덟째 법을 노래함이요, g) 열째 게송은 아홉째 법을 노래함이다.

ㄹ. 덕을 연모하여 예배하고 물러가다[戀德禮辭] (經/時善 11上8)

時에 善財童子가 頂禮其足하며 遶無數帀하며 殷勤瞻仰하고 辭退而去하니라
이때 선재동자는 그의 발에 엎드려 절하고 수없이 돌고 은근하게 앙모하면서 하직하고 물러갔다.

[疏] 第四, 禮辭를 可知[5]니라
- ㄹ. (덕을 연모하여) 예배하고 물러감은 알 수 있으리라.

---

5) 上疏는 金本無라 하다.

다) 제34. 희목관찰주야신 선지식[喜目觀察主夜神] 2.

-제3. 발광지(發光地)에 의탁한 선지식

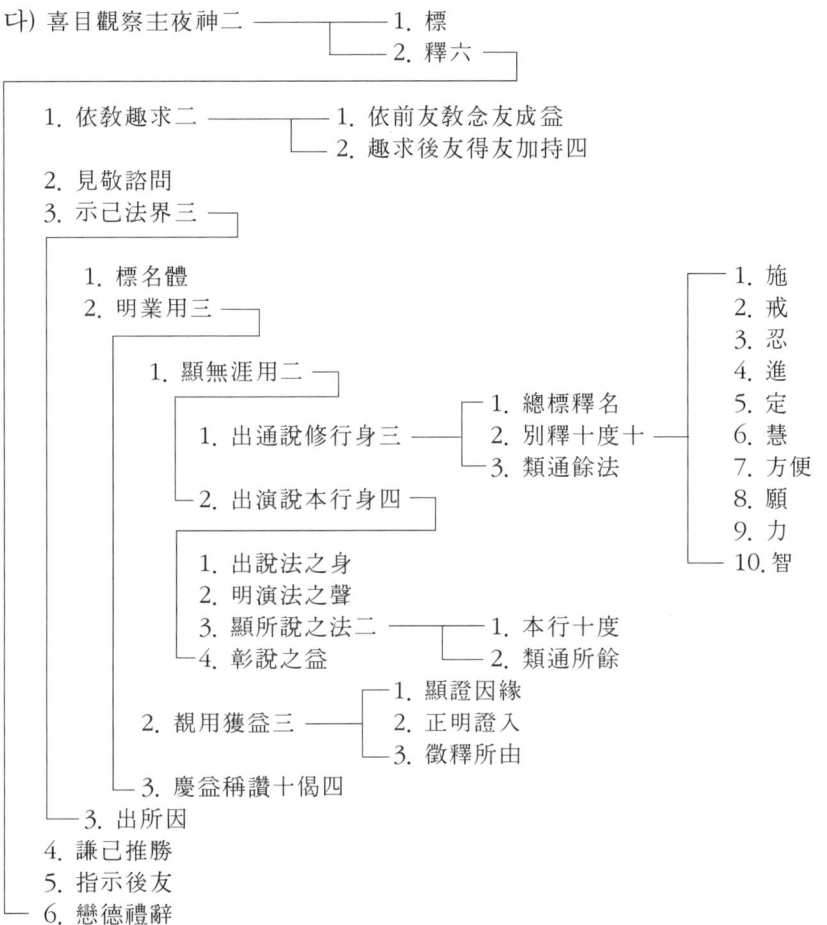

(가) 표방하다[標] (第三 11下6)

(나) 해석하다[釋] 6.

ㄱ. 선지식의 가르침에 의지하여 나아가 구하다[依敎趣求] 2.

ㄱ) 앞 선지식의 가르침에 의지하여 선지식을 기억하고 얻은 이익

　[依前友敎念友成益] (文具)

❖ 普德淨光주야신, 喜目觀察주야신 등 선지식을 만나는 모습 변상도(제69권)

爾時에 善財童子가 敬善知識敎하며 行善知識語하여 作如是念하되 善知識者는 難見難遇니 見善知識에 令心不散亂하며 見善知識에 破障礙山하며 見善知識에 入大悲海하여 救護衆生하며 見善知識에 得智慧光하여 普照法界하며 見善知識에 悉能修行一切智道하며 見善知識에 普能觀見十方佛海하며 見善知識에 得見諸佛의 轉於法輪하고 憶持不忘이라하나니라

이때 선재동자는 선지식의 가르침을 공경하고 선지식의 말

을 실행하면서 이렇게 생각하였다. '(1) 선지식은 보기 어렵고 만나기 어려우니, (2) 선지식을 보면 마음이 산란하지 않고, (3) 선지식을 보면 장애의 산을 깨뜨리고, (4) 선지식을 보면 크게 가엾이 여기는 바다에 들어가 중생을 구호하고, (5) 선지식을 보면 지혜의 빛을 얻어 법계를 널리 비추고, (6) 선지식을 보면 온갖 지혜의 길을 다 수행하고, (7) 선지식을 보면 시방의 부처 바다를 두루 보고, (8) 선지식을 보면 부처님들이 법륜 굴리는 것을 보고 기억하여 잊지 아니하리라.'

[疏] 第三, 喜目觀察衆生夜神은 寄發光地라 文具六段이니 第一, 依敎趣求라 中에 二니 初, 依前友敎하여 念友成益이요
■ 다) 제34. 희목관찰주야신은 발광지에 의탁한 선지식이다. 경문이 여섯 문단을 갖추었으니, ㄱ. 선지식의 가르침에 의지하여 나아가 구함 중에 둘이니 ㄱ) 앞 선지식의 가르침에 의지하여 선지식을 기억하고 얻은 이익이다.

[鈔] 寄發光地는 謂成就勝定과 大法總持하여 能發無邊妙慧光故니라
● 발광지에 의탁함은 이른바 뛰어난 선정과 큰 법의 다라니를 성취하여 능히 그지없는 묘한 지혜 광명을 내는 까닭이다.

ㄴ) 다음 선지식에 나아가 구하여 선지식의 가피를 얻다
[趣求後友得友加持] 4.
(ㄱ) 다음 선지식에 나아가려 하다[欲趣後友] (後作 12下10)

(ㄴ) 선지식의 가피를 받다[得友加持] (二時)

作是念已하고 發意欲詣喜目觀察衆生夜神所하니라 時에 喜目神이 加善財童子하사 令知親近善知識에 能生諸善根하여 增長成熟케하시니 所謂令知親近善知識에 能修助道具하며 令知親近善知識에 能起勇猛心하며 令知親近善知識에 能作難壞業하며 令知親近善知識에 能得難伏力하며 令知親近善知識에 能入無邊力하며 令知親近善知識에 能久遠修行하며 令知親近善知識에 能辦無邊業하며 令知親近善知識에 能行無量道하며 令知親近善知識에 能得速疾力하여 普詣諸刹하며 令知親近善知識에 能不離本處하고 徧至十方이러라

이렇게 생각하고는 기쁜 눈으로 중생을 보는 밤 맡은 신에게 가려는 생각을 내었다. 이때 기쁜 눈으로 중생을 보는 신은 선재동자에게 가피하여 (1) 선지식을 친근하면 모든 착한 뿌리를 내어 증장하고 성숙하게 함을 알게 하였다. 이른바 (2) 선지식을 친근하면 도를 도와주는 도구를 닦음을 알게 하고, (3) 선지식을 친근하면 용맹한 마음을 일으킴을 알게 하고, (4) 선지식을 친근하면 깨뜨릴 수 없는 업을 지음을 알게 하고, (5) 선지식을 친근하면 굴복할 수 없는 힘을 얻음을 알게 하고, (6) 선지식을 친근하면 그지없는 힘에 들어감을 알게 하고, (7) 선지식을 친근하면 오래도록 수행함을 알게 하고, (8) 선지식을 친근하면 그지없는 업을 마련함을 알게 하고, (9) 선지식을 친근하면 한량없는 도를 행함을

알게 하고, (10) 선지식을 친근하면 빠른 힘을 얻어 여러 세계에 이름을 알게 하고, (11) 선지식을 친근하면 본 고장을 떠나지 않고 시방세계에 두루 이름을 알게 하였다.

[疏] 後, 作是念已下는 趣求後友하여 得友加持라 於中에 四니 一, 欲趣後友요 二, 時喜目神下는 得友加持니 謂加令知近友之益이요
- ㄴ) 作是念已 아래는 다음 선지식에 나아가 구하여 선지식의 가피를 얻음이니 그중에 넷이다. (ㄱ) 다음 선지식에 나아가려 함이요, (ㄴ) 時喜目神 아래는 선지식의 가피를 받음이니, 이른바 가피하여 하여금 선지식을 친근한 이익을 알게 함이다.

(ㄷ) 가피로 얻은 이익[加所成益] (三時 13上2)
(ㄹ) 다음 희목관찰 선지식에 나아감을 밝히다[正明趣後] (四爾)

時에 善財童子가 遽發是念하되 由親近善知識하여 能勇猛勤修一切智道하며 由親近善知識하여 能速疾出生諸大願海하며 由親近善知識하여 能爲一切衆生하여 盡未來劫토록 受無邊苦며 由親近善知識하여 能被大精進甲하고 於一微塵中說法에 聲徧法界며 由親近善知識하여 能速往詣一切方海며 由親近善知識하여 於一毛道에 盡未來劫토록 修菩薩行이며 由親近善知識하여 於念念中에 行菩薩行하여 究竟安住一切智地며 由親近善知識하여 能入三世一切如來自在神力諸莊嚴道며 由親近善知識하여 能常徧入諸法界門이며 由親近善知識하여 常緣

法界하되 未曾動出하고 而能徧往十方國土라하니라 爾時에 善財童子가 發是念已하고 卽詣喜目觀察衆生夜神所하니

이때 선재동자는 별안간 이러한 생각을 내었다. '(1) 선지식을 친근함으로 온갖 지혜의 길을 용맹하게 닦고, (2) 선지식을 친근함으로 큰 서원 바다를 빨리 내게 되고, (3) 선지식을 친근함으로 모든 중생을 위해서는 오는 세월이 끝나도록 그지없는 고통을 받을 수 있고, (4) 선지식을 친근함으로 크게 정진하는 갑옷을 입고 한 티끌 속에서 법을 말하는 소리가 법계에 두루하고, (5) 선지식을 친근함으로 모든 방위의 바다에 빨리 가게 되며, (6) 선지식을 친근함으로 한 터럭만 한 곳에서 오는 세월이 다하도록 보살의 행을 닦고, (7) 선지식을 친근함으로 잠깐마다 보살의 행을 행하여 끝까지 온갖 지혜의 지위에 머물게 되고, (8) 선지식을 친근함으로 세 세상 모든 여래의 자재한 신통으로 장엄한 길에 들어가고, (9) 선지식을 친근함으로 모든 법계의 문에 항상 들어가게 되고, (10) 선지식을 친근함으로 항상 법계를 반연하여 조금도 동하지 아니하고 시방세계에 가리라'고 하였다. 선재동자는 이렇게 생각하고 기쁜 눈으로 중생을 보는 밤 맡은 신에게 나아가니,

[疏] 三, 時善財童子遽發下는 加所成益이니 謂依前能加하여 而起念故라 如次하여 以此十句로 對前十句니라 四, 爾時善財下는 正明趣後니라

■ (ㄷ) 時善財童子遽發 아래는 가피로 얻은 이익이다. 이른바 앞의 가피하는 주체에 의지하여 생각을 일으킨 연고로 순서와 같으니 이런 열 구절로 앞의 열 구절에 대답하였다. (ㄹ) 爾時善財 아래는 다음 희목관찰 선지식에 나아감을 바로 밝힘이다.

ㄴ. 만나서 공경을 표하고 법문을 묻다[見敬諮問] (第二 13上6)

見彼夜神이 在於如來衆會道場하여 坐蓮華藏師子之座하사
그 야신은 여래의 대중이 모인 도량에서 연화장사자좌에 앉아

[疏] 第二, 見彼下는 見敬諮問이라 中에 但略明見이나 已含敬請이니라
■ ㄴ. 見彼 아래는 만나서 공경을 표하고 법문을 물음이니, 그중에 단지 만남을 밝힘은 생략하였지만 이미 공경을 표하고 청법함을 포함하고 있다.

ㄷ. 자신의 법계를 보이다[示己法界] 3.

ㄱ) 명칭과 체성을 표방하다[標名體] (第三 13上8)
ㄴ) 업과 작용을 밝히다[明業用] 3.
(ㄱ) 그지없는 작용을 밝히다[顯無涯用] 2.
a. 수행하는 몸을 통틀어 설했음을 내보이다[出通說修行身] 3.
a) 총합하여 표방하고 명칭을 해석하다[總標釋名] (第二)

入大勢力普喜幢解脫하니라 於其身上——一毛孔애 出無量種變化身雲하사 隨其所應하여 以妙言音으로 而爲說法하사 普攝無量一切衆生하사 皆令歡喜하여 而得利益하니라

<큰 세력으로 널리 기쁘게 하는 당기 해탈>에 들어갔다. 그 몸에 있는 털구멍마다 한량없는 나툰 몸 구름을 내어 그들에게 알맞은 묘한 음성으로 법을 말하여 한량없는 중생들을 두루 거두어 주어 환희하여 이익을 얻게 하였다.

[疏] 第三, 入普喜幢下는 示己法界라 謂懸爲示相이니 義當答問이라 於中에 三이니 初, 標名體요 次, 顯業用이요 後, 出所因이라 今初니 無不攝伏이 爲大勢力이요 徧稱群機일새 故云普喜요 摧伏高顯일새 所以名幢이니라

第二, 於其身上下는 明業用이라 於中에 三이니 初, 顯無涯之用이요 次, 爾時善財見聞下는 覩用獲益이요 後, 爾時善財得此下는 慶益稱讚이라 初中에 謂毛孔身雲이 無有盡故라 於中에 二니 先, 出通說修行身이요 後, 復於一一諸毛孔下는 出演說本行身이라 前中에 三이니 初, 總標요 亦是釋名이라

■ ㄷ. 入普喜幢 아래는 자신의 법계를 보임이다. 이른바 현저하게 모양을 보였으니 뜻은 질문에 대답함에 해당한다. 그중에 셋이니 ㄱ) 명칭과 체성을 표방함이요, ㄴ) 업과 작용을 밝힘이요, ㄷ) 원인되는 것을 내보임이다. 지금은 ㄱ)이니 모두 섭수하고 항복받음이 큰 세력이 되었다. 많은 근기에 두루 맞추는 연고로 널리 기쁘다고 하였다. 높이 드러난 것을 꺾어서 항복받은 연고로 '깃대'라 이름한다.

ㄴ) 於其身上 아래는 업과 작용을 밝힘이다. 그중에 셋이니 (ㄱ) 그 지없는 작용을 밝힘이요, (ㄴ) 爾時善財見聞 아래는 작용으로 얻은 이익을 보임이요, (ㄷ) 爾時善財得此 아래는 (열 게송으로) 이익을 경하하고 칭찬함이다. (ㄱ) 중에 말하자면 털구멍의 몸 구름이 다함없는 까닭이다. 그중에 둘이니 a. 수행하는 몸을 통틀어 설했음을 내보임이요, b. 復於一一諸毛孔 아래는 근본 행법을 연설하는 몸을 내보임이다. a. 중에 셋이니 a) 총합하여 표방함도 또한 명칭을 해석하는 내용이다.

b) 십바라밀을 개별로 밝히다[別顯十度] 10.
(a) 보시바라밀[施] (次所 17下4)
(b) 지계바라밀[戒] (經/出等)

所謂出無量化身雲하사 充滿十方一切世界하사 說諸菩薩이 行檀波羅蜜하여 於一切事에 皆無戀着하며 於一切衆生에 普皆施與하되 其心平等하여 無有輕慢하고 內外悉施하여 難捨能捨하시니라
又出等衆生數無量化身雲하사 充滿法界하여 普現一切衆生之前하사 說持淨戒하여 無有缺犯하며 修諸苦行하여 皆悉具足하며 於諸世間에 無有所依하고 於諸境界에 無所愛着하며 說在生死하여 輪廻往返하며 說諸人天의 盛衰苦樂하며 說諸境界가 皆是不淨하며 說一切法이 皆是無常하며 說一切行이 悉苦無味하사 令諸世間으로 捨離顛倒하고 住諸佛境하여 持如來戒하여 如是演說種種戒

行하사 戒香普熏하여 令諸衆生으로 悉得成熟케 하니라6)
이른바 (1) 한량없는 나툰 몸 구름을 내어 시방의 모든 세계에 가득하여서 보살들이 보시바라밀다를 행하던 일을 말하여 모든 일에 미련이 없고, 모든 중생에게 두루 보시하여 주며, 마음이 평등하여 교만이 없고 안팎의 것을 모두 주되 버리기 어려운 것을 버리게 하였다.
(2) 중생의 수효와 같이 한량없는 나툰 몸 구름을 내어 법계에 가득하게 모든 중생의 앞에 나타나서 깨끗하게 계율을 지킴을 말하며, 범죄하지 아니하고 여러 가지 고행을 닦아 다 구족하며, 모든 세간에 의지하지 않고 모든 경계에 애착이 없으며, 생사하는 데서 바퀴 돌듯이 오고 감을 말하며, 인간과 천상의 성하고 쇠하고 괴롭고 즐거움을 말하며, 모든 경계가 다 부정하다고 말하며, 모든 법이 다 무상하다고 말하며, 모든 변천하는 것이 다 괴롭고 맛이 없다고 말하며, 세간 사람들로 하여금 뒤바뀐 것을 버리고 부처의 경지에 있어서 여래의 계율을 지니게 하며, 이렇게 여러 가지 계율을 말하여 계율의 향기가 널리 풍기어 중생들을 성숙하게 하였다.

[疏] 次, 所謂下는 別顯十度라 如次十度에 各有又出하여 以爲揀別이라 其間深旨는 如理思之니라
- b) 所謂 아래는 십바라밀을 개별로 밝힘이니 순서대로 십바라밀을 각기 또한 내보임이 있으니 그것으로 구분하며, 그 사이 깊은 종지는

---

6) 또는 元明宮淸合源綱杭鼓纂續金本無, 麗本有 宋藏準弘昭有 準大正無, 案疏云 各有又出以爲揀別 又晉譯及貞元譯皆有又字.

이치대로 생각하라.

(c) 인욕바라밀[忍] (經/又出 14上10)
(d) 정진바라밀[進] (經/又出)

又出等衆生數種種身雲하사 說能忍受一切衆苦하시니 所謂割截捶楚하며 訶罵欺辱이라도 其心泰然하여 不動不亂하며 於一切行에 不卑不高하며 於諸衆生에 不起我慢하며 於諸法性에 安住忍受하며 說菩提心이 無有窮盡이니 心無盡故로 智亦無盡하여 普斷一切衆生煩惱하며 說諸衆生의 卑賤醜陋不具足身하사 令生厭離하고 讚諸如來의 淸淨妙色無上之身하사 令生欣樂하여 如是方便으로 成熟衆生하니라

又出等衆生界種種身雲하사 隨諸衆生心之所樂하여 說勇猛精進으로 修一切智助道之法하며 勇猛精進으로 降伏魔怨하며 勇猛精進으로 發菩提心하여 不動不退하며 勇猛精進으로 度一切衆生하여 出生死海하며 勇猛精進으로 除滅一切惡道諸難하며 勇猛精進으로 壞無智山하며 勇猛精進으로 供養一切諸佛如來하여 不生疲厭하며 勇猛精進으로 受持一切諸佛法輪하며 勇猛精進으로 壞散一切諸障礙山하며 勇猛精進으로 敎化成熟一切衆生하며 勇猛精進으로 嚴淨一切諸佛國土하사 如是方便으로 成熟衆生하니라

(3) 또 중생의 수효와 같은 갖가지 몸 구름을 내어 모든 고

통을 참으라 말하나니, 이른바 베고 오리고 때리고 꾸짖고 업신여기고 욕하여도 마음이 태연하여 흔들리지도 어지럽지도 말며, 여러 가지 행에 낮지도 높지도 말고 중생들에게 교만한 마음을 내지 말며, 법의 성품에 편안히 머물고 그대로 알며, 보리심을 말하되 다함이 없나니, 마음이 다하지 않으므로 지혜도 다하지 않아 모든 중생의 번뇌를 끊으며, 중생들의 미천하고 누추하고 완전하지 못한 몸을 말하여 염증을 내게 하고, 여래의 청정하고 미묘하고 위가 없는 몸을 말하여 즐거움을 내게 하나니, 이런 방편으로 중생들을 성숙하게 하였다.

(4) 또 중생 세계와 같은 갖가지 몸 구름을 내어 중생들의 좋아함을 따라서 용맹하게 정진하여 모든 지혜로 도를 도와 주는 법을 닦으라 말하며, 용맹하게 정진하여 마와 원수를 항복받으라 하며, 용맹하게 정진하여 보리심을 내고 흔들리지도 물러가지도 말라 하며, 용맹하게 정진하여 모든 중생을 제도하여 생사의 바다에서 벗어나게 하라 하며, 용맹하게 정진하여 모든 나쁜 길의 험난을 멸하라 하며, 용맹하게 정진하여 무지한 산을 깨뜨리라 하며, 용맹하게 정진하여 모든 부처님 여래에게 공양하되 고달픈 생각을 내지 말라 하며, 용맹하게 정진하여 모든 부처님의 법륜을 받아 지니라 하며, 용맹하게 정진하여 모든 장애의 산을 무너뜨리라 하며, 용맹하게 정진하여 모든 중생을 교화하여 성숙하게 하라 하며, 용맹하게 정진하여 모든 부처님의 국토를 깨끗하게 장엄하라 하나니, 이런 방편으로 중생을 성숙하

게 하였다.

(e) 선정바라밀[定] (經/又出 15上5)
(f) 반야바라밀[慧] (經/又出)

又出種種無量身雲하사 以種種方便으로 令諸衆生으로 心生歡喜하여 捨離惡意하고 厭一切欲하며 爲說慚愧하여 令諸衆生으로 藏護諸根하며 爲說無上淸淨梵行하며 爲說欲界가 是魔境界하사 令生恐怖하며 爲現不樂世間欲樂하고 住於法樂하사 隨其次第하여 入諸禪定諸三昧樂하사 令思惟觀察하여 除滅一切所有煩惱하며 又爲演說一切菩薩의 諸三昧海와 神力變現과 自在遊戲하사 令諸衆生으로 歡喜適悅하여 離諸憂怖하며 其心淸淨하여 諸根猛利하며 愛重於法하여 修習增長케하니라

又出等衆生界種種身雲하사 爲說往詣十方國土하여 供養諸佛과 及以師長과 眞善知識하고 受持一切諸佛法輪하여 精勤不懈하며 又爲演說稱讚一切諸如來海와 觀察一切諸法門海와 顯示一切諸法性相과 開闡一切諸三昧門과 開智慧境界하여 竭一切衆生疑海와 示智慧金剛하여 壞一切衆生見山과 昇智慧日輪하여 破一切衆生癡暗하사 皆令歡喜하여 成一切智케하니라

(5) 또 갖가지 한량없는 몸 구름을 내어 여러 가지 방편으로 중생들의 마음을 기쁘게 하여 나쁜 뜻을 버리고 모든 욕망을 싫어하게 하는데, 부끄러움을 말하여 중생들이 모

든 감관을 숨겨 보호하게 하며, 위없이 깨끗한 행을 말하고 욕심 세계는 마의 경계라고 말하여 두려움을 내게 하며, 세상의 욕락을 좋아하지 말라고 말하여 법의 즐거움에 머물되 차례차례로 모든 선정과 삼매의 낙에 들어가게 하며, 그들로 하여금 생각하고 관찰하여 모든 번뇌를 멸하게 하며, 또 모든 보살의 삼매 바다와 신통한 힘으로 변화하여 나타나서 자유자재하게 유희함을 말하여 중생들로 하여금 환희하고 기뻐서 모든 근심을 여의고 마음이 깨끗하며 모든 근이 용맹하여 법을 소중하게 여기어 닦아 증장케 하였다.

(6) 또 중생 세계와 같은 갖가지 몸 구름을 내어 그들을 위하여 시방 국토에 가서 부처님과 스승과 선지식에게 공양하고 모든 부처님의 법륜을 받아 지니되 부지런히 정진하고 게으르지 말라고 말하며, 또 모든 여래의 바다를 찬탄하고 모든 법문 바다를 관찰하라고 말하여, 모든 법의 성품과 모양을 나타내 보이며, 모든 삼매의 문을 열며 지혜의 경계를 열고 중생의 의심 바다를 말리며, 지혜의 금강으로 모든 중생의 소견을 깨뜨리게 하며, 지혜의 해가 떠서 중생들의 어리석은 어두움을 파하여 그들이 환희하여 온갖 지혜를 이루게 하였다.

(g) 방편바라밀[方便] (經/又出 15下10)

(h) 서원바라밀[願] (經/又出)

又出等衆生界種種身雲하사 普詣一切衆生之前하사 隨其所應하여 以種種言辭로 而爲說法하시되 或說世間神通福力하며 或說三界가 皆是可怖하사 令其不作世間業行하고 離三界處하여 出見稠林하며 或爲稱讚一切智道하사 令其超越二乘之地하며 或爲演說不住生死하고 不住涅槃하사 令其不着有爲無爲하며 或爲演說住於天宮과 乃至道場하사 令其欣樂發菩提意하여 如是方便으로 敎化衆生하사 皆令究竟得一切智케하니라

又出一切世界微塵數身雲하사 普詣一切衆生之前하사 念念中에 示普賢菩薩의 一切行願하며 念念中에 示淸淨大願이 充滿法界하며 念念中에 示嚴淨一切世界海하며 念念中에 示供養一切如來海하며 念念中에 示入一切法門海하며 念念中에 示入一切世界海微塵數世界海하며 念念中에 示於一切刹에 盡未來劫토록 淸淨修行一切智道하며 念念中에 示入如來力하며 念念中에 示入一切三世方便海하며 念念中에 示往一切刹하여 現種種神通變化하며 念念中에 示諸菩薩一切行願하사 令一切衆生으로 住一切智하여 如是所作이 恒無休息하니라

(7) 또 중생의 세계와 같은 여러 가지 몸 구름을 내어 모든 중생의 앞에 나아가서 그들에게 알맞게 여러 가지 말로 법을 말하는데, 세간의 신통과 복력도 말하고, 세 세계가 모두 무서운 것이라 말하여, 세간의 업을 짓지 말라고 말하여 세 세계를 여의고 소견의 숲에서 벗어나게 하며, 온갖 지혜의 길을 칭찬하여 그들로 하여금 이승의 지위에서 뛰어나게 하

며, 생사에 머물지도 말고 열반에 머물지도 말라고 말하여 함이 있는 데나 함이 없는 데 집착하지 않게 하며, 천궁에 머물거나 내지 도량에 머물라고 말하여 그들로 하여금 보리심을 내게 하나니, 이런 방편으로 중생들을 교화하여 필경에 온갖 지혜를 얻게 하였다.

(8) 또 모든 세계의 티끌 수 몸 구름을 내어 모든 중생의 앞에 나아가 잠깐잠깐마다 보현보살의 모든 행과 원을 보이며, 잠깐잠깐마다 청정한 큰 원이 법계에 가득함을 보이며, 잠깐잠깐마다 모든 세계 바다를 깨끗하게 함을 보이며, 잠깐잠깐마다 모든 여래 바다에 공양함을 보이며, 잠깐잠깐마다 모든 법문 바다에 들어감을 보이며, 잠깐잠깐마다 모든 세계 바다의 티끌 수 세계 바다에 들어감을 보이며, 잠깐잠깐마다 모든 세계에서 오는 세월이 끝나도록 온갖 지혜의 도를 청정하게 수행함을 보이며, 잠깐잠깐마다 여래의 힘에 들어감을 보이며, 잠깐잠깐마다 모든 세 세상의 방편 바다에 들어감을 보이며, 잠깐잠깐마다 모든 세계에 가서 갖가지 신통변화를 나타냄을 보이며, 잠깐잠깐마다 모든 보살의 행과 원을 보여서, 모든 중생으로 하여금 온갖 지혜에 머물게 하여, 이렇게 하는 일이 쉬지 아니하였다.

(i) 힘바라밀[力] (經/又出 16下6)

(j) 지혜바라밀[智] (經/又出)

又出等一切衆生心數身雲하사 普詣一切衆生之前하사 說諸菩薩의 集一切智助道之法에 無邊際力과 求一切智에 不破壞力과 無窮盡力과 修無上行에 不退轉力과 無間斷力과 於生死法에 無染着力과 能破一切諸魔衆力과 遠離一切煩惱垢力과 能破一切業障山力과 住一切劫하여 修大悲行에 無疲倦力과 震動一切諸佛國土하여 令一切衆生으로 生歡喜力과 能破一切諸外道力과 普於世間에 轉法輪力하사 以如是等方便成熟하여 令諸衆生으로 至一切智케하니라

又出等一切衆生心數無量變化色身雲하사 普詣十方無量世界하사 隨衆生心하여 演說一切菩薩智行하시니 所謂說入一切衆生界海智하며 說入一切衆生心海智하며 說入一切衆生根海智하며 說入一切衆生行海智하며 說度一切衆生에 未曾失時智하며 說出一切法界音聲智하며 說念念徧一切法界海智하며 說念念知一切世界海壞智하며 說念念知一切世界海成住莊嚴差別智하며 說念念自在親近供養一切如來하여 聽受法輪智라 示現如是 智波羅蜜하사 令諸衆生으로 皆大歡喜하여 調暢適悅하며 其心淸淨하여 生決定解하며 求一切智하여 無有退轉케하시니라

(9) 또 모든 중생의 마음 수효와 같은 몸 구름을 내어 모든 중생의 앞에 나아가서 보살들이 온갖 지혜를 모으는데 도를 도와주는 법을 말하되, 그지없는 힘과 온갖 지혜를 구하는 데 깨뜨릴 수 없는 힘과 다하지 않는 힘과 위없

는 행을 닦아 물러나지 않는 힘과 중간에 끊어지지 않는 힘과 나고 죽는 법에 물들지 않는 힘과 모든 마의 군중을 파하는 힘과 모든 번뇌의 때를 여의는 힘과 모든 업장의 산을 깨뜨리는 힘과 모든 겁에 있어서 크게 가엾이 여기는 행을 닦는 데 게으르지 않은 힘과 모든 부처님의 국토를 진동하여 모든 중생들을 환희케 하는 힘과 모든 외도를 깨뜨리는 힘과 넓은 세간에서 법륜을 굴리는 힘을 말하여 이런 방편으로 중생들을 성숙하여 온갖 지혜에 이르게 하였다.

(10) 또 중생들의 마음 수효와 같은 한량없이 변화하는 몸 구름을 내어 시방의 한량없는 세계에 나아가서 중생의 마음을 따라 모든 보살의 지혜와 행을 연설하나니, 이른바 모든 중생의 세계 바다에 들어가는 지혜를 말하며, 모든 중생의 마음 바다에 들어가는 지혜를 말하며, 모든 중생의 근성 바다에 들어가는 지혜를 말하며, 모든 중생의 수행 바다에 들어가는 지혜를 말하며, 모든 중생을 제도하되 때를 놓치지 않는 지혜를 말하며, 모든 법계의 음성을 내는 지혜를 말하며, 잠깐 동안마다 모든 법계 바다에 두루하는 지혜를 말하며, 잠깐 동안마다 모든 세계 바다가 무너짐을 아는 지혜를 말하며, 잠깐 동안마다 모든 세계 바다가 이루어지고 머물고 장엄이 차별함을 아는 지혜를 말하며, 잠깐 동안마다 모든 여래를 자재하게 친근하고 공양하며 법륜을 듣는 지혜를 말하며, 이러한 지혜바라밀다를 보이어 중생들을 기쁘게 하며 화창하고 즐겁고

마음이 청정하여 결정한 이해를 내고 온갖 지혜를 구하여 물러남이 없게 하였다.

c) 나머지 법과 유례하여 통하다[類通餘法] (後如 17下8)

如說菩薩의 諸波羅蜜하사 成熟衆生하여 如是宣說一切菩薩의 種種行法하사 而爲利益하니라
보살의 모든 바라밀다를 말하여 중생을 성숙하게 하듯이, 모든 보살의 가지가지 수행하는 법을 말하여 이익하게 하였다.

[疏] 後, 如說菩薩下는 類通餘法이라 種種行法者는 神通과 度生과 菩提分等이니라
- c) 如說菩薩 아래는 나머지 법과 유례하여 통함이다. 갖가지 행법은 신통력으로 중생을 제도함과 보리의 부분법 등이다.

[鈔] 神通度生菩提分等者는 以瑜伽에 有四菩薩行하니 一, 波羅密行이니 上에 已廣竟일새 故列下三이니라
- '신통력으로 중생을 제도함과 보리의 부분법' 등이란『유가사지론』에 네 가지 보살행이 있으니 (1) 바라밀행이니 위에 이미 자세히 밝힘이 끝난 연고로 아래 세 가지로 나열하였다.

b. 근본 행법을 연설하는 몸을 내보이다[出演說本行身] 4.
a) 설법하는 음성을 내보이다[出說法之聲] (二出 19上2)

復於一一諸毛孔中에 出無量種衆生身雲하시니 所謂出
興色究竟天과 善現天과 善見天과 無熱天과 無煩天相
似身雲하며 出少廣과 廣果와 福生과 無雲天相似身雲하
며 出徧淨과 無量淨과 少淨天相似身雲하며 出光音과 無
量光과 少光天相似身雲하며 出大梵과 梵輔와 梵衆天相
似身雲하며 出自在天과 化樂天과 兜率陀天과 須夜摩天
과 忉利天과 及其婇女諸天子衆의 相似身雲하며

出提頭賴吒乾闥婆王과 乾闥婆子와 乾闥婆女의 相似身
雲하며 出毘樓勒叉鳩槃茶王과 鳩槃茶子와 鳩槃茶女의
相似身雲하며 出毘樓博叉龍王과 龍子와 龍女의 相似身
雲하며 出毘沙門夜叉王과 夜叉子와 夜叉女의 相似身雲
하며 出大樹緊那羅王과 善慧摩睺羅伽王과 大速疾力迦
樓羅王과 羅睺阿修羅王과 閻羅法王과 及其子其女의 相
似身雲하며

出諸人王과 及其子其女의 相似身雲하며 出聲聞獨覺과
及諸佛衆의 相似身雲하며 出地神水神火神風神河神海
神山神樹神과 乃至晝夜主方神等의 相似身雲하사 周徧
十方하며 充滿法界하시니라7)

또 낱낱 털구멍 속에서 한량없는 종류의 중생들의 몸 구름
이 나왔다. 이른바 색구경천·선현천·선견천·무열천·
무번천과 비슷한 몸 구름을 내고, 소광천·광과천·복생
천·무운천과 비슷한 몸 구름을 내고, 변정천·무량정천·
소정천과 비슷한 몸 구름을 내고, 광음천·무량광천·소광

---

7) 所謂出興의 興은 麗宋元淸續金本作興, 明宮合綱杭鼓纂本及貞元譯作興 北藏誤作出與.

천과 비슷한 몸 구름을 내고, 대범천·범보천·범중천과 비슷한 몸 구름을 내고, 자재천·화락천·도솔천·수야마천·도리천과 그들의 천녀 천자들과 비슷한 몸 구름을 내었다.

제두뢰타[8] 건달바왕·건달바 아들·건달바 딸과 비슷한 몸 구름을 내고, 비루륵차[9] 구반다왕·구반다 아들·구반다 딸과 비슷한 몸 구름을 내고, 비루박차[10] 용왕·용의 아들·용의 딸과 비슷한 몸 구름을 내고, 비사문 야차왕·야차의 아들·야차의 딸과 비슷한 몸 구름을 내고, 대수 긴나라왕·선혜 마후라가왕·대속질력 가루라왕·라후 아수라왕·염라법왕과 그 아들·딸과 비슷한 몸 구름을 내었다.

사람의 왕과 그 아들과 딸과 비슷한 몸 구름을 내고, 성문과 독각과 부처님들과 비슷한 몸 구름을 내고, 땅 맡은 신·물 맡은 신·불 맡은 신·바람 맡은 신·강 맡은 신·바다 맡은 신·산 맡은 신·나무 맡은 신과, 내지 낮 맡은 신·밤 맡은 신·방위 맡은 신들과 비슷한 몸 구름을 내어 시방에 두루하고 법계에 가득하였다.

[疏] 二, 出演說本行身이라 中에 四니 一, 出能說之聲이요
- b. 근본 행법을 연설하는 몸을 내보임이다. 그중에 넷이니 a) 설법하는 주체의 음성을 내보임이요,

---

8) 提頭賴吒는 동방 지국천왕의 이름으로 건달바신을 거느리고 큰 위덕이 있다. (장아함경 제12권)
9) 毘樓勒叉는 남방 천왕의 이름으로 모든 용왕을 거느리고 큰 위덕이 있다. (上同)
10) 毘樓博叉는 서방 천왕의 이름으로 모든 구반다 귀신을 거느리고 큰 위력이 있다. (上同)

b) 법을 연설하는 음성을 밝히다[明演法之聲] (二 於 19上2)

於彼一切衆生之前에 現種種聲하시니 所謂風輪聲과 水輪聲과 火焰聲과 海潮聲과 地震聲과 大山相擊聲과 天城震動聲과 摩尼相擊聲과 天王聲과 龍王聲과 夜叉王聲과 乾闥婆王聲과 阿修羅王聲과 迦樓羅王聲과 緊那羅王聲과 摩睺羅伽王聲과 人王聲과 梵王聲과 天女歌咏聲과 諸天音樂聲과 摩尼寶王聲이라

저 모든 중생의 앞에서 가지가지 소리를 내었으니, 이른바 바람 둘레 소리·물 둘레 소리·불꽃 소리·바다 조수 소리·땅이 진동하는 소리·큰 산이 서로 부딪치는 소리·하늘 성이 진동하는 소리·마니 구슬이 부딪치는 소리·천왕의 소리·용왕의 소리·용야차왕의 소리·용건달바왕의 소리·용아수라왕의 소리·용가루라왕의 소리·용긴나라왕의 소리·용마후라가왕의 소리·용사람왕의 소리·용범왕의 소리·용천녀들의 노랫소리·용하늘의 음악 소리·용마니보배왕의 소리들이었다.

[疏] 二, 於彼一切衆生下는 明演法之聲이요 三, 以如是等聲下는 顯所說之法이요 四, 如是說時下는 彰說之益이라 前二와 後一은 可知니라
■ b) 於彼一切衆生 아래는 법을 연설하는 음성을 밝힘이요, c) 以如是等聲 아래는 연설할 법을 밝힘이요, d) 如是說時 아래는 설법의 이익을 밝힘이다. 앞의 둘과 뒤의 하나[a) 설법하는 주체의 음성, b) 법을 연설하는 음성, d) 설법의 이익]는 알 수 있으리라.

c) 연설할 법을 밝히다[顯所說之法] 2.
(a) 본래로 행하던 십바라밀[本行十度] (三所 21上3)

以如是等種種音聲으로 說喜目觀察衆生夜神의 從初發心所集功德하시니 所謂承事一切諸善知識하고 親近諸佛하여 修行善法하되 行檀波羅蜜하여 難捨能捨하며 行尸波羅蜜하여 棄捨王位宮殿眷屬하고 出家學道하며 行羼提波羅蜜하여 能忍世間一切苦事와 及以菩薩所修苦行하여 所持正法이 皆悉堅固하여 其心不動하며 亦能忍受一切衆生이 於己身心에 惡作惡說하며 忍一切業하여 皆不失壞하며 忍一切法하여 生決定解하며 忍諸法性하여 能諦思惟하며 行精進波羅蜜하여 起一切智行하여 成一切佛法하며 行禪波羅蜜하여 其禪波羅蜜의 所有資具와 所有修習과 所有成就와 所有淸淨과 所有起三昧神通과 所有入三昧海門을 皆悉顯示하며 行般若波羅蜜하여 其般若波羅蜜의 所有資具와 所有淸淨과 大智慧日과 大智慧雲과 大智慧藏과 大智慧門을 皆悉顯示하며
行方便波羅蜜하여 其方便波羅蜜의 所有資具와 所有修行과 所有體性과 所有理趣와 所有淸淨과 所有相應事를 皆悉顯示하며 行願波羅蜜하여 其願波羅蜜의 所有體性과 所有成就와 所有修習과 所有相應事를 皆悉顯示하며 行力波羅蜜하여 其力波羅蜜의 所有資具와 所有因緣과 所有理趣와 所有演說과 所有相應事를 皆悉顯示하며 行智波羅蜜하여 其智波羅蜜의 所有資具와 所有體性과 所

有成就와 所有淸淨과 所有處所와 所有增長과 所有深入과 所有光明과 所有顯示와 所有理趣와 所有相應事와 所有簡擇과 所有行相과 所有相應法과 所有所攝法과 所知法과 所知業과 所知刹과 所知劫과 所知世와 所知佛出現과 所知佛과 所知菩薩과 所知菩薩心과 菩薩位와 菩薩資具와 菩薩發趣와 菩薩廻向과 菩薩大願과 菩薩法輪과 菩薩簡擇法과 菩薩法海와 菩薩法門海와 菩薩法旋流와 菩薩法理趣인 如是等智波羅蜜의 相應境界를 皆悉顯示하여 成熟衆生하시니라

이런 여러 가지 음성으로써 기쁜 눈으로 중생을 보는 밤 맡은 신이 처음 발심한 적부터 모은 공덕을 말하였으니, 이른 바 모든 선지식을 받들어 섬기며 부처님을 친근하여 착한 법을 수행할 적에, 단나바라밀다를 행하여 버리기 어려운 것을 버리며, 시라바라밀다를 행하여 왕의 지위와 궁전과 권속을 버리고 출가하여 도를 닦으며, 찬제바라밀다를 행하여 세간의 모든 괴로움과 보살이 닦는 고행을 참으며, 가지는 바른 법이 모두 견고하여 마음이 흔들리지 않으며, 모든 중생이 나의 몸과 마음에 나쁜 짓 하고 나쁜 말 하는 것을 능히 참으며, 여러 가지 업을 참아 다 무너뜨리지 않고, 온갖 법을 참아서 결정한 지혜를 내며, 모든 법의 성품을 참아 잘 생각하였다. 정진바라밀다를 행하여 온갖 지혜의 행을 일으키고 모든 불법을 이루며, 선바라밀다를 행하여 그 선바라밀의 있는 도구와 있는 닦아 익힘과 있는 성취와 있는 청정과 있는 삼매의 신통을 일으킴과 있는

삼매 바다에 들어가는 문을 드러내 보이며, 반야바라밀다를 행하여, 반야바라밀다에 있는 도구와 있는 청정과 큰 지혜의 해와 큰 지혜의 구름과 큰 지혜의 광과 큰 지혜의 문을 다 드러내 보였다.

방편바라밀다를 행하여 그 방편바라밀다에 있는 도구·있는 수행·있는 성품·있는 이치·있는 청정·있는 서로 응하는 일을 다 드러내 보이며, 소원바라밀다를 행하여 그 소원바라밀다에 있는 성품·있는 성취·있는 닦아 익힘·있는 서로 응하는 일을 다 드러내 보이며, 힘바라밀다를 행하여 힘바라밀다에 있는 도구·있는 인연·있는 이치·있는 연설·있는 서로 응하는 일을 다 드러내 보였다. 지혜바라밀다를 행하여 그 지혜바라밀다에 있는 도구·있는 성품·있는 성취·있는 청정·있는 처소·있는 자라남·있는 깊이 들어감·있는 광명·있는 드러내 보임·있는 이치·있는 서로 응하는 일·있는 가려냄·있는 행상·있는 서로 응하는 법·있는 거두어 주는 법과 아는 법·아는 업·아는 세계·아는 겁·아는 세상·아는 부처님의 나타나심·아는 부처님·아는 보살·아는 보살의 마음·보살의 지위·보살의 도구·보살의 나아감·보살의 회향·보살의 큰 원·보살의 법류·보살의 가려내는 법·보살의 법의 바다·보살의 법문 바다·보살의 법이 돌아 흐름·보살의 이치 따위의 지혜바라밀다와 서로 응하는 경계를 다 드러내 보여 중생을 성숙하게 하였다.

[疏] 三, 所說法이라 中에 二니 先, 說本行十度行法이요
- c) 연설할 법을 밝힘이다. 그중에 둘이니 (a) 본래로 행하던 십바라밀의 행법을 말함이요,

(b) 나머지 연설할 법과 유례하여 통하다[類通所餘] (後又 21上3)

又說此神의 從初發心으로 所集功德의 相續次第와 所集善根의 相續次第와 所集無量諸波羅蜜의 相續次第와 死此生彼하며 及其名號의 相續次第와 親近善友하고 承事諸佛하여 受持正法하며 修菩薩行하여 入諸三昧하며 以三昧力으로 普見諸佛하며 普見諸刹하며 普知諸劫하여 深入法界하며 觀察衆生하여 入法界海하며 知諸衆生의 死此生彼하며 得淨天耳하여 聞一切聲하며 得淨天眼하여 見一切色하며 得他心智하여 知衆生心하며 得宿住智하여 知前際事하며 得無依無作神足智通하여 自在遊行하여 徧十方刹한 如是所有의 相續次第와 得菩薩解脫하며 入菩薩解脫海하며 得菩薩自在하며 得菩薩勇猛하며 得菩薩遊步하며 住菩薩想하며 入菩薩道한 如是一切所有功德의 相續次第하여 皆悉演說分別顯示하사 成熟衆生하시니라

또 이 밤 맡은 신의 처음 발심한 적부터 모은 공덕의 계속하는 차례와, 익힌 착한 뿌리의 계속하는 차례와, 모든 여러 바라밀다의 계속하는 차례와, 여기서 죽어 저기 나는 이름의 계속하는 차례와, 선지식을 친근하고 부처님을 섬기며

바른 법을 받아 지니고 보살의 행을 닦음을 말하며, 여러 삼매에 들어가서 삼매의 힘으로 널리 부처님을 보고 여러 세계를 보고 여러 겁을 알고 법계에 깊이 들어가 중생을 관찰하며 법계 바다에 들어가 중생들이 여기서 죽어 저기 나는 것을 알며, 청정한 하늘 귀를 얻어 온갖 소리를 듣고, 청정한 하늘 눈을 얻어 모든 빛을 보고, 남의 속 아는 지혜를 얻어 중생들의 마음을 알고, 전생 일 아는 지혜를 얻어 앞의 일을 알고, 의지함도 없고 지음도 없이 뜻대로 움직이는 신통을 얻어 자재하게 다니며 시방세계에 두루하나니, 이러한 일이 계속하는 차례와, 보살의 해탈을 얻고 보살의 해탈 바다에 들어가며, 보살의 자유자재함을 얻고 보살의 용맹을 얻으며 보살의 걸음걸이를 얻고 보살의 생각에 머물고 보살의 도에 들어가는 이러한 모든 공덕이 계속하는 차례를 모두 연설하고 분별하여 보이어서 중생들을 성숙하게 하였다.

[疏] 後, 又說下는 類通所餘行法이라 今初忍中에 惡作은 屬身이요 惡說은 屬口라 禪中에 有六句하니 一, 名體요 二, 資緣이요 三, 造修요 四, 獲益이요 五, 治障이요 六, 起用이라 下之五度는 句雖多少나 例此可知니라 般若中에 日約破闇이요 雲約演法이요 藏顯包含이라 方便中에 體性은 通事理요 理趣는 謂意趣니라 後, 類通餘行中에 具四菩薩行하니 思之니라

■ (b) 又說 아래는 나머지 연설할 법과 유례하여 통함이다. 지금은 (a) (행법을 말함)이니 인욕바라밀 중에 '나쁜 짓 하는 것'은 몸에 속하고,

'나쁜 말 하는 것'은 입에 속한다. 선정바라밀 중에 여섯 구절이 있으니 (1) 이름과 체성 (2) 재물 인연 (3) 나아가 닦음 (4) 얻은 이익 (5) 장애를 다스림 (6) 작용을 시작함이다. 아래 다섯 바라밀에 구절이 비록 많고 적더라도 이것과 유례하면 알 수 있으리라. 반야바라밀 중에서 해는 어둠을 깨뜨림을 잡았고, 구름은 법을 연설함을 잡았고, 광은 포함한 것을 밝힌 내용이다. 방편바라밀 중에 체성은 현상과 이치에 통하고, 이치와 가르침은 생각으로 나아감을 말한다. (b) 유례하여 통함이다. 나머지 행법 중에 네 가지 보살행을 갖추었으니 생각해 보라.

[鈔] 後類通餘行具四菩薩行者는 初, 菩提分法行이니 以從初發心하여 積集功德이 皆助菩提니 是菩提分이니라 二, 入諸三昧下는 卽三昧行이요 三, 得淨天耳下는 卽神通行이요 四, 得菩薩解脫下는 成熟衆生行이라 故로 後結[11]에 云, 分別顯示하여 成熟衆生이라하니라

- (b) 유례하여 통함이니, 나머지 행법 중에 '네 가지 보살행을 갖추었다'는 것은 ㊀ 보리의 부분법의 행이다. 초발심 때부터 적집한 공덕이 모두 보리를 돕는 것이 바로 보리의 부분법이요, ㊁ 入諸三昧 아래는 곧 삼매의 행법이요, ㊂ 得淨天耳 아래는 곧 신통한 행법이요, ㊃ 得菩薩解脫 아래는 중생을 성숙하는 행법이므로 결론하여 말하되, "분별하고 나타내 보여서 중생을 성숙한다"는 뜻이다.

d) 설법의 이익을 밝히다[彰說之益] (四彰 21下8)

---

11) 故後結은 甲本作後結中, 南續金本作結中.

如是說時에 於念念中에 十方各嚴淨不可說不可說諸佛
國土하여 度脫無量惡趣衆生하며 令無量衆生으로 生天
人中하여 富貴自在하며 令無量衆生으로 出生死海하며
令無量衆生으로 安住聲聞辟支佛地하며 令無量衆生으
로 住如來地케 하시니라

이렇게 말할 때에 잠깐잠깐마다 시방으로 각각 말할 수 없이 말할 수 없는 부처님 국토들을 깨끗하게 하며, 한량없는 나쁜 길 중생을 제도하며, 한량없는 중생을 인간과 천상에 나서 부귀하고 자재하게 하며, 한량없는 중생을 생사의 바다에서 벗어나게 하며, 한량없는 중생을 성문이나 벽지불의 지위에 머물게 하며, 한량없는 중생을 여래의 지위에 머물게 하였다.

[疏] 四, 彰說之益이라
- d) 설법의 이익을 밝힘이다.

(ㄴ) 작용으로 얻은 이익을 보다[覩用獲益] 3.
a. 증득한 인연을 밝히다[顯證因緣] (二覩 22上7)
b. 증득해 들어감을 밝히다[正明證入] (次則)
c. 원인을 묻고 해석하다[徵釋所由] (後何)

爾時에 善財童子가 見聞如上所現一切諸希有事하고 念
念觀察하여 思惟解了하며 深入安住하여 承佛威力과 及
解脫力하여 則得菩薩不思議大勢力인 普喜幢自在力解

脫하니 何以故오 與喜目夜神으로 於往昔時에 同修行故며 如來神力의 所加持故며 不思議善根의 所祐助故며 得菩薩諸根故며 生如來種中故며 得善友力의 所攝受故며 受諸如來의 所護念故며 毘盧遮那如來가 曾所化故며 彼分善根이 已成熟故며 堪修普賢菩薩行故니라

이때 선재동자는 위에 나타낸 모든 희유한 일을 보고 듣고는, 생각 생각에 관찰하고 생각하고 이해하여 깊이 들어가 편안하게 머물렀으며, 부처님의 위신의 힘과 해탈의 힘을 받잡고, 보살의 부사의한 큰 세력과 널리 기뻐하는 당기의 자재한 힘을 내는 해탈을 얻었다. 무슨 까닭이냐? 기쁜 눈으로 중생을 관찰하는 밤 맡은 신과 더불어 (1) 옛날에 함께 수행한 연고며, (2) 여래의 신통한 힘으로 가피한 연고며, (3) 부사의한 착한 뿌리로 도와주는 연고며, (4) 보살의 모든 근성을 얻은 연고며, (5) 여래의 종류에 태어난 연고며, (6) 선지식의 힘으로 거두어 주는 연고며, (7) 여래의 호념하심을 받은 연고며, (8) 비로자나여래께서 교화하신 연고며, (9) 저러한 착한 뿌리가 이미 성숙한 연고며, (10) 보현보살의 행을 닦을 만한 연고이니라.

[疏] 二, 覩用獲益이니 卽證入法界라 於中에 三이니 初, 顯證因緣이요 次, 則得下는 正明證入이요 後, 何以下는 徵釋所由니라

■ (ㄴ) 작용으로 얻은 이익을 봄은 곧 법계에 증득하여 들어감이다. 그 중에 셋이니 a. 증득한 인연을 밝힘이요, b. 則得 아래는 증득해 들어감을 밝힘이요, c. 何以 아래는 원인을 묻고 해석함이다.

(ㄷ) 열 게송은 이익을 경하하고 칭찬하다[十偈慶益稱讚] 4.
a. 한 게송은 몸을 나타내어 설법하는 원인[一偈現說之因] (三慶 23上1)

爾時에 善財童子가 得此解脫已하고 心生歡喜하여 合掌
向喜目觀察衆生夜神하여 以偈讚曰,
그때 선재동자는 이 해탈을 얻고 마음이 환희하여 합장하
고 기쁜 눈으로 중생을 관찰하는 밤 맡은 신을 향하여 게송
으로 찬탄하였다.

無量無數劫에   學佛甚深法하사
隨其所應化하여   顯現妙色身이로다
한량없고 수없는 겁 동안에
부처님의 깊은 법 배우고
교화할 만한 이를 따라서
묘한 몸을 나타내시네.

[疏] 三, 慶益稱讚이라 中에 十偈를 分四니 初, 一偈는 現說之因이요
■ (ㄷ) 이익을 경하하고 칭찬함이다. 그중에 열 게송을 넷으로 나누리
니 a. 한 게송은 설법을 나타내는 원인이요,

b. 한 게송은 몸을 나타내어 설법하는 의미[一偈現說之意] (次一 23上1)

了知諸衆生이   沈迷嬰妄想하고
種種身皆現하사   隨應悉調伏이로다

모든 중생들 미혹하고
　　　망상에 빠진 줄 알고
　　　갖가지 몸을 나타내어
　　　마땅한 대로 조복하나니

[疏] 次, 一은 現說之意요
■ b. 한 게송은 몸을 나타내어 설법하는 의미요,

c. 여섯 게송은 몸을 나타내어 설법하는 체성과 양상[六偈現說體相]
　　　　　　　　　　　　　　　　　　(次六 23上2)

　　　法身恒寂靜하여　　　　清淨無二相이로되
　　　爲化衆生故로　　　　　示現種種形이로다
　　　법의 몸 항상 고요해
　　　청정하여 두 모양 없지만
　　　중생들을 교화하기 위하여
　　　가지각색 형상 나타내며

　　　於諸蘊界處에　　　　　未曾有所着이나
　　　示行及色身하사　　　　調伏一切衆이로다
　　　모든 오온·12처·18계에
　　　집착하지 않지만
　　　행동과 육신을 보여
　　　모든 중생을 조복하며

不着内外法하여 　　　　已度生死海로되
而現種種身하사 　　　　住於諸有界로다
안과 밖 모든 법에 집착하지 않고
나고 죽는 바다에서 뛰어났지만
가지가지 몸을 나투어
모든 계에 머물고

遠離諸分別하사 　　　　戱論所不動이로되
爲着妄想者하사 　　　　弘宣十力法이로다
여러 가지 분별 멀리 여의고
희롱거리 언론에 흔들리지 않으나
망상에 집착한 이를 위해
열 가지 힘을 선전하도다.

一心住三昧하사 　　　　無量劫不動이나
毛孔出化雲하사 　　　　供養十方佛이로다
한결같은 마음 삼매에 머물러
한량없는 세월에 동하지 않지만
털구멍으로 변화한 구름 내어
시방 부처님께 공양하고

得佛方便力하사 　　　　念念無邊際하되
示現種種身하사 　　　　普攝諸群生이로다
부처님 방편의 힘을 얻어

생각 생각 그지없는 즈음에
갖가지 몸 나타내어
여러 중생들 붙들어 주고

[疏] 次, 六은 現說體相이니 皆即寂之用이요
- c. 여섯 게송은 나타내어 설법하는 체성과 양상도 모두 고요함과 합치한 작용이요,

d. 두 게송은 몸을 나타내어 설법함에 무애하다[二偈現說無礙]

(後二 23上2)

了知諸有海에　　　　　種種業莊嚴하고
爲說無礙法하사　　　　令其悉淸淨이로다
모든 생사의 바다가
갖가지 업으로 장엄한 줄 알고도
걸림이 없는 법을 말하여
모두 청정케 하며

色身妙無比하사　　　　淸淨如普賢이라
隨諸衆生心하사　　　　示現世間相이로다
형상 있는 몸 짝 없이 묘하고
깨끗하기 보현과 같지만
중생의 마음을 따라
세간의 모든 모양을 보이네.

[疏] 後, 二는 總結現說無礙니라
- d. 두 게송은 몸을 나타내어 설법함에 무애함으로 결론함이다.

ㄷ) (92개 게송은) 발심한 원인을 내보이다[出所因] 2.
(ㄱ) 두 가지 질문을 하다[興二問] (第三 23上8)

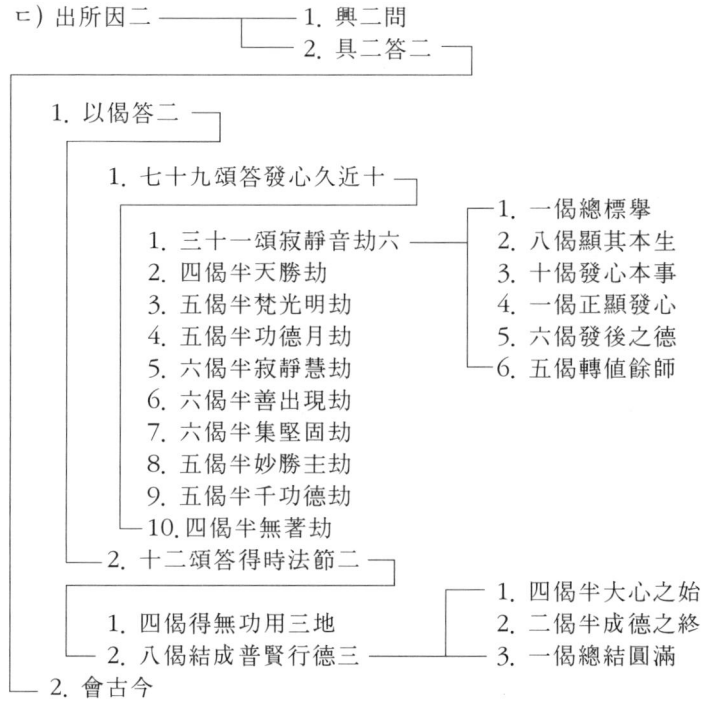

爾時에 善財童子가 說此頌已하고 白言하되 天神이여 汝發阿耨多羅三藐三菩提心이 爲幾時耶하며 得此解脫이 其已久如니잇고 爾時에 喜目觀察衆生主夜神이 以頌答曰,

이때 선재동자는 이 게송을 말하고 밤 맡은 신에게 여쭈었다. "당신이 아눗다라삼약삼보디심을 내신 것은 어느 때이며, 이 해탈을 얻은 지는 얼마나 오래였나이까?" 기쁜 눈으로 중생을 관찰하는 밤 맡은 신이 게송으로 대답하였다.

我念過去世에　　　　　　過於刹塵劫하여
刹號摩尼光이요　　　　　劫名寂靜音이라

생각하건대 지나간 세월
세계의 티끌 수 겁 전에
마니 광명 세계가 있고
겁의 이름은 고요한 음성이라.

[疏] 第三, 爾時善財下는 明出所因이라
■　ㄷ) 爾時善財 아래는 발심한 원인 내보임을 밝힘이다.

(ㄴ) 두 가지를 갖추어 대답하다[具二答] 2.
a. (91개 게송은) 게송으로 대답하다[以偈答] 2.

a) 79개 게송은 발심의 역사를 대답하다[七十九頌答發心久近] 10.
(a) 31개 게송은 적정음겁의 역사[三十一頌寂靜音劫] 6.
㉠ 한 게송은 총합하여 표방하여 거론하다[一偈總標擧] (於中 23上9)

百萬那由他　　　　　　俱胝四天下에
其王數亦爾하여　　　　各各自臨馭어든

그때 백만 나유타 구지의
사천하가 있는데
그런 수효의 임금들이
그 세계들을 통치하였다.

[疏] 於中에 先, 興二問이요 後, 具二答이라 於中에 先, 以偈答이요 後, 會古今이라 前中에 總九十一頌을 分二니 前, 七十九頌은 答發心久近이요 後, 十二頌은 答得法時節이라 前中에 有十復次하니 初, 寂靜音劫은 正是發心之時라 有三十一頌을 分六하니 初, 一偈는 總標요

■ 그중에 (ㄱ) 두 가지 질문을 함이요, (ㄴ) 두 가지를 갖추어 대답함이다. 그중에 a. (91개 게송은) 게송으로 대답함이요, b. 옛과 지금을 회통함이다. a. 중에 총합하여 91개 게송을 둘로 나누리니 a) 79개 게송은 발심의 역사를 대답함이요, b) 12개 게송은 법을 얻은 시절의 법을 대답함이다. a) 중에 열 개의 부차(復次)가 있으니 (a) 31개 게송은 적정음겁을 노래함이니 바로 발심하던 시절이다. 31개 게송을 여섯으로 나누리니 ㉠ 한 게송은 총합하여 표방함이요,

㉡ 여덟 게송은 그 본생담을 밝히다[八偈顯其本生] (二有 24上1)

中有一王都하니　　　　　　號曰香幢寶라
莊嚴最殊妙하여　　　　　　見者皆欣悅하며
그중에 한 나라의 서울은
이름을 향당보라 하는데
장엄이 가장 훌륭하여

보는 이마다 기뻐하였고

中有轉輪王하니 　　　　　其身甚微妙하여
三十二種相에 　　　　　　隨好以莊嚴이라
그 서울에 있는 전륜왕은
그 몸이 아주 아름답고
32가지 거룩한 모습과
여러 가지 잘생긴 모양으로 장엄하여

蓮華中化生 　　　　　　　金色光明身이
騰空照遠近하여 　　　　　普及閻浮界로다
연꽃 속에서 화생하여서
금빛이 찬란한 몸에서
광명이 간 데마다 비치고
염부제에 널리 비치네.

其王有千子하니 　　　　　勇猛身端正이요
臣佐滿一億하니 　　　　　智慧善方便이로다
그 임금의 1천 태자들은
용맹하고 신수가 좋고
1억이나 되는 여러 신하들은
지혜 있고 수단도 좋아

嬪御有十億하니 　　　　　顔容狀天女라

利益調柔意와　　　　　　慈心給侍王이로다
궁녀들은 10억인데
얼굴은 하늘 아가씨라
마음씨 곱고 아름다우며
착한 뜻으로 왕을 모시니

其王以法化로　　　　　　普及四天下하사
輪圍大地中에　　　　　　一切皆豊盛이어든
그 임금 법으로 백성을 교화하여
사천하에 두루 미치고
철위산 안 넓은 국토가
모두 풍성한데

我時爲寶女하니　　　　　具足梵音聲하고
身出金色光하여　　　　　照及千由旬이라
나는 그때 보녀가 되어
범천의 음성을 구족하고
몸에서는 금빛 광명이
1천 유순에 비치었소.

[疏] 二, 有八偈는 顯其本生이요
■ ㈡ 여덟 게송은 그 본생담을 밝힘이요,

㈢ 열 게송은 발심하던 본생의 일[十偈發心本事] (三有 24下 2)

日光旣已沒하고　　　　　音樂咸寂然하여
大王及侍御가　　　　　一切皆安寢이러니
날은 이미 저물고
음악도 고요한데
대왕과 궁녀들은
모두 깊은 잠에 들었고

彼時德海佛이　　　　　出興於世間하사
顯現神通力하사　　　　充滿十方界하시며
그때 덕해 부처님이
세상에 나시어서
신통한 힘을 나투어
시방 세상에 가득하시며

放大光明海를　　　　　一切刹塵數하사
種種自在身이　　　　　徧滿於十方이어든
큰 광명 바다를 놓으니
그 수효 세계의 티끌 수라
가지가지 자재하신 몸이
시방세계에 가득하시고

地震出妙音하여　　　　普告佛興世하니
天人龍神衆이　　　　　一切皆歡喜라
땅이 진동하며 묘한 소리로

부처님 나셨다고 포고하니
하늘·사람·용과 귀신들이
모두 기뻐서 어쩔 줄 모르고

一一毛孔中에　　　　　　出佛化身海하여
十方皆徧滿하여　　　　　隨應說妙法이어늘
낱낱 털구멍에서
부처님 나툰 몸 나와
시방에 가득하여
묘한 법 연설하셨네.

我時於夢中에　　　　　　見佛諸神變하며
亦聞深妙法하고　　　　　心生大歡喜러니
그때 나는 꿈속에서
부처님 신통변화를 보며
미묘한 법문을 듣고
마음으로 기뻐하는데

一萬主夜神이　　　　　　共在空中住하여
讚歎佛興世하여　　　　　同時覺悟我하되
밤 맡은 신 1만 명이
공중에 함께 있어서
부처님 나셨다 찬탄하며
나에게 깨우치는 말이

賢慧汝應起하라　　　　　佛已現汝國이시니
劫海難值遇라　　　　　　見者得淸淨이라하여늘
슬기로운 이여, 빨리 일어나라.
너의 나라에 부처님 나시니
오랜 세월에 만날 수 없고
뵙기만 하면 청정해지나니.

我時便寤寐하여　　　　　卽覩淸淨光하고
觀此從何來하여　　　　　見佛樹王下하니
나는 그때 깨어나
찬란한 광명을 보고
이 광명 어디서 오나 살펴보니
보리수 아래 부처님 계시어

諸相莊嚴體가　　　　　　猶如寶山王하여
一切毛孔中에　　　　　　放大光明海러라
거룩한 모습 장엄하신 몸
보배의 수미산 같으시고
모든 털구멍에서
큰 광명 바다를 놓고 계시네.

[疏] 三, 有十偈는 明發心本事요
■　㈢ 열 게송은 발심하던 본생의 일을 밝힘이요,

㊃ 한 게송은 발심에 대해 밝히다[一偈正顯發心] (四一 24下4)

見已心歡喜하여　　　　便生此念言하되
願我得如佛　　　　　　廣大神通力하여지이다
그것을 보고 마음이 즐거워
이런 생각을 하였으니
나도 부처님처럼
광대한 신통 얻어지이다.

[疏] 四, 一偈는 正顯發心이요
■ ㊃ 한 게송은 발심에 대해 밝힘이요.

㊄ 여섯 게송은 발심한 뒤의 공덕[六偈發後之德] (五六 25上1)

我時尋覺悟　　　　　　大王幷眷屬하여
令見佛光明하니　　　　一切皆欣慶이라12)
그러고 나서 곧
대왕과 권속을 깨워
부처님 광명을 보게 하니
모두들 기뻐하였고

我時與大王과　　　　　騎從千萬億과
衆生亦無量으로　　　　俱行詣佛所하라

---

12) 覺悟의 悟는 麗本作寤, 元明宮淸源杭鼓纂續金本作悟 宋藏準弘昭作寤 準大正作悟.

제39. 입법계품 ⑩ 5) 十地位 (34) 喜目觀察주야신　　91

나는 대왕과 함께
천만억 말 탄 시종들과
한량없는 중생을 데리고
부처님 계신 데 나아가

我於二萬歲에   供養彼如來하되
七寶四天下를   一切皆奉施하니
2만 년이 되도록
그 부처님께 공양하고
칠보와 사천하를
모든 것을 받들어 보시하니

時彼如來說   功德普雲經하사
普應群生心하여   莊嚴諸願海로다
그 부처님께서는
공덕보운경을 말하여
중생들의 마음에 맞추어
소원 바다를 장엄하게 했으며

夜神覺悟我하여   令我得利益일새
我願作是身하여   覺諸放逸者로니
밤 맡은 신이 나를 일깨워
이익을 얻게 하였고
나는 원하기를 이런 몸 얻어

방일한 이를 깨워지이다.

我從此初發　　　　　最上菩提願하여
往來諸有中에　　　　其心無忘失하라
나는 이때에 처음으로
보리를 이루려는 원을 세우고
모든 생사 중에 오가면서
그 마음 잊지 않았네.

[疏] 五, 六偈는 明發後之德이요
■ ⑤ 여섯 게송은 발심한 뒤의 공덕을 밝힘이요,

⑥ 다섯 게송은 나머지 선지식을 전전이 만나다[五偈轉値餘師]
(六有 25上7)

從此後供養　　　　　十億那由佛하고
恒受人天樂하여　　　饒益諸群生하니
나는 그 뒤에
10억 나유타 부처님께 공양하고
항상 천상·인간의 낙을 받으며
여러 중생을 이익하게 했으니

初佛功德海요　　　　第二功德燈이요
第三妙寶幢이요　　　第四虛空智요

첫 부처님은 공덕해
둘째 부처님은 공덕등
셋째는 묘보당
넷째는 허공지

第五蓮華藏이요　　　　　第六無礙慧요
第七法月王이요　　　　　第八智燈輪이요[13]
다섯째는 연화장
여섯째는 무애혜
일곱째는 법월왕
여덟째는 지등륜

第九兩足尊은　　　　　　寶焰山燈王이요
第十調御師는　　　　　　三世華光音이라
아홉째 양족존은
보염산등왕
열째 조어사는
삼세화광음

如是等諸佛을　　　　　　我悉曾供養이나
然未得慧眼하여　　　　　入於解脫海하라
이런 여러 부처님을
내가 모두 공양했으나

---

13) 法月王의 月은 宮本作日誤, 麗宋元明宮淸合綱杭鼓纂續金本及晉譯貞元譯作月.

지혜 눈 얻지 못하여
해탈 바다에 들지 못하고

[疏] 六, 有五偈는 轉值餘佛이라 未得慧眼者는 未得十解正慧明故니라
■ ㈥ 다섯 게송은 나머지 선지식을 전전이 만남이다. '혜안을 얻지 못한다'는 것은 열 가지 이해를 얻어서 바른 지혜로 밝히지 않은 까닭이다.

(b) 네 개 반의 게송은 천승겁의 역사[四偈半天勝劫] (二天 25下4)

從此次第有　　　　　一切寶光刹하니
其劫名天勝이요　　　五百佛興世하시니
그 후부터 차례로
일체보광세계가 있으니
겁의 이름은 천승이요
5백 부처님이 세상에 나셨네.

最初月光輪이요　　　第二名日燈이요
第三名光幢이요　　　第四寶須彌요
첫 부처님은 월광륜
둘째 부처님 이름은 일등
셋째 부처님은 광당
넷째 부처님은 보수미시다.

第五名華焰이요　　　　　　第六號燈海요
第七熾然佛이요　　　　　　第八天藏佛이요
다섯째 부처님은 화염불
여섯째는 등해 부처님
일곱째는 치연불
여덟째는 천장불

九光明王幢이요　　　　　　十普智光王이라
아홉째는 광명왕당
열째는 보지광왕불이다.

如是等諸佛을　　　　　　　我悉曾供養하되
尙於諸法中에　　　　　　　無而計爲有하라
이러한 여러 부처님께
나는 일찍이 공양했으나
그래도 모든 법에 대하여
없는 것을 있다고 생각하였소.

[疏] 二, 天勝劫中에 有四偈半이라 無而計爲有者는 未解卽心自性故라 餘之八劫은 偈數로 可知니라
■ (b) 천승겁의 역사 중에 네 개 반의 게송은 없어도 있다고 계탁함이니, 마음의 자기 체성과 합치함을 알지 못하는 연고며 나머지 여덟 겁은 게송의 숫자로 알 수 있으리라.

[鈔] 未解卽心自性者는 前劫에는 未得自住自分이요 此劫에 未得十住勝
進이라
- '마음의 자기 체성과 합치함을 알지 못한다'는 것은 앞의 적정음겁에
  는 자분행에 자연히 머무름을 얻지 못함이요, 이 천승겁에는 십주 지
  위의 승진행을 얻지 못하였다.

(c) 다섯 개 반의 게송은 범광명겁의 역사[五偈半梵光明劫] (三梵 26上3)

從此復有劫하니　　　　　名曰梵光明이요
世界蓮華燈이라　　　　　莊嚴極殊妙어든
그 뒤에 또 겁이 있으니
이름이 범광명이요
세계의 이름은 연화등
장엄이 매우 훌륭했으며

彼有無量佛하시니　　　　一一無量衆이라
我悉曾供養하고　　　　　尊重聽聞法하니
그 세계의 한량없는 부처님
부처님마다 한량없는 대중들
내가 다 공양하면서
존중하고 법문 들었소.

初寶須彌佛이요　　　　　二功德海佛이요
三法界音佛이요　　　　　四法震雷佛이요

제1은 보수미 부처님
제2는 공덕해 부처님
제3은 법계음 부처님
제4는 법진뢰 부처님

五名法幢佛이요   六名地光佛이요
七名法力光이요   八名虛空覺이요
제5는 법당 부처님
제6은 지광 부처님
제7은 법력광 부처님
제8은 허공각 부처님

第九須彌光이요   第十功德雲이라
제9는 수미광 부처님
제10은 공덕운 부처님

如是等如來를   我悉曾供養하되
未能明了法하여   而入諸佛海하노라
이러한 모든 여래께
나는 다 공양했지만
법을 분명히 알지 못하여
부처님 바다에 들지 못했네.

[疏] 三, 梵光明劫中에 未能明了法者는 未了十行眞實行法故라

■ (c) (다섯 개 반의 게송은) 범광명겁의 역사 중에 '능히 법을 밝게 요달하지 못한다'는 것은 제21. 십행품의 제10. 진실행의 법을 알지 못한 까닭이다.

(d) 다섯 개 반의 게송은 공덕월겁의 역사[五偈半功德月劫]

(四功 26下1)

次後復有劫하니　　　　名爲功德月이요
爾時有世界하니　　　　其名功德幢이어든
그 뒤에 또 겁이 있는데
그 이름 공덕월
그때에 있는 세계는
이름이 공덕당이고

彼中有諸佛하시니　　　八十那由他라
我皆以妙供으로　　　　深心而敬奉하니
그 세계에 나신 부처님
80나유타이신데
나는 미묘한 공양거리로
깊은 마음으로 받들었노라.

初乾闥婆王이요　　　　二名大樹王이요
三功德須彌요　　　　　第四寶眼佛이요
첫째 부처님은 건달바왕

둘째 부처님은 대수왕
셋째는 공덕수미 부처님
넷째는 보안 부처님

第五盧舍那요 　　　　　第六光莊嚴이요
第七法海佛이요 　　　　第八光勝佛이요
다섯째는 노사나불
여섯째는 광장엄불
일곱째는 법해불
여덟째는 광승불

九名賢勝佛이요 　　　　第十法王佛이라
아홉째는 현승불
열째는 법왕불

如是等諸佛을 　　　　　我悉曾供養이나
然未得深智하여 　　　　入於諸法海노라
이러한 여러 부처님을
내가 다 공양했으나
깊은 지혜를 얻지 못하여
법 바다에 들어가지 못하리.

[疏] 四, 功德月劫에 未得善巧廻向深智하여 趣佛智海故니라
- (d) (다섯 개 반의 게송은) 공덕월겁의 역사이니 선교방편으로 회향하여

깊은 지혜로 부처님 지혜 바다에 나아감을 얻지 못한 까닭이다.

(e) 여섯 개 반의 게송은 적정혜겁의 역사[六偈半寂靜慧劫] (五寂 26下8)

此後復有劫하니   名爲寂靜慧요
刹號金剛寶라   莊嚴悉殊妙어든
그 뒤에 또 겁이 있으니
이름이 적정혜라
세계 이름은 금강보인데
장엄이 가장 훌륭해

於中有千佛이   次第而出興하사
衆生少煩惱하고   衆會悉淸淨하니
그 겁 동안에 1천 부처님이
차례차례 나시었으며
중생들은 번뇌가 적고
모인 대중은 모두 청정하였소.

初金剛臍佛이요   二無礙力佛이요
三名法界影이요   四號十方燈이요
제1은 금강제불
제2는 무애력불
제3은 법계영불
제4는 시방등불

第五名悲光이요　　　　　　第六名戒海요
第七忍燈輪이요　　　　　　第八法輪光이요
제5는 비광 부처님
제6은 계해 부처님
제7은 인등륜 부처님
제8은 법륜광 부처님

九名光莊嚴이요　　　　　　十名寂靜光이라
제9는 광장엄 부처님
제10은 적정광 부처님

如是等諸佛을　　　　　　　我悉曾供養하되
猶未能深悟　　　　　　　　如空淸淨法하여
이러한 여러 부처님을
내가 다 공양하였지만
허공처럼 청정한 법을
깊이 깨닫지 못하고

遊行一切刹하여　　　　　　於彼修諸行하라
여러 세계로 다니면서
거기서 수행하였소.

[疏] 五, 寂靜慧劫에 未得地上의 二空眞如인 淸淨法故라
■ (e) (여섯 개 반의 게송은) 적정혜겁의 역사이니, 십지 이상의 두 가지 공

한 진여의 청정한 법을 얻지 못한 까닭이다.

(f) 여섯 개 반의 게송은 선출현겁의 역사[六偈半善出現劫] (六善 27上5)

次第復有劫하니 名爲善出現이요
刹號香燈雲이라 淨穢所共成이어든
그 다음에 있는 겁은
이름이 선출현이고
세계는 향등운인데
정토·예토가 섞이어 되었고

億佛於中現하사 莊嚴刹及劫이라
所說種種法을 我皆能憶持하니
억 부처님 나타나시어
세계와 겁을 장엄하시고
가지가지로 말씀한 법을
나는 다 기억했노라.

初名廣稱佛이요 次名法海佛이요
三名自在王이요 四名功德雲이요
첫 부처님은 광칭불이고
다음은 법해 부처님
제3은 자재왕 부처님
제4는 공덕운 부처님

第五法勝佛이요　　　　　　第六天冠佛이요
第七智焰佛이요　　　　　　第八虛空音이요
제5는 법승불이요
제6은 천관불이며
제7은 지염불이고
제8은 허공음불이라.

第九兩足尊은　　　　　　　名普生殊勝이요
第十無上士는　　　　　　　眉間勝光明이라
제9의 양족존은 이름이 보생수승불
제10의 무상사는 이름이 미간승광명

如是一切佛을　　　　　　　我悉曾供養이나
然猶未能淨　　　　　　　　離諸障礙道하라
이러한 여러 부처님을
내가 다 공양했지만
그러나 청정하게
장애하는 길 여의지 못했고

[疏] 六, 善出現劫에도 未淨修道之障故라
- (f) (여섯 개 반의 게송은) 선출현겁의 역사이니, 도를 닦는 장애를 정화하지 못한 까닭이다.

(g) 여섯 개 반의 게송은 집견고왕겁의 역사[六偈半集堅固劫]

(七集 27下2)

次第復有劫하니　　　　　名集堅固王이요
刹號寶幢王이라　　　　　一切善分布어든
그 다음 겁 이름은
집견고왕이요
세계의 이름은 보당왕이니
모든 것이 잘 널려 있었고

有五百諸佛이　　　　　　於中而出現이어늘
我恭敬供養하여　　　　　求無礙解脫하니
5백 부처님이
거기에 나타나시니
내가 공경하며 공양하여
걸림 없는 해탈을 구했노라.

最初功德輪이요　　　　　其次寂靜音이요
次名功德海요　　　　　　次名日光王이요
맨 처음 부처님은 공덕륜
그 다음은 적정음불이요
셋째 부처님 공덕해시고
넷째 부처님 일광왕

第五功德王이요　　　　　　第六須彌相이요
次名法自在요　　　　　　　次佛功德王이요
다섯째는 공덕왕
여섯째는 수미상이고
다음 부처님 법자재
그 다음도 공덕왕불

第九福須彌요　　　　　　　第十光明王이라
如是等諸佛을　　　　　　　我悉曾供養하여
아홉째가 복수미불이요
열째는 광명왕불이라.
이런 부처님들을
내가 다 공양했으며

所有淸淨道에　　　　　　　普入盡無餘나
然於所入門에　　　　　　　未能成就忍하라
그들의 청정한 길에
남김없이 들어갔으나
그래도 들어가야 할 문에서
지혜를 이루지 못했고

[疏] 七, 集堅固王劫에 未得六地의 緣生深順之忍이니라
- (g) (여섯 개 반의 게송은) 집견고왕겁의 역사이니 제6. 현전지에 인연으로 생겨서 깊이 수순하는 인을 얻지 못한 까닭이다.

[鈔] 未得六地深順之忍者는 六地에 得上品順忍故니라
- '제6. 현전지에 인연으로 생겨서 깊이 수순하는 인을 얻지 못한다'는 것은 제6. 현전지에서 상품의 수순하는 법인을 얻기 때문이다.

(h) 다섯 개 반의 게송은 묘승주겁의 역사[五偈半妙勝主劫] (八妙 27下9)

次第復有劫하니　　　　　名爲妙勝主요
刹號寂靜音이라　　　　　衆生煩惱薄이어든14)
그 다음에 있는 겁은
이름이 묘승주요
세계는 적정음이니
중생들은 번뇌가 얇으며

於中有佛現하시니　　　　八十那由他라
我悉曾供養하여　　　　　修行最勝道하라
그때에 나시는 부처님이
80나유타신데
내가 다 공양하옵고
가장 높은 도를 닦아 행했소.

初佛名華聚요　　　　　　次佛名海藏이요
次名功德生이요　　　　　次號天王髻요
첫 부처님 이름은 화취이고

---

14) 主는 南本作王, 麗宋元明宮淸合綱鼓纂續金本及晉譯作主, 南藏作勝王.

다음 부처님은 해장이며
그 다음은 이름이 공덕생
또 다음은 천왕계 부처님

第五摩尼藏이요　　　　第六眞金山이요
第七寶聚尊이요　　　　第八法幢佛이요
제5는 마니장 부처님이요
제6은 진금산불이며
제7은 보취존 부처님이고
제8은 이름이 법당불이며

第九名勝財요　　　　　第十名智慧라
此十爲上首어늘　　　　供養無不盡하라
제9 부처님 승재라 하고
제10은 이름이 지혜불이니
열 분을 으뜸으로 하여
여러 부처님께 공양하였소.

[疏] 八, 妙勝主劫에 修最勝道者는 六地般若가 爲勝道故니라
- (h) (다섯 개 반의 게송은) 묘승주겁의 역사이니, '가장 뛰어난 도를 수행한다'는 것은 제6. 현전지에 반야로 뛰어난 도를 삼은 까닭이다.

[鈔] 八, 妙勝劫下는 無結說得之言하니 合言未得七地라 而前劫에 但云 修行最勝道라하니 卽是已得六地耳니라

● (h) 妙勝劫 아래는 결론하여 설하는 말씀이 없나니, 합하여 제7. 원행지를 얻지 못했다고 말하더라도 앞의 집견고왕겁에 단지 '가장 뛰어난 도를 수행한다'고 말한 것은 곧 제6. 현전지를 이미 얻은 것일 뿐이다.

(i) 다섯 개 반의 게송은 천공덕겁의 역사[五偈半千功德劫] (九千 28上7)

次第復有劫하니   名曰千功德이요
爾時有世界하니   號善化幢燈이라
그 다음에 있는 겁은
이름이 천공덕이요,
그 겁에 세계 있으니
이름이 선화당등이라.

六十億那由의   諸佛興於世하시니
最初寂靜幢이요   其次奢摩他요
60억 나유타 부처님이
그 세계에 나시었는데
첫 부처님 적정당이요
그 다음은 사마타시며

第三百燈王이요   第四寂靜光이요
第五雲密陰이요   第六日大明이요
셋째는 이름이 백등왕이고

넷째 부처님은 적정광이며
다섯째는 운밀음이요
여섯째는 일대명이라.

七號法燈光이요　　　　　　八名殊勝焰이요
九名天勝藏이요　　　　　　十名大吼音이라
일곱째는 법등광 부처님
여덟째는 수승염 부처님
아홉째는 천승장 부처님
열째는 대후음 부처님이니

如是等諸佛을　　　　　　我悉常供養하되
未得淸淨忍하여　　　　　深入諸法海하라
이러한 여러 부처님들을
내가 항상 공양했으나
청정한 법인을 얻지 못하여
법의 바다에 못 들어갔소.

[疏] 九, 千功德劫에 未得八地의 淨無生忍故라
- (i) (다섯 개 반의 게송은) 천공덕겁의 역사이니, 제8. 부동지의 무생법인을 정화함을 얻지 못한 까닭이다.

(j) 네 개 반의 게송은 무착장엄겁의 역사[四偈半無著劫] (十無 28下3)

次第復有劫하니 　　　名無着莊嚴이요
爾時有世界하니 　　　名曰無邊光이라
다음에 다시 겁이 있으니
이름은 무착장엄이요,
그때에 있던 세계 이름을
무변광이라고 불렀으며

中有三十六 　　　　　那由他佛現하시니
初功德須彌요 　　　　第二虛空心이요
그 겁 동안 부처님 나신 수효는
36나유타 분인데
제1은 공덕수미불
제2는 허공불이요

第三具莊嚴이요 　　　第四法雷音이요
第五法界聲이요 　　　第六妙音雲이요
제3을 구장엄불이라 하고
제4는 법뇌음불
제5는 법계성불
제6은 묘음운불이며

第七照十方이요 　　　第八法海音이요
第九功德海요 　　　　第十功德幢이라
제7은 조시방불이며

제8은 법해음불이요,
제9는 공덕해불이신데
제10은 공덕당불이라.

如是等諸佛을　　　　　我悉曾供養하라
이렇게 많은 부처님들도
내가 모두 다 공양하였소.

[疏] 十, 無着莊嚴劫이니 四頌半이라 但言供養者는 下明得法故라 又前次第에 皆言未得後後하니 則已得前前을 思之니라 亦可初劫에 已得初地하고 未得第二며 乃至第九에 未得第十地하고 第十劫中에 方得圓滿이라 故其劫名이 亦順地義니 如文思之니라

■ (j) 무착장엄겁의 역사이니, 네 개 반의 게송이다. 단지 공양만 말한 것은 아래에 법을 얻음에 대해 밝히려는 까닭이며, 또한 앞은 순서대로 모두 얻지 못했다고 말하였으니, 뒤로 갈수록 이미 앞과 앞을 얻은 것이니 생각해 보라. 또한 겁의 처음에 이미 초지를 얻었지만 제2. 이구지를 얻지 못하고, 나아가 제9. 선혜지에도 아직 제10. 법운지를 얻지는 못하였다. 열 번째 겁 중에라야 비로소 원만함을 얻기 때문이니, 그 겁은 이름도 또한 지에 수순하는 뜻이니 경문과 같이 생각해 보라.

[鈔] 故其劫下는 此是疏家가 復爲一釋이니 以初劫을 名寂靜音하니 已得初地요 二, 天勝劫은 天卽淨義니 亦順離垢요 三, 梵光은 順發光이요 四, 功德月은 順燄慧니 月有光明하여 發光燄故라 五, 寂靜慧는

順禪增故요 六, 善出現은 順善現故요 七, 集堅固王은 功用滿故니 已得方便하여 不可壞故라 八, 勝妙劫은 順於不動이니 無功用故요 九, 千功德은 法師位故요 十, 無着莊嚴은 智慧無着하여 二嚴滿故니라

- 故其劫 아래는 소가가 다시 한 가지 해석을 하였으니 (1) 첫째 겁의 이름은 적정음(寂靜音)이니 이미 초지를 얻은 것이다. (2) 천승겁(天勝劫)에서 하늘은 곧 청정함의 뜻이며, 또한 제2. 이구지를 따른다. (3) 범광겁(梵光劫)은 제3. 발광지를 따르며, (4) 공덕월겁(功德月劫)에서 제4. 염혜지를 따르나니, 달에 광명이 있어서 광명 불꽃을 발한 까닭이다. (5) 적정혜겁(寂靜慧劫)은 선정을 따라 증가하는 연고요, (6) 선출현겁(善出現劫)은 따라서 잘 나타나는 연고요, (7) 집견고왕겁(集堅固王劫)은 공용행이 만족한 연고로 이미 방편이 무너뜨리지 않음을 얻는 연고요, (8) 승묘겁(勝妙劫)은 제8. 부동지의 무공용행을 따르는 연고요, (9) 천공덕겁(千功德劫)은 (제9. 선혜지의) 법사의 지위인 연고요, (10) 무착장엄겁(無着莊嚴劫)은 지혜에 집착이 없어서 두 가지 장엄이 만족한 까닭이다.

b) 12개 게송은 법을 얻은 시절에 대해 대답하다[十二頌答得法時節] 2.
(a) 네 게송은 무공용행의 세 지를 얻다[四偈得無功用三地] (第二 29上8)

次有佛出現하시니　名爲功德幢이라
我爲月面天하여　供養人中主하니
그 다음 나신 부처님은
이름이 공덕당이니

그때에 나는 월면천으로
그 부처님께 공양했더니

時佛爲我說 　　　　　無依妙法門이어늘
我聞專念持하여　　　　出生諸願海하라
그 부처님이 나를 위하여
의지 없는 묘한 법 말씀하시니
나는 그 법문을 듣고
여러 가지 소원을 냈으며

我得淸淨眼과　　　　　寂滅定總持하여
能於念念中에　　　　　悉見諸佛海하며
나는 또 청정한 눈과
고요한 선정, 총지를 얻어
생각 생각마다 능히
여러 부처님을 보았으며

我得大悲藏하여　　　　普明方便眼으로
增長菩提心하여　　　　成就如來力하라
크게 가엾이 여기는 광과
두루 밝은 방편의 눈을 얻어
보리심을 자라게 하고
여래의 힘도 성취하였소.

[疏] 第二, 次有佛出現이라 名爲功德幢下는 答得法時節中은 卽前無着 劫에 得此法也라 於中에 二니 初, 四偈는 得無功用之三地니 謂八地 는 無依大願이요 九地는 滅定總持요 十地는 成如來力이니라

■ b) (12개 게송은) 다음으로 부처님 출현함이 있다. 名爲功德幢 아래는 법을 얻은 시절에 대해 대답함이니, 그중에 곧 앞의 무착장엄겁에 이런 법을 얻은 것이다. 그중에 둘이니 (a) 네 게송은 무공용행의 세 지를 얻음이니 이른바 제8지는 큰 서원에 의지함이 없으며, 제9지는 멸진정의 총지요, 제10지는 여래의 힘을 성취함이다.

(b) 여덟 게송은 보현의 행덕을 결론하다[八偈結成普賢行德] 3.
㊀ 네 개 반의 게송은 대승의 마음을 일으키기 시작하다
  [四偈半大心之始] (後八 29下7)

見衆生顚倒하여　　　　　執常樂我淨하여
愚癡暗所覆로　　　　　　妄想起煩惱하며
중생들이 뒤바뀐 소견으로
항상하고 즐겁고 나이고 깨끗하다 하고
어리석은 데 가리어져
허망하게 번뇌를 일으키며

行止見稠林하고　　　　　往來貪欲海하여
集於諸惡趣에　　　　　　無量種種業하며
나쁜 소견의 숲속에 가고 그치고
탐욕 바다에 쏘다니면서

나쁜 길에서 태어날
한량없는 업을 짓고는

一切諸趣中에　　　　　　隨業而受身하여
生老死衆患과　　　　　　無量苦逼迫하고
여러 가지 길에
업을 따라 태어나서
나고 늙고 죽는 근심과
끝없는 고통에 쪼들리네.

爲彼衆生故로　　　　　　我發無上心하되
願得如十方　　　　　　　一切十力尊이라하여
저러한 중생을 보고
위없는 마음 내가 내어서
시방세계에 계시는
열 가지 힘이신 세존과 같이

緣佛及衆生하여　　　　　起於大願雲하라
부처님과 중생들을 인연으로
큰 서원의 구름 일으키고

[疏] 後, 八은 結成普賢行位라 於中에 三이니 初, 四偈半은 牒擧大心之始요

■ (b) 여덟 게송은 보현의 행덕을 결론함이다. 그중에 셋이니 ㊀ 네 개

반의 게송은 대승의 마음을 일으키기 시작함을 따와서 거론함이요,

㈢ 두 개 반의 게송은 공덕을 성취한 끝[二偈半成德之終] (次二 30上2)

從是修功德하여 　　　　趣入方便道하니
그때부터 공덕을 닦아
방편의 길에 들어갔으며

願雲悉彌覆하여 　　　　普入一切道라
具足波羅蜜하여 　　　　充滿於法界하며
서원의 구름 두루 가득해
모든 도에 널리 들어가서
바라밀다를 구족하고
법계에 충만했으며

速入於諸地 　　　　　　三世方便海하여
一念修諸佛 　　　　　　一切無礙行하노라
여러 가지 지위와
세 세상 방편에 빨리 들어가
모든 부처님의 걸림 없는 행을
한 생각 동안에 모두 닦았소.

[疏] 次, 二偈半은 明成德之終이요
　■　㈢ 두 개 반의 게송은 공덕을 성취한 끝을 밝힘이요,

㊂ 한 게송은 보현의 도를 원만함을 총합 결론하다[一偈總結圓滿]

(後一 30上4)

佛子我爾時에　　　　　得入普賢道하여
了知十法界의　　　　　一切差別門하노라
불자여, 나는 그때에
보현의 도에 들어가서
열 가지 법계의
차별한 문을 분명히 알았소.

[疏] 後, 一偈는 總結圓滿이니 因果圓融하여 初後該徹일새 故入普賢道니라
■ ㊂ 한 게송은 보현의 도를 원만함을 총합 결론함이다. 인행과 과덕이 원융함이니 처음과 나중이 모두 철저한 연고로 보현의 도에 들어간다는 뜻이다.

b. 옛과 지금을 회통하다[會古今] (二結 30下4)

善男子여 於汝意云何오 彼時轉輪聖王名十方主가 能紹隆佛種者는 豈異人乎아 文殊師利童子가 是也며 爾時夜神이 覺悟我者는 普賢菩薩之所化耳라
我於爾時에 爲王寶女러니 蒙彼夜神이 覺悟於我하여 令我見佛하고 發阿耨多羅三藐三菩提心하니 自從是來로 經佛刹微塵數劫토록 不墮惡趣하고 常生人天하여 於一切處에 常見諸佛하며 乃至於妙燈功德幢佛所에 得此大

勢力普喜幢菩薩解脫하여 以此解脫로 如是利益一切衆生하노라

"착한 남자여, 그대는 어떻게 생각하는가? 그때 '시방의 임금'이라는 이름을 가진 전륜성왕으로서 부처의 종자를 이은 이가 어찌 다른 사람이겠는가! 곧 문수사리동자이며, 그때 나를 깨우쳐 준 밤 맡은 신은 보현보살의 화현이니라. 나는 그때에 왕의 딸로서 그 밤 맡은 신의 깨우침을 받고 부처님을 뵈옵고 아뇩다라삼먁삼보디심을 내었으며, 그때부터 세계의 티끌 수 겁을 지내 오면서 나쁜 길에는 떨어지지 않고, 항상 인간이나 천상에 태어나서 모든 곳에서 부처님을 보았으며, 묘등공덕당 부처님 때에 이르러서 이 <큰 세력으로 널리 기쁘게 하는 당기의 보살 해탈>을 얻었고, 이 해탈로써 이렇게 모든 중생을 이익하게 하였느니라."

[疏] 二, 結會古今[15]이니라
- b. 옛과 지금을 회통함이다.

ㄹ. 자신은 겸양하고 뛰어난 분을 추천하다[謙己推勝] (第四 31上7)

善男子여 我唯得此大勢力普喜幢解脫門이어니와 如諸菩薩摩訶薩은 於念念中에 普詣一切諸如來所하여 疾能趣入一切智海하며 於念念中에 以發趣門으로 入於一切諸大願海하며 於念念中에 以願海門으로 盡未來劫하며

---
15) 古今은 原南金本無, 甲續纂本有.

念念出生一切諸行하며 一一行中에 出生一切刹微塵數身하며 一一身이 普入一切法界門하며 一一法界門이 一切佛刹中에 隨衆生心하여 說諸妙行하며 一切刹一一塵中에 悉見無邊諸如來海하며 一一如來所에 悉見徧法界諸佛神通하며 一一如來所에 悉見往劫修菩薩行하며 一一如來所에 受持守護所有法輪하며 一一如來所에 悉見三世一切如來諸神變海하나니 而我云何能知能說彼功德行이리오

"착한 남자여, 나는 다만 이 <큰 세력으로 널리 기쁘게 하는 당기 해탈문>을 얻었거니와 저 보살마하살들이 (1) 잠깐 동안에 모든 여래의 처소에 두루 나아가서 온갖 지혜의 바다에 빨리 들어가는 일과, (2) 잠깐잠깐 동안에 떠나서 나아가는 문으로 모든 큰 서원 바다에 들어가는 일과, (3) 잠깐잠깐 동안에 서원 바다의 문으로 오는 세월이 끝나도록 생각마다 모든 행을 내고 (4) 낱낱 행 가운데서 모든 세계의 티끌 수 몸을 내고, (5) 낱낱 몸으로 모든 법계의 문에 들어가고, (6) 낱낱 법계의 문마다 모든 세계에서 중생의 마음을 따라서 여러 가지 묘한 행을 말하며, (7) 모든 세계의 낱낱 티끌 속마다 그지없는 여래 바다를 보고, (8) 낱낱 여래의 처소마다 법계에 두루한 부처님들의 신통을 보며, (9) 낱낱 여래의 처소마다 지나간 겁에 닦던 보살의 행을 보고, (10) 낱낱 여래의 처소마다 모든 법륜을 받아 가지고 수호하며, (11) 낱낱 여래의 처소마다 세 세상 모든 여래의 신통변화하는 것을 보는 일이야 내가 어떻게 알며 그 공덕의 행을 말

하겠는가?"

[疏] 第四, 謙己推勝을 並可知니라
- ㄹ. 자신은 겸양하고 뛰어난 분을 추천함이니 경문과 함께하면 알 수 있으리라.

ㅁ. 다음 선지식을 지시하다[指示後友] (第五 31上7)
ㅂ. 덕을 사모하여 예배하고 물러가다[戀德禮辭] (經/時善)

善男子여 此衆會中에 有一夜神하니 名普救衆生妙德이니 汝詣彼問하되 菩薩이 云何入菩薩行이며 淨菩薩道리잇고하라
時에 善財童子가 頂禮其足하며 遶無數帀하며 慇懃瞻仰하고 辭退而去하니라

"착한 남자여, 여기 모인 대중 가운데 밤 맡은 신이 있으니, 이름이 보구중생묘덕이라. 그대는 그에게 가서 '보살이 어떻게 보살의 행에 들어가며 보살의 도를 깨끗이 하는가?' 물으라."
이때 선재동자는 그의 발에 엎드려 절하고 수없이 돌고 은근하게 앙모하면서 하직하고 떠났다.

[疏] 第五, 指示後友니 同在證位일새 故云, 於此會中이라 起精進行이 爲普救衆生이요 智僉吉祥을 稱爲妙德이라하니라
- ㅁ. 다음 선지식을 지시함이다. 함께 증득한 지위에 함께 있으므로 이르되, "이 법회 중에서 정진행을 시작하여 널리 중생을 구호하기 위

함이니 지혜 불꽃은 길상하고 묘한 공덕이라 칭한다"라고 하였다.

[師字卷下 終]

大方廣佛華嚴經 제70권
大方廣佛華嚴經疏鈔 제70권 火字卷上

제39 入法界品 ⑪

제39. 법계에 증득해 들어가는 품[入法界品] ⑪

제35. 보구중생(普救衆生)주야신은 전생에 비로자나대위덕세계에서 묘보연화계(妙寶蓮華髻)왕의 딸인 묘덕안녀(妙德眼女)로 법을 깨달은 역사가 있으니 부왕이 게송으로 이르되,

부처님이 세상에 나타나시어	如來出世間하사
그 많은 중생들을 구원하나니	普救諸群生하시니
너희들은 마땅히 빨리 일어나	汝等應速起
부처님 계신 데로 나아가거라.	往詣導師所어다

한량없고 수없는 여러 겁 만에	無量無數劫에야
부처님이 세간에 출현하시어	乃有佛興世하사
깊고 묘한 법문 연설하시니	演說深妙法하여
끝없는 중생들이 이익을 얻네.	饒益一切衆이로다

大方廣佛華嚴經 제70권
大方廣佛華嚴經疏鈔 제70권 火字卷上

제39. 법계에 증득해 들어가는 품[入法界品] ⑪

라) 제35. 보구중생주야신 선지식[普救衆生主夜神] 2.
- 제4. 염혜지(焰慧地)에 의탁한 선지식

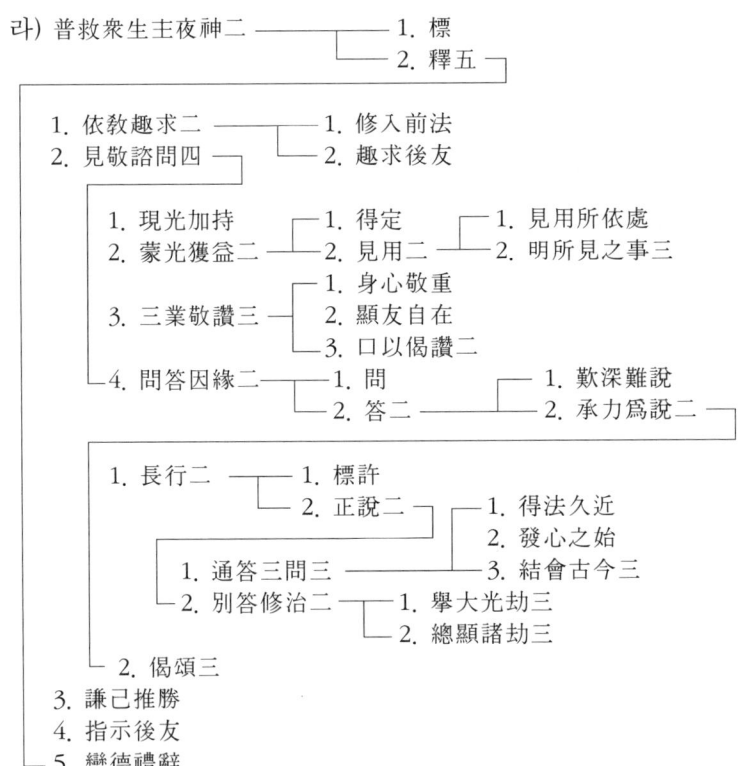

(가) 표방하다[標] (第四 1下2)

[疏] 第四, 普救衆生妙德夜神은 寄焰慧地라
- 라) 제35. 보구중생묘덕주야신은 제4. 염혜지에 의탁한 선지식이다.

[鈔] 寄焰慧者는 謂安住最勝菩提分法하고 燒煩惱薪하여 慧焰增故라
- '제4. 염혜지에 의탁함'이란 이른바 가장 뛰어난 보리분법에 안주하여 번뇌의 섶을 태우고 지혜의 불꽃이 늘어나기 때문이다.

(나) 해석하다[釋] 5.
ㄱ. 선지식의 가르침에 의지하여 나아가 구하다[依敎趣求] 2.

ㄱ) 앞의 법을 닦으며 들어가다[修入前法] (文但 1下4)
ㄴ) 다음 선지식을 나아가 구하다[趣求後友] (後一)

爾時에 善財童子가 於喜目觀察衆生夜神所에 聞普喜幢解脫門하고 信解趣入하며 了知隨順하며 思惟修習하여 念善知識의 所有敎誨하여 心無暫捨하여 諸根不散하며 一心願得見善知識하여 普於十方에 勤求匪懈하며 願常親近하여 生諸功德하며 與善知識으로 同一善根하며 得善知識의 巧方便行하며 依善知識하여 入精進海하며 於無量劫에 常不遠離하여
作是願已하고 往詣普救衆生妙德夜神所하니라
그때 선재동자는 기쁜 눈으로 중생을 보는 밤 맡은 신에게

서 <널리 기쁜 당기의 해탈문>을 듣고는 믿고 이해하고 나아가며, 알고 순종하고 생각하고 익히면서, 선지식의 가르침을 생각하여 마음에 잠깐도 떠나지 않고, 모든 감관이 산란하지 아니하며, 일심으로 선지식을 뵈오려고 시방으로 두루 구하여 게으르지 아니하면서 발원하기를 '항상 가까이 모시어 공덕을 내며, 선지식으로 더불어 착한 뿌리가 같으며, 선지식의 교묘한 방편의 행을 얻으며, 선지식을 의지하여 정진 바다에 들어가서, 한량없는 겁에 항상 떠나지 말아지이다' 하였다.

이렇게 원을 세우고 중생을 널리 구호하는 묘한 덕 밤 맡은 신이 있는 데 나아가니,

[疏] 文但有五하니 二三이 合故라 第一, 依教趣求中에 先, 修入前法이요 後, 一心願得下는 趣求後友니라

■ 경문이 단지 다섯뿐이니 ㄴ. 선재동자를 칭찬하고 법문을 설해 줌[稱讚授法]과 ㄷ. 바로 법계를 보여 줌[正示法界]을 합친 까닭이다. ㄱ. 선지식의 가르침에 의지해 나아가 구함 중에 가) 앞의 법을 닦으며 들어감이요, ㄴ) 一心願得 아래는 다음 선지식을 나아가 구함이다.

ㄴ. 만나서 공경을 표하고 법문을 묻다[見敬諮問] 4.

ㄱ) 광명을 나타내어 가지하다[現光加持] (第二 1下10)

時彼夜神이 爲善財童子하사 示現菩薩調伏衆生解脫神

力하시되 以諸相好로 莊嚴其身하며 於兩眉間에 放大光明하시니 名智燈普照淸淨幢이라 無量光明으로 以爲眷屬하여 其光이 普照一切世間하고 照世間已에 入善財頂하여 充滿其身하니라

그때 밤 맡은 신은 선재동자를 위하여 보살이 '중생을 조복하는 해탈의 신통한 힘'을 보이고, 여러 가지 거룩한 몸매로 몸을 장엄하며, 양미간으로 큰 광명을 놓으니 이름이 지혜 등불 두루 비추는 청정한 당기라, 한량없는 광명으로 권속을 삼았으며, 그 광명이 모든 세간을 비추고는 선재동자의 정수리로 들어가서 온몸에 가득하였다.

[疏] 第二, 時彼夜神下는 聞見法界라 卽合二三이니 謂約善財하면 則是見敬이요 若約夜神所現하면 卽是解脫業用이니 便爲黙授法界라 若約二文開辨하면 則先은 明見敬咨問이요 後, 答因緣이니 方爲正授法界라 今依合科하여 總分爲四니 一, 現光加持요 二, 蒙光獲益이요 三, 三業敬讚이요 四, 問答因緣이라 今初에 調伏衆生解脫이 卽光所依니 是己法門이라 名體는 可知니라

■ ㄴ. 時彼夜神 아래는 법계를 듣고 봄이니 곧 ㄴ. 만나서 공경을 표하고 법문을 물음과 ㄷ. 자신의 법계를 보임을 합한 내용이다. 말하자면 선재를 잡으면 만나서 공경을 표함이요, 만일 야신이 나타낸 것을 잡으면 곧 해탈문의 업과 작용이다. 문득 묵연히 법계를 설해 줌이 된다. 만일 두 경문을 전개하여 밝힘을 잡으면 먼저 ㄴ. 만나서 공경을 표하고 법문을 물음과 ㄷ. 인연에 대답해야만 비로소 법계를 바로 설해 줌이 된다. 지금은 합한 과목을 의지하였으니 총합하여 넷으

로 나누었다. ㄱ) 광명을 나타내어 가지함이요, ㄴ) 광명을 보고 얻은 이익이요, ㄷ) 삼업으로 공경하고 칭찬함이요, ㄹ) 인연에 대해 묻고 대답함이다. 지금은 ㄱ)이니 중생을 조복하는 해탈문이 곧 광명이 의지할 대상이다. 자신의 법문의 이름과 체성은 알 수 있으리라.

ㄴ) 광명을 보고 얻은 이익[蒙光獲益] 2.

(ㄱ) 삼매를 얻다[得定] (第二 2上7)
(ㄴ) 작용을 보다[見用] 2.
a. 작용의 의지처를 보다[見用所依處] (後得)

善財가 爾時에 卽得究竟淸淨輪三昧하고 得此三昧已에 悉見二神兩處中間에 所有一切地塵水塵과 及以火塵과 金剛摩尼衆寶微塵과 華香瓔珞諸莊嚴具의 如是一切所有微塵하며
선재동자는 그때에 '끝까지 청정한 바퀴 삼매'를 얻었으며, 이 삼매를 얻고는 두 밤 맡은 신의 중간에 있는 모든 지대의 티끌·수대의 티끌·화대의 티끌과 금강마니의 여러 보배 티끌과 꽃과 향과 영락과 여러 장엄거리들에 있는 티끌들을 보았으며,

[疏] 第二, 善財爾時下는 蒙光獲益이니 謂得三昧는 見大用故라 於中에 二니 先, 得定이니 謂三業과 六根이 皆離障일새 故云究竟淸淨이니 卽 淨智圓滿이라 摧障爲輪이니 故로 所見無礙니라 後, 得此三昧下는 明

見大用이라 於中에 二니 先, 見用所依處라

- ㄴ) 善財爾時 아래는 광명을 보고 이익을 얻음이니 이른바 삼매를 얻고 큰 작용을 보는 까닭이다. 그중에 둘이니 (ㄱ) 삼매를 얻음이니 이른바 삼업과 육근이 모두 장애를 여읜 까닭으로 '끝까지 청정함'이라 하였으니, 곧 청정한 지혜가 원만하여 장애를 꺾음으로 바퀴를 삼은 연고로 볼 대상이 장애가 없다. (ㄴ) 得此三昧 아래는 큰 작용을 분명하게 보는 것이다. 그중에 둘이니 a. 작용의 의지처를 보는 것이요,

b. 볼 대상의 일을 밝히다[明所見之事] 3.

a) 교화할 곳[所化處] 2.
(a) 부류와 처소를 총합하여 밝히다[總明類處] (後一 3上1)
(b) 미진수 국토를 개별로 설명하다[別明塵刹] (二又)

一一塵中에 各見佛刹微塵數世界成壞하며 及見一切地水火風의 諸大積聚하며 亦見一切世界接連이 皆以地輪으로 任持而持한 種種山海와 種種河池와 種種樹林과 種種宮殿하니 所謂天宮殿과 龍宮殿과 夜叉宮殿과 乃至摩睺羅伽人非人等宮殿屋宅과 地獄畜生閻羅王界一切住處와 諸趣輪轉生死往來와 隨業受報의 各各差別을 靡不悉見하나니라
又見一切世界差別하니 所謂或有世界雜穢하며 或有世界清淨하며 或有世界趣雜穢하며 或有世界趣清淨하며 或有

世界雜穢清淨하며 或有世界清淨雜穢하며 或有世界一向
清淨하며 或有世界其形平正하며 或有覆住하며 或有側住라
낱낱 티끌 속에서 부처님 세계의 티끌 수 세계가 이루어지
고 파괴함을 보았고, 여러 지대·수대·화대·풍대가 뭉쳐
짐도 보고, 또 모든 세계가 한 데 연접하였는데 모두 땅 둘
레로 갖가지 산과 바다와 갖가지 강과 못과 갖가지 나무와
숲을 싣고 있으며, 여러 가지 궁전을 실었으니, 하늘의 궁
전·용의 궁전·야차의 궁전·마후라가의 궁전·사람과
사람 아닌 이의 궁전과 집들이라. 그리고 지옥·축생·염
라왕 세계 따위의 온갖 곳과, 여러 길로 바퀴 돌 듯이 나고
죽고 가고 오고 하면서 업을 짓고 과보 받는 것이 제각기 차
별한 것을 모두 보았다.
또 모든 세계가 차별함을 보니, 어떤 세계는 더럽고 어떤 세
계는 깨끗하고 어떤 세계는 더러운 데로 나아가고 어떤 세
계는 깨끗한 데로 나아가며, 어떤 세계는 더러우면서 깨끗
하고 어떤 세계는 깨끗하면서 더럽고 어떤 세계는 깨끗하
기만 하며, 어떤 세계는 모양이 반듯하고 어떤 세계는 엎어
져 있고 어떤 세계는 모로 있었다.

[疏] 後, 一一塵中下는 明所見事라 於中에 三이니 一, 所化處요 二, 能化
益이요 三, 所化意라 前中에 二니 一, 總明處類요 二, 又見下는 別明
塵中之刹이라 趣雜穢等者는 轉變向染淨故요 雜染清淨者는 染多
故요 下句는 反此라 一向清淨者는 對上二故라 初之二句는 乃是總
明이니라

■ b. 一一塵中 아래는 볼 대상의 일을 밝힘이다. 그중에 셋이니 a) 교화할 곳이요, b) 교화하는 주체의 이익이요, c) 교화할 대상의 의미를 밝힘이다. a) 중에 둘이니 (a) 부류와 처소를 총합하여 밝힘이다. (b) 又見 아래는 미진수 국토를 개별로 설명함이니 '더러운 데로 나아간다'는 것은 구르고 변하여 더럽고 깨끗함으로 향하는 연고요, 잡염과 청정함이란 더러움이 많은 연고니 아래 구절은 이것과 반대이다. 한결같이 청정함은 위의 둘을 상대한 연고요, 처음 두 구절은 비로소 총합하여 밝힘이다.

b) 교화하는 주체의 이익[能化益] 2.
(a) 총합하여 설명하다[總明] (二如 3下3)

如是等一切世界一切趣中에 悉見此普救衆生夜神이 於一切時一切處에 隨諸衆生의 形貌言辭行解差別하사 以方便力으로 普現其前하여 隨宜化度하시니라
이와 같은 여러 세계의 여러 길에서 중생을 널리 구호하는 밤 맡은 신을 보았는데, 온갖 때와 여러 곳에서 여러 중생의 형상과 말과 행동과 이해를 따라서 방편으로 그들의 앞에 나타나서 그들에게 알맞게 교화하였다.

[疏] 二, 如是等下는 明能化益이라 亦二니 先, 總明이요
■ b) 如是等 아래는 교화하는 주체의 이익이니 또한 둘이다. (a) 총합하여 설명함이요,

(b) 개별로 밝히다[別顯] 2.
㊀ 다섯 갈래를 교화하다[化五道] (後令 4上3)
㊁ 구류 중생을 교화하다[化九類] (後又)

令地獄衆生으로 免諸苦毒하며 令畜生衆生으로 不相食噉하며 令餓鬼衆生으로 無有饑渴하며 令諸龍等으로 離一切怖하며 令欲界衆生으로 離欲界苦하며 令人趣衆生으로 離暗夜怖와 毁呰怖와 惡名怖와 大衆怖와 不活怖와 死怖와 惡道怖와 斷善根怖와 退菩提心怖와 遇惡知識怖와 離善知識怖와 墮二乘地怖와 種種生死怖와 異類衆生同住怖와 惡時受生怖와 惡種族中受生怖와 造惡業怖와 業煩惱障怖와 執着諸想繫縛怖하여 如是等怖를 悉令捨離하나니라
又見一切衆生의 卵生胎生濕生化生有色無色有想無想非有想非無想에 普現其前하여 常勤救護하니

(1) 지옥의 중생들은 고통에서 벗어나게 하고 (2) 축생의 중생들은 서로 잡아먹지 않게 하고 (3) 아귀의 중생들은 기갈이 없어지게 하고 (4) 용들은 모든 공포를 여의게 하고 (5) 욕심 세계의 중생들은 욕심 세계의 고통을 여의게 하고, (6) 사람들에게는 캄캄한 밤중의 공포·훼방하는 공포·나쁜 소문나는 공포·대중의 공포·살아갈 수 없는 공포·죽는 공포·나쁜 갈래에 태어날 공포·착한 뿌리 끊어질 공포·보리심에서 물러날 공포·나쁜 동무를 만나게 되는 공포·선지식을 떠나게 되는 공포·이승의 지위에 떨어질 공포·

여러 가지로 생사하는 공포 · 다른 종류들과 함께 있게 되는 공포 · 나쁜 시기에 태어나는 공포 · 나쁜 종족에 태어나는 공포 · 나쁜 업을 짓게 되는 공포 · 업과 번뇌에 장애되는 공포 · 여러 생각에 고집하여 속박되는 공포들을 모두 여의게 하였다.

또 모든 중생으로서 난생 · 태생 · 습생 · 화생 · 형상 있는 것 · 형상 없는 것 · 생각 있는 것 · 생각 없는 것 · 생각 있지도 않고 생각 없지도 않은 것들이 앞에 나타나면 부지런히 구호하는 것을 보았으니,

[疏] 後, 令地獄下는 別顯이라 於中에 先, 化五道요 後, 又見一切衆生下는 明化九類니라

- (b) 令地獄 아래는 개별로 밝힘이다. 그중에 ㊀ 다섯 갈래를 교화함이요, ㊁ 又見一切衆生 아래는 구류 중생을 교화함에 대한 설명이요,

c) 교화하는 의미를 밝히다[明化意] (三爲 4下4)

爲成就菩薩大願力故며 深入菩薩三昧力故며 堅固菩薩神通力故며 出生普賢行願力故며 增廣菩薩大悲海故며 得普覆衆生無礙大慈故며 得普與衆生無量喜樂故며 得普攝一切衆生智慧方便故며 得菩薩廣大解脫自在神通故며 嚴淨一切佛刹故며 覺了一切諸法故며 供養一切諸佛故며 受持一切佛敎故며 積集一切善根하여 修一切妙行故하며 入一切衆生心海하여 而無障礙故며 知一切衆

生諸根하여 敎化成熟故며 淨一切衆生信解하여 除其惡障故며 破一切衆生의 無知黑暗故며 令得一切智淸淨光明故러라

(1) 보살의 큰 서원하는 힘을 성취하려는 연고며, (2) 보살의 삼매의 힘에 깊이 들어가려는 연고며, (3) 보살의 신통한 힘을 굳게 하려는 연고며, (4) 보현의 행과 원의 힘을 내려는 연고며, (5) 보살의 크게 가엾이 여기는 바다를 더 넓게 하려는 연고며, (6) 중생을 두루 덮어 주는 걸림 없이 크게 인자함을 얻으려는 연고며, (7) 중생에게 한량없는 낙을 주려는 연고며, (8) 모든 중생을 널리 거두어 주는 지혜와 방편을 얻으려는 연고며, (9) 보살의 광대한 해탈과 자유자재한 신통을 얻으려는 연고며, (10) 모든 부처의 세계를 깨끗이 장엄하려는 연고며, (11) 모든 법을 분명하게 깨치려는 연고며, (12) 모든 부처님께 공양하려는 연고며, (13) 모든 부처님의 가르침을 받아 지니려는 연고며, (14) 모든 착한 뿌리를 모으고 모든 묘한 행을 닦으려는 연고며, (15) 모든 중생의 마음 바다에 들어가 장애가 없으려는 연고며, (16) 모든 중생의 근성을 알고 교화하여 성숙하게 하려는 연고며, (17) 모든 중생의 믿고 이해함을 깨끗이 하고 나쁜 장애를 없애려는 연고며, (18) 모든 중생의 무지한 어둠을 깨뜨리려는 연고며, (19) 온갖 지혜의 청정한 광명을 얻게 하려는 연고이니라.

[疏] 三, 爲成就下는 明化意中에 爲成諸法이니 通能所化니라

- c) 爲成就 아래는 교화하는 의미를 밝힘 중에 여러 법을 이룸은 교화하는 주체와 대상에 통한다.

ㄷ) 삼업으로 공경하고 칭찬하다[三業敬讚] 3.
(ㄱ) 몸과 마음으로 공경하고 존중하다[身心敬重] (第三 4下8)
(ㄴ) 선지식의 자재한 신통을 밝히다[顯友自在] (二時)

時에 善財童子가 見此夜神의 如是神力不可思議甚深境界인 普現調伏一切衆生菩薩解脫已하고 歡憙無量하여 頭面作禮하여 一心瞻仰하니라 時彼夜神이 卽捨菩薩莊嚴之相하고 還復本形하되 而不捨其自在神力이시니라
이때 선재동자는 이 밤 말은 신의 이런 신통의 힘과 헤아릴 수 없는 깊은 경지와 두루 나타나서 모든 중생을 조복하는 보살의 해탈을 보고, 한량없이 기뻐서 엎드려 예배하고 한결같은 마음으로 우러러보았다. 그때 그 밤 말은 신이 보살의 장엄한 모습을 버리고 본래의 형상을 회복하면서도 그 자유자재한 신통의 힘은 버리지 아니하였다.

[疏] 第三, 時善財童子見此下는 三業敬讚이라 中에 三이니 初, 身心敬重이요 二, 時彼夜神下는 顯友自在요
- ㄷ) 時善財童子見此 아래는 삼업으로 공경하고 칭찬함이다. 그중에 셋이니 (ㄱ) 신업과 의업으로 공경하고 존중함이요, (ㄴ) 時彼夜神 아래는 선지식의 자재한 신통을 밝힘이다.

(ㄷ) 구업으로 노래하여 칭찬하다[口以偈讚] 2.
a. 한 게송은 총상으로 찬탄하다[一偈總] (三爾 6上5)

爾時에 善財童子가 恭敬合掌하고 却住一面하여 以偈讚曰,
이때 선재동자는 공경하고 합장하고 한 곁에 물러가서 게송으로 찬탄하였다.

我善財得見 如是大神力하고
其心生歡喜하여 說偈而讚歎하노이다
이러하게 신통한 힘을
내 선재가 뵈옵고
마음이 환희하여
게송으로 찬탄합니다.

[疏] 三, 爾時下는 口以偈讚이라 二十偈半을 分二니 初偈는 總이요 餘偈는 別이라
- (ㄷ) 爾時 아래는 구업으로 노래하여 칭찬함이다. 20개 반의 게송을 둘로 나누리니 a. 첫 게송은 총상으로 찬탄함이요, b. 나머지 (19개 반의) 게송은 별상으로 찬탄함이다.

b. 19개 반의 게송은 별상으로 찬탄하다[十九偈半別] 2.
a) 아홉 개 반의 게송은 그지없음을 자세하게 밝히다[九偈半廣明無涯]
(別中 6上6)

我見尊妙身이 　　衆相以莊嚴하니
譬如空中星하여 　　一切悉嚴淨이로다
당신의 높으신 몸이
여러 가지 장엄함을 내가 보오니
마치 허공에서 여러 별들이
깨끗하게 단장함과 흡사합니다.

所放殊勝光이 　　無量刹塵數라
種種微妙色으로 　　普照於十方이로다
당신이 놓으시는 훌륭한 광명이
한량없는 세계의 티끌 수 같고
가지가지 아름다운 여러 빛으로
시방의 많은 세계 비추십니다.

一一毛孔放 　　衆生心數光이어든
一一光明端에 　　皆出寶蓮華하고
털구멍마다 중생의 수효처럼
많은 광명을 놓으니
낱낱 광명에서
보배로운 연꽃이 나오고

華中出化身하여 　　能滅衆生苦로다
光中出妙香하여 　　普熏於衆生하고

연꽃에서 나툰 몸이 나와
중생의 고통을 소멸하고
광명에서는 아름다운 향기를 내어
여러 중생에게 널리 풍기며

復雨種種華하여 　　　　　供養一切佛이로다
또 갖가지 꽃을 비 내려
모든 부처님께 공양합니다.

兩眉放妙光하니 　　　　　量與須彌等이라
普觸諸含識하여 　　　　　令滅愚癡暗이로다
눈썹 사이에선 수미산처럼
굉장한 광명을 놓아
여러 중생에게 쏘이니
캄캄한 어리석음 멸하여지고

口放淸淨光하니 　　　　　譬如無量日하여
普照於廣大 　　　　　　　毘盧舍那境이로다
입으로 놓는 깨끗한 광명
한량없는 해와도 같이
광대한 비로자나의 경계를
두루 비추며

眼放淸淨光하니 　　　　　譬如無量月이라

普照十方刹하여 　　悉滅世癡翳로다
눈으로 놓는 깨끗한 광명
한량없는 달과도 같이
시방세계에 널리 비추어
세상의 어리석음 없애며

現化種種身하니 　　相狀等衆生이라
充滿十方界하여 　　度脫三有海로다
갖가지 몸을 나투어 내니
그 모양 중생과 같아
시방세계에 가득하여
세 세계의 중생을 제도

妙身徧十方하사 　　普現衆生前하여
滅除水火賊과 　　　王等一切怖로다
미묘한 몸은 시방에 퍼져
중생들 앞에 두루 나타나
물과 불과 도둑 따위와
국왕들의 온갖 두려움 제하옵기에

[疏] 別中에 二니 初, 九偈半은 明光用無涯요
■ b. (19개 반의 게송은) 별상으로 찬탄함이니니, a) 아홉 개 반의 게송은 그지없음을 자세히 밝힘이요,

b) 열 게송은 가피 입고 얻은 이익[十偈述蒙獲益] 3.
(a) 반의 게송은 공덕을 미루어 근본으로 돌아가다[半偈推功歸本]

(後我 6上6)

我承喜目教하여　　　今得詣尊所니라
나는 기쁜 눈 야신의 가르침 받고
당신 계신 데 나왔나이다.

[疏] 後, 我承下는 述前蒙光獲益이라 於中에 三이니 初, 半偈는 推功歸本이요,

- b) 我承 아래 (열 게송)은 가피 입고 얻은 이익을 말함이다. 그중에 셋이니 (a) 반의 게송은 공덕을 미루어 근본으로 돌아감이요,

(b) 두 개 반의 게송은 얻은 삼매를 말하다[二偈半述得三昧]

(次二 6上7)

見尊眉間相에　　　放大淸淨光하사
당신께서 양미간으로
찬란한 광명을 놓아

普照十方海하여　　　悉滅一切暗하고
顯現神通力하사　　　而來入我身이로다
시방에 두루 비추어

모든 어두움을 멸하시며
　　신통한 힘을 나투어
　　나의 몸에 들여보내니

　　我遇圓滿光하여　　　　　心生大歡喜하고
　　得總持三昧하여　　　　　普見十方佛하이다
　　원만한 광명을 받고
　　나의 마음 매우 기쁘옵니다.
　　다라니와 삼매를 얻고
　　시방의 부처님 두루 뵈오며

[疏] 次, 二偈半은 述得三昧요
■ (b) 두 개 반의 게송은 얻은 삼매를 말함이요,

(c) 일곱 게송은 큰 작용을 봄에 대해 말하다[七偈述見大用] (餘述 6上8)

　　我於所經處에　　　　　　悉見諸微塵하고
　　一一微塵中에　　　　　　各見塵數刹하니
　　내가 지나는 곳마다
　　여러 티끌을 보니
　　낱낱 티끌 속마다
　　티끌 같은 세계를 보게 되는데

　　或有無量刹은　　　　　　一切咸濁穢하여

衆生受諸苦하여 　　　　常悲歎號泣하며
한량없는 어떤 세계들
모두 흐리고 더러워
중생들 고통을 받느라고
항상 울부짖으며

或有染淨刹은 　　　　少樂多憂苦어든
示現三乘像하여 　　　往彼而救度하며
더럽고도 깨끗한 어떤 세계엔
낙은 적고 근심이 많으매
삼승의 형상을 나투고
그곳에 가서 구제하며

或有淨染刹은 　　　　衆生所樂見이라
菩薩常充滿하여 　　　住持諸佛法하며
깨끗하고 더러운 세계에서는
중생들 즐거워하는데
보살이 항상 가득해
부처님 법을 맡아 지니며

一一微塵中에 　　　　無量淨刹海는
毘盧遮那佛의 　　　　往劫所嚴淨이니
하나하나 티끌 가운데
한량없는 세계 있으니

비로자나 부처님께서
지난 세월에 장엄하신 곳

佛於一切刹에　　　　　悉坐菩提樹하사
成道轉法輪하사　　　　度脫諸群生하나니
부처님은 그 많은 세계에서
낱낱이 보리수 아래 앉아서
성도하시고 법륜을 굴려
모든 중생을 제도하시네.

我見普救天이　　　　　於彼無量刹
一切諸佛所에　　　　　普皆往供養하노이다
중생을 널리 구호하는 야신이
저 한량없는 세계에서
부처님 계신 곳마다
나아가 공양함을 내가 봅니다.

[疏] 餘는 述見大用이니라
- (c) (일곱 게송은) 큰 작용을 봄에 대해 말함이다.

ㄹ) 인연에 대해 묻고 답하다[問答因緣] 2.
(ㄱ) 질문하다[問] (第四 6下2)

爾時에 善財童子가 說此頌已하고 白普救衆生妙德夜神

言하되 天神이여 今此解脫이 甚深希有하니 其名何等이
며 得此解脫이 其已久如며 修何等行하여 而得淸淨이니
잇고
이때 선재동자는 이 게송을 말하고, 중생을 널리 구호하는
묘한 덕 밤 맡은 신에게 말하였다. "하늘 신이여, 이 해탈은
깊고 깊어 희유하옵니다. 이름은 무엇이라 하오며, 이 해탈
을 얻으신 지는 얼마나 오래였으며, 어떠한 행을 닦아서 청
정하게 되었나이까?"

[疏] 第四, 問答因緣이라 中에 二니 先, 問이요 後, 答이라 問中에 三이니 一,
問名이니 前來標名은 集經者의 言일새 故此方問이라 二, 問得法久近
이니 欲顯久修德遠故요 三, 問修因淨治니 求入路故니라

- ㄹ) 인연에 대해 묻고 대답함 중에 둘이니 (ㄱ) 질문함이요, (ㄴ) 대
답함이다. (ㄱ) 질문함 중에 셋이니 a. 명칭에 대해 질문함은 앞까지
명칭을 표방하였으니 경전 편집한 이가 말한 연고로 여기서 바야흐
로 질문함이요, b. 법을 깨달은 역사에 대해 질문함이다. 오래 수행
한 덕이 먼 것을 밝히려는 까닭이다. c. 인행을 닦고 깨끗하게 다스
림에 대해 질문함이니 들어가는 길을 구하는 까닭이다.

(ㄴ) 대답하다[答] 2.
a. 심오하여 설하지 못함을 찬탄하다[歎深難說] (後夜 7上3)

夜神이 言하시되 善男子여 是處難知라 諸天及人과 一切
二乘의 所不能測이니 何以故오 此是住普賢菩薩行者境

界故며 住大悲藏者境界故며 救護一切衆生者境界故며 能淨一切三惡八難者境界故며 能於一切佛刹中에 紹隆佛種不斷者境界故며 能住持一切佛法者境界故며 能於一切劫에 修菩薩行하여 成滿大願海者境界故며 能於一切法界海에 以淸淨智光으로 滅無明暗障者境界故며 能以一念智慧光明으로 普照一切三世方便海者境界故니라

밤 맡은 신이 대답하였다. "착한 남자여, 이것은 알기 어려우니, 모든 하늘이나 인간이나 이승들도 헤아리지 못하느니라. 왜냐하면 (1) 이것은 보현보살의 행에 머무른 이의 경계며, (2) 크게 자비한 광에 머무른 이의 경계며, (3) 모든 중생을 구호하는 이의 경계며, (4) 모든 세 가지 나쁜 길과 여덟 가지 어려운 데를 깨끗이 한 이의 경계며, (5) 모든 세계에서 부처의 종자를 계승하여 끊어지지 않게 하는 이의 경계며, (6) 모든 부처의 법에 머물러 지니는 이의 경계며, (7) 온갖 겁 동안에 보살의 행을 닦아 큰 서원을 만족한 이의 경계며, (8) 모든 법계 바다에서 청정한 지혜의 광명으로 무명의 어두운 장애를 멸한 이의 경계며, (9) 잠깐 동안의 지혜 광명으로 온갖 세 세상의 방편 바다를 두루 비추는 이의 경계인 까닭이니라.

[疏] 後, 夜神言下는 答이라 中에 二니 先, 歎深難說이요 後, 我承下는 承力爲說이라 今初니 深相云何오 若約得時하면 時久遠故며 非久近故오 若約修因하면 因行廣故라 若通上二면 契理深故요 若約名說하면 名如體用故라 名者는 實賓이니 難窮實故라 文에 有標와 及徵과 釋하

니 可知니라

- (ㄴ) 夜神言 아래는 대답함 중에 둘이니 a. 심오하여 설하지 못함을 찬탄함이요, b. 我承 아래는 (부처님의) 힘을 받들어 연설함이다. 지금은 a.이니 심오한 양상은 어떠한가? 만일 얻은 때를 잡으면 시절이 오래이고 먼 까닭이며, 오래고 가까움이 아닌 까닭이다. 만일 인행 닦음을 잡으면 인행이 광대한 까닭이다. 만일 위의 둘을 통함은 이치와 계합함이 깊은 까닭이며, 만일 명칭을 설함을 잡으면 명칭이 체성과 작용과 같은 연고며, 이름이 '진실한 손님'인 것은 실법을 궁구하기 어려운 까닭이다. 경문에 표방함과 물음과 해석함이 있으니 알 수 있으리라.

b. (부처님의) 힘을 받들어 연설하다[承力爲說] 2.
a) 장항으로 밝히다[長行] 2.
(a) 허락함을 표방하다[標許] (後承 7上9)

我承佛力하여 **今爲汝說**하리라
내 이제 부처님의 힘을 받자와 그대에게 말하리라.

[疏] 後, 承力爲說이라 中에 先, 長行이요 後, 偈頌이라 前中에 先, 標許라
- b. (부처님의) 힘을 받들어 연설함이다. 그중에 a) 장항으로 밝힘이요, b) 게송으로 노래함이다. a) 중에 (a) 허락함을 표방함이요,

(b) 바로 연설하다[正說] 2.
㉠ 세 가지 질문에 통틀어 대답하다[通答三問] 3.
① 묘덕안녀가 법을 깨달은 역사[得法久近] 10.

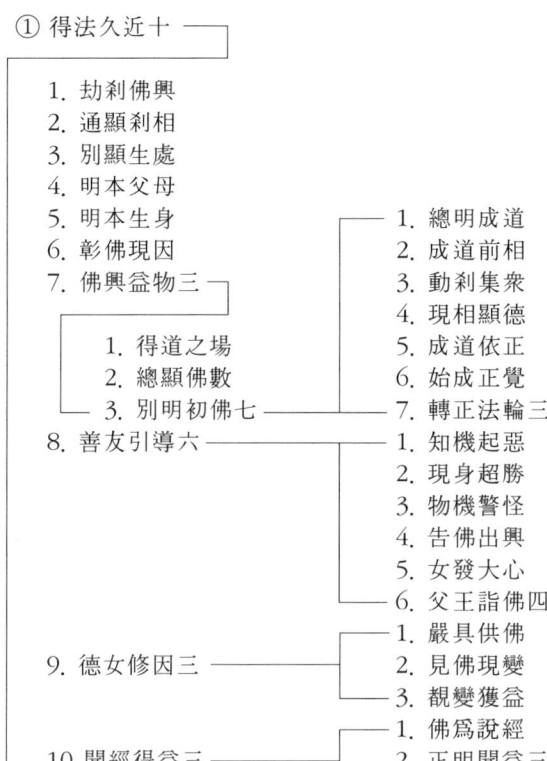

㉮ 지나간 겁과 국토에서 부처님이 출현하시다[劫刹佛興] (後善 9上7)
㉯ 국토의 모습을 통틀어 밝히다[通顯刹相] (二其)

善男子여 乃往古世에 過佛刹微塵數劫하여 爾時有劫하니 名圓滿淸淨이요 世界는 名毘盧遮那大威德이어든 有須彌山微塵數如來가 於中出現하시니라 其佛世界가 以一切香王摩尼寶로 爲體하고 衆寶莊嚴하여 住無垢光明

摩尼王海上하니 其形正圓하여 淨穢合成이라 一切嚴具
帳雲이 而覆其上하고 一切莊嚴摩尼輪山이 千帀圍遶하
며 有十萬億那由他四天下가 皆妙莊嚴하여 或有四天下
엔 惡業衆生이 於中止住하며 或有四天下엔 雜業衆生이
於中止住하며 或有四天下엔 善根衆生이 於中止住하며
或有四天下엔 一向淸淨한 諸大菩薩之所止住러라

착한 남자여, 지나간 옛적 부처 세계의 티끌 수 겁 전에 겁
이 있었으니 이름이 원만청정이요, 세계의 이름은 비로자
나대위덕이니라. 그때 수미산 티끌 수의 여래가 그 세계에
나시었다. 그 부처님의 세계는 일체 향왕 마니보배로 자체
가 되어 여러 보배로 장엄하였으며, 때 없는 광명 마니왕 바
다 위에 머물렀다. 그 형상이 반듯하고 둥글며 깨끗하고 더
러운 것으로 합하여 이루었고, 모든 장엄거리 휘장 구름이
위에 덮이고, 일체장엄마니륜산이 천 겹이나 둘렸으며, 묘
하게 장엄한 10만억 나유타 사천하가 있었다. 어떤 사천하
에는 나쁜 업을 지은 중생들이 살고, 어떤 사천하에는 여러
가지 업을 지은 중생들이 살고, 어떤 사천하에는 착한 뿌리
를 심은 중생들이 살고, 어떤 사천하에는 한결같이 청정한
큰 보살들이 살고 있었다.

[疏] 後, 善男子下는 正說이라 於中에 二니 先, 通答三問이요 後, 別答修
行治淨問이라 今初를 分三이니 一, 答得法久近이요 二, 明發心之始
요 三, 結會古今이라 今初, 十段이니 一, 總擧劫刹佛興이니 已略酬
其久近이요 二, 其佛世界下는 通顯刹相이요

■ (b) 善男子 아래는 바로 연설함이다. 그중에 둘이니 ㊀ 세 가지 질문에 통틀어 대답함이요, ㊁ 과거 수행하여 다스림에 대해 개별로 대답함이다. 지금은 ㊀을 셋으로 나누리니 ① 법을 깨달은 역사에 대해 대답함이요, ② 발심의 시작을 밝힘이요, ③ 옛과 지금을 결론하여 회통함이다. 지금은 ①은 열 문단이니 ㉮ 지나간 겁과 국토에서 부처님 출현을 총합하여 거론함이니, 이미 그 역사를 간략히 대답함이다. ㉯ 其佛世界 아래는 국토의 모습을 통틀어 밝힘이요,

㉰ 태어난 처소를 개별로 밝히다[別顯生處] (三此 9上10)

此界東際輪圍山側에 有四天下하니 名寶燈華幢이라 國界淸淨하고 飮食豊足하며 不藉耕耘하고 而生稻粱하며 宮殿樓閣이 悉皆奇妙하며 諸如意樹가 處處行列하며 種種香樹가 恒出香雲하며 種種鬘樹가 恒出鬘雲하며 種種華樹가 常雨妙華하며 種種寶樹가 出諸奇寶하여 無量色光이 周帀照耀하며 諸音樂樹가 出諸音樂하여 隨風吹動하여 演妙音聲하며 日月光明摩尼寶王이 普照一切하여 晝夜受樂하여 無時間斷하며 此四天下에 有百萬億那由他諸王國土하고 一一國土에 有千大河가 周帀圍遶어든 一一皆以妙華覆上하여 隨流漂動에 出天樂音하며 一切寶樹로 列植其岸하고 種種珍奇로 以爲嚴飾하고 舟船來往에 稱情戱樂하며 一一河間에 有百萬億城하고 一一城에 有百萬億那由他聚落하여 如是一切城邑聚落에 各有無量百千億那由他宮殿園林이 周帀圍遶하며 此四天下

閻浮提內에 有一國土하니 名寶華燈이니 安隱豊樂하여 人民熾盛이라 其中衆生이 具行十善하니라

이 세계의 동쪽 윤위산 곁에 한 천하가 있으니 이름이 '보배 등불 꽃 당기'라. 나라 안이 청정하고 음식이 풍족하여 농사를 짓지 않아도 벼와 기장이 저절로 나고, 궁전과 누각이 모두 기묘하고, 여러 여의수가 간 데마다 줄을 지었으며, 여러 가지 향나무에서는 향 구름이 항상 나고, 여러 가지 화만 나무에서는 화만 구름이 나고, 여러 가지 꽃나무에서는 아름다운 꽃이 내리고, 여러 가지 보배 나무에서는 신기한 보배가 나서 한량없는 빛이 두루 비추고, 여러 가지 음악 나무에서는 모든 음악이 나오는데 바람이 부는 대로 묘한 음악을 연주하며, 일월광명 마니보배가 모든 것에 비추어 밤낮으로 받는 쾌락이 끊이지 아니하였다. 이 사천하에 백만억 나유타 나라가 있고, 나라마다 1천의 큰 강이 있어 둘러 흐르는데, 강마다 묘한 꽃이 위에 덮이어 물이 흐르는 대로 흔들려서 하늘 풍류를 내며, 모든 보배 나무가 강 언덕에 줄지어 섰는데 갖가지 보배로 꾸미었고, 오고 가는 배들이 마음에 들어 즐거웠다. 강과 강 사이마다 백만억 도성이 있고, 도성마다 백만억 나유타 마을이 있으며, 그러한 도성과 마을에는 각각 한량없는 백천억 나유타 궁전과 숲 동산이 둘리어 있었다. 이 사천하의 염부제에 한 나라가 있으니 이름이 보배 꽃 등불이요 태평하고 풍부하여 백성이 번성하였으며, 거기 있는 중생들은 열 가지 착한 일을 행하였다.

[疏] 三, 此界東際下는 別顯生處요
- ㈐ 此界東際 아래는 태어난 처소를 개별로 밝힘이요,

㈑ 본생의 부모를 밝히다[明本父母] (四有 9下1)
㈒ 본생의 몸을 밝히다[明本生身] (五其)

有轉輪王이 於中出現하니 名毘盧遮那妙寶蓮華髻라 於蓮華中에 忽然化生하여 三十二相으로 以爲嚴好하고 七寶具足하여 王四天下에 恒以正法으로 敎導群生하며 王有千子하니 端正勇健하여 能伏怨敵하며 百萬億那由他 宮人婇女가 皆悉與王으로 同種善根하며 同修諸行하며 同時誕生하니 端正姝妙가 猶如天女하며 身眞金色이라 常放光明하며 諸毛孔中에 恒出妙香하며 良臣猛將이 具足千億하며 王有正妃하니 名圓滿面이라 是王女寶가 端正殊特하여 皮膚金色이요 目髮紺靑하며 言同梵音하고 身有天香하며 常放光明하여 照千由旬하니라 其有一女하니 名普智焰妙德眼이라 形體端嚴하고 色相殊美하여 衆生見者가 情無厭足이러라

그 나라에 '비로자나 묘한 보배 연꽃 상투'라는 전륜왕이 나는데, 연꽃 속에 화생하여 서른둘의 거룩한 모습으로 장엄하였고, 칠보가 구족하며 사천하에 왕이 되어 바른 법으로 중생을 교화하였다. 왕에게는 1천 아들이 있으니 단정하고 용맹하여 적들을 항복받으며, 또 백만억 나유타 궁녀와 채녀들이 있으니 왕과 함께 착한 뿌리를 심었고 모든 행을 함

께 닦았으며, 한꺼번에 탄생하여 단정하고 아름답기가 하늘 아씨와 같으며, 몸은 금빛이요 항상 광명을 놓으며, 여러 털구멍으로는 항상 아름다운 향기를 풍겼다. 어진 신하와 용맹한 대장이 천억이나 되며, 왕의 부인은 이름을 '원만한 얼굴'이라 하는데, 이는 왕의 여보(女寶)로서 단정하고 아름다우며, 살결이 금빛이요 눈과 머리카락이 검푸르고, 말소리는 범천의 음성과 같고 몸에는 하늘 향기를 풍기며, 항상 광명을 놓아 1천 유순을 비추었다. 그 딸의 이름은 '넓은 지혜 불꽃 묘한 덕의 눈'이니, 형상이 단정하고 빛깔이 아름다워서 보는 중생들이 싫은 줄을 몰랐다.

[疏] 四, 有轉輪王下는 明本生父母요 五, 其有一女下는 明本生身이요
■ ㉔ 有轉輪王 아래는 본생의 부모를 밝힘이요, ㉕ 其有一女 아래는 본생의 몸을 밝힘이요,

㉕ 부처님의 현재의 원인을 밝히다[彰佛現因] (六爾 9下2)

爾時에 衆生이 壽命無量하며 或有不定而中天者하며 種種形色과 種種音聲과 種種名字와 種種族姓과 愚智勇怯과 貧富苦樂의 無量品類가 皆悉不同이러니 時或有人이 語餘人言하되 我身은 端正하고 汝形은 鄙陋라하여 作是語已하고 遞相毀辱하여 集不善業하니 以是業故로 壽命色力과 一切樂事가 悉皆損減하나니라
그때 중생들의 수명은 한량이 없지마는 어떤 중생은 일정

하지 않아서 일찍 죽는 이도 있으며, 얼굴도 갖가지, 음성도 갖가지, 이름도 갖가지, 성씨도 갖가지이며, 어리석은 이 · 지혜 있는 이 · 용맹한 이 · 겁약한 이 · 가난뱅이 · 부자 · 괴로운 이 · 즐거운 이들이 종류가 한량없으며 어떤 사람은 다른 이에게 말하기를 "내 몸은 단정한데 네 얼굴은 더럽다"고 나무라면서 서로 헐뜯고 욕설하며 나쁜 업을 지으며, 이러한 업을 짓는 연고로 수명과 혈색과 기운과 모든 쾌락이 모두 감하기도 하였다.

[疏] 六, 爾時衆生下는 衆生起惡이 爲佛現因이요 七, 時彼城北下는 佛興益物이요 八, 時普賢下는 明善友引導요 九, 時轉輪王女下는 明德女修因이요 十, 普智寶燄下는 聞經得益이라 前六은 可知니라

■ ㈐ 爾時衆生 아래는 중생이 악업을 일으킴이니 부처님의 현재의 원인을 밝힘이다. ㈑ 時彼城北 아래는 부처님이 출현하여 중생에게 이익 줌이요, ㈒ 時普賢 아래는 선지식의 인도를 받음을 밝힘이요, ㈓ 時轉輪王女 아래는 묘덕안녀가 인행 닦음을 밝힘이요, ㈔ 普智寶燄 아래는 경문을 듣고 이익을 얻음이다. 앞의 여섯 과목은 알 수 있으리라.

㈑ 부처님이 출현하여 중생에게 이익 주다[佛興益物] 3.
㉠ 도를 깨달은 도량[得道之場] (就第 10上5)
㉡ 부처님 숫자를 총합하여 밝히다[總顯佛數] (二須)

時彼城北에 有菩提樹하니 名普光法雲音幢이라 以念念出現一切如來道場莊嚴堅固摩尼王으로 而爲其根하고

一切摩尼로 以爲其幹하고 衆雜妙寶로 以爲其葉하여 次第分布하여 並相稱可하며 四方上下에 圓滿莊嚴하며 放寶光明하고 出妙音聲하여 說一切如來甚深境界하며 於彼樹前에 有一香池하니 名寶華光明演法雷音이라 妙寶爲岸하고 百萬億那由他寶樹圍遶하니 一一樹形이 如菩提樹하여 衆寶瓔珞이 周帀垂下하며 無量樓閣이 皆寶所成이라 周徧道場하여 以爲嚴飾하며 彼香池內에 出大蓮華하니 名普現三世一切如來莊嚴境界雲이라16) 須彌山微塵數佛이 於中出現하시니

그때 성 북쪽에 보리수가 있으니 이름이 '넓은 빛 법 구름 음성 당기'라, 잠깐잠깐마다 모든 여래의 도량에 나타나서 견고하게 장엄하니, 마니왕으로 뿌리가 되고 온갖 마니로 줄기가 되고 여러 가지 보배로 잎이 되어 차례차례 피어서 서로 어울렸으며, 상하 사방에 원만하게 장엄하여 보배 광명을 놓고 묘한 음성을 내어 모든 여래의 깊은 경계를 연설하였다. 그 보리수 앞에 향물 못이 있으니 이름은 '보배 꽃 광명으로 법을 말하는 우레 소리'였다. 묘한 보배로 언덕이 되고, 백만억 나유타 보배 나무가 둘러섰는데, 나무마다 모양이 보리수와 같고, 보배 영락을 드리웠으며, 보배로 이루어진 한량없는 누각이 도량에 두루하여 장엄하게 꾸몄으며, 그 향물 못에 큰 연화가 솟았으니 이름이 세 세상 모든 여래의 장엄한 경계를 나타내는 구름이었다. 수미산 티끌 수의 부처님이 거기 나타나셨는데,

---

16) 而爲其根의 而는 續金本作以, 麗宋元明淸合綱杭鼓纂本及貞元譯作而.

[疏] 就第七, 佛興益物이라 中에 三이니 一, 明得道之場이라 二, 須彌山下는 總顯佛數라

■ ㈐ 부처님이 출현하여 중생에게 이익 줌에 입각한 중에 셋이니 ㉠ 도를 깨달은 도량을 밝힘이요, ㉡ 須彌山 아래는 부처님 숫자를 총합하여 밝힘이요,

㉢ 첫 부처님을 개별로 밝히다[別明初佛] 7.
ⓐ 성도에 대해 총합하여 밝히다[總明成道] (三其 10上10)
ⓑ 도를 이루기 전의 모습[成道前相] (二其)

其第一佛은 名普智寶焰妙德幢이라 於此華上에 最初得阿耨多羅三藐三菩提하사 無量千歲에 演說正法하여 成熟衆生하시니라 其彼如來가 未成佛時에 十千年前에 此大蓮華가 放淨光明하니 名現諸神通成熟衆生이라 若有衆生이 遇斯光者면 心自開悟하여 無所不了하여 知十千年後에 佛當出現하며 九千年前에 放淨光明하니 名一切衆生離垢燈이라 若有衆生이 遇斯光者면 得淸淨眼하여 見一切色하여 知九千年後에 佛當出現하며 八千年前에 放大光明하니 名一切衆生業果音이라 若有衆生이 遇斯光者면 悉得自知諸業果報하여 知八千年後에 佛當出現하며 七千年前에 放大光明하니 名生一切善根音이라 若有衆生이 遇斯光者면 一切諸根이 悉得圓滿하여 知七千年後에 佛當出現하며 六千年前에 放大光明하니 名佛不思議境界音이라 若有衆生이 遇斯光者면 其心廣大하여

普得自在하여 知六千年後에 佛當出現하며 五千年前에 放大光明하니 名嚴淨一切佛刹音이라 若有衆生이 遇斯光者면 悉見一切淸淨佛土하여 知五千年後에 佛當出現하며 四千年前에 放大光明하니 名一切如來境界無差別燈이라 若有衆生이 遇斯光者면 悉能往覲一切諸佛하여 知四千年後에 佛當出現하며 三千年前에 放大光明하니 名三世明燈이라 若有衆生이 遇斯光者면 悉能現見一切如來諸本事海하여 知三千年後에 佛當出現하며 二千年前에 放大光明하니 名如來離翳智慧燈이라 若有衆生이 遇斯光者면 則得普眼하여 見一切如來神變과 一切諸佛國土와 一切世界衆生하여 知二千年後에 佛當出現하며 一千年前에 放大光明하니 名令一切衆生見佛集諸善根이라 若有衆生이 遇斯光者면 則得成就見佛三昧하여 知一千年後에 佛當出現하며 次七日前에 放大光明하니 名一切衆生歡喜音이라 若有衆生이 遇斯光者면 得普見諸佛하고 生大歡喜하여 知七日後에 佛當出現이니라

첫 부처님의 이름은 보지보염묘덕당이라, 이 연화 위에서 처음으로 아눗다라삼약삼보디를 얻었고, 한량없는 천년 동안 바른 법을 연설하여 중생을 성숙시켰느니라. 저 여래가 성불하기 10천 년 전에 이 연화에서 깨끗한 광명을 놓았으니 이름은 '신통을 나타내어 중생을 성숙함'이라. 만일 중생이 이 광명을 만난 이는 마음이 열리어 알지 못함이 없으며, 10천 년 뒤에 부처님이 나실 것을 알았느니라. 9천 년 전에

깨끗한 광명을 놓았으니 이름은 '중생의 때를 여읜 등불'이라, 만일 중생이 이 광명을 만난 이는 청정한 눈을 얻어 모든 빛을 보았으며, 9천 년 뒤에 부처님이 나실 것을 알았느니라. 8천 년 전에 큰 광명을 놓았으니 이름은 '모든 중생의 업을 지어 과보 받는 음성'이라, 만일 중생이 이 광명을 만난 이는 모든 업의 과보를 모두 알았으며, 8천 년 뒤에 부처님이 나실 것을 알았느니라. 7천 년 전에 큰 광명을 놓았으니 이름은 '모든 착한 뿌리를 내는 음성'이라, 만일 중생이 이 광명을 만난 이는 모든 근이 다 원만하였으며, 7천 년 뒤에 부처님이 나실 것을 알았느니라. 6천 년 전에 큰 광명을 놓았으니 이름은 '부처의 부사의한 경계의 음성'이라, 만일 중생이 이 광명을 만난 이는 마음이 광대하여 자재함을 두루 얻었으며, 6천 년 뒤에 부처님이 나실 것을 알았느니라. 5천 년 전에 큰 광명을 놓았으니 이름은 '모든 부처 세계를 깨끗이 하는 음성'이라, 만일 중생이 이 광명을 만난 이는 모든 부처님의 청정한 국토를 보았으며, 5천 년 뒤에 부처님이 나실 것을 알았느니라. 4천 년 전에 큰 광명을 놓았으니 이름은 '모든 여래의 경계가 차별 없는 등불'이라, 만일 중생이 이 광명을 만난 이는 모두 여러 부처님을 가서 뵈었으며, 4천 년 뒤에 부처님이 나실 것을 알았느니라. 3천 년 전에 큰 광명을 놓았으니 이름은 '세 세상의 밝은 등불'이라, 만일 중생이 이 광명을 만난 이는 모든 여래의 본래 일 바다를 다 보았으며, 3천 년 뒤에 부처님이 나실 것을 알았느니라. 2천 년 전에 큰 광명을 놓았으니 이름은 '여래의 가림을 여읜 지혜 등불'이라, 만일 중생이 이 광명을 만난 이는 넓은 눈을 얻어 모든 여래의 신통변화와 모든 부처의 국토와 모든 세계의 중생을 보았으며, 2천 년 뒤에 부처님이 나실 것을 알았느니라. 1천 년 전에 큰 광명을 놓았으니 이름은 모든 중생이 부처님을 뵈옵고 착한 뿌리를 모으게 함이라, 만일 중생이 이 광명을 만난 이는 부처님을 보는 삼매를 성취하였고, 1천 년 뒤에 부처님이 나실 것을 알았느니라. 나중 7일 전에 큰 광명을 놓았으니 이름은 '모든 중생의 기뻐하는 음성'이라, 만일 중생이 이 광명을 만난 이는 여러 부처님을 두루 뵈옵고 크게 환희하였으며, 7일 후에 부처님이 나실 것을 알았느니라.

[疏] 三, 其第一下는 別明初佛이라 於中에 七이니 一, 總明成道요 二, 其彼如來下는 成道前相이니 謂放光調機가 有十一重이라 一一重中에 各有光名과 業用成益이니 以益對名하여 可以思準이니라 若約表法인대 則前十은 爲次第十度光이요 後一은 爲圓融十度光이라 以此照心에 則自智出現이니라

■ ㉢ 其第一 아래는 첫 부처님을 개별로 밝힘이다. 그중에 일곱 과목이니 ⓐ 성도에 대해 총합하여 밝힘이요, ⓑ 其彼如來 아래는 도를 이루기 전의 모습이다. 말하자면 광명을 놓아 근기를 조복할 적에 11 가지 거듭함이 있나니, 하나하나 거듭함 중에 각기 광명의 이름이 있고, 업과 작용으로 이익을 성취하였다. 이익으로 명칭과 상대하면 생각으로 준해 볼 수 있다. 만일 표한 법을 잡으면 앞의 열 가지는 순서대로 십바라밀의 광명이 되고, 뒤의 하나는 원융문의 십바라밀 광

명이 되나니, 이것으로 마음을 비추면 지혜로부터 출현한 까닭이다.

ⓒ 국토를 진동하니 인연 대중이 모이다[動刹集衆] (三滿 12上3)
ⓓ 모양을 나타내어 덕을 밝히다[現相顯德] (四爾)

滿七日已에 一切世界가 悉皆震動하여 純淨無染하여 念念普現十方一切淸淨佛刹하며 亦現彼刹種種莊嚴하니 若有衆生이 根性淳熟하여 應見佛者면 咸詣道場이러라 爾時彼世界中에 一切輪圍와 一切須彌와 一切諸山과 一切大海와 一切地와 一切城과 一切垣牆과 一切宮殿과 一切音樂과 一切語言이 皆出音聲하여 讚說一切諸佛如來神力境界하며 又出一切香雲과 一切燒香雲과 一切末香雲과 一切香摩尼形像雲과 一切寶焰雲과 一切焰藏雲과 一切摩尼衣雲과 一切瓔珞雲과 一切妙華雲과 一切如來光明雲과 一切如來圓光雲과 一切音樂雲과 一切如來願聲雲과 一切如來言音海雲과 一切如來相好雲하여 顯示如來出現世間不思議相이러라

7일이 찬 후에 모든 세계가 다 진동하며 순일하게 깨끗하여 더러움이 없었으며, 잠깐 동안마다 시방의 모든 청정한 세계를 나타내었으며, 저 세계의 여러 가지 장엄도 나타내고, 만일 중생의 근성이 성숙하여 부처님을 볼 만한 이는 다 도량으로 나아갔다.

이때 저 세계의 모든 윤위산·모든 수미산·모든 산들과 모든 바다·모든 땅·모든 성·모든 담·모든 궁전·모든 음

악·모든 말들이 모두 음성을 내어 모든 부처님의 신통한 경계를 찬탄하였다. 또 모든 향 구름·모든 사르는 향 구름·모든 가루 향 구름·모든 향 마니 형상 구름·모든 보배 불꽃 구름·모든 불꽃 창고 구름·모든 마니 옷 구름·모든 영락 구름·모든 묘한 꽃 구름·모든 여래의 광명 구름·모든 여래의 둥근 광명 구름·모든 음악 구름·모든 여래의 서원 소리 구름·모든 여래의 음성 바다 구름·모든 여래의 잘생긴 모습 구름을 내어서 여래가 세간에 나시는 부사의한 모양을 나타내어 보였다.

[疏] 三, 滿七日已下는 動刹集衆이요 四, 爾時彼世界中下는 現相顯德이라
■ ⓒ 滿七日已 아래는 국토를 진동하니 인연 대중이 모임이요, ⓓ 爾時彼世界中 아래는 모양을 나타내어 덕을 밝힘이요,

ⓔ 성도한 분의 의보와 정보[成道依正] (五善 12下7)
ⓕ 처음 정각을 이루다[始成正覺] (六善)

善男子여 此普照三世一切如來莊嚴境界大寶蓮華王에 有十佛刹微塵數蓮華가 周帀圍遶어든 諸蓮華內에 悉有摩尼寶藏師子之座하고 一一座上에 皆有菩薩이 結跏趺坐하니라 善男子여 彼普智寶焰妙德幢王如來가 於此에 成阿耨多羅三藐三菩提時에 卽於十方一切世界中에 成阿耨多羅三藐三菩提하니라
착한 남자여, 이 세 세상 모든 여래의 장엄한 경계를 두루

비추는 큰 보배 연꽃 왕에 열 세계의 티끌 수 연꽃이 둘러싸고, 여러 연꽃 속에는 다 마니보배 광 사자좌가 있고 사자좌마다 보살이 가부하고 앉았다. 착한 남자여, 저 보지보염묘덕왕 여래께서는 여기서 아눗다라삼약삼보디를 이룰 때에, 시방의 모든 세계에서도 아눗다라삼약삼보디를 이루었느니라.

[疏] 五, 善男子此普照下는 明成道依正이라 六, 善男子彼普智寶燄下는 始成正覺이니 一成에 一切成故라
■ ⓔ 善男子此普照 아래는 성도한 분의 의보와 정보를 밝힘이다. ⓕ 善男子彼普智寶燄 아래는 처음 정각을 이룸이니 하나를 이루면 모두를 이루는 까닭이다.

ⓖ 바른 법륜을 굴리다[轉正法輪] 3.
㉮ 법륜 굴림에 대해 총합하여 표방하다[總標轉法] (七隨 13下10)
㉯ 성취한 이익을 밝히다[顯其成益] (二於)
㉰ 간단함 없음으로 결론하다[結無間斷] (三善)

隨衆生心하여 悉現其前하사 爲轉法輪하여 於一一世界에 令無量衆生으로 離惡道苦하며 令無量衆生으로 得生天中하며 令無量衆生으로 住於聲聞辟支佛地하며 令無量衆生으로 成就出離菩提之行하며 令無量衆生으로 成就勇猛幢菩提之行하며 令無量衆生으로 成就法光明菩提之行하며 令無量衆生으로 成就淸淨根菩提之行하며 令無量衆生으로 成就平等力菩提之行하며 令無量衆生

으로 成就入法城菩提之行하며 令無量衆生으로 成就徧至一切處不可壞神通力菩提之行하며 令無量衆生으로 入普門方便道菩提之行하며 令無量衆生으로 安住三昧門菩提之行하며 令無量衆生으로 成就緣一切淸淨境界菩提之行하며 令無量衆生으로 發菩提心하며 令無量衆生으로 住菩薩道하며 令無量衆生으로 安住淸淨波羅蜜道하며 令無量衆生으로 住菩薩初地하며 令無量衆生으로 住菩薩二地와 乃至十地하며 令無量衆生으로 入於菩薩殊勝行願하며 令無量衆生으로 安住普賢淸淨行願이러라

善男子여 彼普智寶焰妙德幢如來가 現如是不思議自在神力하사 轉法輪時에 於彼一一諸世界中에 隨其所應하여 念念調伏無量衆生이니라

중생의 마음을 따라 그 앞에 나타나서 법륜을 굴리고, (1) 날날 세계에서 한량없는 중생에게 나쁜 길의 고통을 여의게 하고 (2) 한량없는 중생을 천상에 나게 하고, (3) 한량없는 중생을 성문이나 벽지불의 지위에 머물게 하였다. (4) 한량없는 중생에게 벗어나는 보리행을 성취케 하고, (5) 한량없는 중생에게 용맹한 당기의 보리행을 성취케 하고, (6) 한량없는 중생에게 법 광명 보리행을 성취케 하고, (7) 한량없는 중생에게 청정한 뿌리의 보리행을 성취케 하고, (8) 한량없는 중생에게 평등한 힘 보리행을 성취케 하고, (9) 한량없는 중생에게 법성에 들어가는 보리행을 성취케 하고, (10) 한량없는 중생에게 온갖 처소에 두루 가서 깨뜨릴 수 없는

신통한 힘 보리행을 성취케 하고, (11) 한량없는 중생에게 넓은 문 방편도에 들어가는 보리행을 성취케 하고, (12) 한량없는 중생에게 삼매문에 머무는 보리행을 성취케 하고, (13) 한량없는 중생에게 모든 청정한 경계를 반연하는 보리행을 성취케 하였다. (14) 한량없는 중생에게 보리심을 내게 하고, (15) 한량없는 중생을 보살의 도에 머물게 하고, (16) 한량없는 중생을 청정한 바라밀다 길에 머물게 하고, (17) 한량없는 중생을 초지에 머물게 하고, (18) 한량없는 중생을 보살의 2지와, 내지 10지에 머물게 하고, (19) 한량없는 중생을 보살의 훌륭한 행과 원에 들어가게 하고, (20) 한량없는 중생을 보현의 청정한 행과 원에 머물게 하였다. 착한 남자여, 저 보지보염묘덕당 여래가 이렇게 부사의한 자재로운 신통을 나타내어 법륜을 굴릴 적에, 그 낱낱 세계에서 마땅한 대로 잠깐잠깐마다 한량없는 중생을 조복하였느니라.

[疏] 七, 隨衆生心下는 轉正法輪이라 於中에 三이니 初, 總標轉法이요 二, 於一一下는 顯其成益이라 於中에 初, 益凡夫요 次, 益二乘이요 後, 益菩薩이라 菩薩中에 先, 成行이요 後, 發菩提心下는 成位라 菩提心은 是住位요 菩薩道는 是行位요 淨波羅密은 是廻向位니 以大願海로 淨治前度故라 後二句는 是等覺位라 三, 善男子彼普智下는 結無間斷이라

■ ⑧ 隨衆生心 아래는 바른 법륜을 굴림이다. 그중에 셋이니 ㉠ 법륜 굴림에 대해 총합하여 표방함이요, ㉡ 於一一 아래는 성취한 이익을

밝힘이다. 그중에 ㉮ 범부에게 이익 줌이요, ㉯ 이승에게 이익 줌이요, ㉰ 보살에게 이익 줌이다. ㉰ 보살에게 이익 줌 중에 Ⓐ 행법을 성취함이요, Ⓑ 發菩提心 아래는 지위를 이룸이다. 보리심은 십주의 지위요, 보살의 도는 십행의 지위요, 바라밀을 깨끗이 함은 십회향의 지위이다. 대원의 바다로 앞의 바라밀을 깨끗이 다스리는 연고며, 뒤의 두 구절은 등각의 지위이다. Ⓒ 善男子彼普智 아래는 간단없음을 결론함이다.

[鈔] 後二句是等覺者는 不言十地者는 上二句文에 十地顯故라 餘位는 義隱[17)]일새 故別指耳니라

● '뒤의 두 구절은 등각의 지위'에서 십지를 말하지 않은 것은 위의 두 구절 경문이니 십지가 드러난 연고며, 나머지 지위의 뜻은 숨은 연고로 개별로 가리켰을 뿐이다.

㉱ 선지식의 인도를 받다[善友引導] 6.
㉠ 중생의 근기가 나쁜 업 일으킴을 알다[知機起惡] (第八 15上4)
㉡ 훌륭한 몸을 나타내다[現身超勝] (二化)

時에 普賢菩薩이 知寶華燈王城中衆生이 自恃色貌와 及諸境界하여 而生憍慢하여 陵蔑他人하시고 化現妙身하되 端正殊特하사 往詣彼城하여 放大光明하여 普照一切하사 令彼聖王과 及諸妙寶와 日月星宿과 衆生身等의 一切光明으로 悉皆不現이 譬如日出에 衆景奪耀하며 亦如

---
17) 隱은 甲續金本作引誤.

聚墨이 對閻浮金케하시니라

그때 보현보살은 보배 꽃 등불 나라 성 안에 있는 중생들이 잘생긴 모양과 여러 환경을 믿고 교만한 마음을 내어 다른 이들을 능멸히 여김을 알고, 단정하고 훌륭한 몸으로 화하여 그 성중에 이르러 큰 광명을 놓아 모든 것을 비추었다. 그래서 그 전륜성왕과 여러 보배와 일월성신과 중생들의 모든 광명이 모두 드러나지 못하였다. 마치 해가 뜨면 모든 별의 빛이 없어지는 듯, 검은 먹 덩이로 염부단금을 상대하는 듯하였다.

[疏] 第八, 善友引導라 中에 六이니 一, 知機起惡이요 二, 化現妙身下는 現身超勝이요
- ㉘ 선지식의 인도를 받음이다. 그중에 여섯이니 ㉠ 중생 근기가 나쁜 업 일으킴을 앎이요, ㉡ 化現妙身 아래는 훌륭한 몸을 나타냄이요,

㉢ 중생 근기가 이상함을 경계하다[物機警怪] (三時 15上5)
㉣ 부처님 출현을 고하다[告佛出興] (四爾)
㉤ 묘안녀가 대승으로 발심하다[女發大心] (五時)

時諸衆生이 咸作是言하되 此爲是誰인가 爲天가 爲梵가 今放此光하여 令我等身의 所有光色으로 皆不顯現이라 하여 種種思惟하되 無能解了러니 爾時에 普賢菩薩이 在彼輪王寶宮殿上虛空中住하여 而告之言하시되 大王아 當知하라 今汝國中에 有佛興世하사 在普光明法雲音幢

菩提樹下하시니라

時에 聖王女蓮華妙眼이 見普賢菩薩의 所現色身光明自在하며 及聞身上諸莊嚴具의 所出妙音하고 心生歡喜하여 作如是念하되 願我所有一切善根으로 得如是身과 如是莊嚴과 如是相好와 如是威儀와 如是自在하여지이다 今此大聖이 能於衆生生死長夜黑暗之中에 放大光明하사 開示如來出興於世하시니 願令於我로 亦得如是하여 爲諸衆生하여 作智光明하여 破彼所有無知黑暗하며 願我所在受生之處에 常得不離此善知識하여지이다하니라

이때 중생들은 이렇게 말하였다. '이것이 누구의 일일까? 하늘의 짓일까? 범천의 짓일까? 이런 광명을 놓아 우리들의 몸에 있던 광채가 나타나지 못하는구나. 아무리 생각하여도 알 수가 없네.' 이때 보현보살은 그 전륜왕의 궁전 위에 있는 허공중에서 이렇게 말하였다. '대왕이여, 지금 당신의 나라에 부처님이 나시어서 넓은 광명 법 구름 음성 당기 보리수 아래에 계신 줄을 아소서.'

이때에 전륜성왕의 딸 연꽃 묘한 눈 공주가 보현보살의 나투신 몸에 광명이 자재함을 보며, 또 몸에 있는 여러 장엄거리에서 나는 아름다운 소리를 듣고는 환희한 마음으로 이렇게 생각하였다. '바라건대 내게 있는 모든 착한 뿌리의 힘으로 이러한 몸과 이러한 장엄과 이러한 모습과 이러한 위의와 이렇게 자유자재함을 얻어지이다. 지금 이 거룩하신 보살께서 중생들이 나고 죽는 캄캄한 밤중에 큰 광명을 놓으면서, 여래가 세상에 나심을 보여 주시니, 원하건대 나도

저와 같이 모든 중생에게 지혜의 광명이 되어 저들의 캄캄한 무명을 깨뜨리게 하소서. 내가 태어나는 곳마다 이 선지식을 항상 떠나지 말게 하여지이다.'

[疏] 三, 時諸衆生下는 物機驚怪요 四, 爾時普賢下는 告語佛興이요 五, 時聖王女下는 女發大心이니 亦是入法之因이니라

■ ㉢ 時諸衆生 아래는 중생 근기가 이상함을 경계함이요, ㉣ 爾時普賢 아래는 부처님 출현을 고하여 말함이요, ㉤ 時聖王女 아래는 묘덕안녀가 대승으로 발심함이니 또한 법계에 들어가는 원인이 되었다.

㉥ 부왕이 부처님을 뵈러 가다[父王詣佛] 4.
ⓐ 몸이 허공에 처하다[身處虛空] (六善 16上2)

善男子여 時에 轉輪王이 與其寶女와 千子眷屬과 大臣輔佐와 四種兵衆과 及其城内無量人民으로 前後圍遶하여 以王神力으로 俱升虛空하니 高一由旬이라 放大光明하여 照四天下하여 普使一切로 咸得瞻仰하고 欲令衆生으로 俱往見佛하여 以偈讚曰,

착한 남자여, 그때 전륜왕이 귀한 딸과 1천 아들과 권속과 신하들과 네 종류의 군대와 한량없는 성중 백성에게 앞뒤로 호위되었는데, 왕의 신통한 힘으로 한 유순쯤 높은 허공에 올라가서 큰 광명을 놓아서 사천하에 비추었다. 여러 중생의 앙모함이 되어 중생들과 함께 부처님을 가 뵈오려고 게송으로 찬탄하였다.

[疏] 六, 善男子時轉輪王下는 父王詣佛이라 於中에 四니 一, 身處虛空이요
- ㉧ 善男子時轉輪王 아래는 부왕이 부처님을 뵈러 감이다. 그중에 넷이니 ⓐ 몸이 허공에 처함이요,

ⓑ 게송으로 인도함을 찬탄하다[以偈讚引] 3.
㉠ 한 게송은 총합하여 권유하다[一偈總勸] (二以 16上3)

如來出世間하사　　普救諸群生하시니
汝等應速起　　　　往詣導師所어다
부처님이 세상에 나타나시어
그 많은 중생들을 구원하나니
너희들은 마땅히 빨리 일어나
부처님 계신 데로 나아가거라.

[疏] 二, 以偈讚引이라 於中에 十偈니 初一은 總勸이요
- ⓑ 게송으로 인도함을 찬탄함이다. 그중에 열 게송이니 ㉠ 한 게송은 총합하여 권유함이요,

㉡ 다섯 게송은 권유함을 해석하다[五偈釋勸] (次五 16上3)

無量無數劫에야　　乃有佛興世하사
演說深妙法하여　　饒益一切衆이로다
한량없고 수없는 여러 겁 만에
부처님이 세간에 출현하시어

깊고 묘한 법문 연설하시니
끝없는 중생들이 이익을 얻네.

佛觀諸世間의　　　　　顚倒常癡惑하여
輪廻生死苦하고　　　　而起大悲心이로다
이 세간 중생들이 잘못된 생각
어리석고 의심 많고 지혜가 없어
생사에 헤매는 줄 살펴보시고
부처님이 자비심을 일으키셨네.

無數億千劫에　　　　　修習菩提行이
爲欲度衆生이시니　　　斯由大悲力이로다
그지없는 억천만 겁 오랜 세월에
위없는 보리행을 닦아 익힘은
많은 중생 건지려고 하시는 원력
가엾게 여기시는 마음이니라.

頭目手足等을　　　　　一切悉能捨하시니
爲求菩提故로　　　　　如是無量劫이로다
눈과 코와 손과 발, 머리와 몸과
온갖 것을 모두 다 버리시옵던
보리를 구하려는 고마운 마음
한량없는 오랜 겁 한결같나니

無量億千劫에　　　　　　　導師難可遇니
見聞若承事하면　　　　　一切無空過로다
그지없는 억천겁을 지내더라도
부처님은 만나기 어려운 일을
누구나 보고 듣고 섬긴다 하면
모든 일이 헛되지 아니하리라.

[疏] 次, 五偈는 釋勸이요
■ ㉰ 다섯 게송은 권유함을 해석함이요,

㉮ 네 게송은 결론하여 권유하다[四偈結勸] (後四 16上4)

今當共汝等으로　　　　　往觀調御尊이
坐於如來座하사　　　　　降魔成正覺하리라
너희들은 지금에 우리와 함께
부처님 계신 곳에 나아가 뵙자.
여래의 사자좌에 앉으시어서
마군을 항복받고 부처 되셨네.

瞻仰如來身하니　　　　　放演無量光과
種種微妙色하사　　　　　除滅一切暗이로다
여래의 거룩한 몸 앙모하여라.
한량없는 광명을 멀리 놓으니
가지가지 미묘한 여러 빛깔이

캄캄한 모든 것을 제해 버리며

一一毛孔中에 　　　　放光不思議라
普照諸群生하여　　　咸令大歡喜로다
부처님의 하나하나 털구멍마다
부사의한 광명을 각각 놓아서
수없는 중생들께 널리 비추니
그들을 고루고루 기쁘게 한다.

汝等咸應發　　　　廣大精進心하여
詣彼如來所하여　　恭敬而供養이어다
너희들은 모두 다 엄청나게 큰
꾸준히 노력하는 마음을 내고
부처님 계신 곳에 함께 나아가
공경하는 정성으로 공양하여라.

[疏] 後, 四偈는 結勸이니 勝故로 應往이니라
- ⓛ 네 게송은 결론하여 권유함이니 뛰어난 연고로 응당히 간다는 뜻이다.

ⓒ 구름 같은 공양을 널리 일으키다[廣興雲供] (三爾 16下2)
ⓓ 저 도량에 이르러 공경을 표하다[至彼修敬] (四到)

爾時에 轉輪聖王이 說偈讚佛하여 開悟一切衆生已하고

從輪王善根으로 出十千種大供養雲하여 往詣道場하여 向如來所하니 所謂一切寶蓋雲과 一切華帳雲과 一切寶依雲과 一切寶鈴網雲과 一切香海雲과 一切寶座雲과 一切寶幢雲과 一切宮殿雲과 一切妙華雲과 一切諸莊嚴具雲을 於虛空中에 周徧嚴飾하여 到已에 頂禮普智寶焰妙德幢王如來足하며 遶無量百千币하고 卽於佛前에 坐普照十方寶蓮華座니라

이때 전륜성왕이 게송으로 부처님을 찬탄하고 여러 중생들을 깨우치고는, 전륜왕의 착한 뿌리로부터 10천 가지 광대한 공양거리 구름을 내면서 도량으로 나아가 여래의 계신 데로 향하였다. 온갖 보배 일산 구름·온갖 꽃 휘장 구름·온갖 보배 옷 구름·온갖 보배 방울 그물 구름·온갖 향기 바다 구름·온갖 보배 자리 구름·온갖 보배 당기 구름·온갖 궁전 구름·온갖 묘한 꽃 구름·온갖 장엄거리 구름이 허공에 가득히 장식하였다. 도량에 이르러서는 보지보염묘덕당 여래의 발에 엎드려 예배하고 한량없는 백천 바퀴를 돌고, 부처님 앞에서 시방을 두루 비추는 보배 연꽃 자리에 앉았다.

[疏] 三, 爾時下는 廣興供雲이요 四, 到已下는 至彼修敬이니라
- ⓒ 爾時 아래는 구름 같은 공양을 널리 일으킴이요, ⓓ 到已 아래는 저 도량에 이르러 공경을 표함이다.

㉑ 묘덕안녀가 인행을 수행하다[德女修因] 3.

㉠ 장엄거리를 부처님께 공양하다[嚴具供佛] (第九 17下5)
㉡ 부처님이 나투신 신통변화를 보다[見佛現變] (二時)
㉢ 신통변화를 보고 얻은 이익[覩變獲益] (三旣)

時에 轉輪王女普智焰妙德眼이 卽解身上諸莊嚴具하여 持以散佛한대 時에 莊嚴具가 於虛空中에 變成寶蓋하여 寶網垂下어늘 龍王이 執持하며 一切宮殿이 於中間列하며 十種寶蓋가 周帀圍遶하니 形如樓閣하여 內外淸淨하며 諸瓔珞雲과 及諸寶樹와 香海摩尼로 以爲莊嚴하며 於此蓋中에 有菩提樹가 枝葉榮茂하여 普覆法界하며 念念示現無量莊嚴하여 毘盧遮那如來가 坐此樹下어시든 有不可說佛刹微塵數菩薩이 前後圍遶하니 皆從普賢行願出生하여 住諸菩薩無差別住하며 亦見有一切諸世間主하며 亦見如來自在神力하며 又見一切諸劫次第와 世界成壞하며 又亦見彼一切世界에 一切諸佛出興次第하며 又亦見彼一切世界에 一一皆有普賢菩薩이 供養於佛하고 調伏衆生하며 又亦見彼一切菩薩이 莫不皆在普賢身中하며 亦見自身이 在其身內하며 亦見其身이 在一切如來前과 一切普賢前과 一切菩薩前과 一切衆生前하며 又亦見彼一切世界에 一一各有佛刹微塵數世界의 種種際畔과 種種任持와 種種形狀과 種種體性과 種種安布와 種種莊嚴과 種種淸淨과 種種莊嚴雲으로 而覆其上과 種種劫名과 種種佛興과 種種三世와 種種方處와 種種住法界와 種種入法界와 種種住虛空과 種種如來菩提場과

種種如來神通力과 種種如來師子座와 種種如來大衆海와 種種如來衆差別과 種種如來巧方便과 種種如來轉法輪과 種種如來妙音聲과 種種如來言說海와 種種如來契經雲이러라 旣見是已에 其心淸淨하여 生大歡喜하니라

그때에 전륜성왕의 딸 넓은 지혜 불꽃 묘한 공덕 눈 아씨는 몸에 꾸몄던 장엄거리를 벗어 부처님께 흩었다. (1) 그 장엄거리는 공중에서 보배 일산으로 변화하여 보배 그물이 드리웠는데 용왕이 받들고 있었다. (2) 모든 궁전들이 그 가운데 널려 있는데, 열 가지 보배 일산이 둘렸으니 형상이 누각과 같으며 안팎이 청정하였고, (3) 영락 구름과 보배 나무를 향물 바다 마니로 장엄하였다. (4) 이 일산 안에 보리수가 있으니 가지와 잎이 무성하여 법계를 두루 덮었는데, 잠깐 동안에 한량없는 장엄을 나타내었다. (5) 비로자나여래께서 이 보리수 아래 앉으셨는데, 말할 수 없는 세계의 티끌 수 보살들이 앞뒤로 둘러 모시었으니, 모두 보현보살의 행과 원으로부터 나서 여러 보살의 차별 없이 머무르는 데 머물렀다. (6) 모든 세간의 임금들도 보며, 여래의 자재하신 신통도 보며, (7) 모든 겁의 차례와 세계가 이룩하고 파괴함도 보며, (8) 저 모든 세계에 여러 부처님이 나시는 차례도 보며, (9) 또 저 여러 세계마다 보현보살이 있어서 부처님께 공양하고 중생을 조복하는 것도 보며, (10) 또 저 모든 보살들이 보현의 몸속에 있음을 보며, (11) 또 자기의 몸이 그의 몸속에 있음을 보며, (12) 또 그 몸이 모든 여래의 앞과 모든 보현의 앞과 모든 보살의 앞과 모든 중생의 앞에 있음을

보니라. (13) 또 저 모든 세계마다 각각 부처 세계의 티끌 수 세계가 있어서 갖가지 경계선이며 갖가지 유지함과 갖가지 형상과 갖가지 성품과 갖가지 벌어졌으며, 갖가지 장엄이며 갖가지 청정함이며 갖가지 장엄 구름이 위에 덮였으며, (14) 갖가지 겁의 이름이며 갖가지 부처님이 나심이며 갖가지 세 세상이며 갖가지 처소며 갖가지 법계에 머무름이며 갖가지 법계에 들어감이며 갖가지 허공에 머무름이며 갖가지 여래의 보리장이며 갖가지 여래의 신통한 힘이며 갖가지 여래의 사자좌며 갖가지 여래의 대중 바다며 갖가지 여래의 대중차별이며 갖가지 여래의 교묘한 방편이며 갖가지 여래의 법륜을 굴림이며 갖가지 여래의 묘한 음성이며 갖가지 여래의 말씀 바다며 갖가지 여래의 경전 구름이었다. 이런 것들을 보고는 마음이 청정하여서 매우 환희하였다.

[疏] 第九, 德女修因이라 於中에 三이니 一, 嚴具奉佛은 表修萬行하여 向佛果故오 二, 時莊嚴下는 見佛現變이니 表因小果大故오 三, 旣見是已下는 覩變獲益이니라

- ㉛ 묘덕안녀가 인행을 수행함이다. 그중에 셋이니 ㉠ 장엄거리를 부처님께 받들어 올리고 만 가지 행법을 수행함을 표하였으니 부처님 과덕으로 향하는 까닭이다. ㉡ 時莊嚴 아래는 부처님이 나투신 신통변화를 보아서 인행은 작고 과덕은 큰 것을 표한 까닭이다. ㉢ 旣見是已 아래는 신통변화를 보고 얻은 이익이다.

㉛ 경문을 듣고 이익을 얻다[聞經得益] 3.

㉠ 부처님이 중생을 위해 경을 설하다[佛爲說經] (第十 17下10)

普智寶焰妙德幢王如來가 爲說修多羅하시니 名一切如來轉法輪이라 十佛刹微塵數修多羅로 而爲眷屬이시니라
보지보염묘덕당왕 여래께서 경을 말씀하시니 이름이 일체여래전법륜이며 열 세계의 티끌 수 경전으로 권속이 되었다.

[疏] 第十, 聞經得益이라 中에 三이니 一, 佛爲說經이니 從總相爲名이라
■ ㉔ 경문을 듣고 얻은 이익이다. 그중에 셋이니 ㉠ 부처님이 (중생을) 위하여 경을 설하심이니 총상으로부터 이름한 까닭이다.

㉡ 경문을 들은 이익을 밝히다[正明聞益] 3.
ⓐ 삼매의 이익을 얻다[得三昧益] (二時 19上6)

時彼女人이 聞此經已하고 則得成就十千三昧門하니 其心柔軟하여 無有麤彊이 如初受胎하며 如始誕生하며 如娑羅樹의 初始生芽하여 彼三昧心도 亦復如是하니 所謂現見一切佛三昧와 普照一切刹三昧와 入一切三世門三昧와 說一切佛法輪三昧와 知一切佛願海三昧와 開悟一切衆生하여 令出生死苦三昧와 常願破一切衆生暗三昧와 常願滅一切衆生苦三昧와 常願生一切衆生樂三昧와 敎化一切衆生하되 不生疲厭三昧와 一切菩薩無障礙幢三昧와 普詣一切淸淨佛刹三昧라

이때 그 아씨가 이 경을 듣고 10천 가지 삼매문을 성취하니,

그 마음이 부드럽고 억세지 않은 것이, 마치 태에 처음 든 듯, 처음으로 태어난 듯, 사라나무의 싹이 처음 나는 듯 그 삼매의 마음도 그러하였으니, 이른바 ① 모든 부처님이 보는 삼매 · ② 모든 세계 비추는 삼매 · ③ 모든 세 세상 문에 들어가는 삼매 · ④ 모든 부처님의 법륜을 말하는 삼매 · ⑤ 모든 부처님의 서원 바다를 아는 삼매 · ⑥ 모든 중생을 깨우쳐 생사하는 괴로움에서 뛰어나게 하는 삼매 · ⑦ 모든 중생의 캄캄함을 깨뜨리려는 삼매 · ⑧ 모든 중생의 괴로움을 없애려는 삼매 · ⑨ 모든 중생의 즐거움을 내려는 삼매 · ⑩ 모든 중생을 교화하면서 고달픈 생각을 내지 않는 삼매 · ⑪ 모든 보살의 걸림 없는 당기 삼매 · ⑫ 모든 청정한 부처님 세계에 두루 나아가는 삼매들이니,

[疏] 二, 時彼女人下는 正明聞益이라 於中에 亦三이니 初, 得三昧益이니
    文有總別이라
- ㄴ 時彼女人 아래는 경문을 들은 이익을 밝힘이다. 그중에도 또한 셋이니 ⓐ 삼매의 이익을 얻음이니 경문에 총상과 별상이 있다.

ⓑ 대승의 마음을 얻은 이익[得大心益] (次得 19上7)

得如是等十千三昧已에 復得妙定心과 不動心과 歡喜心과 安慰心과 廣大心과 順善知識心과 緣甚深一切智心과 住廣大方便海心과 捨離一切執着心과 不住一切世間境界心과 入如來境界心과 普照一切色海心과 無惱害心과

無高倨心과 無疲倦心과 無退轉心과 無懈怠心과 思惟諸法自性心과 安住一切法門海心과 觀察一切法門海心과 了知一切衆生海心과 救護一切衆生海心과 普照一切世界海心과 普生一切佛願海心과 悉破一切障山心과 積集福德助道心과 現見諸佛十力心과 普照菩薩境界心과 增長菩薩助道心과 徧緣一切方海心하나니라

이러한 10천 삼매를 얻었다. 또 (1) 묘한 선정 마음 · (2) 흔들리지 않는 마음 · (3) 환희하는 마음 · (4) 편안히 위로하는 마음 · (5) 광대한 마음 · (6) 선지식을 순종하는 마음 · (7) 깊고 깊은 온갖 지혜를 반연하는 마음 · (8) 광대한 방편 바다에 머무는 마음 · (9) 모든 집착을 버리는 마음 · (10) 모든 세간의 경계에 머물지 않는 마음 · (11) 여래의 경계에 들어가는 마음 · (12) 모든 빛깔 바다를 비추는 마음 · (13) 시끄러움이 없는 마음 · (14) 거만함이 없는 마음 · (15) 게으름이 없는 마음 · (16) 물러나지 않는 마음 · (17) 게으르지 않은 마음 · (18) 모든 법의 성품을 생각하는 마음 · (19) 모든 법문 바다에 편안히 머무는 마음 · (20) 모든 법문 바다를 관찰하는 마음 · (21) 모든 중생 바다를 잘 아는 마음 · (22) 모든 중생 바다를 구호하는 마음 · (23) 모든 세계 바다를 두루 비추는 마음 · (24) 모든 부처님의 서원 바다를 두루 내는 마음 · (25) 모든 장애의 산을 깨뜨리는 마음 · (26) 복덕을 쌓아서 도를 돕는 마음 · (27) 여러 부처님의 열 가지 힘을 보는 마음 · (28) 보살의 경계를 두루 비추는 마음 · (29) 보살의 도를 돕는 것을 늘게 하는 마

음 · (30) 모든 방편 바다를 두루 반연하는 마음을 얻었다.

[疏] 次, 得如是等下는 得大心益이니 卽悲智等心이요
- ⓑ 得如是等 아래는 대승의 마음을 얻은 이익이니 곧 자비와 지혜가 평등한 마음이요,

ⓒ 큰 서원을 성취한 이익[成大願益] (後一 19上8)

一心思惟普賢大願하여 發一切如來十佛刹微塵數願海하되 願嚴淨一切佛國하며 願調伏一切衆生하며 願徧知一切法界하며 願普入一切法界海하며 願於一切佛刹에 盡未來際劫토록 修菩薩行하며 願盡未來際劫토록 不捨一切菩薩行하며 願得親近一切如來하며 願得承事一切善友하며 願得供養一切諸佛하며 願於念念中에 修菩薩行하여 增一切智하여 無有間斷하여지이다 發如是等十佛刹微塵數願海하여 成就普賢所有大願이러니라
보현보살의 큰 서원을 일심으로 생각하며 모든 여래의 열 세계 티끌 수 서원 바다를 세웠으니, 모든 부처님 국토를 깨끗이 하려는 서원과 모든 중생을 조복하려는 서원과 온갖 법계를 두루 알려는 서원과 온갖 법계 바다에 들어가려는 서원과 모든 부처님 세계에서 오는 세월이 끝나도록 모든 보살의 행을 버리지 않으려는 서원과 모든 여래에게 친근하려는 서원과 모든 선지식을 받들어 섬기려는 서원과 모든 부처님께 공양하려는 서원과 잠깐잠깐마다 보살의 행을

닦고 온갖 지혜를 늘게 하여 간단함이 없으려는 서원이라. 이와 같은 열 세계의 티끌 수 서원 바다를 세워서 보현보살의 가진 큰 서원을 성취하려 하였다.

[疏] 後, 一心思惟下는 成大願益이라 上之三益이 卽調伏衆生解脫이니 三事가 皆調伏之法故라
- ⓒ 一心思惟 아래는 큰 서원을 성취한 이익이다. 위의 세 가지 이익은 곧 중생을 조복한 해탈인 세 가지 일이 모두 조복하는 법인 까닭이다.

ⓒ 과거에 시작한 인행을 밝히다[顯發昔因] (三時 19下3)

時彼如來가 復爲其女하사 開示演說發心已來所集善根과 所修妙行과 所得大果하사 令其開悟하여 成就如來所有願海하여 一心趣向一切智位케 하시니라
그때 저 여래께서는 그 여인을 위하여, 발심한 후부터 모든 착한 뿌리와 닦은 묘한 행과 얻은 결과를 연설하여 보여 주었으며, 그로 하여금 깨달아서 여래의 서원 바다를 성취하며, 일심으로 온갖 지혜의 자리에 나아가게 하였다.

[疏] 三, 時彼如來復爲下는 顯發昔因이라
- ⓒ 時彼如來復爲 아래는 과거에 시작한 인행을 밝힘이요,

② 대승의 마음을 내기 시작하다[發心之始] (第二 20上3)

善男子여 復於此前에 過十大劫하여 有世界하니 名曰輪光摩尼요 佛號는 因陀羅幢妙相이라 此妙眼女가 於彼如來遺法之中에 普賢菩薩이 勸其修補蓮華座上故壞佛像이어늘 旣修補已에 而復彩畫하며 旣彩畫已에 復寶莊嚴하고 發阿耨多羅三藐三菩提心하니라

善男子여 我念過去에 由普賢菩薩善知識故로 種此善根하여 從是已來로 不墮惡趣하고 常於一切天王人王種族中生하여 端正可喜요 衆相圓滿하여 令人樂見이라 常見於佛하며 常得親近普賢菩薩하여 乃至於今히 示導開悟하여 成熟於我하여 令生歡喜케 하시니라

착한 남자여, 또 이보다 열 대겁 전에 세계가 있었으니 이름이 햇빛 마니요, 부처님 명호는 인드라당묘상이었다. 저 묘덕안 아씨는 저 여래의 남기신 교법 중에서 보현보살의 권고로 연꽃 자리에 있는 낡은 불상을 보수하였고, 보수하고는 또 채색을 올렸으며 다시 보배로 장엄하고, 아뇩다라삼약삼보디심을 내었느니라.

착한 남자여, 내가 생각하니 과거에 보현보살 선지식을 만났으므로 이 착한 뿌리를 심었으며, 그후부터 나쁜 길에 떨어지지 않고, 항상 천왕이나 인왕의 족성에 태어나는데, 단정하고 화평하고 모든 모습이 원만하여 보는 이들이 기뻐하였으며, 부처님을 항상 뵈옵고, 보현보살을 항상 친근하였으며, 지금까지도 나를 지도하고 깨우치고 성숙하게 하여 환희심을 내게 하시느니라.

[疏] 第二, 善男子復於此前下는 明發心之始라 於此前者는 卽得法劫之前也니 顯前得法이 非無因也니라
- ② 善男子復於此前 아래는 대승의 마음을 내기 시작함이다. 이보다 앞은 곧 법을 깨달은 겁의 앞이니, 앞에서 법을 깨달음은 인행이 없지 않음을 밝힌 것이다.

③ 옛과 지금을 결론하여 회통하다[結會古今] 3.
㉮ 법을 얻은 때의 몸[得法時身] (第三 20下6)
㉯ 처음 발심한 때[發心之始] (次我)
㉰ 법을 깨달음으로 결론하다[正結得法] (後次)

善男子여 於意云何오 爾時毘盧遮那藏妙寶蓮華髻轉輪聖王者는 豈異人乎아 今彌勒菩薩이 是요 時에 王妃圓滿面者는 寂靜音海夜神이 是니 今所住處가 去此不遠이요 時에 妙德眼童女者는 卽我身이 是니 我於彼時에 身爲童女러니 普賢菩薩이 勸我修補蓮華座像하여 以爲無上菩提因緣하여 令我發於阿耨多羅三藐三菩提心이어늘 我於彼時에 初始發心하라 次復引導하여 令我得見妙德幢佛이어늘 解身瓔珞하여 散佛供養하며 見佛神力하며 聞佛說法하고 卽得菩薩普現一切世間調伏衆生解脫門하여 於念念中에 見須彌山微塵數佛하며 亦見彼佛道場衆會와 淸淨國土하여 我皆尊重하여 恭敬供養하며 聽聞說法하고 依敎修行하라

착한 남자여, 어떻게 생각하느냐? 그때의 비로자나장 묘보

연화계 전륜성왕은 다른 이가 아니라 지금의 미륵보살이시고, 그때의 원만면 왕비는 지금의 고요한 음성 바다 밤 맡은 신이니, 지금 있는 데가 여기서 멀지 아니하니라.

그때의 묘덕안 아가씨는 곧 이내 몸이니, 나는 그때에 아가씨로서 보현보살의 권고를 받고 연꽃 자리 위에 있는 불상을 보수한 것이 위없는 보리의 인연이 되어 아눗다라삼약삼보디심을 내게 하였으니 나는 그때에 처음으로 발심하였느니라. 그 다음에 또 나를 인도하여 묘덕당 부처님을 보게 하였는데, 몸의 영락을 끌러서 부처님께 흩어 공양하고 부처님의 신통한 힘을 보며 부처님의 법문 말씀을 들었고, 즉시 보살이 모든 세계에 두루 나타나서 중생을 조복하는 해탈문을 얻었으며, 생각 생각마다 수미산 티끌 수 부처님을 보기도 하고, 그 부처님의 도량에 모인 대중들과 청정한 국토를 보기도 하였는데, 나는 모두 존중하고 공경하고 공양하였으며, 법문을 듣고 가르치신 대로 닦아 행하였느니라.

[疏] 第三, 善男子於意云何下는 結會古今이라 於中에 三이니 初, 結會得法時身이요 次, 我於彼時下는 結發心之始요 後, 次復引導下는 正結得法이라 此方酬其名이니 即前三益이니라

- ③ 善男子於意云何 아래는 옛과 지금을 결론하여 회통함이다. 그중에 셋이니 ㉮ 법을 얻은 때의 몸을 결론하여 회통함이요, ㉯ 我於彼時 아래는 처음 발심한 때를 결론함이요, ㉰ 次復引導 아래는 법을 깨달음으로 결론함이니 이 방소에 그 명칭을 대답하면 곧 앞의 세 가지 이익이다.

㈢ 과거 수행하여 다스림에 대해 개별로 대답하다[別答修治] 2.
① 대광겁을 거론하다[擧大光劫] 3.
㋑ 총상으로 설명하다[總明] (第二 21上2)

善男子여 過彼毘盧遮那大威德世界圓滿淸淨劫已에 次有世界하니 名寶論妙莊嚴이요 劫名大光이니 有五百佛이 於中出現이어시늘 我皆承事하여 恭敬供養하니라
착한 남자여, 저 비로자나 대위덕 세계의 원만하고 청정한 겁을 지내고, 다음에 세계가 있으니 이름이 '보배 바퀴 묘한 장엄'이며, 겁의 이름은 큰 광명이니, 5백 부처님이 거기서 출현하셨는데, 나는 다 받들어 섬기고 공경하고 공양하였노라.

[疏] 第二, 善男子過彼毘盧下는 別答修行淨治라 前에 有聞法修行은 是得法之前이요 此是得法之後라 於中에 二니 一, 別擧大光劫이요 二, 善男子此世界中下는 總顯諸劫이라 今初를 分三이니 初, 總明이요

- ㈢ 善男子過彼毘盧 아래는 과거 수행하여 다스림에 대해 개별로 대답함이다. 앞에는 법을 듣고 수행함이 법을 깨닫기 전을 말함이요, 여기는 법을 깨달은 뒤이다. 그중에 둘이니 ① 대광겁을 따로 거론함이요, ② 善男子此世界中 아래는 여러 겁을 총합하여 밝힘이다. 지금은 ①을 셋으로 나누리니 ㋑ 총상으로 설명함이요,

㋺ 별상으로 밝히다[別顯] (次其 22下2)

其最初佛은 名大悲幢이니 初出家時에 我爲夜神하여 恭敬供養하며 次有佛出하니 名金剛那羅延幢이니 我爲轉輪王하여 恭敬供養한대 其佛이 爲我說修多羅하시니 名一切佛出現이니 十佛刹微塵數修多羅로 以爲眷屬이며 次有佛出하니 名金剛無礙德이니 我於彼時에 爲轉輪王하여 恭敬供養한대 其佛이 爲我하여 說修多羅하시니 名普照一切衆生根이니 須彌山微塵數修多羅로 而爲眷屬이어늘 我皆受持하며 次有佛出하니 名火焰山妙莊嚴이니 我於彼時에 爲長者女러니 其佛이 爲我하여 說修多羅하시니 名普照三世藏이니 閻浮提微塵數修多羅로 而爲眷屬이어늘 我皆聽聞하고 如法受持하며 次有佛出하니 名一切法海高勝王이니 我爲阿修羅王하여 恭敬供養한대 其佛이 爲我하여 說修多羅하시니 名分別一切法界니 五百修多羅로 而爲眷屬이어늘 我皆聽聞하고 如法受持하며 次有佛出하니 名海嶽法光明이니 我爲龍王女하여 雨如意摩尼寶雲하여 而爲供養한대 其佛이 爲我하여 說修多羅하시니 名增長歡喜海니 百萬億修多羅로 而爲眷屬이어늘 我皆聽聞하고 如法受持하며 次有佛出하니 名寶焰山燈이니 我爲海神하여 雨寶蓮華雲하여 恭敬供養한대 其佛이 爲我하여 說修多羅하시니 名法界方便海光明이니 佛刹微塵數修多羅로 而爲眷屬이어늘 我皆聽聞하고 如法受持하며 次有佛出하니 名功德海光明輪이니 我於彼時에 爲五通仙하여 現大神通하고 六萬諸仙이 前後圍遶하여 雨香華雲하여 而爲供養한대 其佛이 爲我하여

說修多羅하시니 名無着法燈이니 六萬修多羅로 而爲眷屬이어늘 我皆聽聞하고 如法受持하며 次有佛出하니 名毘盧遮那功德藏이요 我於彼時에 爲主地神하니 名出生平等義니 與無量地神으로 俱하여 雨一切寶樹와 一切摩尼藏과 一切寶瓔珞雲하여 而爲供養한대 其佛이 爲我하여 說修多羅하시니 名出生一切如來智藏이니 無量修多羅로 而爲眷屬이어늘 我皆聽聞하고 受持不忘하노라

(1) 맨 처음 부처님 이름은 대비당이시니, 처음 출가하실 적에 나는 밤 맡은 신이 되어 공경하며 공양하였노라. 다음에 나신 부처님 이름은 금강나라연당이시니, 나는 전륜왕이 되어 공경하고 공양하였으며, 그 부처님이 나에게 경을 말씀하시니 이름이 일체불출현이라, 열 세계의 티끌 수 경으로 권속이 되었느니라. (2) 그 다음에 나신 부처님 이름은 금강무애덕이시니, 나는 그때에 전륜왕이 되어 공경하고 공양하였으며, 그 부처님이 나에게 경을 말씀하시니 이름이 보조일체중생근이라, 수미산 티끌 수 경으로 권속이 되었는데 내가 다 받아 가졌노라. (3) 다음에 나신 부처님 이름은 화염산묘장엄이시니, 나는 그때에 장자의 딸이 되었고, 그 부처님은 나에게 경을 말씀하시니 이름이 보조삼세장이라, 염부제의 티끌 수 경으로 권속이 되었는데 내가 모두 듣고 법대로 받아 가졌노라. (4) 다음에 나신 부처님 이름은 일체법해고승왕이시니, 나는 아수라왕이 되어 공경하고 공양하였으며, 그 부처님이 나에게 경을 말씀하시니 이름이 분별일체법계라, 5백 경전으로 권속이 되었는데 내가 다 듣고

법대로 받아 가졌노라. (5) 다음에 나신 부처님 이름은 해악법광명이시니, 나는 용왕의 딸이 되어 여의마니 보배 구름을 내려 공양하였으며, 그 부처님이 나에게 경을 말씀하시니 이름이 증장환희해라, 백만억 경전으로 권속이 되었는데 내가 모두 듣고 법대로 받아 가졌노라. (6) 다음에 나신 부처님 이름은 보염산등이시니 나는 바다 맡은 신이 되어 보배연꽃구름을 내려 공경하고 공양하였으며, 그 부처님이 나에게 경을 말씀하시니 이름이 법계방편해광명이라, 부처님 세계의 티끌 수 경으로 권속이 되었는데 내가 모두 듣고 법대로 받아 가졌노라. (7) 다음에 나신 부처님 이름은 공덕해광명륜이시니, 나는 그때에 오통 선인이 되어 큰 신통을 나투었으며 6만 신선들이 앞뒤에 호위하였고, 향 꽃 구름을 내려 공양하였으며, 그 부처님이 나에게 경을 말씀하시니 이름이 무착법등이라, 6만 경으로 권속이 되었는데 내가 모두 듣고 법대로 받아 가졌노라. (8) 다음에 나신 부처님 이름은 비로자나공덕장이시니, 나는 그때에 땅 맡은 신이 되었는데 이름이 평등한 뜻을 냄이라, 한량없는 땅 맡은 신과 함께 모든 보배 나무와 모든 마니광과 모든 보배영락 구름을 내려 공양하였으며, 그 부처님이 나에게 경을 말씀하시니 이름이 출생일체여래지장이라, 한량없는 경으로 권속이 되었는데 내가 모두 듣고 받아 가지어 잊어버리지 않았노라.

[疏] 次, 其最初佛下는 別顯이라 其中의 經名은 說者가 當演이라

■ ㉣ 其最初佛 아래는 별상으로 밝힘이다. 그중 경의 명칭과 설하는 이를 당래에 연설한다는 뜻이다.

㉰ 최후 부처님 이야기[最後] (後善 22下8)

善男子여 如是次第로 其最後佛이 名充滿虛空法界妙德燈이요 我爲妓女하니 名曰美顔이라 見佛入城하고 歌舞供養할새 承佛神力하여 踊在空中하여 以千偈頌으로 讚歎於佛한대 佛爲於我하사 放眉間光하시니 名莊嚴法界大光明이라 徧觸我身이어늘 我蒙光已하고 卽得解脫門하니 名法界方便不退藏이니라

착한 남자여, (9) 이러한 차례로서 최후에 나신 부처님 이름은 충만허공법계묘덕등이시니, 나는 기생이 되어 이름을 '예쁜 이'라 하였는데, 부처님이 성안에 들어오심을 뵈옵고 노래와 춤으로 공양하였으며, 부처님의 신통을 받자와 공중에 솟아올라 가서 1천 게송으로 부처님을 찬탄하였고, 부처님은 나를 위하여 미간으로 광명을 놓으니 이름이 '법계를 장엄하는 큰 광명'이라. 내 몸에 두루 쬐며 나는 그 광명을 받고 해탈문을 얻었으니 이름이 <법계의 방편인 물러나지 않는 광 해탈문>이니라.

[疏] 後, 善男子如是下는 顯其最後니라
■ ㉰ 善男子如是 아래는 최후 부처님 시절을 밝힘이다.

② 여러 겁을 총합하여 밝히다[總顯諸劫] 3.
㉮ 섬긴 부처님을 표방하다[總標事佛] (二總 23上7)
㉯ 법을 깨닫게 한 수행[得法修行] (次彼)
㉰ 부처님 뵙고 수행을 성취하다[見佛行成] (後善)

善男子여 此世界中에 有如是等佛刹微塵數劫하여 一切如來가 於中出現이어시늘 我皆承事하여 恭敬供養하고 彼諸如來의 所說正法을 我皆憶念하여 乃至不忘一文一句하며 於彼一一諸如來所에 稱揚讚歎一切佛法하고 爲無量衆生하여 廣作利益하며 於彼一一諸如來所에 得一切智光明하여 現三世法界海하여 入一切普賢行하노라
善男子여 我依一切智光明故로 於念念中에 見無量佛하고 旣見佛已에 先所未得과 先所未見인 菩賢諸行을 悉得成滿하니 何以故오 以得一切智光明故니라

착한 남자여, 이 세계에는 이러한 부처 세계의 티끌 수 겁이 있었고, 모든 여래가 그 가운데 나시는 것을 내가 모두 받들어 섬기고 공경하고 공양하였으며, 저 여래들께서 말씀하신 바른 법을 내가 다 기억하여 한 구절 한 글자도 잊지 아니하였고, 저 낱낱 여래의 계신 데마다 모든 불법을 칭찬하고 찬탄하여 한량없는 중생에게 이익을 지었으며, 저 모든 부처님의 처소에서 온갖 지혜의 광명을 얻고 세 세상의 법계 바다에 나타나서 모든 보현의 행에 들어갔노라.

착한 남자여, 나는 온갖 지혜의 광명을 의지하였으므로 잠깐잠깐마다 한량없는 부처님을 뵈올 수 있으며, 부처님을

뵈옵고는 예전에 얻지 못하고 예전에 보지 못하던 보현의 모든 행을 다 만족하게 성취하나니, 그 까닭은 온갖 지혜의 광명을 얻은 연고이니라."

[疏] 二, 總顯諸劫이라 中에 三이니 初, 總標요 次, 彼諸如來下는 得法修行이요 後, 善男子我依下는 見佛行成이니라
- ② 여러 겁을 총합하여 밝힘이니 그중에 셋이다. ㉮ (섬긴 부처님을) 총합하여 표방함이요, ㉯ 彼諸如來 아래는 법을 깨닫게 한 수행이요, ㉰ 善男子我依 아래는 부처님을 뵙고 수행을 성취함이다.

b) 게송으로 거듭 밝히다[偈頌] 3.
(a) 두 게송은 법을 거론하여 들을 것을 훈계하다[二偈擧法誡聽]

(第二 23下3)

爾時에 普救衆生夜神이 欲重明此解脫義하여 承佛神力하사 爲善財童子하여 而說頌言하시되
이때에 중생을 널리 구호하는 밤 맡은 신이 이 해탈의 뜻을 다시 펴려고 부처님의 신통을 받잡고 선재동자에게 게송을 말하였다.

善財聽我說하라 　　　　　甚深難見法이
普照於三世 　　　　　　　一切差別門이니라
선재여, 내 말 들으라.
매우 깊고 볼 수 없는 법이

세 세상의 차별한 모든 문을
두루 비추느니라.

如我初發心에   專求佛功德하여
所入諸解脫을   汝今應諦聽이어다
내가 처음 마음을 내고
부처님의 공덕을 구하여
들어갔던 모든 해탈을
그대는 자세히 들어라.

[疏] 第二, 偈頌이라 四十一偈를 分三이니 初, 二偈는 舉法誡聽이요 次, 三十八偈는 頌前正說이요 後, 一偈는 舉因勸修라 今初니 卽頌前標許라

■ b) 게송으로 거듭 밝힘이다. 41개 게송을 셋으로 나누리니 (a) 두 게송은 법을 거론하여 들을 것을 훈계함이요, (b) 38개 게송은 앞의 바로 설함을 노래함이요, (c) 한 게송은 인행을 거론하며 수행하기를 권함이다. 지금은 (a)에서 앞의 표방하고 허락함을 노래함이다.

(b) 38개 게송은 앞의 바로 설함을 노래하다[三十八偈頌前正說] 2.

㊀ 36개 게송은 최초 1겁을 노래하다[三十六偈頌最初一劫] 10.
① 초지의 열 분 부처님[初地十佛] (就頌 25下2)

我念過去世에   過刹微塵劫하여

次前有一劫하니　　　　　名圓滿淸淨이며
내가 생각하니 지나간 옛적
세계의 티끌 수 겁 전에
그 전에 겁이 있었으니
이름은 원만하고 청정함이라.

是時有世界하니　　　　名爲徧照燈이라
須彌塵數佛이　　　　　於中出興世하시니
그때 널리 비추는 등불이란
세계가 있었는데
수미산 티끌 수 부처님이
그 세상에 나셨느니라.

初佛名智焰이요　　　　次佛名法幢이요
第三法須彌요　　　　　第四德師子요
첫 부처님 이름은 지혜 불꽃
다음 부처님은 법당불
셋째는 법수미이고
넷째는 덕사자이며

第五寂靜王이요　　　　第六滅諸見이요
第七高名稱이요　　　　第八大功德이요
다섯째는 적정왕
여섯째는 멸제견

일곱째는 고명칭
여덟째는 대공덕

第九名勝日이요　　　　　　第十名月面이라
於此十佛所에　　　　　　　最初悟法門하라
아홉째 부처님은 승일불이요
열째는 월면 부처님
이러한 열 부처님 계신 데서
처음으로 법문을 깨달았노라.

② 2지의 열 분 부처님[二地十佛]

從此後次第로　　　　　　　復有十佛出하시니
初名虛空處요　　　　　　　第二名普光이요
이 후부터 차례차례로
열 부처님 나시었으니
제1은 허공처 부처님
제2는 보광 부처님

三名住諸方이요　　　　　　四名正念海요
五名高勝光이요　　　　　　六名須彌雲이요
제3은 주제방불
제4는 정념해불
제5는 고승광불

제6은 수미운불

七名法焰佛이요　　　　　八名山勝佛이요
九名大悲華요　　　　　　十名法界華라
제7은 법염 부처님
제8은 산승 부처님
제9는 대비화 부처님
제10은 법계화 부처님

此十出現時에　　　　　　第二悟法門하라
열 부처님 나시는 때에
두 번째 법문을 깨달았고

③ 3지의 열 분 부처님[三地十佛]

從此後次第로　　　　　　復有十佛出하시니
第一光幢佛이요　　　　　第二智慧佛이요
그 후에도 차례차례
열 부처님 출현했으니
첫째는 광당 부처님
둘째는 지혜 부처님이요

第三心義佛이요　　　　　第四德主佛이요
第五天慧佛이요　　　　　第六慧王佛이요

셋째는 심의 부처님
넷째는 덕주 부처님
다섯째는 천혜 부처님
여섯째는 혜왕 부처님

第七勝智佛이요　　　第八光王佛이요
第九勇猛佛이요　　　第十蓮華佛이라
일곱째는 승지불이고
여덟째는 광왕불이며
아홉째는 용맹불이요
열번째는 연화불이니

於此十佛所에　　　第三悟法門하라
이러한 열 분 부처님께
세 번째 법문 들었소.

④ 4지의 열 분 부처님[四地十佛]

從此後次第로　　　復有十佛出하시니
第一寶焰山이요　　　第二功德海요
이 뒤에도 차례차례로
열 부처님 나셨는데
첫째 분은 보염산이요
둘째 분은 공덕해시며

第三法光明이요　　　　　第四蓮華藏이요
第五衆生眼이요　　　　　第六香光寶요
셋째 분은 법광명이요
넷째 분은 연화장이며
다섯째 분은 중생안이요
여섯째 분은 향광보며

七須彌功德이요　　　　　八乾闥婆王이요
第九摩尼藏이요　　　　　第十寂靜色이로다
일곱째 분은 수미공덕불
여덟째 분은 건달바왕
아홉째 분은 마니장
열째 분은 적정색이며

⑤ 5지의 열 분 부처님[五地十佛]

從此後次第로　　　　　　復有十佛出하시니
初佛廣大智요　　　　　　次佛寶光明이요
이 뒤에 또 열 부처님
차례차례 나시었으니
첫 부처님 광대지시고
둘째 분은 보광명

第三虛空雲이요　　　　　第四殊勝相이요

第五圓滿戒요 　　　　第六那羅延이요
셋째 분은 허공운이고
넷째 분은 수승상이며
다섯째 분은 원만계시고
여섯째 분은 나라연이시고

第七須彌德이요 　　　　第八功德輪이요
第九無勝幢이요 　　　　第十大樹山이로다
일곱째 분은 수미덕이며
여덟째 분은 공덕륜이고
아홉째 분은 무승당이요
열째 분은 대수산이라.

⑥ 6지의 열 분 부처님[六地十佛]

從此後次第로 　　　　復有十佛出하시니
第一娑羅藏이요 　　　　第二世主身이요
이다음에 또 차례로
열 부처님 나셨으니
제1이 바라장이요
제2는 세주신 부처님

第三高顯光이요 　　　　第四金剛照요
第五地威力이요 　　　　第六甚深法이요

제3은 고현광이고
제4는 금강조시며
제5가 지위력 부처님
제6은 심심법 부처님

第七法慧音이요　　　　　第八須彌幢이요
第九勝光明이요　　　　　第十妙寶光이로다
제7에는 법혜음이요
제8이 수미당이며
제9는 승광명이고
제10은 묘보광이다.

⑦ 7지의 열 분 부처님[七地十佛]

從此後次第로　　　　　復有十佛出하시니
第一梵光明이요　　　　第二虛空音이요
그 뒤에 또 열 부처님이
차례차례 나시었는데
첫째 부처님은 범광명이요
둘째 부처님은 허공음이요

第三法界身이요　　　　第四光明輪이요
第五智慧幢이요　　　　第六虛空燈이요
셋째 부처님은 법계신이요

넷째 부처님은 광명륜이며
다섯째는 지혜당 부처님
여섯째는 허공등이요,

第七微妙德이요　　　　第八徧照光이요
第九勝福光이요　　　　第十大悲雲이로다
일곱째는 미묘덕이고
여덟째는 변조광이며
아홉째는 승복광 부처님
열째는 대비운 부처님.

⑧ 8지의 열 분 부처님[八地十佛]

從此後次第로　　　　復有十佛出하시니
第一力光慧요　　　　第二普現前이요
이 다음에 또 열 분 부처님
차례로 나셨으니
제1이 역광혜불
제2는 보현전불

第三高顯光이요　　　　第四光明身이요
第五法起佛이요　　　　第六寶相佛이요
제3은 고현광이요
제4는 광명신이며

제5는 법기불이고
제6은 보상불이요

第七速疾風이요　　　　第八勇猛幢이요
第九妙寶蓋요　　　　　第十照三世로다
제7은 속질풍 부처님
제8은 용맹당이요
제9는 묘보개시고
제10은 조삼세 부처님.

⑨ 9지의 열 분 부처님[九地十佛]

從此後次第로　　　　　復有十佛出하시니
第一願海光이요　　　　第二金剛身이요
그 뒤에도 열 분 부처님이
차례차례로 나시었으니
첫째 부처님 원해광이요
둘째 부처님 금강신이며

第三須彌德이요　　　　第四念幢王이요
第五功德慧요　　　　　第六智慧燈이요
셋째는 수미덕 부처님
넷째는 염당왕이요
다섯째는 공덕혜 부처님

여섯째는 지혜등이며

第七光明幢이요　　　　　第八廣大智요
第九法界智요　　　　　　第十法海智로다
일곱째 부처님은 광명당
여덟째 부처님은 광대지
아홉째는 법계지 부처님이요
열째는 법해지이다.

⑩ 10지의 열 분 부처님[十地十佛]

從此後次第로　　　　　　復有十佛出하시니
初名布施法이요　　　　　次名功德輪이요
그 뒤에도 열 분 부처님
차례로 나시었으니
첫째 부처님 보시법이시고
다음 부처님 공덕륜이며

三名勝妙雲이요　　　　　四名忍智燈이요
五名寂靜音이요　　　　　六名寂靜幢이요
셋째는 승묘운 부처님
넷째는 인지등 부처님
다섯째는 적정음 부처님
여섯째는 적정당 부처님

七名世間燈이요　　　　　八名深大願이요
九名無勝幢이요　　　　　十名智焰海로다
일곱째는 세간등이시며
여덟째는 심대원이고
아홉째는 무승당 부처님
열째는 지염해 부처님.

⑪ 등각의 열 분 부처님[等覺十佛]

從此後次第로　　　　　　復有十佛出하시니
初佛法自在요　　　　　　二佛無礙慧요
이 뒤에도 차례차례
열 부처님 나셨으니
처음 부처님 법자재시고
둘째 부처님 무애혜시며

三名意海慧요　　　　　　四名衆妙音이요
五名自在施요　　　　　　六名普現前이요
셋째는 이름이 음해혜
넷째는 이름이 중묘음
다섯째 부처님 자재시이고
여섯째는 보현전 부처님

七名隨樂身이요　　　　　八名住勝德이요

第九本性佛이요 　　　　　第十賢德佛이로다
일곱째 부처님 수락신이요
여덟째 부처님 주승덕이며
아홉째는 본성불이고
열째는 현덕불이시다.

[疏] 就頌正說이라 中에 通頌得法久近과 及修行淸淨이라 於中에 二니 先, 三十六偈는 頌最初一劫이니 廣前長行하여 有百一十佛은 表十地와 等覺이 各以初佛로 爲主요 餘九는 爲伴이니 思之니라

■ (b) (38개 게송은) 앞의 바로 설함을 노래함이다. 그중에 법을 깨달은 역사와 수행이 청정함을 통틀어 노래하였다. 그중에 둘이니 ㊀ 36개 게송은 최초 1겁을 노래함이니, 앞의 장항에서 110분 부처님이 있음을 자세히 밝혔다. 십지와 등각을 표하여 각기 첫째 부처님으로 주를 삼고, 나머지 아홉 분으로 반려를 삼았으니 생각해 보라.

㊁ 두 게송은 여러 겁을 총합하여 밝히다[二偈頌總顯諸劫] (後二 25下7)

須彌塵數劫에 　　　　　此中所有佛이
普作世間燈이어늘 　　　我悉曾供養하며
수미산 티끌 수 겁 동안에
나신 여러 부처님
세간의 등불이시거늘
내가 모두 공양하였고

佛刹微塵劫에　　　　　　　所有佛出現을
我皆曾供養하여　　　　　　入此解脫門하라
부처의 세계 티끌 수 겁에
출현하신 부처님들을
내가 다 공양하고서
이 해탈문에 들어갔노라.

[疏] 後, 二偈는 頌前總顯諸劫이요 亦表智滿行圓이 無非佛故니라
■ ㈢ 두 게송은 여러 겁을 총합하여 밝힘을 노래함이요, 또한 지혜가 만족하고 행법이 원만함은 부처 아님이 없음을 표한 까닭이다.

(c) 한 게송은 인행을 거론하며 수행하기 권하다[一偈擧因勸修]

(後一 25下10)

我於無量劫에　　　　　　　修行得此道하니
汝若能修行하면　　　　　　不久亦當得하리라
나는 한량없는 겁 동안
행을 닦고 이 도를 얻었으니
그대도 만일 행을 닦으면
오래잖아 얻게 되오리.

[疏] 後, 一偈는 擧因勸修라
■ (c) 한 게송은 인행을 거론하며 수행하기 권함이다.

ㄷ. 자신은 겸양하고 뛰어난 분을 추천하다[謙己推勝] (三謙 26上6)

善男子여 我唯知此菩薩普現一切世間調伏衆生解脫이어니와 如諸菩薩摩訶薩은 集無邊行하며 生種種解하며 現種種身하며 具種種根하며 滿種種願하며 入種種三昧하며 起種種神變하며 能種種觀察法하며 入種種智慧門하며 得種種法光明하나니 而我云何能知能說彼功德行이리오

"착한 남자여, 나는 다만 <보살이 온갖 세간에 나타나서 중생을 조복하는 해탈>을 알 뿐이니, 저 모든 보살의 그지없는 행을 닦아 모음과 가지가지 이해를 내는 일과 가지가지 몸을 나타냄과 가지가지 뿌리를 갖춤과 가지가지 소원을 만족함과 가지가지 삼매에 듦과 가지가지 신통변화를 일으킴과 가지가지 법을 관찰함과 가지가지 지혜의 문에 들어감과 가지가지 법의 광명을 얻는 일이야 내가 어떻게 알며, 어떻게 그 공덕의 행을 말하겠는가?"

[疏] 三, 謙己推勝이라
- ㄷ. 자신은 겸양하고 뛰어난 분을 추천함이요,

ㄹ. 다음 선지식을 지시하다[指示後友] (第四 26上10)
ㅁ. 덕을 사모하여 예배하고 물러가다[戀德禮辭] (經/時善)

善男子여 去此不遠에 有主夜神하니 名寂靜音海라 坐摩

尼光幢莊嚴蓮華座하사 百萬阿僧祇主夜神이 前後圍遶하나니 汝詣彼問하되 菩薩이 云何學菩薩行이며 修菩薩道리잇고하라 時에 善財童子가 頂禮其足하며 遶無數帀하며 殷勤瞻仰하고 辭退而去하니라

"착한 남자여, 여기서 멀지 않은 곳에 밤 맡은 신이 있으니 이름이 적정음해라, 마니 광명당 당기 장엄 연꽃 자리에 앉았으며, 백만 아승지 밤 맡은 신들이 앞뒤로 둘러쌌느니라. 그대는 그이에게 가서 '보살이 어떻게 보살의 행을 배우며 보살의 도를 닦느냐?'고 물으라."

이때 선재동자는 그의 발에 엎드려 절하고 수없이 돌고 은근하게 앙모하면서 하직하고 떠났다.

[疏] 第四, 去此不遠下는 指示後友라 亦以證同이라 又禪依進發일새 故云不遠이라 禪故로 寂靜이요 入俗演法하여 化物深廣일새 故云音海라 然此神은 即普救之母니 表眞精進이 卻從定生이라 起心動念은 是妄非進故라 餘는 可知니라

■ ㄹ. 去此不遠 아래는 다음 선지식을 지시함이니 또한 증득함이 같은 까닭이다. 또한 선정은 정진을 의지하여 시작한 연고로 '멀지 않다'고 말함이요, 선정인 연고로 고요함이니 세속에 들어가 법을 연설함이니 중생을 교화함이 깊고 광대하므로 '소리 바다[音海]'라 말한다. 그러나 여기의 야신은 곧 널리 구제하는 어머니이며, 진정한 정진을 표하였으니 도리어 선정에서 생겨난 것이요, 마음을 일으키고 마음을 동요하나니 곧 망념(妄念)은 정진이 아닌 까닭이니 나머지는 알 수 있으리라.

[鈔] 表眞精進이 卻從定生者는 眞精進者는 離身心故니 非定이면 無此니라
● 진정한 정진을 표함이니 도리어 선정에서 생겨난 것에서 '진정한 정진'이란 몸과 마음을 여읜 연고로 선정이 아니면 이런 정진이 없다는 뜻이다.

[火字卷上 終]

大方廣佛華嚴經 제71권
大方廣佛華嚴經疏鈔 제71권 火字卷中

제39 入法界品 ⑫

제39. 법계에 증득해 들어가는 품[入法界品] ⑫

제36. 적정음해주야신은 일체정광보(一切淨光寶)여래 때에는 보리수신이 되고 법수위덕산(法樹威德山)여래 때에는 주야신이 되어 수행하였다. 또 제37. 수호일체성주야신은 전륜왕의 왕녀 법륜화광비구니로 태어나 득법하니 해탈문은 '매우 깊고 자유자재한 묘한 음성 해탈'이었다.

보살의 깊은 해탈 보기 어려워	菩薩解脫深難見이라
진여와 같은 허공 평등한 모양	虛空如如平等相이니
그지없는 법계의 안에 계시는	普見無邊法界內에
세 세상의 모든 여래 두루 보나니	一切三世諸如來하고
한량없이 훌륭한 공덕을 내며	出生無量勝功德하며
부사의한 참법의 성품에 들어	證入難思眞法性하며
온갖 것에 자재한 지혜 기르고	增長一切自在智하며
세 세상 해탈도를 열어 통하네.	開通三世解脫道로다

大方廣佛華嚴經 제71권
大方廣佛華嚴經疏鈔 제71권 火字卷中

제39. 법계에 증득해 들어가는 품[入法界品] ⑫

마) 제36. 적정음해주야신 선지식[寂靜音海主夜神] 6.
- 제5. 난승지(難勝地)에 의탁한 선지식

(가) 선지식의 가르침에 의지해 나아가 구하다[依敎趣求] (第五 1上8)

爾時에 善財童子가 於普救衆生妙德夜神所에 聞菩薩普現一切世間調伏衆生解脫門하고 了知信解하며 自在安住하여 而往寂靜音海夜神所하니라
그때 선재동자는 중생을 널리 구호하는 묘한 덕 밤 맡은 신에게서 <보살이 온갖 세간에 나타나서 중생을 조복하는 해탈문>을 듣고, 분명히 알고 믿고 이해하며 자유자재하게 편안히 있으면서, 고요한 음성 바다 밤 맡은 신에게로 가서,

[疏] 第五, 寂靜音海夜神은 寄難勝地라 文中에 具六하니 第一, 依敎趣求라
■ 마) 제36. 적정음해주야신은 제5. 난승지에 의탁한 선지식이다. 경문 중에 여섯 과목을 갖추었다. (가) 선지식 가르침에 의지해 나아가 구함이요,

마) 寂靜音海主夜神六

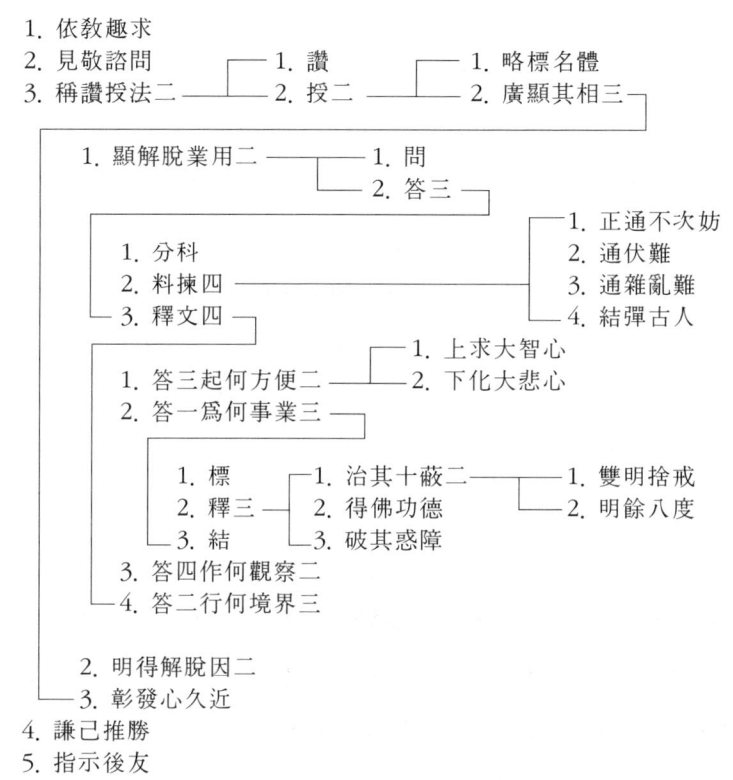

[鈔] 寄難勝地者는 謂眞俗兩智가 行相互違하니 合令相應이 極難勝故니라
- '난승지에 의탁한 선지식'이란 이른바 진제와 속제 두 가지 지혜로 행법의 모양이 서로 위배되고 합하여 서로 응하게 하였으니 이기기가 지극히 어려운 까닭이다.

(나) 만나서 공경을 표하고 법문을 묻다[見敬諮問] (第二 1下5)

頂禮其足하며 遶無數帀하고 於前合掌하여 而作是言하되
聖者여 我已先發阿耨多羅三藐三菩提心하고 我欲依善
知識하여 學菩薩行하며 入菩薩行하며 修菩薩行하며 住
菩薩行하노니 唯願慈哀하사 爲我宣說하소서 菩薩이 云
何學菩薩行이며 云何修菩薩道리잇고

그의 발에 엎드려 절하고 수없이 돌고 앞에서 합장하고 말하였다. "거룩하신 이여, 나는 이미 아뇩다라삼약삼보디심을 내었나이다. 나는 선지식을 의지하여 보살의 행을 배우고 보살의 행에 들어가고 보살의 행을 닦고 보살의 행에 머물고자 하오니, 바라건대 자비하신 마음으로 가엾이 여기시고, 저를 위하여 보살이 어떻게 보살의 행을 배우며 보살의 도를 닦는가를 말씀하여 주소서."

[疏] 第二, 頂禮其足下는 見敬咨問이라
- (나) 頂禮其足 아래는 만나서 공경을 표하고 법문을 물음이요,

(다) 선재동자를 칭찬하고 법문을 설해 주다[稱讚授法] 2.

ㄱ. 선재동자를 칭찬하다[讚] (第三 1下9)

時彼夜神이 告善財言하시되 善哉善哉라 善男子여 汝能
依善知識하여 求菩薩行이로다 善男子여 我得菩薩念念
出生廣大喜莊嚴解脫門하라

그때 그 밤 맡은 신은 선재동자에게 말하였다. "좋고 좋다.

착한 남자여, 그대가 능히 선지식을 의지하여 보살의 행을 구하려 하는구나. 착한 남자여, 나는 보살의 생각 생각마다 <광대한 기쁨을 내는 장엄 해탈문>을 얻었노라."

[疏] 第三, 時彼夜神下는 稱讚授法이라 於中에 先, 讚이요
- (다) 時彼夜神 아래는 선재동자를 칭찬하고 법문을 설해 줌이다. 그 중에 ㄱ. 선재동자를 칭찬함이요,

ㄴ. 법문을 설해 주다[授] 2.
ㄱ) 명칭과 체성을 간략히 표방하다[略標名體] (後善 1下9)

[疏] 後, 善男子我得下는 正授法界라 於中에 二니 先, 略標名體라 準下에 有二意하니 一, 化生遂志故로 生喜니 卽福德莊嚴이요 二, 觀佛菩薩의 勝用故로 歡喜니 卽智慧莊嚴이라 觀化가 旣無間斷일새 故喜가 亦念念出生이니라
- ㄴ. 善男子我得 아래는 법문을 설해 줌이다. 그중에 둘이니 ㄱ) 명칭과 체성을 간략히 표방함이다. 아래와 준하여 두 가지 의미가 있으니 (1) 중생을 교화함에 의지를 다하는 연고로 기쁨이 생겨나니 곧 복덕으로 장엄함이요, (2) 불보살의 뛰어난 작용을 관찰하는 연고로 환희함이니 곧 지혜로 장엄함이요, 교화를 관찰할 적에 이미 간단함이 없는 연고로 기쁨도 또한 생각 생각에 생겨 나오는 것이다.

ㄴ) 그 양상을 자세히 밝히다[廣顯其相] 3.
(ㄱ) 해탈문의 업과 작용[顯解脫業用] 2.

a. 질문하다[問] (後善 2上6)

善財가 言하되 大聖이시여 此解脫門이 爲何事業이며 行何境界며 起何方便이며 作何觀察이니잇고
선재동자는 말하였다. "매우 거룩하신 이여, 그 해탈문은 무슨 사업을 지으며 무슨 경계를 행하여 무슨 방편을 일으키며 무슨 관찰을 하나이까?"

[疏] 後, 善財言下는 廣顯其相이라 於中에 三이니 初, 顯解脫業用이요 次, 明解脫所因이요 後, 彰發心久近이니 各有問答이라 今初에 先, 問이니 有四하니 一, 問所起業用이요 二, 問所行之境이요 三, 問能起方便이니 成上所起요 四, 問能觀之觀이니 成上所行이니라

■ ㄴ) 善財言 아래는 그 양상을 자세히 밝힘이다. 그중에 셋이니 (ㄱ) 해탈문의 업과 작용이요, (ㄴ) 해탈문을 얻은 원인을 밝힘이요, (ㄷ) 발심의 역사를 밝힘에서 각기 a. 질문함과 b. 대답함이 있다. 지금은 (ㄱ)이니 a. 질문함에 넷이 있나니, a) 일으킨 업과 작용을 질문함이요, b) 행할 대상 경계를 질문함이요, c) 일으키는 주체의 방편을 질문함이니 위에서 일으킬 대상을 성취함이요, d) 관찰하는 주체의 관법을 질문하여 위에서 행할 대상을 완성함이다.

b. 대답하다[答] 3.
a) 과목 나누기[分科] (後答 3上4)

夜神이 言하시되 善男子여 我發起淸淨平等樂欲心하며

我發起離一切世間塵垢淸淨堅固莊嚴不可壞樂欲心하며 我發起攀緣不退轉位永不退轉心하며 我發起莊嚴功德寶山不動心하며 我發起無住處心하며 我發起普現一切衆生前救護心하며 我發起見一切佛海無厭足心하며 我發起求一切菩薩淸淨願力心하며 我發起住大智光明海心하며 我發起令一切衆生超過憂惱曠野心하며 我發起令一切衆生捨離愁憂苦惱心하며 我發起令一切衆生捨離不可意色聲香味觸法心하며 我發起令一切衆生捨離愛別離苦怨憎會苦心하며 我發起令一切衆生捨離惡緣愚癡等苦心하며 我發起與一切險難衆生作依怙心하며 我發起令一切衆生出生死苦處心하며 我發起令一切衆生捨離生老病死等苦心하며 我發起令一切衆生成就如來無上法樂心하며 我發起令一切衆生皆受喜樂心하노라
밤 맡은 신이 대답하였다. "착한 남자여, (1) 나는 청정하고 평등한 좋아하는 마음을 내었노라. (2) 나는 모든 세간의 티끌을 여의고, 청정하고 견고하게 장엄하여 깨뜨릴 수 없는 좋아하는 마음을 내었노라. (3) 나는 물러나지 않는 자리를 반연하여 영원히 물러나지 아니할 마음을 내었노라. (4) 나는 공덕 보배의 산을 장엄하여 흔들리지 않는 마음을 내었노라. (5) 나는 머무는 곳이 없는 마음을 내었노라. (6) 나는 모든 중생의 앞에 두루 나타나서 구호하는 마음을 내었노라. (7) 나는 모든 부처님 바다를 보아 싫어함이 없는 마음을 내었노라. (8) 나는 모든 보살의 청정한 서원의 힘을 구하는 마음을 내었노라. (9) 나는 큰 지혜의 광명 바다에 머

무는 마음을 내었노라. (10) 나는 모든 중생이 근심과 고뇌의 벌판을 뛰어넘게 하려는 마음을 내었노라. (11) 나는 모든 중생이 근심과 괴로움을 여의게 하려는 마음을 내었노라. (12) 나는 모든 중생이 뜻에 맞지 않는 빛·소리·향기·맛·닿음·법진을 버리게 하려는 마음을 내었노라. (13) 나는 모든 중생이 사랑을 이별하는 괴로움과 원수를 만나는 괴로움을 여의게 하려는 마음을 내었노라. (14) 나는 모든 중생이 나쁜 인연과 어리석은 고통 따위를 여의게 하려는 마음을 내었노라. (15) 나는 모든 험난을 당하는 중생의 의지가 되려는 마음을 내었노라. (16) 나는 모든 중생으로 하여금 괴로운 생사에서 뛰어나게 하려는 마음을 내었노라. (17) 나는 모든 중생들이 나고 늙고 병들고 죽는 고통을 여의게 하려는 마음을 내었노라. (18) 나는 모든 중생이 여래의 위가 없는 법의 즐거움을 성취케 하려는 마음을 내었노라. (19) 나는 모든 중생이 모두 기쁨을 받게 하려는 마음을 내었노라.

[疏] 後, 答이라 中에 卽分爲四니 初, 答起何方便이니 以悲智雙運等心으로 爲能起之方便이요 二, 發是心已下는 答爲何事業이니 正以化生으로 爲事業故요 三, 復次善男子我常觀察下는 答作何觀察이니 謂觀察菩薩如來요 四, 又善男子此解脫無邊下는 答行何境界니 以無邊無盡甚深廣大한 能所不二로 爲所行境이라

- b. 대답함이다. 그중에 곧 넷으로 나누리니 (a) '세 번 어떤 방편이 일어나는가?'에 대답함이니, 자비와 지혜가 함께 움직이는 등의 마음으

로 일으키는 방편이 됨이요, (b) 發是心已 아래는 '하나는 무엇을 위한 사업인가?'에 대답함이니 바로 화생으로 사업을 삼는 연고요, (c) 復次善男子我常觀察 아래는 '네 가지는 무엇을 만드는 관찰인가?'에 대답함이니 이른바 보살과 여래를 관찰함이요, (d) 又善男子此解脫無邊 아래는 '두 가지는 무슨 경계를 행함인가?'에 대답함이니 그지없고 다함없고 매우 깊고 광대하여 주체와 대상이 둘이 아님으로 행할 경계를 삼는 까닭이다.

b) 구분하다[料揀] 4.
(a) 순서가 아니라는 비방을 해명하다[正通不次妨] (問中 3上9)
(b) 숨은 힐난을 해명하다[通伏難] (又由)
(c) 잡되고 혼란하다는 힐난을 해명하다[通雜亂難] (又觀)
(d) 고인을 결론적으로 비판하다[結彈古人] (四問)

[疏] 問中에는 欲顯能所別故로 先問所成이요 後問能成이요 答中에는 欲顯能所相成일새 故로 隔句相屬이라 又由能起所일새 故先辨能이니라 又觀察中에 雖有所觀이나 意在能觀이요 所行境中에 雖是所行이나 而義兼能所라 故로 四問全別이니라 是以로 晉經에 行何境界를 名境界云何니 此則兼通分齊之境이요 非但所觀이니라

■ a. 질문함 중에 주체와 대상이 다름을 밝히려는 까닭이니 (a) 성취할 대상에 대해 질문함이요, (b) 성취하는 주체에 대해 질문함이다. b. 대답함 중에 모양을 이룰 주체와 대상을 밝히려는 연고로 구절을 띄워서[隔] 상대하여 배속한다. 또한 주체로 말미암아 대상을 일으킨 연고로 먼저 주체를 밝혔다. 또한 관찰함 중에 비록 관찰할 대상이

있더라도 의미는 관찰하는 주체에 있다. 행할 대상 경계 중에 비록 행할 대상이라도 뜻은 주체와 대상을 겸하는 연고로 네 가지 질문이 완전히 다르다. 이런 연고로 진경에서는 '어떤 경계를 행하는가?'라는 것을 '경계가 어떠한가?'라고 이름하였으니 이것은 뜻으로는 영역인 경계를 겸하였으니 단지 관찰할 대상뿐인 것이 아니다.

[鈔] 問中[18]下는 第二, 料揀이요 於中에 有四하니 初, 正通不次之妨이니 初, 答第三하고 二, 答第一하고 三, 答第四하고 四, 答第二일새 故爲不次라 今釋意에 云, 問中에 初二는 是所成故요 三四兩問은 皆是能成[19]이니 三成於初하고 四成於二라 故今答中에 以第三能成으로 成第一所成이니 故로 先答第三하고 次答第一이라 以第四能成으로 成第二所成일새 故라 後, 答四二也라

又由能起所下는 二, 通伏難이니 難云호대 隔句相對가 於理甚明이나 而其二對問中에 何以先明所成하고 答中에 何以先答能成고할새 故로 今釋云호대 由能成所일새 故先答能이라 復應問言호대 問中에 何以不先問能고할새 故應答言호대 問觀所成하고 求能成故라 見果推因이 猶如四諦니라 疏不明者는 意易見故니라

- b) 中欲 아래는 구분함이다. 그중에 넷이 있으니 (a) 순서가 아니라는 비방을 바로 해명함이다. ㊀ 셋째에 대해 대답함이요, ㊁ 첫째에 대해 대답함이요, ㊂ 넷째에 대해 대답함이요, ㊃ 둘째에 대해 대답함이므로 순서가 아니라 한 것이다. 지금 의미를 해석하여 말하되, 질문함 중에 첫째와 둘째는 성취할 대상인 연고요, 셋째와 넷째의 두 가지 질문은 모두 성취하는 주체이다. 셋째는 첫째를 완성하고 넷째는

---

18) 中은 甲續本作中欲이라 하다.
19) 上六字는 南金本作是能成故.

둘째를 완성함이므로 지금 대답함 중에 셋째인 성취하는 주체로 첫째 성취할 대상을 이룬 까닭이다. 광명은 셋째에 대한 대답이요, ㉡ 첫째에 대해 대답함이니, 넷째 성취할 대상으로 둘째 성취할 대상을 완성한 까닭이다. ㉢ 넷째와 둘째에 대답함이다.

(b) 又由能起所 아래는 숨은 힐난에 해명함이다. 힐난하여 말하되, "구절을 띄워서 상대하면 이치가 매우 밝으므로 그 두 가지 질문에 상대함 중에 어찌하여 먼저 성취할 대상을 밝혔는가?"라 하였으니, 대답함 중에 "어째서 먼저 성취하는 주체에 대답하였는가?"라 하는 연고로 지금 해석하여 말하되, "주체로 말미암아 대상을 성취하는 연고로 먼저 주체에 대해 대답함이다"라고 하였다. 다시 질문에 응하여 말하되, "질문함 중에 어째서 먼저 주체에 대해 질문하는가?"라고 말한 연고로 응하여 대답하여 말하되, "보고서 성취할 대상에 성취하는 주체를 구하는 까닭이다. 결과를 보고 원인을 추측하는 것이 사성제와 같다"라 하였으니 소에서 밝히지 않은 것은 의미를 쉽다고 보는 까닭이다.

又觀察中下는 三, 通雜亂難이니 謂有問言호대 若以觀察로 爲能成者인대 何故로 答中에 有所觀耶아 所行之境이 是所成者인대 何以境中에 有能成行耶아할새 故今答云호대 觀察之中에 雖有所觀이나 爲成能觀이니 如般若中에 雖有實相이나 爲成智慧라 所行境中에 若能若所가 皆是所行이니 如諸菩薩이 行深般若에 若能觀과 所觀이 皆所行矣니라

四問全別下는 四, 結引證이요 兼結彈古人이니 古人이 以第一所起方便과 及第二事業이 皆答第一事業之問이요 以其第三答觀察이 雙

答第二第四의 兩問이라 以觀察境界가 不相離故요 以答第四行何
境界가 却答第三의 起方便問이라하니라 若爲此釋인대 非但四答이 相
不分明이라 抑亦答不次第雜亂이라 故로 疏釋竟하고 今乃結云호대
四問全別이라하니라 是以[20]로 晋經中下는 引經하여 正證所行境中에
有能行義라 謂若所知境인대 唯是所行이요 若分齊境인대 卽有能行
이니 是故로 疏에 云, 非但所觀이라하니라 以晉境界에 含能觀故니라

- (c) 又觀察 아래는 잡되고 혼란하다는 힐난을 해명함이다. 이른바 어떤 이가 물어 말하되, "만일 관찰함으로 성취하는 주체로 삼는다면 무슨 연고로 대답함 중에 관찰할 대상이 있는가? 행할 대상 경계가 성취할 대상이라면 어찌하여 경계 중에 성취하는 주체의 행법이 있는가?"라 하므로 지금 대답하여 말하되, "관찰함 중에 비록 관찰할 대상이 있더라도 관찰하는 주체를 성취함이 마치 반야 중에 비록 실다운 모양이 있지만 지혜를 성취함이 되는 것과 같다. 행할 대상 경계 중에 주체를 잡고 대상을 잡은 것이 모두 행할 대상이 된 것은 마치 모든 보살이 깊은 반야를 행함과 같다"라 하였으니, 관찰하는 주체와 대상을 잡은 것이 모두 행할 대상인 것이다.

(d) 四問全別 아래는 인용하여 증명함을 결론하여 고인을 결론적으로 비판함을 겸하였으니, 고인이 첫째 일으킬 대상인 방편으로 둘째 사업에 공급하여 모두 첫째 사업에 대한 질문에 대답하였더라도 그 셋째에서 관찰을 대답하여 둘째와 넷째의 두 가지 질문을 겸하여 대답한 것이다. 경계를 관찰함이 서로 여의지 않는 까닭이며, 넷째는 어떤 경계에 대해 대답함이 도리어 셋째 방편을 일으킴이란 질문에 대답한 내용이 된 것이다. 만일 이렇게 해석한다면 단지 넷째 대답한 모

---

20) 是以는 南金本無라 하다.

습이 분명하지 않을 뿐 아니라 또한 다시 순서대로 잡되고 혼란하지 않으므로 소가가 해석하여 마친 것이다. 지금 비로소 결론하여 말하되, 四問全別晉經中 아래는 경문을 인용하여 행할 대상 경계를 바로 증명한 중에 행하는 주체의 뜻이 있다. 이른바 저 알 대상인 경계가 오로지 행할 대상인 것이요, 만일 영역의 경계는 곧 행하는 주체이니 이런 연고로 소가가 말하되, "단지 관찰할 대상이 아니지만 진경(晉經)의 경계 중에 관찰하는 주체를 포함한 까닭이다"라고 하였다.

c) 경문 해석[釋文] 4.

(a) 세 번 어떤 방편이 일어나는가에 대답하다[答三起何方便] 2.
㊀ 열은 위로 큰 지혜를 구하는 마음[上求大智心] (今初 4下9)
㊁ 열은 아래로 대비로 교화하는 마음[下化大悲心] (後我)

[疏] 今初의 能起方便中에 有二十心하니 前, 十은 起上求大智心이요 後, 我發起令一切衆生超過下의 十心은 下化大悲心이니라
■ 지금은 (a)이니 일으키는 주체의 방편 중에 20가지 마음이 있다. ㊀ 열 가지 마음은 위로 큰 지혜를 구하는 마음을 일으킴이요, ㊁ 我發起令一切衆生超過 아래의 열 가지 마음은 아래로 대비로 교화하는 마음이다.

(b) 하나는 무엇을 위한 사업인가에 대답하다[答一爲何事業] 3.
㊀ 표방하다[標] (第二 5上3)
㊁ 해석하다[釋] 3.

① 열 가지 폐단을 다스리다[治其十蔽] 2.
㉮ 버리는 계를 함께 밝히다[雙明捨戒] (二所)
㉯ 나머지 여덟 바라밀을 밝히다[明餘八度] (後十)

發是心已하고 復爲說法하여 令其漸至一切智地하니 所謂若見衆生이 樂着所住宮殿屋宅이면 我爲說法하여 令其了達諸法自性하여 離諸執着하며 若見衆生이 戀着父母兄弟姊妹면 我爲說法하여 令其得預諸佛菩薩淸淨衆會하며 若見衆生이 戀着妻子면 我爲說法하여 令其捨離生死愛染하고 起大悲心하여 於一切衆生에 平等無二하며 若見衆生이 住於王宮하여 婇女侍奉이면 我爲說法하여 令其得與衆聖集會하여 入如來敎하며 若見衆生이 染着境界면 我爲說法하여 令其得入如來境界하며 若見衆生이 多瞋恚者면 我爲說法하여 令住如來忍波羅蜜하며 若見衆生이 其心懈怠면 我爲說法하여 令得淸淨精進波羅蜜하며 若見衆生이 其心散亂이면 我爲說法하여 令得如來禪波羅蜜이며 若見衆生이 入見稠林無明暗障이면 我爲說法하여 令得出離稠林黑暗하며 若見衆生이 無智慧者면 我爲說法하여 令得般若波羅蜜하며 若見衆生이 染着三界면 我爲說法하여 令出生死하며 若見衆生이 志意下劣이면 我爲說法하여 令其圓滿佛菩提願하며 若見衆生이 住自利行이면 我爲說法하여 令其發起利益一切諸衆生願하며 若見衆生이 志力微弱이면 我爲說法하여 令得菩薩力波羅蜜하며 若見衆生이 愚癡暗心이면 我爲

說法하여 令得菩薩智波羅蜜케하나니라

이런 마음을 내고는 다시 법을 말하여 그들로 하여금 차츰 차츰 온갖 지혜의 지위에 이르게 하노니, 이른바 (1) 어떤 중생이 자기가 있는 궁전이나 가옥을 애착함을 보면 나는 그에게 법을 말하여 모든 법의 성품을 통달하여 여러 가지 집착을 여의게 하노라. (2) 어떤 중생이 부모나 형제나 자매를 그리워함을 보면, 나는 그에게 법을 말하여 여러 부처님과 보살의 청정한 모임에 참여케 하노라. (3) 어떤 중생이 처자를 그리워함을 보면, 나는 그에게 법을 말하여 생사의 애착을 버리고 가엾이 여기는 마음을 내어 모든 중생에게 둘이 없이 평등하게 하노라. (4) 어떤 중생이 왕궁에 있으면서 채녀들이 받들어 모심을 보면, 나는 그에게 법을 말하여 여러 성인이 모이는 데 참여하여 여래의 가르침에 들게 하노라. (5) 어떤 중생이 경계에 물듦을 보면, 나는 그에게 법을 말하여 여래의 경계에 들어가게 하노라. (6) 어떤 중생이 성내는 일이 많음을 보면 나는 그에게 법을 말하여 여래의 참는 바라밀다에 머물게 하노라. (7) 어떤 중생의 마음이 게으름을 보면, 나는 그에게 법을 말하여 청정하게 꾸준히 노력하는 바라밀다를 얻게 하노라. (8) 어떤 중생의 마음이 산란함을 보면, 나는 그에게 법을 말하여 여래의 선정바라밀다를 얻게 하노라. (9) 어떤 중생이 여러 소견의 숲이나 무명의 참참한 데 들어감을 보면, 나는 그에게 법을 말하여 어두운 숲속에서 벗어나게 하노라. (10) 어떤 중생이 지혜가 없음을 보면, 나는 그에게 법을 말하여 반야바라밀다를 얻게 하노라. (11) 어떤 중생이 세 세계에 물듦을 보면, 나는 그에게 법을 말하여 생사에서 벗어나게 하노라. (12) 어떤 중생의 뜻이 용렬함을 보면 나는 그에게 법을 말하여 부처님 보리에 대한 서원을 원만하게 하노라. (13) 어떤 중생이 저를 이롭게 하는 행에 머무른 이를 보면, 나는 그에게 법을 말하여 모든 중생을 이익하게 하려는 소원을 내게 하노라. (14) 어떤 중생이 뜻과 힘이 미약함을 보면, 나는 그에게 법을 말하여 보살의 힘바라밀다를 얻게 하노라. (15) 어떤 중생이 어리석어 마음이 참참함을 보면, 나는 그에게 법을 말하여 보살의 지혜바라밀다를 얻게 하노라.

[疏] 第二, 答所作事業이라 中에 有標와 釋과 結하니 初, 標는 可知니라 二, 所謂下는 別釋이라 有三十七門을 分三이니 初, 十五門은 隨其[21]便宜하여 以十度化하여 治其十蔽라 於中에 初, 五門은 雙明捨戒니 以捨一切着하면 則戒淨故라 後, 十心은 明餘八度라 而般若와 及願에 各有二門하니라

- (b) 지을 대상인 사업에 대해 대답함이다. 그중에 ㉠ 표방함과 ㉡ 해석함과 ㉢ 결론함이 있다. ㉠ 표방함은 알 수 있으리라. ㉡ 所謂 아래는 개별 해석이니, 37가지 문을 셋으로 나누었다. ① 15문은 그 편의를 따라서 십바라밀로 그 열 가지 폐단을 교화하여 다스림이다. 그중에 ㉮ 다섯 가지 문은 버리는 계를 함께 밝혀서 온갖 집착을 버리면 계가 청정한 까닭이다. ㉯ 열 가지 마음은 나머지 여덟 바라밀을 밝히더라도 반야바라밀과 서원바라밀에 각기 두 문이 있다.

---

21) 其는 甲續本作各, 源原南金本作其.

② 12문은 불공덕을 얻다[得佛功德] (次色 6下8)

若見衆生이 色相不具면 我爲說法하여 令得如來淸淨色身하며 若見衆生이 形容醜陋면 我爲說法하여 令得無上淸淨法身하며 若見衆生이 色相麤惡이면 我爲說法하여 令得如來微妙色身하며 若見衆生이 情多憂惱면 我爲說法하여 令得如來畢竟安樂하며 若見衆生이 貧窮所苦면 我爲說法하여 令得菩薩功德寶藏하며 若見衆生이 住止園林이면 我爲說法하여 令彼勤求佛法因緣하며 若見衆生이 行於道路면 我爲說法하여 令其趣向一切智道하며 若見衆生이 在聚落中이면 我爲說法하여 令出三界하며 若見衆生이 住止人間이면 我爲說法하여 令其超越二乘之道하여 住如來地하며 若見衆生이 居住城郭이면 我爲說法하여 令其得住法王城中하며 若見衆生이 住於四隅면 我爲說法하여 令得三世平等智慧하며 若見衆生이 住於諸方이면 我爲說法하여 令得智慧하여 見一切法하니라
(16) 어떤 중생이 신체가 갖추지 못함을 보면, 나는 그에게 법을 말하여 여래의 청정한 육신을 얻게 하노라. (17) 어떤 중생이 얼굴이 누추함을 보면, 나는 그에게 법을 말하여 위가 없는 청정한 법신을 얻게 하노라. (18) 어떤 중생이 모양이 추악함을 보면, 나는 그에게 법을 말하여 여래의 미묘한 육신을 얻게 하노라. (19) 어떤 중생이 근심하는 생각이 많음을 보면, 나는 그에게 법을 말하여 여래의 끝까지 안락함을 얻게 하노라. (20) 어떤 중생이 가난에 쪼들림을 보면 나

는 그에게 법을 말하여 보살의 공덕인 보배 광을 얻게 하노라. (21) 어떤 중생이 동산에 있는 이를 보면, 나는 그에게 법을 말하여 불법의 인연을 부지런히 구하게 하노라. (22) 어떤 중생이 길 가는 것을 보면, 나는 그에게 법을 말하여 온갖 지혜의 길로 향하게 하노라. (23) 어떤 중생이 마을 가운데 있음을 보면, 나는 그에게 법을 말하여 세 세계에서 뛰어나게 하노라. (24) 어떤 중생이 인간에 있는 것을 보면, 나는 그에게 법을 말하여 이승의 길에서 초월하여 여래의 지위에 머물게 하노라. (25) 어떤 중생이 성중에 삶을 보면, 나는 그에게 법을 말하여 법왕의 성중에 머물게 하노라. (26) 어떤 중생이 네 간방에 있음을 보면, 나는 그에게 법을 말하여 세 세상이 평등한 지혜를 얻게 하노라. (27) 어떤 중생이 여러 방위에 있음을 보면, 나는 그에게 법을 말하여 지혜를 얻어 모든 법을 보게 하노라.

[疏] 次, 色相不具下에 有十二門은 化無功德衆生하여 令得佛因果功德하여 見第一義니라

- ② 色相不具 아래는 12문은 공덕 없는 중생을 교화하여 하여금 부처님의 인행과 과덕의 공덕을 얻게 하여 제일가는 이치의 뜻을 본 것이다.

③ 열 문은 그 번뇌의 장애를 타파하다[破其惑障] (後貪 7上10)

若見衆生이 貪行多者면 我爲彼說不淨觀門하여 令其捨

離生死愛染하며 若見衆生이 瞋行多者면 我爲彼說大慈 觀門하여 令其得入하여 勤加修習하며 若見衆生이 癡行 多者면 我爲說法하여 令得明智하여 觀諸法海하며 若見 衆生이 等分行者면 我爲說法하여 令其得入諸乘願海하 며 若見衆生이 樂生死樂이면 我爲說法하여 令其厭離하 며 若見衆生이 厭生死苦하여 應爲如來所化度者면 我爲 說法하여 令能方便으로 示現受生하며 若見衆生이 愛着 五蘊이면 我爲說法하여 令其得住無依境界하며 若見衆 生이 其心下劣이면 我爲顯示勝莊嚴道하며 若見衆生이 心生憍慢이면 我爲其說平等法忍하며 若見衆生이 其心 諂曲이면 我爲其說菩薩直心하노라

(28) 어떤 중생이 탐심이 많은 이를 보면, 나는 그에게 부정관하는 법을 말하여 생사에 대한 애착을 버리게 하노라. (29) 어떤 중생이 성내는 일이 많음을 보면 나는 그에게 인자함을 관하는 법을 말하여 부지런히 닦는 데 들어가게 하노라. (30) 어떤 중생이 어리석은 짓을 많이 하는 이를 보면 나는 그에게 법을 말하여 밝은 지혜를 얻어 모든 법 바다를 보게 하노라. (31) 어떤 중생이 삼독이 평등한 이를 보면, 나는 그에게 법을 말하여 여러 승의 소원 바다에 들게 하노라. (32) 어떤 중생이 나고 죽는 낙을 좋아함을 보면 나는 그에게 법을 말하여 싫어서 떠나게 하노라. (33) 어떤 중생이 생사의 괴로움을 싫어하여 여래의 제도받을 이를 보면, 나는 그에게 법을 말하여 능히 좋은 방편으로 일부러 태어나게 하노라. (34) 어떤 중생이 오온에 애착함을 보면, 나는

그에게 법을 말하여 의지 없는 경계에 머물게 하노라. (35) 어떤 중생의 마음이 용렬한 이를 보면, 나는 그에게 훌륭하게 장엄한 도를 보이노라. (36) 어떤 중생이 마음이 교만한 이를 보면, 나는 그에게 평등한 법의 지혜를 말하노라. (37) 어떤 중생이 마음이 곧지 못한 이를 보면, 나는 그에게 보살의 곧은 마음을 말하노라.

[疏] 後, 貪行多者下의 十門은 但以對治門으로 破其惑障이니라
- ③ 貪行多者 아래의 열 문은 단지 상대하여 다스리는 문으로 그 번뇌의 장애를 타파한다는 내용이다.

㈢ 교화한 의미를 총합 결론하다[結] (三善 7下4)

善男子여 我以此等無量法施로 攝諸衆生하여 種種方便으로 敎化調伏하여 令離惡道하고 受人天樂하며 脫三界縛하고 住一切智로니 我時에 便得廣大歡喜法光明海하여 其心怡暢하여 安隱適悅하노라

착한 남자여, 나는 이러한 한량이 없는 법 보시로 중생들을 거두어 주되, 가지가지 방편으로 교화하고 조복하여 나쁜 길을 여의고 인간이나 천상의 낙을 받게 하며 세 세계의 속박을 벗어나 온갖 지혜에 머물게 하고는, 그때에 나는 엄청난 즐거움과 법의 광명 바다를 얻고 마음이 화창하여 편안하고 희열하노라.

[疏] 三, 善男子我以此等下는 總結化意니 見物成益일새 故大歡喜니 此 卽釋名中의 初意니라
- ㊂ 善男子我以此等 아래는 교화한 의미를 총합 결론함이니, 중생을 만나고 이익을 성취함인 연고로 크게 기뻐했을 것이니 이것은 곧 명칭을 해석함 중에 첫째 의미이다.

(c) 네 가지는 무슨 관찰을 짓는가에 대답하다[答四作何觀察] 2.
㊀ 보살의 경계를 관찰하다[觀菩薩境界] (第三 8上7)

復次善男子여 我常觀察一切菩薩道場衆會하여 修種種願行하며 現種種淨身하며 有種種常光하며 放種種光明하며 以種種方便으로 入一切智門하며 入種種三昧하며 現種種神變하며 出種種音聲海하며 具種種莊嚴身하며 入種種如來門하며 詣種種國土海하며 見種種諸佛海하며 得種種辯才海하며 照種種解脫境하며 得種種智光海하며 入種種三昧海하며 遊戲種種諸解脫門하며 以種種門으로 趣一切智하여 種種莊嚴虛空法界하며 以種種莊嚴雲으로 徧覆虛空하며 觀察種種道場衆會하며 集種種世界하며 入種種佛刹하며 詣種種方(便)海하며 受種種如來命하며 從種種如來所하며 與種種菩薩俱하며 雨種種莊嚴雲하며 入如來種種方便하며 觀如來種種法海하며 入種種智慧海하며 坐種種莊嚴座하노라22)

또 착한 남자여, 나는 모든 도량에 모인 보살 대중을 항상

---

22) 詣種種方海는 合本有便字, 麗宋元明淸綱杭敦纂續金本及貞元譯無, 海上一本無便字.

관찰하여 그들이 (1) 갖가지 원과 행을 닦으며, 갖가지 깨끗한 몸을 나투며, 갖가지 항상한 광명이 있으며, 갖가지 광명을 놓으며, 갖가지 방편으로 온갖 지혜의 문에 들어가며, 갖가지 삼매에 들어 갖가지 신통변화를 나타내며, 갖가지 음성 바다를 내며, 갖가지 장엄한 몸을 갖추며, 갖가지 여래의 문에 들어가며, (10) 갖가지 세계 바다에 나아가 갖가지 부처 바다를 뵈오며, 갖가지 변재 바다를 얻으며, 갖가지 해탈 경계를 비추며, 갖가지 지혜의 광명 바다를 얻으며, 갖가지 삼매 바다에 들어가며, 갖가지 해탈의 문에 유희하며, 갖가지 문으로써 일체 지혜에 나아가서 갖가지로 허공 법계를 장엄하며, 갖가지 장엄 구름으로 허공을 두루 덮으며, 갖가지 도량에 모인 대중을 관찰하며, 갖가지 세계를 모으며, (20) 갖가지 부처님 세계에 들어가며, 갖가지 방편 바다에 나아가 갖가지 여래의 명령을 받으며, 갖가지 여래의 처소에서 갖가지 보살과 함께하며, 갖가지 장엄 구름을 내리며, 여래의 갖가지 방편에 들어가며, 여래의 갖가지 법 바다를 보며, 갖가지 지혜 바다에 들어가며, (27) 갖가지 장엄한 자리에 앉았음을 아노라.

[疏] 第三, 答觀察問이라 中에 二니 先, 觀菩薩境界요

- (c) (네 가지는) 무슨 관찰을 짓는가 하는 질문에 대답함 중에 둘이니
  ㈠ 보살의 경계를 관찰함이요,

㈡ 부처님의 수승한 작용을 관찰하다[觀佛之勝用] 3.

① 앞을 결론하고 뒤를 표방하다[結前標後] (後善 8上10)

善男子여 我觀察此道場眾會하고 知佛神力이 無量無邊하여 生大歡喜하라
착한 남자여, (1) 나는 이 도량에 모인 대중을 관찰하여 부처님의 신통한 힘이 한량없고 그지없음을 알고 매우 환희함을 내노라.

[疏] 後, 善男子我觀察此道場下는 觀佛勝用이라 於中에 三이니 初, 結前生後니 知佛神力下는 義當生後故니라
- ㈢ 善男子我觀察此道場 아래는 부처님의 수승한 작용을 관찰함이다. 그중에 셋이니 ① 앞을 결론하고 뒤를 표방함이니, 知佛神力 아래는 뜻이 뒤를 시작함에 해당하는 까닭이다.

② 열 문을 바로 밝히다[正顯十門] (次我 9下4)

善男子여 我觀毘盧遮那如來의 念念出現不可思議淸淨色身하고 旣見是已에 生大歡喜하며 又觀如來의 於念念中에 放大光明하사 充滿法界하고 旣見是已에 生大歡喜하며 又見如來의 一一毛孔에 念念出現無量佛刹微塵數光明海어든 一一光明이 以無量佛刹微塵數光明으로 而爲眷屬하여 一一周徧一切法界하여 消滅一切諸衆生苦하고 旣見是已에 生大歡喜하며 又善男子여 我觀如來의 頂及兩肩에 念念出現一切佛刹微塵數寶焰山雲하사 充

滿十方一切法界하고 旣見是已에 生大歡喜하며 又善男子여 我觀如來의 一一毛孔에 於念念中에 出一切佛刹微塵數香光明雲하사 充滿十方一切佛刹하고 旣見是已에 生大歡喜하며 又善男子여 我觀如來의 一一相에 念念出一切佛刹微塵數諸相莊嚴如來身雲하사 徧往十方一切世界하고 旣見是已에 生大歡喜하나라

착한 남자여, (2) 나는 비로자나여래께서 잠깐잠깐마다 부사의하게 청정한 몸을 나타내심을 관찰하나니, 이것을 보고는 매우 환희함을 내노라. (3) 또 여래께서 잠깐잠깐마다 큰 광명을 놓아 법계에 가득함을 관찰하나니, 이것을 보고는 매우 환희함을 내노라. (4) 또 여래께서 낱낱 털구멍에서 잠깐잠깐마다 한량없는 세계의 티끌 수 광명 바다를 내거든, 낱낱 광명이 한량없는 세계의 티끌 수 광명으로 권속을 삼고, 낱낱이 모든 법계에 두루하여 모든 중생의 괴로움을 소멸함을 관찰하나니, 이것을 보고는 매우 환희함을 내노라. (5) 또 착한 남자여, 나는 여래의 정수리와 두 어깨에서 잠깐잠깐마다 모든 세계의 티끌 수 보배 불꽃 산 구름을 나타내어 시방의 모든 법계에 가득함을 관찰하나니, 이것을 보고는 매우 환희함을 내노라. (6) 또 착한 남자여, 나는 여래의 털구멍마다 잠깐잠깐 동안에 모든 부처 세계의 티끌 수 향기 구름을 내어 시방의 모든 세계에 가득함을 관찰하나니, 이것을 보고는 매우 환희함을 내노라. (7) 또 착한 남자여, 나는 여래의 낱낱 모습에서 잠깐잠깐마다 모든 부처 세계의 티끌 수 몸매로 장엄한 여래의 몸 구름을 내어 시방

의 모든 세계에 두루 감을 관찰하나니, 이것을 보고는 매우 환희함을 내노라.

[疏] 次, 我觀毘盧遮那下는 正顯이니 有其十門이라
■ ② 我觀毘盧遮那 아래는 열 문을 바로 밝힘이니 그 열 개의 문이 있다.

③ 가깝고 먼 것을 총합 결론하다[總結遠近] 2.
㉮ 기쁨으로 성취한 이익을 표방하다[標喜成益] (後我 10上2)

又善男子여 我觀如來의 一一毛孔에 於念念中에 出不可說佛刹微塵數佛變化雲하사 示現如來從初發心으로 修波羅蜜하사 具莊嚴道하여 入菩薩地하고 旣見是已에 生大歡喜하며 又善男子여 我觀如來의 一一毛孔에 念念出現不可說不可說佛刹微塵數天王身雲과 及以天王의 自在神變하사 充徧一切十方法界하사 應以天王身으로 而得度者는 卽現其前하여 而爲說法하고 旣見是已에 生大歡喜하며 如天王身雲하여 其龍王과 夜叉王과 乾闥婆王과 阿修羅王과 迦樓羅王과 緊那羅王과 摩睺羅伽王과 人王과 梵王身雲을 莫不皆於一一毛孔에 如是出現하사 如是說法이어시든

(8) 또 착한 남자여, 나는 여래의 털구멍마다 잠깐잠깐 동안에 말할 수 없는 세계의 티끌 수 변화하는 구름을 내어, 여래께서 처음 마음을 내어 바라밀다를 닦음으로부터 장엄한 길을 갖추어 보살의 지위에 들어감을 관찰하나니, 이것을

보고는 매우 환희함을 내노라. (9) 또 착한 남자여, 나는 여래의 낱낱 털구멍에서 잠깐잠깐마다 말할 수 없이 말할 수 없는 세계의 티끌 수 천왕의 몸 구름을 나타내며, 또 천왕의 자재한 신통변화로 모든 시방의 법계에 가득하여, 천왕의 몸으로 제도할 수 있는 이에게는 그 앞에 나타나서 법을 말함을 관찰하나니, 그것을 보고는 매우 환희함을 내노라. (10) 천왕의 몸 구름과 같이, 용왕·야차왕·건달바왕·아수라왕·가루라왕·긴나라왕·마후라가왕·사람왕·범천왕의 몸 구름에서도 낱낱 털구멍마다 이렇게 나타나서 이렇게 법을 말하나니,

[疏] 後, 我見是已於念念下는 總結이니 近結前之十門이요 亦遠結前觀菩薩境이니 以所觀境이 皆稱性故라 於中에 先, 標喜成益이요

■ ③ 我見是已於念念 아래는 가깝고 먼 것을 총합 결론함이다. 가깝게는 앞의 열 개의 문을 결론하고, 또한 멀리서는 앞의 보살의 경계를 관찰함을 결론함이니, 관찰할 대상인 경계가 모두 성품과 칭합한 까닭이다. 그중에 ㉠ 기쁨으로 성취한 이익을 표방함이요,

㉡ 그 이유를 묻고 해석하다[徵釋所由] (後何 10上4)

我見是已하고 於念念中에 生大歡喜하며 生大信樂하니 量與法界薩婆若等이라 昔所未得을 而今始得하며 昔所未證을 而今始證하며 昔所未入을 而今始入하며 昔所未滿을 而今始滿하며 昔所未見을 而今始見하며 昔所未聞

을 而今始聞하니 何以故오 以能了知法界相故며 知一切法이 唯一相故며 能平等入三世道故며 能說一切無邊法故니라 善男子여 我入此菩薩念念出生廣大喜莊嚴解脫光明海하노라

나는 이것을 보고는, 잠깐잠깐 동안에 매우 환희함을 내고 매우 믿고 좋아함을 내었으니, 그 분량이 법계의 살바야들과 같아서, 예전에 얻지 못한 것을 지금 얻었고, 예전에 증득하지 못한 것을 지금 증득했고, 예전에 들어가지 못한 데 지금 들어갔고, 예전에 만족하지 못한 것을 지금 만족하고, 예전에 보지 못한 것을 지금 보았고, 예전에 듣지 못한 것을 지금 들었노라. 무슨 까닭이냐? 법계의 모양을 능히 분명하게 아는 까닭이며, 온갖 법이 오직 한 모양임을 아는 까닭이며, 세 세상의 도에 평등하게 들어간 까닭이며, 온갖 그지없는 법을 말하는 까닭이니라. 이 착한 남자여, 나는 이 보살이 생각 생각마다 엄청나게 기쁜 장엄을 내는 해탈의 광명 바다에 들어갔노라.

[疏] 後, 何以下는 徵釋益由[23]니 以能觀之大智가 稱法界之體相일새 故로 所生信等이 等一切智니라

- ⑭ 何以 아래는 그 이유를 묻고 해석함이다. 관찰하는 주체의 큰 지혜로 법계의 체성과 칭합한 모양인 연고로 생겨날 믿음 따위 온갖 지혜이다.

---

23) 益은 甲續金本作所, 源原南本作益.

(d) 두 가지는 무슨 경계를 행함인지에 대답하다[答二行何境界] 3.
㊀ 열 문은 법으로 설하다[法] (第四 11下4)

又善男子여 此解脫이 無邊이니 普入一切法界門故며 此
解脫이 無盡이니 等發一切智性心故며 此解脫이 無際니
入無際畔一切衆生心想中故며 此解脫이 甚深이니 寂靜
智慧所知境故며 此解脫이 廣大니 周徧一切如來境故며
此解脫이 無壞니 菩薩智眼之所知故며 此解脫이 無底니
盡於法界之源底故며 此解脫者는 卽是普門이니 於一事
中에 普見一切諸神變故며 此解脫者는 終不可取니 一
切法身이 等無二故며 此解脫者는 終無有生이니 以能了
知如幻法故며

또 착한 남자여, (1) 이 해탈은 그지없으니 온갖 법계의 문에 두루 들어가는 연고이니라. (2) 이 해탈은 다함이 없으니 온갖 지혜 성품의 마음을 평등히 내는 연고이니라. (3) 이 해탈은 경계가 없으니 경계가 없는 모든 중생의 생각 속에 들어가는 연고이니라. (4) 이 해탈은 매우 깊으니 고요한 지혜로야 알 수 있는 경계인 연고이니라. (5) 이 해탈은 크고 넓으니 모든 여래의 경계에 두루하는 연고이니라. (6) 이 해탈은 무너짐이 없나니 보살의 지혜 눈으로 아는 것인 연고이니라. (7) 이 해탈은 바닥이 없으니 법계의 밑바닥까지 다한 연고이니라. (8) 이 해탈은 곧 넓은 문이니 한 가지 일에서 모든 신통변화를 두루 보는 연고이니라. (9) 이 해탈은 마침내 취할 수 없으니 모든 법의 몸이 평등하여 둘이 없는 연고이니라. (10) 이 해탈은 마침내 나지 않나니 환술과 같은 법인 줄을 아는 연고이니라.

[疏] 第四, 答所行境界問이라 通二種境이니 如言入法界門은 即所觀境이요 發一切智性心은 即分齊境이라 餘可準思니라 文中에 分三이니 初, 十門은 法說이요

- (d) 두 가지는 무슨 경계를 행함인가 하는 물음에 대답함이다. 두 가지 경계를 해명함은 마치 말로 법계에 들어가는 문과 같나니 곧 관찰할 대상 경계가 온갖 지혜의 성품인 마음을 냄이 곧 영역의 경계요, 나머지는 생각에 준해 알 수 있다. 경문 중에 셋으로 나누리니 ㊀ 열 문은 법으로 설함이다.

㊁ 비유로 밝히다[喩] (次猶 11下6)
㊂ 수행하기 권함으로 결론하다[結] (後我)

此解脫者는 猶如影像이니 一切智願이 光所生故며 此解脫者는 猶如變化니 化生菩薩의 諸勝行故며 此解脫者는 猶如大地니 爲一切衆生의 所依處故며 此解脫者는 猶如大水니 能以大悲로 潤一切故며 此解脫者는 猶如大火니 乾竭衆生의 貪愛水故며 此解脫者는 猶如大風이니 令諸衆生으로 速疾趣於一切智故며 此解脫者는 猶如大海니 種種功德으로 莊嚴一切諸衆生故며 此解脫者는 如須彌山이니 出一切智法寶海故며 此解脫者는 如大城郭이니 一切妙法의 所莊嚴故며 此解脫者는 猶如虛空이니

普容三世佛神力故ㅣ며 此解脫者는 猶如大雲이니 普爲衆生하야 雨法雨故ㅣ며 此解脫者는 猶如淨日이니 能破衆生의 無知暗故ㅣ며 此解脫者는 猶如滿月이니 滿足廣大福德海故ㅣ며 此解脫者는 猶如眞如ㅣ니 悉能周徧一切處故ㅣ며 此解脫者는 猶如自影이니 從自善業所化出故ㅣ며 此解脫者는 猶如呼響이니 隨其所應하야 爲說法故ㅣ며 此解脫者는 猶如影像이니 隨衆生心하야 而照現故ㅣ며 此解脫者는 如大樹王이니 開敷一切神通華故ㅣ며 此解脫者는 猶如金剛이니 從本已來로 不可壞故ㅣ며 此解脫者는 如如意珠ㅣ니 出生無量自在力故ㅣ며 此解脫者는 如離垢藏摩尼寶王이니 示現一切三世如來諸神力故ㅣ며 此解脫者는 如喜幢摩尼寶ㅣ니 能平等出一切諸佛法輪聲故ㅣ니라 善男子여 我今爲汝하야 說此譬喩하노니 汝應思惟하야 隨順悟入이어다

(11) 이 해탈은 영상과 같으니 온갖 지혜와 서원의 광명으로 생긴 연고이니라. (12) 이 해탈은 변화와 같으니 보살의 여러 가지 훌륭한 행을 변화하여 내는 연고이니라. (13) 이 해탈은 땅덩이와 같으니 모든 중생의 의지할 곳이 되는 연고이니라. (14) 이 해탈은 큰 물과 같으니 크게 가엾이 여김으로 모든 것을 적시는 연고이니라. (15) 이 해탈은 큰 불과 같으니 중생들의 탐애의 물을 말리는 연고이니라. (16) 이 해탈은 큰 바람과 같으니 중생들을 온갖 지혜로 빨리 나아가게 하는 연고이니라. (17) 이 해탈은 큰 바다와 같으니 여러 가지 공덕으로 모든 중생을 장엄하는 연고이니라. (18) 이 해탈은 수미산과 같으니 온갖 지혜의 법보 바다를 내는

연고이니라. (19) 이 해탈은 큰 성곽과 같으니 모든 미묘한 법으로 장엄한 연고이니라. (20) 이 해탈은 허공과 같으니 세 세상 부처님의 신통한 힘을 두루 용납하는 연고이니라. (21) 이 해탈은 큰 구름과 같으니 중생들에게 법 비를 두루 내리는 연고이니라. (22) 이 해탈은 깨끗한 해와 같으니 중생들의 무지한 어둠을 깨뜨리는 연고이니라. (23) 이 해탈은 보름달과 같으니 광대한 복덕 바다를 만족하게 하는 연고이니라. (24) 이 해탈은 진여와 같으니 모든 곳에 능히 두루하는 연고이니라. (25) 이 해탈은 자기의 그림자와 같으니 자기의 착한 업으로 화하여 나는 연고이니라. (26) 이 해탈은 메아리와 같으니 그에게 맞추어 법을 말하는 연고이니라. (27) 이 해탈은 영상과 같으니 중생의 마음을 따라 나타나는 연고이니라. (28) 이 해탈은 큰 나무와 같으니 모든 신통의 꽃을 피우는 연고이니라. (29) 이 해탈은 금강과 같으니 본래부터 깨뜨릴 수 없는 연고이니라. (30) 이 해탈은 여의주와 같으니 한량없이 자유자재한 힘을 내는 연고이니라. (31) 이 해탈은 때를 여읜 마니보배와 같으니 모든 세 세상 여래의 신통한 힘을 나타내는 연고이니라. (32) 이 해탈은 기쁜 당기 마니보배와 같으니 모든 부처님의 법륜의 소리를 평등하게 내는 연고이니라. 착한 남자여, 내가 이제 그대에게 이런 비유를 말하였으니, 그대는 잘 생각하고 따라서 깨달아 들어가라."

[疏] 次, 猶如影下의 二十二門은 喩說이니 以深廣相을 難可知故라 後,

我今爲汝下의 一句는 總結勸修니라

- ㊁ 猶如影 아래의 22개 문은 비유로 밝힘이다. 깊고 광대한 양상은 알기 어려운 까닭이다. ㊂ 我今爲汝 아래 한 구절은 수행하기 권함으로 결론함이다.

(ㄴ) 해탈문을 얻은 원인을 밝히다[明得解脫因] 2.
a. 질문하다[問] (第二 12下3)
b. 대답하다[答] (答卽)

爾時에 善財童子가 白寂靜音海夜神言하되 大聖하 云何修行하여 得此解脫이니잇고 夜神이 言하시되 善男子여 菩薩이 修行十大法藏하여 得此解脫이니 何等爲十고 一은 修布施廣大法藏하여 隨衆生心하여 悉令滿足이요 二는 修淨戒廣大法藏하여 普入一切佛功德海요 三은 修堪忍廣大法藏하여 能徧思惟一切法性이요 四는 修精進廣大法藏하여 趣一切智하여 恒不退轉이요 五는 修禪定廣大法藏하여 能滅一切衆生熱惱요 六은 修般若廣大法藏하여 能徧了知一切法海요 七은 修方便廣大法藏하여 能徧成熟諸衆生海요 八은 修諸願廣大法藏하여 徧一切佛刹一切衆生海하여 盡未來劫토록 修菩薩行이요 九는 修諸力廣大法藏하여 念念現於一切法界海一切佛國土에 成等正覺하여 常不休息이요 十은 修淨智廣大法藏하여 得如來智하여 徧知三世一切諸法이 無有障礙니 善男子여 若諸菩薩이 安住如是十大法藏하면 則能獲得

如是解脫하여 淸淨增長하며 積集堅固하며 安住圓滿하리라

그때 선재동자는 고요한 음성 바다 밤 맡은 신에게 말하였다. "큰 성인이시여, 어떻게 수행하여서 이 해탈을 얻었나이까?" 밤 맡은 신이 대답하였다. "착한 남자여, 보살이 열 가지 큰 법장을 닦아 행하면 이 해탈을 얻느니라. 무엇이 열인가? 첫째는 보시하는 광대한 법장을 닦아서 중생의 마음을 따라서 모두 만족하게 하고, 둘째는 계행을 깨끗이 지니는 광대한 법장을 닦아서 모든 부처님의 공덕 바다에 들어가고, 셋째는 참는 광대한 법장을 닦아서 모든 법의 성품을 두루 생각하고, 넷째는 꾸준히 노력하는 광대한 법장을 닦아서 온갖 지혜에 나아가 물러나지 않고, 다섯째는 선정의 광대한 법장을 닦아서 모든 중생의 시끄러움을 없애고, 여섯째는 반야의 광대한 법장을 닦아서 모든 법 바다를 두루 알고, 일곱째는 방편의 광대한 법장을 닦아서 모든 중생들을 성숙하게 하고, 여덟째는 서원의 광대한 법장을 닦아서 모든 세계와 모든 중생 바다에 두루하여 오는 세월이 끝나도록 보살의 행을 수행하고, 아홉째는 힘의 광대한 법장을 닦아서 잠깐 동안에 모든 법계 바다에 나타나서 모든 국토에서 등정각을 이루어 쉬지 아니하고, 열째는 지혜의 광대한 법장을 닦아서 여래의 지혜를 얻고, 세 세상의 모든 법을 두루 알아 막힘이 없는 것이다.

착한 남자여, 만일 모든 보살들이 이러한 열 가지 큰 법장에 편안히 머무르면, 곧 이러한 해탈을 얻어 청정하고 증장하고 쌓이고 견고하여 편안히 머물러서 원만하게 되리라."

[疏] 第二, 爾時善財童子下는 明得解脫因이라 中에 先, 問이요 後, 答이라 答卽十度가 爲因을 可知니라
■ (ㄴ) 爾時善財童子 아래는 해탈문을 얻은 원인을 밝힘이다. 그중에 a. 질문함이요, b. 대답함이다. b. 대답함은 십바라밀로 원인을 삼았으니 알 수 있으리라.

(ㄷ) 발심의 역사를 밝히다[彰發心久近] 2.

(ㄷ) 彰發心久近二 ─┬─ 1. 問
　　　　　　　　　└─ 2. 答二
　　1. 長行三 ─
　　　　1. 餘刹修行二 ─┬─ 1. 總標刹海
　　　　　　　　　　　├─ 2. 別彰時處
　　　1. 於第一刹塵劫修行五 ─┼─ 3. 發心得定
　　　2. 於第二刹塵劫修行　　├─ 4. 略擧九佛
　　　　　　　　　　　　　　└─ 5. 結略顯廣
　　　2. 娑婆修行二 ─┬─ 1. 擧前三佛　　　┬─ 1. 名體
　　　　　　　　　　└─ 2. 顯遇本師二 ─┴─ 2. 業用二
　　　　1. 所入海數　　┬─ 1. 刹海中塵
　　　　　　　　　　　├─ 2. 塵中之刹
　　　　2. 所見深細四 ─┼─ 3. 刹中之佛　　┬─ 1. 通力演說
　　　　　　　　　　　└─ 4. 毛孔變化二 ─┴─ 2. 夜神悟入二
　　　3. 結酬其問三
　　2. 偈頌三 ─
　　　1. 一偈誡聽勸修　　┬─ 1. 四偈智行上供
　　　2. 八偈正明修行二 ─┴─ 2. 四偈悲心下化
　　　3. 一偈結行分齊

a. 질문하다[問] (第三 14下5)

善財童子가 言하되 聖者여 汝發阿耨多羅三藐三菩提心이 其已久如니잇고 夜神이 言하시되 善男子여 此華藏莊嚴世界海東에 過十世界海하여 有世界海하니 名一切淨光寶요 此世界海中에 有世界種하니 名一切如來願光明音이며 中有世界하니 名淸淨光金莊嚴이라 一切香金剛摩尼王으로 爲體하여 形如樓閣하며 衆妙寶雲으로 以爲其際하여 住於一切寶瓔珞海하며 妙宮殿雲으로 而覆其上하여 淨穢相雜이러라

선재동자가 말하였다. "거룩하신 이여, 당신이 아뇩다라삼먁삼보리심을 낸 지는 얼마나 오래되었나이까?" 밤 맡은 신이 말하였다. "착한 남자여, 이 화장장엄세계해의 동쪽으로 열 세계해를 지나서 세계해가 있으니, (1) 이름은 온갖 깨끗한 빛 보배요, 이 세계해에 한 세계종이 있으니 이름은 모든 여래의 서원광명 음성이요, 그 가운데 한 세계가 있으니 이름이 청정하고 빛난 금 장엄인데, 일체향 금강마니왕으로 자체가 되었고, 형상은 누각과 같으며 여러 묘한 보배 구름이 경계선이 되어 모든 보배 영락 바다에 머무르며, 묘한 궁전 구름이 위에 덮였는데, 깨끗한 것과 더러운 것이 섞이었느니라.

[疏] 第三, 善財童子言聖者下는 明發心久近이니 欲顯道根이 深故라 先, 問이요 後, 答이라 答中에 二니 先, 長行이라 中에 三이니 初, 於餘刹海

中에 發心修行이요 二, 然後命終下는 於娑婆界中에 修行得法이요 三, 善男子汝問於我下는 結酬其問이라
- (ㄷ) 善財童子言聖者 아래는 발심의 역사를 밝힘이니 도의 근원이 깊음을 밝히려는 까닭이다. a. 질문함이요, b. 대답함이다. b. 대답함에 둘이니 a) 장항으로 밝힘 중에 셋이니 (a) 나머지 국토에서 발심 수행함이요, (b) 然後命終 아래는 사바세계에서 수행하여 법을 얻음이요, (c) 善男子汝問於我 아래는 그 질문에 대해 결론하여 대답함이다.

b. 대답하다[答] 2.
a) 장항으로 밝히다[長行] 3.
(a) 나머지 국토에서 수행하다[餘刹修行] 2.

㈠ 첫째 찰진겁에서 수행하다[於第一刹塵劫修行] 5.
① 국토해를 총합하여 표방하다[總標刹海] (今初 14下8)
② 시간과 장소를 밝히다[別彰時處] (二此)
③ 발심으로 얻은 선정[發心得定] (三有)

此世界中에 乃往古世에 有劫하니 名普光幢이요 國名은 普滿妙藏이요 道場은 名一切寶藏妙月光明이요 有佛하니 名不退轉法界音이라 於此에 成阿耨多羅三藐三菩提어시든 我於爾時에 作菩提樹神하니 名具足福德燈光明幢이라 守護道場이러가 我見彼佛이 成等正覺하사 示現神力하고 發阿耨多羅三藐三菩提心하여 卽於此時에 獲

得三昧하니 名普照如來功德海며

이 세계에 옛적에 겁이 있었으니 이름은 넓은 광명 당기요, 나라 이름은 '두루 원만한 묘한 광'이요, 도량의 이름은 온갖 보배 광 아름다운 달 광명이었으며, 불퇴전법계음 부처님이 이 도량에서 아눗다라삼약삼보디를 이루었느니라. 나는 그때 보리수신이 되었으니 이름은 복덕을 구족한 등불 광명 당기로서, 도량을 수호하다가 그 부처님이 등정각을 이루어 신통한 힘을 나타내심을 보고 아눗다라삼약삼보디심을 내었고, 그 즉시에 삼매를 얻었는데, 이름이 여래의 공덕 바다를 두루 비춤이었느니라.

[疏] 今初를 分二니 先은 於第一刹塵劫修요 後는 於第二刹塵劫修라 前中에 分五니 初는 總顯刹海요 二, 此世界中下는 別彰時處요 三, 有佛名不退下는 顯於初佛에 發心得定이니 此卽正酬發心之問이요 自此已去는 皆顯修行得法이니 是知先問에 亦含問其得法久近이라 神名具足等者는 亦表五地에 入俗하여 福智高勝故니라

■ 지금은 (a)를 둘로 나누리니 ㊀ 첫째 찰진겁에서 수행함이요, ㊁ 둘째 찰진겁에서 수행함이다. ㊀ 중에 다섯으로 나누리니 ① 국토해를 총합하여 표방함이요, ② 此世界中 아래는 시간과 장소를 개별로 밝힘이요, ③ 有佛名不退 아래는 처음 발심으로 얻은 선정을 밝힘이니 이것은 곧 발심에 대한 질문에 바로 대답함이다. 여기서부터 모두 수행으로 법을 얻음을 밝힘이니, 이로써 먼저 질문하고 또한 그 법을 얻은 역사에 대한 질문을 포함하였다. 야신(夜神)의 명칭에 구족함 등이란 또한 제5. 난승지에서 세속에 들어가 복과 지혜가 높고 뛰어남

에 들어가는 까닭이다.

④ 아홉 분 부처님을 간략히 거론하다[略擧九佛] (四此 15上4)

此道場中에 次有如來가 出興於世하시니 名法樹威德山이어든 我時命終하고 還生此中하여 爲道場主夜神하니 名殊妙福智光이라 見彼如來가 轉正法輪하사 現大神通하고 卽得三昧하니 名普照一切離貪境界며 次有如來가 出興於世하시니 名一切法海音聲王이라 我於彼時에 身爲夜神이라가 因得見佛하여 承事供養하고 卽獲三昧하니 名生長一切善法地며 次有如來가 出興於世하시니 名寶光明燈幢王이라 我於彼時에 身爲夜神이라가 因得見佛하여 承事供養하고 卽獲三昧하니 名普現神通光明雲이며 次有如來가 出興於世하시니 名功德須彌光이라 我於彼時에 身爲夜神이라가 因得見佛하여 承事供養하고 卽獲三昧하니 名普照諸佛海며 次有如來가 出興於世하시니 名法雲音聲王이라 我於彼時에 身爲夜神이라가 因得見佛하여 承事供養하고 卽獲三昧하니 名一切法海燈이며 次有如來가 出興於世하시니 名智燈照耀王이라 我於彼時에 身爲夜神이라가 因得見佛하여 承事供養하고 卽獲三昧하니 名滅一切衆生苦淸淨光明燈이며 次有如來가 出興於世하시니 名法勇妙德幢이라 我於彼時에 身爲夜神이라가 因得見佛하여 承事供養하고 卽獲三昧하니 名三世如來光明藏이며 次有如來가 出興於世하시니 名

師子勇猛法智燈이라 我於彼時에 身爲夜神이라가 因得見佛하여 承事供養하고 卽獲三昧하니 名一切世間無障礙智慧輪이며 次有如來가 出興於世하시니 名智力山王이라 我於彼時에 身爲夜神이라가 因得見佛하여 承事供養하고 卽獲三昧하니 名普照三世衆生諸根行이라

(2) 이 도량에서 다음 여래가 세상에 나셨으니 이름은 법수위덕산이라. 나는 그때 목숨을 마치고 다시 태어나서 그 도량의 밤 맡은 신이 되었으니 이름은 훌륭한 복과 지혜 광명이었는데, 그 여래께서 바른 법륜을 굴리시면서 큰 신통을 나타내심을 보고 삼매를 얻었으니, 이름이 모든 탐욕을 여읜 경계를 두루 비춤이라. (3) 다음에 여래가 세상에 나셨으니 이름은 일체법해음성왕이요, 나는 그때 밤 맡은 신이 되어 부처님을 뵈옵고 받자와 섬기며 공양하고, 삼매를 얻었으니 이름이 모든 착한 법을 내어 자라게 하는 땅이었느니라. (4) 다음에 여래가 세상에 나셨으니 이름은 보광명등당왕이요, 나는 그때 밤 맡은 신이 되어 부처님을 뵈옵고 받자와 섬기며 공양하고 삼매를 얻었으니 이름이 신통을 두루 나타내는 광명 구름이었느니라. (5) 다음에 여래가 세상에 나셨으니 이름은 공덕수미광이요, 나는 그때 밤 맡은 신이 되어 부처님을 뵈옵고 받자와 섬기며 공양하고, 삼매를 얻었으니 이름이 여러 부처님 바다를 두루 비춤이었느니라. (6) 다음에 여래가 세상에 나셨으니 이름은 법운음성왕이요, 나는 그때 밤 맡은 신이 되어 뵈옵고 받자와 섬기며 공양하고, 삼매를 얻었으니 이름이 모든 법 바다 등불이었느

니라. (7) 다음에 여래가 세상에 나셨으니 이름은 지등조요왕이요, 나는 그때 밤 맡은 신이 되어 부처님을 뵈옵고 받자와 섬기며 공양하고, 삼매를 얻었으니 이름이 모든 중생의 괴로움을 없애는 청정한 광명 등불이었느니라. (8) 다음에 여래가 세상에 나셨으니 이름은 법용묘덕당이요, 나는 그때 밤 맡은 신이 되어 부처님을 뵈옵고 받자와 섬기며 공양하고, 삼매를 얻었으니 이름이 세 세상 여래의 광명 광이었느니라. (9) 다음에 여래가 세상에 나셨으니 이름은 사자용맹법지등이요, 나는 그때 밤 맡은 신이 되어 부처님을 뵈옵고 받자와 섬기며 공양하고, 삼매를 얻었으니 이름이 모든 세간에 걸림 없는 지혜 바퀴였느니라. (10) 다음에 여래가 세상에 나셨으니 이름은 지력산왕이요, 나는 그때 밤 맡은 신이 되어 부처님을 뵈옵고 받자와 섬기며 공양하고, 삼매를 얻었으니 이름이 세 세상 중생들의 근기와 행을 두루 비춤이었느니라.

[疏] 四, 此道場中次有如來下는 略擧次前九佛이요
- ④ 此道場中次有如來 아래는 아홉 분 부처님을 간략히 거론함이요,

⑤ 간략함을 결론하고 자세함을 밝히다[結略顯廣] (五善 15上4)

善男子여 淸淨光金莊嚴世界普光明幢劫中에 有如是等 佛刹微塵數如來가 出興於世어시늘 我於彼時에 或爲天王하며 或爲龍王하며 或爲夜叉王하며 或爲乾闥婆王하며

或爲阿修羅王하며 或爲迦樓羅王하며 或爲緊那羅王하며 或爲摩睺羅伽王하며 或爲人王하며 或爲梵王하며 或爲天身하며 或爲人身하며 或爲男子身하며 或爲女人身하며 或爲童男身하며 或爲童女身하여 悉以種種諸供養具로 供養於彼一切如來하고 亦聞其佛所說諸法하노라

착한 남자여, 청정하고 빛난 금 장엄세계의 넓은 광명 당기 겁 동안에 이러한 세계의 티끌 수 여래가 세상에 나셨는데, 나는 그때마다 천왕도 되고 용왕도 되고 야차왕도 되고 건달바왕도 되고 아수라왕도 되고 가루라왕도 되고 긴나라왕도 되고 마후라가왕도 되고 사람의 왕도 되고 범왕도 되며, 하늘의 몸도 되고 사람의 몸도 되고 남자의 몸도 되고 여자의 몸도 되고 동남의 몸도 되고 동녀의 몸도 되어 가지가지 공양거리로 저 여러 부처님께 공양하였고, 그 부처님의 말씀하시는 법을 들었노라.

[疏] 五, 善男子淸淨光下는 結略顯廣이니 此擧一劫之中에 刹塵數佛을 皆悉供事니라

- ⑤ 善男子淸淨光 아래는 간략함을 결론하고 자세함을 밝힘이다. 여기서 한 겁을 거론한 중에 티끌 수 국토의 부처님은 모두 공양 올리는 일이다.

㈡ 둘째 찰진겁에서 수행하다[於第二刹塵劫修行] (二從 15上9)

從此命終에 還卽於此世界中生하여 經佛刹微塵數劫도

록 修菩薩行하고

여기서 목숨이 마치고는 또 이 세계에 태어나서 두 세계의 티끌 수 겁을 지내면서 보살의 행을 닦았고,

[疏] 二, 從此命終還卽下는 於第二, 刹塵劫修行이라 界不異前일새 故云 還卽이요 劫時有異일새 言歷刹塵이라 前雖數數命終이나 今語前劫 之末하니 是知前普光明幢劫이 卽是大劫이니 其中에 已含有刹塵數 小劫이라 此中에는 但明塵數小劫하고 略無大劫之名하니 二文影略이 라 故로 下結에 云, 於二佛刹微塵數劫中에 修菩薩行이라하니 是則 前段一如來興이 義當一劫이라 若以普光明劫으로 爲刹塵之一하야 此命終之下에 成刹塵之劫하면 則闕二字라 故로 晉經에 言, 於彼世 界에 經二佛刹微塵數劫이라하니 方順下文의 二劫之言이라 一劫에 已有刹塵之佛하니 則佛彌多矣니라

㈡ 從此命終還卽 아래는 둘째 찰진겁에서 수행함이니, 세계가 앞과 다르지 않으므로 '돌아와서'라 말하였고, 겁과 시절은 다름이 있다. 티끌 수 국토를 거치기 전에 비록 자주자주 목숨이 끊어졌다고 말하 더라도 지금은 앞의 겁의 끝을 말한다면 이로써 알라, 앞의 보광명당 겁은 곧 대겁인 줄 아는 것이다. 그중에 이미 티끌 수 국토의 소겁에 함유된 것이다. 이 가운데 단지 티끌 수 소겁만 밝히고 대겁의 명칭은 생략하여 없나니, 두 경문은 비추어 생략하였으므로 아래에 결론하 되 두 부처님 국토의 티끌 수 겁 중에 보살행을 닦았다. 이렇다면 앞 의 문단에서 한 여래가 일어남은 뜻이 한 겁에 해당하나니, 저 보광명 겁으로 티끌 수의 하나가 된다. 此命終之 아래는 티끌 수 겁의 국토 를 이루는데 두 글자가 빠진 연고로 진경(晉經)에 말하되, "저 세계에

서 두 부처님 국토 티끌 수 겁을 지나서야 비로소 아래 경문의 두 겁이란 말을 따른 것이다"라고 하였다. 한 겁에 이미 티끌 수 국토의 부처님이 계시면 부처님은 더욱 많다.

[鈔] 二文影略者는 前有大劫之名하고 略無小劫之數하니 故應影取後文의 小劫이요 此中에 但明小劫之數하고 略無大劫之名일새 故應影取前文大劫이니 則共有二佛刹塵數劫이니라 若以普光明劫으로 爲刹塵之一者는 上以普光이 卽是大劫일새 於中에 已有刹塵小劫이요 今爲小劫之名인대 積普光等小劫之數하여 經佛刹塵이라 言闕二字者는 合云, 從此命終하여 還卽於此世界中에 生하여 經二佛刹微塵數劫이라 故로 引晋經에 定有二字니라 言佛彌多矣者는 向以普光으로 爲大인대 大中에 有刹塵之佛이요 今普光이 爲小劫인대 一小劫中에 已有刹塵이라 經二刹塵小劫之佛故로 佛彌多也니라

● '두 경문은 비추어 생략한다'는 것은 앞에 대겁(大劫)이란 명칭이 있지만 소겁의 숫자는 생략하여 없는 연고로 응당히 비추어 취한 것이다. 뒤 문장의 소겁은 이 가운데 단지 소겁의 숫자를 밝히더라도 대겁이란 명칭을 생략하여 없는 연고로 응당히 비추어 취하였다. 앞의 경문의 대겁이란 두 부처님 티끌 수 겁과 함께 있다. 만일 보광명겁으로 티끌 수 국토의 겁의 하나가 된다면 위는 보광이 곧 대겁이다. 그중에 티끌 수 국토의 소겁으로 지금은 소겁의 명칭이 되어서 보광 등의 소겁의 숫자를 쌓았으니 티끌 수 부처님 국토를 지난 것이다. '두 글자가 빠졌다'고 말한 것은 합하여 말하되, "이로부터 목숨이 다하여 돌아오면 곧 이런 세계 중에 태어난다. 두 부처님의 티끌 수 겁을 지난 연고로 진경을 인용하여 두 글자가 있음을 정하였다. '부처님은

더욱 많다'고 말한 것은 겁때에 보광명으로 대겁을 삼고 대겁 중에 티끌 수 국토의 부처님이 있으니, 지금은 보광으로 소겁을 삼아서 한 소겁 중에 이미 티끌 수 국토가 있고 두 티끌 수 국토 소겁의 부처님을 지난 연고로 부처님이 더욱 많다.

(b) 사바세계에서 수행으로 법을 깨닫다[娑婆修行] 2.
㊀ 앞의 세 부처님을 거론하다[擧前三佛] (第二 16下6)

然後에 命終하여 生此華藏莊嚴世界海娑婆世界하여 値迦羅鳩孫馱如來하여 承事供養하여 得三昧하니 名離一切塵垢光明이며 次値拘那含牟尼如來하여 承事供養하여 得三昧하니 名普現一切諸刹海며 次値迦葉如來하여 承事供養하여 得三昧하니 名演一切衆生言音海오

그런 뒤에 또 목숨을 마치고는 이 화장장엄세계해의 사바세계에 태어나서 가라구손타 여래를 만나서 받자와 섬기며 공양하고, 삼매를 얻었으니 이름이 '모든 때를 여읜 광명'이었느니라. 다음에 구나함모니 여래를 만나서 받자와 섬기며 공양하고, 삼매를 얻었으니 이름이 '모든 세계해를 두루 비춤'이었느니라. 다음에 가섭여래를 만나서 받자와 섬기며 공양하고, 삼매를 얻었으니 이름이 '모든 중생의 말씀 바다를 연설함'이었느니라.

[疏] 第二, 於娑婆世界의 修行得法이라 中에 二니 先, 擧此前三佛이요
■ (b) 사바세계에서 수행하여 법을 깨달음 중에 둘이다. ㊀ 앞의 세 부

처님을 거론함이요,

㈢ 본래 선지식을 만나다[顯遇本師] 2.
① 명칭과 체성[名體] (後次 16下7)
② 업과 작용을 밝히다[業用] 2.
㉮ 들어간 바다의 숫자[所入海數] (後得)

次値毘盧遮那如來하니 於此道場에 成正等覺하사 念念示現大神通力이어시늘 我時得見하고 卽獲此念念出生廣大喜莊嚴解脫하노라 得此解脫已하여는 能入十不可說不可說佛刹微塵數法界安立海하여
다음에 비로자나여래를 만났는데, 이 도량에서 등정각을 이루시고 잠깐잠깐 동안 크게 신통한 힘을 나타내시었으며, 나는 그때 뵈옵고 이 <생각 생각마다 광대하게 기쁜 장엄을 내는 해탈>을 얻었노라. 이 해탈을 얻고는 '열 갑절 말할 수 없이 말할 수 없는 세계의 티끌 수 법계가 나란히 정돈된 바다'에 들어갔으며,

[疏] 後, 次値毘盧下는 顯遇本師하여 得今解脫이니 則前所得이 望此에 皆因이라 於中에 二니 先, 名體라 後, 得此解脫已下는 明業用이라 此中業用은 非獨事業이라 良以前之四問이 皆業用故라 故此通包라 於中에 二니 初, 標所入海數요
㈢ 次値毘盧 아래는 본래 선지식을 만나서 지금의 해탈을 얻으면 앞에 얻은 것으로 이 해탈문을 바라보면 모두 인행이다. 그중에 둘이니

① 명칭과 체성이요, ② 得此解脫已 아래는 업과 작용을 밝힘이다. 이 가운데 업과 작용이 유독 사업인 것만은 아니요, 진실로 앞의 네 가지 질문이 모두 업과 작용인 까닭이다. 그러므로 여기에 포함된 것과 통한다. 그중에 둘이니 ㉠ 들어간 바다의 숫자를 표방함이요,

[鈔] 良以前之四問皆業用者는 望於菩薩解脫門故로 事業은 但是四中之一이라
- '진실로 앞의 네 가지 질문이 모두 업과 작용인 까닭'이란 보살의 해탈문을 바라보는 연고로 사업이 단지 넷 중의 하나뿐인 것이다.

㉡ 바다 속의 보는 곳이 깊고 미세하다[所見深細] 4.
㉠ 국토 중의 티끌 세계[刹海中塵] (後見 17上10)
㉡ 티끌 세계 중의 국토[塵中之刹] (經/一一)
㉢ 국토 속의 부처님[刹中之佛] (經/一一)

見彼一切法界安立海一切佛刹所有微塵이니 一一塵中에 有十不可說不可說佛刹微塵數佛國土어든 一一佛土에 皆有毘盧遮那如來가 坐於道場하사 於念念中에 成正等覺하사 現諸神變하시니 所現神變이 一一皆徧一切法界海하며 亦見自身이 在彼一切諸如來所하며 又亦聞其所說妙法하니라

그 모든 법계가 나란히 정돈된 바다에 있는 모든 세계의 티끌을 보니, 낱낱 티끌 속에 열 갑절 말할 수 없이 말할 수 없는 세계의 티끌 수 부처님 국토가 있고, 낱낱 부처님 국토에

비로자나여래께서 도량에 앉아서 잠깐잠깐 동안에 등정각을 이루시고 여러 가지 신통변화를 나투시며, 그 신통변화는 낱낱이 모든 법계 바다에 두루하며, 또 내 몸이 저 모든 여래의 계신 곳에 있음을 보고, 또 그곳에서 말씀하는 묘한 법을 들었느니라.

[疏] 後, 見彼一切下는 明海中所見이 展轉深細라 略爲四重이니 一, 刹海中塵이요 二, 塵中之刹이요 三, 刹中之佛이요

- ⑭ 見彼一切 아래는 바다 속의 보는 곳이 깊고 미세함을 밝혀서 대략 네 겹을 삼는다. ㉠ 국토 중의 티끌 세계요, ㉡ 티끌 세계 중의 국토요, ㉢ 국토 속의 부처님이다.

㉣ 부처님 모공 중의 변화[毛孔變化] 2.
ⓐ 신통력으로 연설하다[通力演說] (四又 17下5)
ⓑ 주야신이 깨달아 들어가다[夜神悟入] 2.
㉮ 깨닫는 주체와 대상을 총합하여 밝히다[總顯能所悟] (後我)

又亦見彼一切諸佛이 一一毛孔에 出變化海하고 現神通力하사 於一切法界海와 一切世界海와 一切世界種과 一切世界中에 隨衆生心하여 轉正法輪하고 我得速疾陀羅尼力하여 受持思惟一切文義하여 以明了智로 普入一切淸淨法藏하며 以自在智로 普遊一切甚深法海하며 以周徧智로 普知三世諸廣大義하며 以平等智로 普達諸佛無差別法하여 如是悟解一切法門하나라

또 저 모든 부처님의 털구멍마다 변화의 바다를 내고, 신통한 힘을 나타내며, 모든 법계 바다의 모든 세계해·모든 세계종·모든 세계에서 중생의 마음을 따라서 바른 법륜을 굴리심을 보고, 나는 빠른 다라니의 힘을 얻었으며, 온갖 글과 뜻을 받아 가지고 생각하여 밝은 지혜로 모든 청정한 법장에 두루 들어가고, 자유자재한 지혜로 모든 깊은 법 바다에 노닐고, 두루한 지혜로 세 세상의 광대한 이치를 알고, 평등한 지혜로 부처님들의 차별 없는 법을 통달하여, 이렇게 모든 법문을 깨달았노라.

[疏] 四, 又亦見彼下는 佛毛變化라 於中에 二니 先, 通力演法이요 後, 我得下는 明夜神悟入이라 於中에 有二하니 一, 總顯能所悟요

■ ㉣ 又亦見彼 아래는 부처님 모공 중의 변화이다. 그중에 둘이니 ⓐ 신통력으로 연설함이요, ⓑ 我得 아래는 주야신이 깨달아 들어감을 밝힘이다. 그중에 둘이 있으니 ㊀ 깨닫는 주체와 대상을 총합하여 밝힘이요,

㊂ 거듭거듭 미세함을 밝히다[明重重微細] 2.
㊃ 열 번 거듭 미세함을 총합하여 밝히다[總顯十重] (二一 18上8)

一一法門中에 悟解一切修多羅雲하며 一一修多羅雲中에 悟解一切法海하며 一一法海中에 悟解一切法品하며 一一法品中에 悟解一切法雲하며 一一法雲中에 悟解一切法流하며 一一法流中에 出生一切大喜海하며 一一大

喜海에 出生一切地하며 一一地에 出生一切三昧海하며 一一三昧海에 得一切見佛海하며 一一見佛海에 得一切智光海하니라

낱낱 법문 속에서 모든 경 구름을 깨닫고, 낱낱 경 구름 속에서 모든 법 바다를 깨닫고, 낱낱 법 바다 속에서 모든 법의 품을 깨닫고, 낱낱 법의 품에서 모든 법 구름을 깨닫고, 낱낱 법 구름 속에서 모든 법의 흐름을 깨닫고, 낱낱 법의 흐름 속에서 모든 크게 기쁜 바다를 내고, 낱낱 크게 기쁜 바다에서 모든 지위를 내고, 낱낱 지위에서 모든 삼매 바다를 내고, 낱낱 삼매 바다에서 모든 부처 뵙는 바다를 얻고, 낱낱 부처 뵙는 바다에서 모든 지혜 광명 바다를 얻었노라.

[疏] 二, 一一法門下는 明重重微細라 於中에 二니 先, 總顯十重이요 後, 一一智光下는 別顯智光之用이라 今初에 有十重一切顯無盡法門이라 十中에 前五는 約所悟니 一法門者는 如般若一門中에 有多契經이요 二, 隨一契經하여 詮多深廣之法이니 謂含諸度等이요 三, 隨一深法하여 有多品類요 四, 隨一類中하여 有多事法이니 其一一法이 含旨如雲이요 五, 隨一根本法雲하여 流出衆多支派니라 後五는 約能悟니 可知니라

■ ㊦ 一一法門 아래는 거듭거듭 미세함을 밝힘이다. 그중에 둘이니 ㉮ 열 번 거듭 미세함을 총합하여 밝힘이요, ㉯ 一一智光 아래는 지혜광명의 작용을 개별로 밝힘이다. 지금은 ㉮에 열 번 거듭함이 있으니 온갖 것이 그지없는 법문임을 밝힘이다. 열 번 거듭함 중에 Ⓐ 앞의 다섯 가지는 깨달을 대상인 한 법문을 잡으면 마치 (1) 반야의 한 문

가운데 여러 계경이 있는 것과 같으며, (2) 한 계경을 따라 많은 깊고 광대한 법을 말하였으니 이른바 여러 바라밀 등을 함유함이요, (3) 하나의 깊은 법을 따라 많은 품류가 있으며, (4) 한 품류를 따른 중에 많은 현상의 법이 있어서 그 낱낱의 법이 종지를 포함한 것이 구름과 같으며, (5) 하나의 근본인 법 구름을 따라 많은 지류의 물결에서 흘러나온다. Ⓑ 뒤의 다섯 가지는 깨닫는 주체를 잡으면 알 수 있으리라.

[鈔] 三隨一深法有多品類者는 如一施度에 有九門等이니라 四, 一一類中에 有多事法者는 如一外施에 有多財寶等이요 五, 如一施食에 有多支派니라
- (3) '하나의 깊은 법을 따라 많은 품류가 있다'는 것은 마치 하나의 보시바라밀에서 아홉 문이 있음과 같은 등이요, (4) '한 품류를 따른 중에 많은 현상의 법이 있다'는 것은 마치 하나의 바깥 보시에서 많은 재물과 보배 등이 있음과 같으며, (5) 마치 하나의 음식을 보시할 적에 많은 지류의 물결이 있음과 같다.

㉤ 지혜의 작용을 개별로 밝히다[別顯智用] 2.

Ⓐ 가로 세로로 총합하여 포괄하다[總該橫豎] (二別 19下9)
Ⓑ 알 대상을 개별로 밝히다[別顯所知] 5.
㊀ 인행[因行] (後知) ㊁ 지위[地位] ㊂ 인행의 작용[因作用]
㊃ 결과의 작용을 알다[知果用] ㊄ 총합 결론하다[總結] (五彼)

一一智光海가 普照三世하고 徧入十方하여 知無量如來의 往昔諸行海하며 知無量如來의 所有本事海하며 知無量如來의 難捨能施海하며 知無量如來의 淸淨戒輪海하며 知無量如來의 淸淨堪忍海하며 知無量如來의 廣大精進海하며 知無量如來의 甚深禪定海하며 知無量如來의 般若波羅蜜海하며 知無量如來의 方便波羅蜜海하며 知無量如來의 願波羅蜜海하며 知無量如來의 力波羅蜜海하며 知無量如來의 智波羅蜜海하며 知無量如來의 往昔에 超菩薩地하며 知無量如來의 往昔에 住菩薩地하여 無量劫海에 現神通力하며 知無量如來의 往昔에 入菩薩地하며 知無量如來의 往昔에 修菩薩地하며 知無量如來의 往昔에 治菩薩地하며 知無量如來의 往昔에 觀菩薩地하며 知無量如來의 昔爲菩薩時에 常見諸佛하며 知無量如來의 昔爲菩薩時에 盡見佛海하여 劫海同住하며 知無量如來의 昔爲菩薩時에 以無量身으로 徧生刹海하며 知無量如來의 昔爲菩薩時에 周徧法界하여 修廣大行하며 知無量如來의 昔爲菩薩時에 示現種種諸方便門하여 調伏成熟一切衆生하며 知無量如來의 放大光明하사 普照十方一切刹海하며 知無量如來의 現大神力하사 普現一切諸衆生前하며 知無量如來의 廣大智地하며 知無量如來의 轉正法輪하며 知無量如來의 示現相海하며 知無量如來의 示現身海하며 知無量如來의 廣大力海하여 彼諸如來의 從初發心으로 乃至法滅을 我於念念에 悉得知見하노라

날날 지혜 광명 바다가 세 세상을 두루 비추고 시방에 두루 들어가, (1) 한량없는 여래의 옛적에 닦던 수행 바다를 알고, (2) 한량없는 여래의 지내온 본사 바다를 알고, (3) 한량없는 여래의 버리기 어려운 것을 능히 버린 보시 바다를 알고, (4) 한량없는 여래의 청정한 계행 바다를 알고, (5) 한량없는 여래의 청정한 참는 바다를 알고, (6) 한량없는 여래의 광대한 정진 바다를 알고, (7) 한량없는 여래의 깊고 깊은 선정 바다를 알고, (8) 한량없는 여래의 반야바라밀다 바다를 알고, (9) 한량없는 여래의 방편바라밀다 바다를 알고, (10) 한량없는 여래의 원바라밀다 바다를 알고, (11) 한량없는 여래의 힘바라밀다 바다를 알고, (12) 한량없는 여래의 지혜바라밀다 바다를 알았노라. (13) 한량없는 여래가 옛적에 보살의 지위를 초월함을 알고, (14) 한량없는 여래가 옛적에 보살의 지위에 머물러서 한량없는 세월에 신통한 힘 나타냄을 알고, (15) 한량없는 여래가 옛적에 보살의 지위에 들어감을 알고, (16) 한량없는 여래가 옛적에 보살의 지위 닦음을 알고, (17) 한량없는 여래가 옛적에 보살의 지위 다스림을 알고, (18) 한량없는 여래가 옛적에 보살의 지위 관찰함을 알았노라. (19) 한량없는 여래가 옛날 보살이던 때에 항상 부처님 뵈옴을 알고, (20) 한량없는 여래가 옛날 보살이던 때에 부처님 바다와 겁 바다를 모두 보고 함께 머무름을 알고, (21) 한량없는 여래가 옛날 보살이던 때에 한량없는 몸으로 세계 바다에 태어남을 알고, (22) 한량없는 여래가 옛날 보살이던 때에 법계에 두루하여 광대한

행을 닦음을 알고, (23) 한량없는 여래가 옛날 보살이던 때
에 갖가지 방편문을 나타내어 모든 중생을 조복하고 성숙
하게 함을 알았노라. (24) 한량없는 여래가 큰 광명을 놓아
시방의 모든 세계 바다에 비춤을 알고, (25) 한량없는 여래
가 크게 신통한 힘을 나타내어 모든 중생의 앞에 나타남을
알고, (26) 한량없는 여래의 광대한 지혜의 지위를 알고,
(27) 한량없는 여래가 바른 법륜 굴림을 알고, (28) 한량없
는 여래가 형상을 나타내는 바다를 알며, (29) 한량없는 여
래의 나투는 몸 바다를 알고, (30) 한량없는 여래의 광대한
힘 바다를 알아서, 모든 여래가 처음 마음 낸 때부터 내지
법이 없어지던 것을, 내가 생각 생각마다 다 보고 알았노
라."

[疏] 二, 別顯智光之用者는 是第十一重이니 但廣最後一重이라 功用無
邊則類前重重하여 不可盡也라 於中에 初句는 總該橫竪요 後, 知無
量如來下는 別顯橫竪之中所知라 於中에 五니 一, 知如來因地之行
이요 二, 知往昔超菩薩地下는 知佛因地之位요 三, 知爲菩薩時常
見下는 知因地作用이라 上三은 知因이니라 四, 知無量如來放大光
下는 知果用이요 五, 彼諸如來下는 總知因果니라

■ ㉠ 지혜의 작용을 개별로 밝힘이란 11번째 거듭함이다. 단지 최후의
한 거듭함이 자세하지만 공용이 그지없으면 앞의 거듭거듭 함과 유
례하여 다할 수가 없다. 그중에 첫 구절은 Ⓐ 가로 세로로 총합하여
포괄함이요, Ⓑ 知無量如來 아래는 가로와 세로로 알 대상을 개별
로 밝힘이다. 그중에 다섯이니, ㊀ 여래의 인행을 앎이요, ㊁ 知往昔

超菩薩地 아래는 부처님 因行 지위를 앎이요, 三 知爲菩薩時常見 아래는 인행 지위의 작용을 앎이니 위의 셋은 인행을 앎이다. 四 知無量如來放大光 아래는 결과의 작용을 앎이요, 四 彼諸如來 아래는 인행과 과덕을 총합하여 앎으로 결론함이다.

(c) 결론하여 그 질문에 대답하다[結酬其問] 3.
㊀ 이보다 앞을 결론하다[結前] (第三 20下7)
㊁ 미래와 나머지 세계를 유례하여 밝히다[類顯] (次及)
㊂ 배우기를 권함으로 결론하다[勸學] (後善)

善男子여 汝問我言하되 汝發心來가 其已久如오하니 善男子여 我於往昔에 過二佛刹微塵數劫하여 如上所說於淸淨光金莊嚴世界中에 爲菩提樹神하여 聞不退轉法界音如來의 說法하고 發阿耨多羅三藐三菩提心하여 於二佛刹微塵數劫中에 修菩薩行한 然後에 乃生此娑婆世界賢劫之中하여 從迦羅鳩孫馱佛로 至釋迦牟尼佛과 及此劫中未來所有一切諸佛히 我皆如是親近供養하니 如於此世界賢劫之中에 供養未來一切諸佛하여 一切世界一切劫中에 所有未來一切諸佛을 悉亦如是親近供養하노라 善男子여 彼淸淨光金莊嚴世界가 今猶現在하여 諸佛出現이 相續不斷하나니 汝當一心으로 修此菩薩大勇猛門이어다

"착한 남자여, 그대가 묻기를, '나의 발심한 지가 얼마나 오래 되었는가?' 하였거니와 착한 남자여, 나는 지나간 옛적

두 세계의 티끌 수 겁 전에, 위에서 말한 대로 청정하고 빛
난 금 장엄 세계에서 보리수신이 되어 불퇴전법계음여래의
법문을 듣고 아눗다라삼먁삼보디심을 내었고, 두 세계의 티
끌 수 겁 동안에 보살의 행을 닦았으며, 그런 뒤에 이 사바
세계의 현겁에 태어나서 가라구손타 부처님으로부터 석가
모니 부처님까지와, 오는 세상에 나실 여러 부처님들을 내
가 그렇게 친근하고 공양하였으며, 이 세계의 현겁에서 오
는 세상의 여러 부처님께 공양한 것처럼 모든 세계의 여러
겁 동안에 나실 오는 세상의 부처님께도 모두 그렇게 친근
하고 공양하리라.

착한 남자여, 저 청정하고 빛난 금 장엄 세계에는 지금도 여
러 부처님이 나시면서 계속하여 끊이지 아니하나니, 그대
는 한결같은 마음으로 이 보살의 크게 용맹한 문을 닦으라."

[疏] 第三, 結酬其問이라 中에 三이니 初, 結此前이요 次, 及此劫中下는
類顯未來와 及於餘界요 後, 善男子下는 結勸修學이니라
- (c) 결론하여 그 질문에 대답함이다. 그중에 셋이니 ㉠ 이보다 앞을
결론함이요, ㉡ 及此劫中 아래는 미래와 나머지 세계를 유례하여 밝
힘이요, ㉢ 善男子 아래는 닦고 배우기를 권함으로 결론함이다.

b) 게송으로 노래하다[偈頌] 3.
(a) 한 게송은 들으라 훈계하고 수행하기 권하다[一偈誡聽勸修]

(第二 21下1)

爾時에 寂靜音海主夜神이 欲重宣此解脫義하사 爲善財童子하여 而說頌言하시되
이때 고요한 음성 바다 밤 맡은 신이 이 해탈의 뜻을 거듭 펴려고 선재동자에게 게송으로 말하였다.

善財聽我說　　　清淨解脫門하고
聞已生歡喜하여　　勤修令究竟이어다
선재동자여, 내가 말하는
청정한 해탈문을 자세히 들으라.
듣고는 환희한 마음을 내어
부지런히 닦아 끝까지 이르라.

[疏] 第二, 偈頌이라 有十偈를 分三이니 初一, 誡聽勸修요 次八, 正明昔行이라

- b) 게송으로 노래함이다. 열 게송이 있는 것을 셋으로 나누리니 (a) 한 게송은 들으라 훈계하고 수행하기 권함이요, (b) 여덟 게송은 예전의 수행에 대해 바로 밝힘이다.

(b) 여덟 게송은 예전의 수행에 대해 바로 밝히다[八偈正明修行] 2.
㊀ 네 게송은 지혜로운 행법으로 위로 공양 올리다[四偈智行上供]

(於中 21下2)

我昔於劫海에　　　生大信樂心일새
清淨如虛空하여　　常觀一切智하라

나는 지나간 오랜 겁 동안
믿고 좋아하는 마음을 내었으니
청정하기 허공과 같아서
온갖 지혜를 항상 관찰하였노라.

我於三世佛에 　　　　　皆生信樂心하고
幷及其衆會를 　　　　　悉願常親近하라
나는 세 세상 부처님들께
믿고 좋아하는 마음을 내고
거기 모인 대중들과 함께
항상 친근하기를 원하였느니라.

我昔曾見佛하고 　　　　爲衆生供養하며
得聞淸淨法하고 　　　　其心大歡喜하라
나는 예전에 부처님 뵈옵고
중생을 위하여 공양했으며
청정한 법문을 듣고
마음이 매우 기뻤노라.

常尊重父母하여 　　　　恭敬而供養하여
如是無休懈하여 　　　　入此解脫門하라
항상 부모를 소중히 여기듯
공경하고 공양하여
조금도 쉬지 않았으므로

이 해탈문에 들었느니라.

[疏] 於中에 前四는 智行上供이요
- 그중에 ㊀ 앞의 네 게송은 지혜로운 행법으로 위로 공양 올림이요,

㊁ 네 게송은 대비심으로 아래를 구제하다[四偈悲心下救] (後四 21下2)

老病貧窮人이	諸根不具足이어든
一切皆愍濟하여	令其得安隱하라

늙은 이·병든 이·가난한 이와
모든 감관이 구족하지 못한 이들
그들을 모두 구제하여
평안함을 얻게 하였으며

水火及王賊과	海中諸恐怖를
我昔修諸行에	爲救彼衆生하라

수재·화재·국법·도둑이나
바다에서나, 공포에 싸인 이
그들을 구제하려고
나는 옛날에 행을 닦았으며

煩惱恒熾然하고	業障所纏覆로
墮於諸險道어든	我救彼衆生하라

번뇌가 많은 이들과

업장에 얽매인 이들과
험난한 길에 빠진 이들을
나는 항상 구제하노라.

一切諸惡趣에　　　　　無量楚毒苦와
生老病死等을　　　　　我當悉除滅하라
여러 가지 나쁜 길에서
한량없는 고통 받으며
나고 늙고 병들고 죽음을
나는 모두 없애 버리리.

[疏] 後四, 悲心下救요
■ ㊂ 네 게송은 대비심으로 아래를 구제함이요,

(c) 한 게송은 행법의 영역을 결론하다[一偈結行分齊] (後一 21下2)

願盡未來劫토록　　　　普爲諸群生하여
滅除生死苦하고　　　　得佛究竟樂하라
오는 세월이 끝나도록
여러 중생을 위하여
나고 죽는 고통을 멸하고
부처님의 즐거움 얻게 하리.

[疏] 後一, 結行分齊니라

■ (c) 한 게송은 행법의 영역을 결론함이다.

(라) 자신은 겸양하고 뛰어난 분을 추천하다[謙己推勝] (第四 21下7)
(마) 다음 선지식을 지시하다[指示後友] (第五)

善男子여 我唯知此念念出生廣大喜莊嚴解脫이어니와 如諸菩薩摩訶薩은 深入一切法界海하며 悉知一切諸劫數하며 普見一切刹成壞하나니 而我云何能知能說彼功德行이리오

善男子여 此菩提場如來會中에 有主夜神하니 名守護一切城增長威力이니 汝詣彼問하되 菩薩이 云何學菩薩行이며 修菩薩道리잇고하라

"착한 남자여, 나는 다만 잠깐잠깐마다 광대한 기쁨으로 장엄한 해탈을 알거니와, 저 보살마하살들이 모든 법계 바다에 깊이 들어가서 모든 겁의 수효를 다 알고 세계의 이룩되고 무너짐을 널리 보는 일이야 내가 어떻게 알며, 그 공덕의 행을 어떻게 말하겠는가?

착한 남자여, 이 보리도량의 여래의 모임 가운데 한 밤 맡은 신이 있으니, 이름은 모든 성을 수호하고 위력을 증장함이니라. 그대는 그에게 가서 '보살이 어떻게 보살의 행을 배우며, 보살의 도를 닦느냐?'고 물으라."

[疏] 第四, 謙己推勝이라 第五, 指示後友라 般若가 爲得佛之所일새 特[24]

---

24) 特은 原本作持誤, 源南纂續金本作特.

言菩提場이라 般若가 若現則善守心城과 及一切智城이니 萬行이 由生이 爲增威力이니라

- (라) 자신은 겸양하고 뛰어난 분을 추천함이다. (마) 다음 선지식을 지시함이다. 반야가 부처님을 만난 장소가 되게 하였으므로 특히 보리도량이라 말하였다. 반야가 만일 나타나면 마음의 성과 온갖 지혜의 성을 잘 지키는 것이니, 만 가지 행은 태어남으로 말미암아 위력을 늘어나게 한다는 뜻이다.

(바) 덕을 사모하여 예배하고 물러가다[戀德禮辭] 3.

ㄱ. 마음으로 관찰하다[以心觀] (第六 22下8)

爾時에 善財童子가 一心觀察寂靜音海主夜神身하고 而說頌言하시되
이때 선재동자는 한결같은 마음으로 고요한 음성 바다 밤 맡은 신을 관찰하면서 게송을 말하였다.

[疏] 第六, 戀德禮辭라 中에 初, 以心觀이요 次, 以偈讚이요 後, 以身禮라
- (바) 덕을 사모하여 예배하고 물러감이다. 그중에 ㄱ. 마음으로 관찰함이요, ㄴ. 게송으로 찬탄함이요, ㄷ. 몸으로 예배함이다.

ㄴ. 게송으로 찬탄하다[以偈讚] 4.
ㄱ) 선지식으로 인하여 보게 되다[因友得見] (偈中 22下9)

我因善友敎하여 　　來詣天神所하여
見神處寶座하니 　　身量無有邊이로다
나는 선지식의 가르침 받고
천신의 있는 곳에 와서
보배 자리에 앉은 신을 보니
몸의 크기가 한량이 없어라.

[疏] 偈中에 十偈를 分四니 初一, 明因友得見이요 次二, 寄對顯勝이요 次六, 當相顯勝이요 後一, 總結圓融이니라

- ㄴ. 게송으로 찬탄함 중에 열 게송을 넷으로 나누니 ㄱ) 선지식으로 인하여 보게 됨을 밝힘이요, ㄴ) 두 게송은 상대에 의탁하여 뛰어남을 밝힘이요, ㄷ) 여섯 게송은 그 모양에서 뛰어남을 밝힘이요, ㄹ) 한 게송은 원융함을 총합 결론함이다.

ㄴ) 두 게송은 상대에 의탁하여 뛰어남을 밝히다[寄對顯勝]

(經/非是 22上7)

非是着色相하여 　　計有於諸法하는
劣智淺識人의 　　能知尊境界로다
빛깔과 모양에 집착하여
모든 법이 있다는 것 아니나
소견 좁고 지혜 없는 사람들
높으신 경계를 누가 능히 알리.

世間天及人이 　　　　　無量劫觀察하여도
亦不能測度이니 　　　　色相無邊故니이다
이 세상의 천상 인간 사람들이
한량없는 겁에 관찰하여도
아무도 헤아릴 수 없으니
몸매가 그지없는 연고이니라.

ㄷ) 여섯 게송은 그 모양에서 뛰어남을 밝히다[當相顯勝]

(經/遠離 22上9)

遠離於五蘊하고 　　　　亦不住於處하사
永斷世間疑하여 　　　　顯現自在力이로다
오온을 멀리 여의었고
12처에도 머물지 않아
세간의 의심 아주 끊었으며
자재한 힘을 나타내시네.

不取內外法하사 　　　　無動無所礙하여
淸淨智慧眼으로 　　　　見佛神通力이로다
안의 법·밖의 법 취하지 않아
흔들림도 걸림도 없으며
청정한 지혜의 눈으로
부처님의 신통을 보나니

身爲正法藏이요　　　　　心是無礙智라
旣得智光照하여는　　　　復照諸群生이로다
몸은 바른 법의 창고요,
마음은 걸림 없는 지혜로다.
지혜의 비춤 이미 얻었고
여러 중생을 다시 비추며

心集無邊業하여　　　　　莊嚴諸世間하며
了世皆是心하여　　　　　現身等衆生이로다
마음에 그지없는 업을 모아
모든 세간을 장엄하였고
세상이 모두 마음인 줄 알면서
중생들같이 몸을 나타내나니

知世悉如夢하며　　　　　一切佛如影하며
諸法皆如響하여　　　　　令衆無所着이로다
세상은 모두 꿈이요,
모든 부처님은 그림자라
여러 가지 법 메아리 같은 줄 알아
중생들로 고집을 없애게 하네.

爲三世衆生하여　　　　　念念示現身하되
而心無所住하여　　　　　十方徧說法이로다
세 세상 중생을 위해서

잠깐잠깐 몸을 나투나
마음은 머문 데 없이
시방에 가득하여 법을 말하네.

ㄹ) 원융함을 총합하여 결론하다[總顯圓融] (經/無邊 22下5)

無邊諸刹海와　　　　　　佛海眾生海가
悉在一塵中하니　　　　　此尊解脫力이로다
그지없는 모든 세계 바다와
부처 바다며 중생 바다들
모두 한 티끌 속에 있나니
이 어른의 해탈하신 힘이로다.

ㄷ. 몸으로 예배하고 물러가다[以身禮] (經/時善 22下6)

時에 善財童子가 說此偈已하고 頂禮其足하며 遶無量匝
하며 慇懃瞻仰하고 辭退而去하니라
이때 선재동자는 이 게송을 말하고는 그의 발에 엎드려 절하
고 한량없이 돌고, 은근하게 앙모하면서 하직하고 떠났다.

바) 제37. 수호일체성주야신 선지식[守護一切城主夜神] 6.
- 제6. 현전지(現前地)에 의탁하다

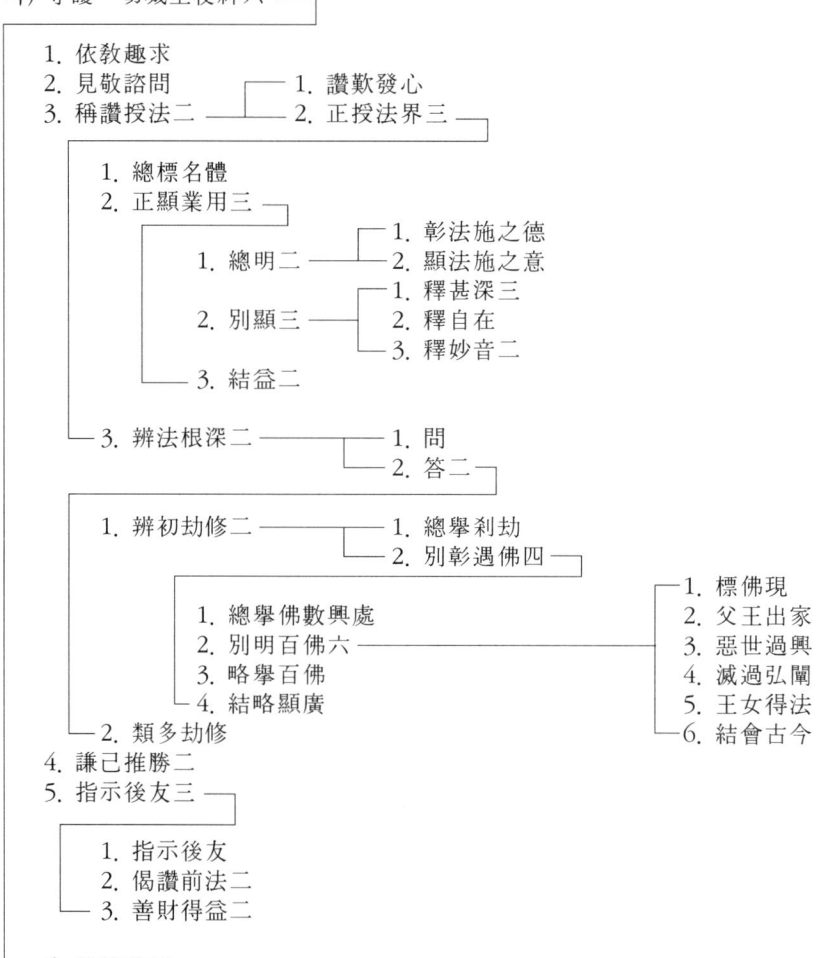

(가) 선지식의 가르침에 의지해 나아가 구하다[依敎趣求] (第六 23上5)

爾時에 善財童子가 隨順寂靜音海夜神敎하여 思惟觀察所說法門하여 一一文句를 皆無忘失하며 於無量深心과 無量法性과 一切方便과 神通智慧에 憶念思擇하여 相續不斷하며 其心廣大하여 證入安住하고 行詣守護一切城夜神所하니라

이때 선재동자는 고요한 음성 바다 밤 맡은 신의 가르침을 따라 그의 말한 법문을 생각하고 관찰하면서, 낱낱 글귀를 하나도 잊지 않았고, 한량없는 깊은 마음과 한량없는 법의 성품과 모든 방편과 신통과 지혜를 기억하고 생각하고 가리어서 계속하고 끊이지 아니하며, 마음이 광대하고 증득하여 편안히 머물면서 모든 성을 수호하는 밤 맡은 신이 있는 데로 나아갔다.

[疏] 第六, 守護一切城夜神은 寄現前地라
- 바) 제37. 수호일체성주야신은 제6. 현전지에 의탁한 선지식이다.

[鈔] 寄現前地者는 謂住緣起智하여 引無分別最勝般若하여 令現前故니라
- '제6. 현전지에 의탁함'이란 이른바 연기의 지혜에 머물러서 분별없는 가장 뛰어난 반야를 이끌어서 하여금 앞에 나타나게 한 까닭이다.

(나) 만나서 공경을 표하고 법문을 묻다[見敬諮問] (第二 23下7)

見彼夜神이 坐一切寶光明摩尼王師子之座하니 無數夜神의 所共圍遶로 現一切衆生色相身하며 現普對一切衆生身하며 現不染一切世間身하며 現一切衆生身數身하며 現超過一切世間身하며 現成熟一切衆生身하며 現速往一切十方身하며 現徧攝一切十方身하며 現究竟如來體性身하며 現究竟調伏衆生身이어늘 善財見已하고 歡喜踊躍하여 頂體其足하며 遶無量帀하고 於前合掌하여 而作是言하되 聖者여 我已先發阿耨多羅三藐三菩提心하니 而未知菩薩이 修菩薩行時에 云何饒益衆生이며 云何以無上攝으로 而攝衆生이며 云何順諸佛敎며 云何近法王位리잇고 唯願慈哀로 爲我宣說하소서

그 밤 맡은 신은 모든 보배 광명 마니왕으로 된 사자좌에 앉았고, 수없는 밤 맡은 신들이 둘러 모셨는데, (1) 모든 중생의 빛깔인 몸을 나타내며, (2) 모든 중생을 널리 대하는 몸을 나타내며, (3) 모든 세간에 물들지 않는 몸을 나타내며, (4) 모든 중생의 몸 수효와 같은 몸을 나타내며, (5) 모든 세간을 초과한 몸을 나타내며, (6) 모든 중생을 성숙시키는 몸을 나타내며, (7) 모든 시방에 빨리 가는 몸을 나타내며, (8) 모든 시방을 두루 포섭하는 몸을 나타내며, (9) 끝까지 여래의 성품에 이른 몸을 나타내며, (10) 끝까지 중생을 조복하는 몸을 나타내는 것을 보았다.

선재동자는 그것을 보고 환희하여 뛰놀면서 그의 발에 절하고 한량없이 돌고 앞에 서서 합장하고 말하였다. "거룩하신 이여, 저는 이미 아눗다라삼약삼보디심을 내었사오나,

보살들이 보살의 행을 닦을 적에, 어떻게 중생을 이익하게 하며, 어떻게 위없이 거두어 주는 일로 중생을 거두어 주며, 어떻게 불교를 따르며, 어떻게 법왕의 자리에 가까이하는 지를 알지 못하나이다. 바라건대 인자한 마음으로 나에게 말씀하여 주소서!"

[疏] 第二, 見彼夜神下는 見敬咨問을 可知니라
- (나) 見彼夜神 아래는 만나서 공경을 표하고 법문을 물음이니 알 수 있으리라.

(다) 선재동자를 칭찬하고 법문을 설해 주다[稱讚授法] 2.

ㄱ. 선재동자의 발심을 칭찬하다[讚歎發心] (第三 24上5)

時彼夜神이 告善財言하시되 善男子여 汝爲救護一切衆生故며 汝爲嚴淨一切佛刹故며 汝爲供養一切如來故며 汝欲住一切劫하여 救衆生故며 汝欲守護一切佛種性故며 汝欲普入十方하여 修諸行故며 汝欲普入一切法門海故며 汝欲以平等心으로 徧一切故며 汝欲普受一切佛法輪故며 汝欲普隨一切衆生心之所樂하여 雨法雨故로 問諸菩薩의 所修行門하나니라

그 밤 맡은 신은 선재에게 말하였다. "착한 남자여, 그대가 모든 중생을 구호하기 위하여, 모든 부처님 세계를 깨끗이 장엄하기 위하여, 모든 여래에게 공양하기 위하여, 모든 겁

에 있으면서 중생을 구원하기 위하여, 모든 부처의 성품을 수호하기 위하여, 시방에 두루 들어가 모든 행을 닦기 위하여, 모든 법문 바다에 널리 들어가기 위하여, 평등한 마음으로 모든 것에 두루하기 위하여, 모든 부처님의 법륜을 모두 받기 위하여, 모든 중생의 좋아하는 마음을 따라 법 비를 내리기 위하여 보살들의 수행하는 문을 묻는구나.

[疏] 第三, 時彼夜神下는 稱讚授法이니 先, 讚發心之相이라
■ (다) 時彼夜神 아래는 선재동자를 칭찬하고 법문을 설해 줌이니
ㄱ. 선재동자의 발심을 칭찬함이요,

ㄴ. 법계를 바로 설해 주다[正授法界] 3.
ㄱ) 명칭과 체성을 총합하여 표방하다[總標名體] (後善 24上5)

善男子여 我得菩薩甚深自在妙音解脫하여
착한 남자여, 나는 <보살의 매우 깊고 자유자재한 묘한 음성의 해탈>을 얻었으니,

[疏] 後, 善男子我得下는 正授法界라 於中에 三이니 初, 標名體요 二, 顯業用이요 三, 辨法根深이라 今初니 卽事契理일새 故曰甚深이요 權實無礙하여 蘊攝妙辨일새 稱爲自在요 依此演法하여 普應群機가 是爲妙音이니라
■ ㄴ. 善男子我得 아래는 법계를 바로 설해 줌이다. 그중에 셋이니 ㄱ) 명칭과 체성을 총합하여 표방함이요, ㄴ) 업과 작용을 밝힘이요, ㄷ)

법계의 근원이 깊음을 밝힘이다. 지금은 ㄱ)이니 현상에 합치하여 이치에 계합하는 연고로 '매우 깊다'고 하였고, 방편과 실법이 장애가 없고 오온으로 묘하게 밝힘을 '자재하다'고 일컫는다. 여기에 의지하여 법을 연설하고 널리 많은 근기에 응하는 것을 '묘한 음성'이라 한다.

ㄴ) 업과 작용을 바로 밝히다[正顯業用] 3.

(ㄱ) 총합하여 설명하다[總明] 2.
a. 법 보시의 공덕을 밝히다[彰法施之德] (二爲 25上3)
b. 법 보시의 의미를 밝히다[顯法施之意] (後佛)

爲大法師하되 無所罣礙하여 善能開示諸佛法藏故며 具大誓願大慈悲力하여 令一切衆生으로 住菩提心故며 能作一切利衆生事하여 積集善根하여 無有休息故며 爲一切衆生調御之師하여 令一切衆生으로 住薩婆若道故며 爲一切世間淸淨法日하여 普照世間하여 令生善根故며 於一切世間에 其心平等하여 普令衆生으로 增長善法故며 於諸境界에 其心淸淨하여 除滅一切諸不善業故며 誓願利益一切衆生하여 身恒普現一切國土故며 示現一切本事因緣하여 令諸衆生으로 安住善行故며 恒事一切諸善知識하여 爲令衆生으로 安住佛敎故니라
佛子여 我以此等法으로 施衆生하여 令生白法하여 求一切智하며 其心堅固가 猶如金剛那羅延藏하여 善能觀察佛力魔力하며 常得親近諸善知識하여 摧破一切業惑障

山하며 集一切智助道之法하여 心恒不捨一切智地케하라
(1) 큰 법사가 되어 거리낌 없으니 모든 부처님의 법장을 잘 열어 보이는 연고며, (2) 큰 서원과 큰 자비의 힘을 갖추었으니 모든 중생으로 하여금 보리심에 머물게 하려는 연고며, (3) 중생을 이익하게 하는 모든 일을 지으니 착한 뿌리를 쌓아 쉬지 아니하는 연고며, (4) 모든 중생을 지도하는 스승이 되었으니 모든 중생으로 하여금 살바야의 도에 머물게 하는 연고며, (5) 모든 세간의 청정한 법해가 되나니 세간에 두루 비치어 착한 뿌리를 내게 하는 연고며, (6) 모든 세간에 마음이 평등하니 여러 중생들의 착한 법을 증장케 하는 연고며, (7) 모든 경계에 마음이 청정하니 모든 착하지 못한 업을 없애려는 연고며, (8) 모든 중생을 이익하려고 서원하니 몸이 항상 모든 국토에 나타나는 연고며, (9) 온갖 본사의 인연을 나타내니 여러 중생들을 착한 행에 머물게 하려는 연고며, (10) 모든 선지식을 섬기니 중생들을 불교에 머물게 하려는 연고이니라.

불자여, 내가 이런 법으로 중생에게 베푸는 것은 선한 법을 내어 온갖 지혜를 구하게 하며, 마음이 견고함이 금강나라연광과 같아서 부처의 힘과 마의 힘을 잘 관찰하며, 항상 선지식을 친근하고 모든 업과 번뇌의 산을 깨뜨리며, 온갖 지혜의 도를 돕는 법을 모아서 마음에 항상 온갖 지혜의 지위를 버리지 않게 하려 함이니라.

[疏] 二, 爲大法師下는 顯其業用이라 於中에 三이니 初, 總明이요 次, 別

顯이요 後, 結益이라 初中에 二니 先, 十句는 彰法施之德이요 後, 佛子我以此等下는 顯法施之意니라

- ㄴ) 爲大法師 아래는 업과 작용을 바로 밝힘이다. 그중에 셋이니 (ㄱ) 총합하여 설명함이요, (ㄴ) 개별로 밝힘이요, (ㄷ) 이익을 결론함이다. 그중에 둘이니 a. 열 구절은 법 보시의 공덕을 밝힘이요, b. 佛子我以此等 아래는 법 보시의 의미를 밝힘이다.

(ㄴ) 업과 작용을 개별로 밝히다[別顯] 3.

a. 매우 깊음을 해석하다[釋甚深] 3.
a) 총합하여 표방하다[總標] (第二 25下9)
b) 묻고 해석하다[徵釋] (次何)
c) 이익을 결론하다[結益] (後善)

善男子여 我以如是淨法光明으로 饒益一切衆生하여 集善根助道法時에 作十種觀察法界하니 何者爲十고 所謂 我知法界無量이니 獲得廣大智光明故며 我知法界無邊이니 見一切佛의 所知見故며 我知法界無限이니 普入一切諸佛國土하여 恭敬供養諸如來故며 我知法界無畔이니 普於一切法界海中에 示現修行菩薩行故며 我知法界無斷이니 入於如來不斷智故며 我知法界一性이니 如來一音에 一切衆生이 無不了故며 我知法界性淨이니 了如來願하여 普度一切諸衆生故며 我知法界의 徧衆生이니 普賢妙行이 悉周徧故며 我知法界의 一莊嚴이니 普賢妙

行으로 善莊嚴故며 我知法界의 不可壞니 一切智善根이 充滿法界하여 不可壞故라 善男子여 我作此十種觀察法界하여 集諸善根하여 辦助道法하며 了知諸佛廣大威德하며 深入如來難思境界하노라[25]

착한 남자여, 나는 이러한 깨끗한 법의 광명으로 모든 중생을 이익하게 하여 착한 뿌리와 도를 돕는 법을 모으게 할 때에 열 가지로 법계를 관찰하였으니, 무엇이 열인가? 이른바 (1) 나는 법계가 한량없음을 아나니, 광대한 지혜의 광명을 얻는 연고이니라. (2) 나는 법계가 그지없음을 아나니, 모든 부처님의 알고 보시는 것을 아는 연고이니라. (3) 나는 법계가 한정이 없음을 아나니, 모든 부처님의 국토에 들어가서 여러 여래께 공경하고 공양하는 연고이니라. (4) 나는 법계가 가이없음을 아나니, 모든 법계 바다 속에서 보살의 행을 닦음을 보이는 연고이니라. (5) 나는 법계가 끊임이 없음을 아나니, 여래의 끊이지 않는 지혜에 들어가는 연고이니라. (6) 나는 법계가 한 성품임을 아나니, 여래의 한결같은 음성을 모든 중생이 모두 아는 연고이니라. (7) 나는 법계의 성품이 깨끗함을 아나니, 여래의 서원이 모든 중생을 두루 제도함인 줄을 통달하는 연고이니라. (8) 나는 법계가 중생에게 두루함을 아나니, 보현의 묘한 행이 다 두루하는 연고이니라. (9) 나는 법계가 한 가지로 장엄함을 아나니, 보현의 묘한 행이 널리 장엄하는 연고이니라. (10) 나는 법계가 파괴할 수 없음을 아나니, 온갖 지혜의 착한 뿌리가 법계에 가

---

25) 善莊嚴의 善은 合本作普, 麗宋元明淸綱杭鼓纂續金本及貞元譯作善, 流通本作普.

득하여 파괴할 수 없는 연고이니라. 착한 남자여, 이 열 가지로 법계를 관찰하여, 착한 뿌리를 모으며, 도를 돕는 법을 마련하며, 부처님들의 광대한 위덕을 알고, 여래의 부사의한 경계에 깊이 들어가노라.

[疏] 第二, 善男子我以如是淨法下는 別顯業用이라 於中에 三이니 初, 釋甚深이요 次, 釋自在요 後, 釋妙音이라 初中에 三이니 初, 總標요 次, 何者下는 徵列이니 列法界中의 十種別義를 約十種行顯지니 以行必稱理며 理由行顯故라 謂一, 無分量이요 二, 無邊際요 三, 無齊限이요 四, 無涯畔이요 五, 竪無斷絶이라 餘는 可知니라 後, 善男子我作下는 結前觀益이니라

■ (ㄴ) 善男子我以如是淨法 아래는 업과 작용을 개별로 밝힘이다. 그 중에 셋이니 a. 매우 깊음을 해석함이요, b. 자유로움을 해석함이요, c. 묘한 음성을 해석함이다. a. 중에 셋이니 a) 총합하여 표방함이요, b) 何者 아래는 묻고 나열함이다. 법계를 나열함 중에 열 가지 개별 이치는 열 가지 행법을 잡아서 밝히면 행법이 반드시 이치와 칭합함이요, 이치는 행법으로 말미암아 밝힌 까닭이다. 이른바 (1) 분량이 없음이요, (2) 변두리 경계가 없음이요, (3) 영역의 한계가 없음이요, (4) 끝이 없음이요, (5) 세로로 단절함 없음이다. 나머지는 알 수 있으며, c) 善男子我作 아래는 앞의 관찰한 이익을 결론함이다.

b. 자유로움을 해석하다[釋自在] (二又 26下3)

又善男子여 我如是正念思惟하여 得如來十種大威德陀

羅尼輪하니 何者爲十고 所謂普入一切法陀羅尼輪과 普
持一切法陀羅尼輪과 普說一切法陀羅尼輪과 普念十方
一切佛陀羅尼輪과 普說一切佛名號陀羅尼輪과 普入三
世諸佛願海陀羅尼輪과 普入一切諸乘海陀羅尼輪과 普
入一切衆生業海陀羅尼輪과 疾轉一切業陀羅尼輪과 疾
生一切智陀羅尼輪이라 善男子여 此十陀羅尼輪이 以十
千陀羅尼輪으로 而爲眷屬이니 恒爲衆生하여 演說妙法
하나라

또 착한 남자여, 나는 이렇게 바른 마음으로 생각하고 <여래의 열 가지 큰 위덕 다라니 바퀴>를 얻었으니, 무엇이 열인가? 이른바 모든 법에 두루 들어가는 다라니 바퀴며, 모든 법을 두루 지니는 다라니 바퀴며, 모든 법을 두루 말하는 다라니 바퀴며, 시방의 모든 부처님을 두루 생각하는 다라니 바퀴며, 모든 부처님의 명호를 두루 말하는 다라니 바퀴며, 세 세상 부처님들의 서원 바다에 두루 들어가는 다라니 바퀴며, 모든 승의 바다에 두루 들어가는 다라니 바퀴며, 모든 중생의 업 바다에 두루 들어가는 다라니 바퀴며, 모든 업을 빨리 돌리는 다라니 바퀴며, 온갖 지혜를 빨리 나게 하는 다라니 바퀴니라. 착한 남자여, 이 열 가지 다라니 바퀴는 10천 다라니 바퀴로 권속을 삼고 항상 중생에게 묘한 법을 연설하느니라.

[疏] 二, 又善男子我如是正念下는 釋自在義니 謂總持權實故니 各就所
持하여 立名을 可知니라

■ b. 又善男子我如是正念 아래는 자유로움을 해석함이다. 이른바 방편과 실법을 총합하여 지니는 연고로 각기 지닐 대상에 입각하여 명칭을 세웠으니 알 수 있으리라.

c. 묘한 음성을 해석하다[釋妙音] 2.
a) 개별로 설명하다[別明] (三善 27上8)
b) 총합하여 결론하다[總結] (後我)

善男子여 我或爲衆生하여 說聞慧法하여 或爲衆生하여 說思慧法하며 或爲衆生하여 說修慧法하며 或爲衆生하여 說一有法하며 或爲衆生하여 說一切有法하며 或爲說一如來名海法하며 或爲說一切如來名海法하며 或爲說一世界海法하며 或爲說一切世界海法하며 或爲說一佛授記海法하며 或爲說一切佛授記海法하며 或爲說一如來衆會道場海法하며 或爲說一切如來衆會道場海法하며 或爲說一如來法輪海法하며 或爲說一切如來法輪海法하며 或爲說一如來修多羅法하며 或爲說一切如來修多羅法하며 或爲說一如來集會法하며 或爲說一切如來集會法하며 或爲說一薩婆若心海法하며 或爲說一切薩婆若心海法하며 或爲說一乘出離法하며 或爲說一切乘出離法하노니 善男子여 我以如是等不可說法門으로 爲衆生說하라

착한 남자여, (1) 나는 중생에게 듣는 지혜의 법을 말하기도 하고, (2) 중생에게 생각하는 지혜의 법을 말하기도 하고,

(3) 중생에게 닦는 지혜의 법을 말하기도 하며, (4) 중생에게 한 가지 있는 법을 말하기도 하고, (5) 중생에게 온갖 있는 법을 말하기도 하며, (6) 한 여래의 이름 바다 법을 말하기도 하고, (7) 모든 여래의 이름 바다 법을 말하기도 하며, (8) 한 세계 바다의 법을 말하기도 하고, (9) 모든 세계 바다의 법을 말하기도 하며, (10) 한 부처님의 수기 바다 법을 말하기도 하며, (11) 모든 부처님의 수기 바다 법을 말하기도 하며, (12) 한 여래에게 모든 대중의 도량 바다 법을 말하기도 하며, (13) 모든 여래에게 모인 대중의 도량 바다 법을 말하기도 하며, (14) 한 여래의 법륜 바다 법을 말하기도 하고, (15) 모든 여래의 법륜 바다 법을 말하기도 하며, (16) 한 여래의 수다라 법을 말하기도 하고 (17) 모든 여래의 수다라 법을 말하기도 하며, (18) 한 여래의 회중 모으는 법을 말하기도 하고, (19) 모든 여래의 회중 모으는 법을 말하기도 하며, (20) 한 살바야 마음 바다 법을 말하기도 하고 (21) 모든 살바야 마음 바다 법을 말하기도 하며, (22) 한 승으로 벗어나는 법을 말하기도 하고 (23) 모든 승으로 벗어나는 법을 말하기도 하느니라. 착한 남자여, 나는 이러한 말할 수 없는 법문으로 중생에게 말하노라.

[疏] 三, 善男子我或爲衆生下는 釋妙音義라 於中에 二니 先, 別明이요 後, 總結이라 今初에 有二十三句하니 初三은 約三慧요 後, 二十句는 爲十對니 約廣略辨이라 略而言一者는 通理通事라 理一有者는 二十五有가 理無二故요 事一有者는 同一有爲故라 餘可思準이니라

後, 我以如是等 下는 總結이니라

- c. 善男子我或爲衆生 아래는 묘한 음성을 해석함이다. 그중에 둘이니 a) 개별로 설명함이요, b) 총합하여 결론함이다. 지금은 a)에 23구절이 있으니 (a) 세 구절은 세 가지 지혜를 잡은 해석이요, (b) 20구절을 열 가지 대구로 삼은 것은 넓은 것을 잡아서 간략히 밝힘이다. 간략하게 하나를 말한 것이 이치와 통하고 현상과 통한다. '이치가 한결같이 있다'는 것은 25가지 존재[二十五有]에 이치가 둘이 없는 까닭이다. '현상이 한결같이 있다'는 것은 유위법과 동일한 까닭이니, 나머지는 생각에 준해 알 수 있으며, b) 我以如是 等 아래는 총합하여 결론함이다.

[鈔] 二十五有理無二故者는 偈에 云, 四洲와 四惡趣와 梵王과 六欲天[26]과 無想과 五那含과 四空과 幷四禪이니 義如前釋이니라

- '25가지 존재[27]에 이치가 둘이 없는 까닭'이란 게송에 이르되, "사주(四洲)세계와 사악취(四惡趣)와 육욕천과 초선천의 범천왕과 오무상천과 오나함천과 사선천과 사공처이다"라 하였으니 뜻은 앞의 해석한 내용과 같다.

(ㄷ) 이익을 결론하다[結益] 2.
a. 매우 깊음을 별도로 결론하다[別結甚深] (第三 27下9)
b. 나머지 둘을 통틀어 결론하다[通結餘二] (後我)

---

26) 天은 南金本作五, 原續本作天이라 하다.
27) 25유(有)는 욕계의 4악취(四惡趣)와 사주(四洲)와 6욕천(六欲天)인 14有와 색계의 4선천(四禪天)과 대범천(初禪)과 정거천(淨居天)과 무상천(無想天)의 7有와 무색계의 4공처(四空處)의 4有를 합한 숫자이다. (역자 주)

善男子여 我入如來無差別法界門海하여 說無上法하여 普攝衆生하여 盡未來劫토록 住普賢行하라 善男子여 我 成就此甚深自在妙音解脫하여 於念念中에 增長一切諸 解脫門하고 念念充滿一切法界하라

착한 남자여, 나는 '여래의 차별 없는 법계 문 바다'에 들어 가서 위가 없는 법을 말하여 중생들을 두루 거두어서 오는 세월이 끝나도록 보현의 행에 머물게 하노라. 착한 남자여, 나는 이 매우 깊고 자유자재한 묘한 음성 해탈을 성취하였 으므로 잠깐잠깐마다 온갖 해탈문을 증장하며, 잠깐잠깐마 다 모든 법계에 가득하노라."

[疏] 第三, 善男子我入下는 結益이라 中에 二니 先, 別結甚深益이니 由入 無差別故로 住劫而不疲니라 後, 我成就下는 通結妙音自在니 總持 故로 增長解脫이요 妙音故로 充滿法界니라

■ (ㄷ) 善男子我入 아래는 이익을 결론함이다. 그중에 둘이니 a. 매우 깊음을 별도로 결론함이니, 차별 없음에 들어감으로 말미암아 겁에 머물면서도 피곤해하지 않음이요, b. 我成就 아래는 묘한 음성이 자 재함을 총합하여 결론함이니, 총합하여 지니는 연고로 더욱 늘어난 해탈이요, 묘한 음성인 연고로 법계에 충만하다는 뜻이다.

ㄷ) 법을 얻은 근원이 깊음을 밝히다[辨法根深] 2.

(ㄱ) 질문하다[問] (第三 28下1)
(ㄴ) 대답하다[答] 2.

a. 첫째 겁의 수행[辨初劫修] 2.
a) 찰진겁의 수행을 총합하여 거론하다[總擧刹劫] (答中)

時에 善財童子가 白夜神言하되 奇哉라 天神이여 此解脫
門이 如是希有하니 聖者證得이 其已久如니잇고 夜神言
하시되 善男子여 乃往古世에 過世界轉微塵數劫하여 有
劫하니 名離垢光明이요 有世界하니 名法界功德雲이라
以現一切衆生業摩尼王海로 爲體하여 形如蓮華하고 住
四天下微塵數香摩尼須彌山網中하여 以出一切如來本
願音蓮華로 而爲莊嚴하고 須彌山微塵數蓮華로 而爲眷
屬하고 須彌山微塵數香摩尼로 以爲間錯하며 有須彌山
微塵數四天下어든 一一四天下에 有百千億那由他不可
說不可說城하나라

이때 선재동자가 밤 맡은 신에게 말하였다. "신기하옵니다. 신이시여, 이 해탈문이 그렇게 희유하온데, 거룩하신 이께서 얻은 지는 얼마나 오래되었나이까?" 밤 맡은 신이 대답하였다. "착한 남자여, 지나간 옛적 세계의 티끌 수 갑절 티끌 수 겁 전에 한 겁이 있었으니 이름이 때 여읜 광명이고, 세계의 이름은 법계 공덕 구름이라. 모든 중생의 업을 나타내는 마니왕 바다로 자체가 되었는데, 형상은 연꽃 같고 사천하의 티끌 수 향 마니 수미산 그물 속에 있으며 모든 여래의 서원 음성을 내는 연화로 장엄하고 수미산 티끌 수 연화로 권속을 삼았으며, 수미산 티끌 수 향 마니로 사이사이 장식하였고 수미산 티끌 수 사천하가 있으며, 낱낱 사천하에

천백억 나유타 말할 수 없이 말할 수 없는 성이 있었다.

[疏] 第三, 時善財童子下는 辨法根深이니 先, 問이요 後, 答이라 答中에 二니 先, 辨初劫修行이요 後, 從是已來下는 類顯多劫成益이라 今初를 分二니 一, 總擧刹劫이라 言世界轉者는 謂世界爲塵하여 一塵이 一刹하여 復末爲塵故라 亦猶無量이라 無量은 爲一無量轉等이라 若取廻轉形世界塵者인대 何以偏取此形이리요

■ ㄷ) 時善財童子 아래는 법을 얻은 근원이 깊음을 밝힘이다. (ㄱ) 질문함이요, (ㄴ) 대답함이다. (ㄴ) 대답함 중에 둘이니, a. 첫째 겁의 수행을 밝힘이요, b. 從是已來 아래는 여러 겁의 수행과 유례하여 밝힘이다. 지금은 a.를 둘로 나누리니 a) 찰진겁의 수행을 총합하여 거론함이다. '세계의 티끌 수 갑절'이라 말한 것은 이른바 세계로 티끌을 삼고 한 티끌 한 국토를 다시 가루로 티끌을 삼은 연고로 또한 한량없음과 같다. 한량없음은 하나의 한량없음의 갑절로 삼은 등이다. 만일 돌려 바꾸는 형상으로 세계의 티끌을 취한다면 어째서 이런 형상을 치우쳐 취한 까닭이겠는가?

b) 만나는 부처님을 개별로 밝히다[別彰遇佛] 4.
(a) 부처님의 숫자와 일어나는 곳을 거론한다[總擧佛數興處]

(二善 28下9)

善男子여 彼世界中에 有四天下하니 名爲妙幢이요 中有王都하니 名普寶華光이며 去此不遠에 有菩提場하니 名普顯現法王宮殿이라 須彌山微塵數如來가 於中出現하

시니라

착한 남자여, 그 세계에 한 사천하가 있으니 이름이 묘한 당기요, 그 가운데 서울이 있으니 이름은 넓은 보배 꽃 광명이었다. 그 서울에서 멀지 않은 곳에 보리도량이 있으니 이름은 '법왕의 궁전을 두루 나타냄'이며, 수미산 티끌 수 여래가 그 가운데 나타나시었느니라.

[疏] 二, 善男子彼世界下는 別彰遇佛이라 於中에 四니 初, 總擧佛數興處요

- b) 善男子彼世界 아래는 만나는 부처님을 개별로 밝힘이다. 그중에 넷이니 (a) 부처님의 숫자와 일어나는 곳을 총합하여 거론함이요,

(b) 백 분의 부처님을 개별로 밝히다[別明百佛] 6.
㊀ 최초 겁에 부처님이 출현함을 표방하다[標佛現] (二其 30上2)
㊁ 부왕이 출가하다[父王出家] (二彼)
㊂ 악한 세상이 지나가고 일어나다[惡世過興] (三法)
㊃ 악한 세상이 없어지고 법해뇌음광명 전륜왕이 출현하다[滅過弘闡]
(四時)

其最初佛이 名法海雷音光明王이요 彼佛出時에 有轉輪王하니 名淸淨日光明面이라 於其佛所에 受持一切法海旋修多羅라가 佛涅槃後에 其王이 出家하여 護持正法이러니 法欲滅時에 有千部異衆이 千種說法이라 近於末劫에 業惑障重한 諸惡比丘가 多有鬪諍하여 樂着境界하고

不求功德하여 樂說王論賊論女論國論海論과 及以一切世間之論이어늘 時에 王比丘가 而語之言하되 奇哉苦哉라 佛이 於無量諸大劫海에 集此法炬어시늘 云何汝等은 而共毀滅고

作是說已하고 上升虛空하되 高七多羅樹하여 身出無量諸色焰雲하며 放種種色大光明網하여 令無量衆生으로 除煩惱熱하며 令無量衆生으로 發菩提心케하시니 以是因緣으로 彼如來教가 復於六萬五千歲中에 而得興盛하니라

1. 처음 부처님은 법해뇌음광명왕불이시니, 그 부처님이 나셨을 적에 청정한 햇빛 얼굴 전륜왕이 있어서 그 부처님에게서 일체 법해선 수다라를 받아 지니었고, 그 부처님이 열반한 뒤에 전륜왕이 출가하여 바른 법을 보호하여 유지하였다. 법이 없어지려 할 적에 1천 때의 다른 대중이 있어 1천 가지로 법을 말하며, 말겁이 거의 되어서는 번뇌와 업이 두터운 나쁜 비구들이 많아서 서로 다투며 경계에만 집착하고 공덕을 구하지 않으며, 왕의 언론·도둑의 언론·여인의 언론·나라의 언론·바다의 언론과 모든 세간의 언론을 말하기만 좋아하므로, 전륜왕인 비구가 말하였다. '이상하고도 괴로워라. 부처님이 한량없는 겁 바다에서 이 법의 횃불을 모으셨거늘, 어찌하여 너희들은 함께 훼방하고 없애려 하느냐?'

이렇게 말하고는 허공으로 일곱 다라수나 올라가서, 몸으로 여러 가지 빛 불꽃 구름을 내며, 가지각색 빛 광명 구름

을 놓아 한량없는 중생의 뜨거운 번뇌를 제하게 하며, 한량없는 중생의 보리심을 내게 하였다. 이 인연으로 저 여래의 가르친 법이 다시 6만5천 년 동안 흥성하였다.

[疏] 二, 其最初下는 別明於初佛得法이요 三, 次有佛興下는 略擧次前百佛이요 四, 善男子如是等下는 結略顯廣이라 二中에 分六이니 一, 標佛現이요 二, 彼佛出時下는 父王出家요 三, 法欲滅下는 惡世過興이요 四, 時王比丘下는 滅過弘闡이요

■ (b) 其最初 아래는 최초 겁에 (백 분의) 부처님이 법을 깨달음을 개별로 밝힘이요, (c) 次有佛興 아래는 백 분 부처님을 간략히 거론함이요, (d) 善男子如是等 아래는 간략함을 결론하고 자세함을 밝힘이다. (b) 중에 여섯으로 나누리니, ㉠ 첫 부처님이 출현함을 표방함이요, ㉡ 彼佛出時 아래는 부왕이 출가함이요, ㉢ 法欲滅 아래는 악한 세상이 지나가고 일어남이요, ㉣ 時王比丘 아래는 악한 세상이 없어지고 법해뇌음광명 전륜왕이 출현함이다.

㉤ 법륜화광 왕녀가 법을 얻다[王女得法] (五時)
㉥ 옛과 지금을 결론하고 회통하다[結會古今] (六於)

時에 有比丘尼하니 名法輪化光이니 是此王女라 百千比丘尼로 而爲眷屬이러니 聞父王語하며 及見神力하고 發菩提心하여 永不退轉하여 得三昧하니 名一切佛敎燈이며 又得此甚深自在妙音解脫하니 得已에 身心柔軟하여 卽得現見法海雷音光明王如來一切神力하니라28)

善男子여 於汝意云何오 彼時轉輪聖王이 隨於如來하여 轉正法輪하며 佛涅槃後에 興隆末法者가 豈異人乎아 今 普賢菩薩이 是며 其法輪化光比丘尼는 卽我身이 是니 我於彼時에 守護佛法하여 令十萬比丘尼로 於阿耨多羅 三藐三菩提에 得不退轉하며 又令得現見一切佛三昧하 며 又令得一切佛法輪金剛光明陀羅尼하며 又令得普入 一切法門海般若波羅蜜케하라

그때 비구니가 있었으니 이름이 법륜화광이라. 이는 전륜왕의 딸로서 백천 비구니로 권속을 삼았는데 부왕의 말을 들으며 신통한 힘을 보고 보리심을 내어 영원히 물러나지 아니하였으며, 삼매를 얻었으니 이름이 모든 불교의 등불이요, 또 매우 깊고 자유자재한 묘한 음성 해탈을 얻었다. 삼매를 얻고는 몸과 마음이 부드러워졌으며, 법해뇌음광명왕여래를 보는 모든 신통한 힘을 얻었다.

착한 남자여, 어떻게 생각하느냐? 그때 전륜성왕으로서 여래를 따라 바른 법륜을 굴리고 부처님이 열반하신 뒤에 말법을 흥성하게 한 이는 다른 사람이 아니라 지금의 보현보살이며, 법륜화광비구니는 곧 내 몸이니라. 나는 그때 불법을 수호하여 10만 비구니들로 하여금 아눗다라삼약삼보디에서 물러나지 않게 하였고, 또 '모든 부처님을 보는 삼매'를 얻게 하고, 또 '모든 부처님의 법륜과 금강광명 다라니'를 얻게 하고, 또 '모든 법문 바다에 널리 들어가는 반야바라밀다'를 얻게 하였느니라.

---

28) 法輪化의 化는 宋南藏南論作花 下同, 案麗宋元明淸合綱杭鼓纂續金本及晉譯貞元譯皆作化.

[疏] 五, 時有比丘尼下는 王女見聞하여 發心得法이니 卽正答得法久近
也라 六, 於汝意云何下는 結會古今成益[29]이라
- ㊄ 時有比丘尼 아래는 법륜화광(法輪化光) 왕녀가 보고 들어서 발심
하여 법을 얻음이니 곧 법을 깨달은 역사를 대답함이요, ㊅ 於汝意
云何 아래는 옛과 지금을 결론하고 회통하고 이익을 성취함이다.

(c) 백 분 부처님을 간략히 거론하다[略擧百佛] (經/次有 30上8)

次有佛興하시니 名離垢法光明이며 次有佛興하시니 名
法輪光明이며 次有佛興하시니 名法日功德雲이며 次有
佛興하시니 名法海妙音王이며 次有佛興하시니 名法日
智慧燈이며 次有佛興하시니 名法華幢雲이며 次有佛興
하시니 名法焰山幢王이며 次有佛興하시니 名甚深法功
德月이며 次有佛興하시니 名法智普光藏이며 次有佛興
하시니 名開示普智藏이며 次有佛興하시니 名功德藏山
王이며 次有佛興하시니 名普門須彌賢이며 次有佛興하시
니 名一切法精進幢이며 次有佛興하시니 名法寶華功德
雲이며 次有佛興하시니 名寂靜光明이며 次有佛興하시
니 名法光明慈悲月이며 次有佛興하시니 名功德焰海며
次有佛興하시니 名智日普光明이며 次有佛興하시니 名
普賢圓滿智이며 次有佛興하시니 名神通智光王이며 次有
佛興하시니 名福德華光燈이며 次有佛興하시니 名智師
子幢王이며 次有佛興하시니 名日光普照王이며 次有佛

---

29) 成益은 源本作兼顯成益, 探玄記作及得法利益 南續金本及行願品疏無.

興하시니 名須彌寶莊嚴相이며 次有佛興하시니 名日光普照며 次有佛興하시니 名法王功德月이며 次有佛興하시니 名開敷蓮華妙音雲이며 次有佛興하시니 名日光明相이며 次有佛興하시니 名普光明妙法音이며 次有佛興하시니 名師子金剛那羅延無畏며 次有佛興하시니 名普智勇猛幢이며 次有佛興하시니 名普開法蓮華身이며 次有佛興하시니 名功德妙華海며 次有佛興하시니 名道場功德月이며 次有佛興하시니 名法炬熾然月이며 次有佛興하시니 名普光明髻며 次有佛興하시니 名法幢燈이며 次有佛興하시니 名金剛海幢雲이며 次有佛興하시니 名名稱山功德雲이며 次有佛興하시니 名栴檀妙月이며 次有佛興하시니 名普妙光明華며 次有佛興하시니 名照一切衆生光明王이며 次有佛興하시니 名功德蓮華藏이며 次有佛興하시니 名香焰光明王이며 次有佛興하시니 名波頭摩華因이며 次有佛興하시니 名衆相山普光明이며 次有佛興하시니 名普名稱幢이며 次有佛興하시니 名須彌普門光이며 次有佛興하시니 名功德法城光이며

2. 다음에 부처님이 나셨으니 이름은 이구법광명이니라.
3. 다음에 부처님이 나셨으니 이름은 법륜광명계이니라.
4. 다음에 부처님이 나셨으니 이름은 법일공덕운이니라.
5. 다음에 부처님이 나셨으니 이름은 법해묘음왕이니라.
6. 다음에 부처님이 나셨으니 이름은 법일지혜등이니라.
7. 다음에 부처님이 나셨으니 이름은 법화당운이니라.
8. 다음에 부처님이 나셨으니 이름은 법염산당왕이니라.

9. 다음에 부처님이 나셨으니 이름은 심심법공덕월이니라.
10. 다음에 부처님이 나셨으니 이름은 법지보광장이니라.
11. 다음에 부처님이 나셨으니 이름은 개시보지장이니라.
12. 다음에 부처님이 나셨으니 이름은 공덕장산왕이니라.
13. 다음에 부처님이 나셨으니 이름은 보문수미현이니라.
14. 다음에 부처님이 나셨으니 이름은 일체법정진당이니라. 15. 다음에 부처님이 나셨으니 이름은 법보화공덕운이니라. 16. 다음에 부처님이 나셨으니 이름은 적정광명계이니라. 17. 다음에 부처님이 나셨으니 이름은 법광명자비월이니라. 18. 다음에 부처님이 나셨으니 이름은 공덕염해니라. 19. 다음에 부처님이 나셨으니 이름은 지일보광명이니라. 20. 다음에 부처님이 나셨으니 이름은 보현원만지니라.
21. 다음에 부처님이 나셨으니 이름은 신통지광왕이니라.
22. 다음에 부처님이 나셨으니 이름은 복덕화광등이니라.
23. 다음에 부처님이 나셨으니 이름은 지사자당왕이니라.
24. 다음에 부처님이 나셨으니 이름은 일광보조왕이니라.
25. 다음에 부처님이 나셨으니 이름은 수미보장엄상이니라. 26. 다음에 부처님이 나셨으니 이름은 일광보조니라.
27. 다음에 부처님이 나셨으니 이름은 법왕공덕월이니라.
28. 다음에 부처님이 나셨으니 이름은 개부연화묘음운이니라. 29. 다음에 부처님이 나셨으니 이름은 일광명상이니라.
30. 다음에 부처님이 나셨으니 이름은 보광명묘법음이니라. 31. 다음에 부처님이 나셨으니 이름은 사자금강나라연무외니라. 32. 다음에 부처님이 나셨으니 이름은 보지용맹

당이니라. 33. 다음에 부처님이 나셨으니 이름은 보개법연화신이니라. 34. 다음에 부처님이 나셨으니 이름은 공덕묘화해이니라. 35. 다음에 부처님이 나셨으니 이름은 도량공덕월이니라. 36. 다음에 부처님이 나셨으니 이름은 법거치연월이니라. 37. 다음에 부처님이 나셨으니 이름은 보광명계니라. 38. 다음에 부처님이 나셨으니 이름은 법당등이니라. 39. 다음에 부처님이 나셨으니 이름은 금강해당운이니라. 40. 다음에 부처님이 나셨으니 이름은 명칭산공덕운이니라. 41. 다음에 부처님이 나셨으니 이름은 전단묘월이니라. 42. 다음에 부처님이 나셨으니 이름은 보묘광명화니라. 43. 다음에 부처님이 나셨으니 이름은 조일체중생광명왕이니라. 44. 다음에 부처님이 나셨으니 이름은 공덕연화장이니라. 45. 다음에 부처님이 나셨으니 이름은 향염광명왕이니라. 46. 다음에 부처님이 나셨으니 이름은 파두마화인이니라. 47. 다음에 부처님이 나셨으니 이름은 중상산보광명이니라. 48. 다음에 부처님이 나셨으니 이름은 보명칭당이니라. 49. 다음에 부처님이 나셨으니 이름은 수미보문광이니라. 50. 다음에 부처님이 나셨으니 이름은 공덕법성광이니라.

次有佛興하시니 名大樹山光明이며 次有佛興하시니 名普德光明幢이며 次有佛興하시니 名功德吉祥相이며 次有佛興하시니 名勇猛法力幢이며 次有佛興하시니 名法輪光明音이며 次有佛興하시니 名功德山智慧光이며 次

有佛興하시니 名無上妙法月이며 次有佛興하시니 名法蓮華淨光幢이며 次有佛興하시니 名寶蓮華光明藏이며 次有佛興하시니 名光焰雲山燈이며 次有佛興하시니 名普覺華며 次有佛興하시니 名種種功德焰須彌藏이며 次有佛興하시니 名圓滿光山王이며 次有佛興하시니 名福德雲莊嚴이며 次有佛興하시니 名法山雲幢이며 次有佛興하시니 名功德山光明이며 次有佛興하시니 名法日雲燈王이며 次有佛興하시니 名法雲名稱王이며 次有佛興하시니 名法輪雲이며 次有佛興하시니 名開悟菩提智光幢이며 次有佛興하시니 名普照法輪月이며 次有佛興하시니 名寶山威德賢이며 次有佛興하시니 名賢德廣大光이며 次有佛興하시니 名普智雲이며 次有佛興하시니 名法力功德山이며 次有佛興하시니 名功德香焰王이며 次有佛興하시니 名金色摩尼山妙音聲이며 次有佛興하시니 名頂髻出一切法光明雲이며 次有佛興하시니 名法輪熾盛光이며 次有佛興하시니 名無上功德山이며 次有佛興하시니 名精進炬光明雲이며 次有佛興하시니 名三昧印廣大光明冠이며 次有佛興하시니 名寶光明功德王이며 次有佛興하시니 名法炬寶蓋音이며 次有佛興하시니 名普照虛空界無畏法光明이며 次有佛興하시니 名月相莊嚴幢이며 次有佛興하시니 名光明焰山雲이며 次有佛興하시니 名照無障礙法虛空이며 次有佛興하시니 名開顯智光身이며 次有佛興하시니 名世主德光明音이며 次有佛興하시니 名一切法三昧光明音이며 次有佛興하시니 名

法音功德藏이며 次有佛興하시니 名熾然焰法海雲이며 次有佛興하시니 名普照三世相大光明이며 次有佛興하시니 名普照法輪山이며 次有佛興하시니 名法界師子光이며 次有佛興하시니 名須彌華光明이며 次有佛興하시니 名一切三昧海師子焰이며 次有佛興하시니 名普智光明燈이니라

51. 다음에 부처님이 나셨으니 이름은 대수산광명이니라.
52. 다음에 부처님이 나셨으니 이름은 보덕광명당이니라.
53. 다음에 부처님이 나셨으니 이름은 공덕길상상이니라.
54. 다음에 부처님이 나셨으니 이름은 용맹법력당이니라.
55. 다음에 부처님이 나셨으니 이름은 법륜광명음이니라.
56. 다음에 부처님이 나셨으니 이름은 공덕산지혜광이니라.
57. 다음에 부처님이 나셨으니 이름은 무상묘법월이니라.
58. 다음에 부처님이 나셨으니 이름은 법연화정광당이니라.
59. 다음에 부처님이 나셨으니 이름은 보연화광명장이니라.
60. 다음에 부처님이 나셨으니 이름은 광염운산등이니라.
61. 다음에 부처님이 나셨으니 이름은 보각화이니라.
62. 다음에 부처님이 나셨으니 이름은 종종공덕염수미장이니라.
63. 다음에 부처님이 나셨으니 이름은 원만광산왕이니라.
64. 다음에 부처님이 나셨으니 이름은 복덕운장엄이니라.
65. 다음에 부처님이 나셨으니 이름은 법산운당이니라.
66. 다음에 부처님이 나셨으니 이름은 공덕산광명이니라.
67. 다음에 부처님이 나셨으니 이름은 법일운등왕이니라.
68. 다음에 부처님이 나셨으니 이름은 법운명칭왕

이니라. 69. 다음에 부처님이 나셨으니 이름은 법륜운이니라. 70. 다음에 부처님이 나셨으니 이름은 개오보리지광당이니라. 71. 다음에 부처님이 나셨으니 이름은 보조법륜월이니라. 72. 다음에 부처님이 나셨으니 이름은 보산위덕현이니라. 73. 다음에 부처님이 나셨으니 이름은 현덕광대광이니라. 74. 다음에 부처님이 나셨으니 이름은 보지운이니라. 75. 다음에 부처님이 나셨으니 이름은 법력공덕산이니라. 76. 다음에 부처님이 나셨으니 이름은 공덕향염왕이니라. 77. 다음에 부처님이 나셨으니 이름은 금색마니산묘음성이니라. 78. 다음에 부처님이 나셨으니 이름은 정계출일체법광명왕운이니라. 79. 다음에 부처님이 나셨으니 이름은 법륜치성광이니라. 80. 다음에 부처님이 나셨으니 이름은 무상공덕산이니라. 81. 다음에 부처님이 나셨으니 이름은 정진거광명운이니라. 82. 다음에 부처님이 나셨으니 이름은 삼매인광대광명관이니라. 83. 다음에 부처님이 나셨으니 이름은 보광명공덕왕이니라. 84. 다음에 부처님이 나셨으니 이름은 법거보개음이니라. 85. 다음에 부처님이 나셨으니 이름은 보조허공계무외법광명이니라. 86. 다음에 부처님이 나셨으니 이름은 월상장엄당이니라. 87. 다음에 부처님이 나셨으니 이름은 광명염산운이니라. 88. 다음에 부처님이 나셨으니 이름은 조무장애법허공이니라. 89. 다음에 부처님이 나셨으니 이름은 개현지광신이니라. 90. 다음에 부처님이 나셨으니 이름은 세주덕광명음이니라. 91. 다음에 부처님이 나셨으니 이름은 일체법삼매광명음이니

라. 92. 다음에 부처님이 나셨으니 이름은 법음공덕장이니라. 93. 다음에 부처님이 나셨으니 이름은 치연염법해운이니라. 94. 다음에 부처님이 나셨으니 이름은 보조삼세상대광명이니라. 95. 다음에 부처님이 나셨으니 이름은 보조법륜산이니라. 96. 다음에 부처님이 나셨으니 이름은 법계사자광이니라. 97. 다음에 부처님이 나셨으니 이름은 수미화광명이니라. 98. 다음에 부처님이 나셨으니 이름은 일체삼매해사자염이니라. 99. 다음에 부처님이 나셨으니 이름은 보지광명등이니라.

(d) 간략함을 결론하고 자세함을 밝히다[結略顯廣] (經/善男 32下9)

善男子여 如是等須彌山微塵數如來에 其最後佛이 名法界城智慧燈이시니 並於離垢光明劫中에 出興于世어시든 我皆尊重親近供養하여 聽聞受持所說妙法하며 亦於彼一切諸如來所에 出家學道하여 護持法敎하여 入此菩薩甚深自在妙音解脫하여 種種方便으로 敎化成熟無量衆生하니라

착한 남자여, 이러한 수미산 티끌 수 여래 중에 100. 마지막 부처님 이름은 법계성지혜등이니, 모두 때 여읜 광명겁 동안에 세상에 나셨는데, 내가 다 존중하고 친근하여 공양하였고, 말씀하신 묘한 법을 듣고 받아 지니었으며, 또 그 여러 여래에게 출가하여 도를 배웠고, 교법을 수호하였으며, 보살의 매우 깊고 자유자재한 묘한 음성의 해탈에 들어가

갖가지 방편으로 한량없는 중생들을 교화하여 성숙하게 하였노라.

b. 여러 겁의 수행과 유례하다[類多劫修] (經/從是 33上3)

從是已來로 於佛刹微塵數劫에 所有諸佛이 出興於세어시든 我皆供養하고 修行其法하노라 善男子여 我從是來로 於生死夜無明昏寐諸衆生中에 而獨覺悟하여 令諸衆生으로 守護心城하여 捨三界城하고 住一切智無上法城케하노라

그 후부터 세계의 티끌 수 겁 동안에 부처님들이 세상에 나시는 이들을 내가 다 공양하고 그 법을 수행하였느니라. 착한 남자여, 나는 그때부터 나고 죽는 밤중 어두운 무명 속에 있는 중생들 중에 홀로 깨어서, 중생들로 하여금 마음 성을 수호하고 세 세계의 성을 버리게 하며 온갖 지혜의 위없는 법의 성에 머물게 하였느니라.

[疏] 三, 略擧요 四, 結廣과 及類顯成益은 文並이면 可知니라
- (c) 백 분 부처님을 간략히 거론함이요, (d) 넓은 것을 결론하고 성취한 이익을 유례하여 밝힘이니 경문과 함께하면 알 수 있으리라.

(라) 자신은 겸양하고 뛰어난 분을 추천하다[謙己推勝] 2.

ㄱ. 자신은 하나만 안다고 겸양하다[謙己知一] (第四 33下9)

ㄴ. 뛰어난 분은 여러 가지를 안다고 추천하다[推勝知多] (後如)

善男子여 我唯知此甚深自在妙音解脫하야 令諸世間으로 離戲論語하며 不作二語하며 常眞實語하며 恒淸淨語어니와 如諸菩薩摩訶薩은 能知一切語言自性하야 於念念中에 自在開悟一切衆生하며 入一切衆生言音海하야 於一切言辭에 悉皆辨了하며 明見一切諸法門海하야 於普攝一切法陀羅尼에 已得自在하며 隨諸衆生心之所疑하야 而爲說法하야 究竟調伏一切衆生하고 能普攝受一切衆生하며 巧修菩薩諸無上業하고 深入菩薩諸微細智하며 能善觀察諸菩薩藏하고 能自在說諸菩薩法하나니 何以故오 已得成就一切法輪陀羅尼故ㅣ니 而我云何能知能說彼功德行이리오30)

착한 남자여, 나는 다만 이 매우 깊고 자유자재한 묘한 음성의 해탈을 알고 세간 사람들로 하여금 희롱거리 말을 여의고 두 가지 말을 하지 않으며, 진실한 말과 청정한 말을 하게 할 뿐이니, 저 보살마하살들이 모든 말의 성품을 알아 생각 생각마다 모든 중생을 자유롭게 깨닫게 하며, 여러 중생의 음성 바다에 들어가서 온갖 말을 다 분명하게 이야기하며, 모든 법문 바다를 분명히 보며, 온갖 법을 모두 포섭한 다라니에 이미 자재하여졌으며, 중생들의 의심을 따라서 법을 말하여 모든 중생을 끝까지 조복하며, 모든 중생을 널리 거두어 주고 보살의 위없는 업을 교묘하게 닦으며, 보살의

---

30) 悉皆辨了의 辨은 嘉淸合綱杭鼓纂續金弘昭本作辯了, 大作辨了 案晉譯此句作善知衆生施設語法.

미세한 지혜에 깊이 들어가 보살들의 법장을 잘 관찰하며, 모든 보살의 법을 자유롭게 말하는 것이니 왜냐하면 모든 법륜의 다라니를 이미 성취한 연고니, 그런 일이야 내가 어떻게 알며 그 공덕의 행을 말하겠는가?

[疏] 第四, 我唯知下는 謙己推勝이라 中에 先, 謙己知一하여 略顯四種業用이라 若約妙音釋인대 則不綺와 不離間과 不妄과 不惡口를 如次配之오 若約甚深釋者인대 不與理合을 皆名戲論이요 理外發言을 即是二語라 既與理乖에는 則非眞이며 非淨이니 反此는 可知니라 後, 如諸下는 推勝知多니라

■ (라) 我唯知 아래는 자신은 겸양하고 뛰어난 분을 추천함이다. 그중에 ㄱ. 자신은 하나만 안다고 겸양함이다. 네 가지 업과 작용을 간략히 밝혔을 적에 만일 묘한 음성을 잡아 해석하면 비단도 아니고 여읜 것도 아닌 사이에 망녕도 아니고 나쁜 말도 아니니 순서대로 배대한다. 만일 매우 깊음을 잡아 해석한다면 이치와 합하지 않나니 모두 희론(戲論)이라 이름함이요, 이치 밖으로 발언함은 곧 두 가지 말의 뜻이다. 이미 이치와 어긋나면 진실도 아니요 깨끗함도 아니다. 이것과 반대이면 알 수 있으리라. ㄴ. 如諸 아래는 뛰어난 분은 여러 가지를 안다고 추천함이다.

(마) 다음 선지식을 지시하다[指示後友] 3.

ㄱ. 다음 지위를 가리키다[指後位] (第五 34上7)

善男子여 此佛會中에 有主夜神하니 名開敷一切樹華니 汝詣彼問하되 菩薩이 云何學一切智며 云何安立一切衆生하여 住一切智리잇고하라

착한 남자여, 이 부처님 회중에 밤 맡은 신이 있으니, 이름은 모든 나무의 꽃을 피우는 이라. 그대는 그에게 가서 '보살이 어떻게 온갖 지혜를 배우며, 어떻게 모든 중생들을 편안히 있게 하여 온갖 지혜에 머물게 하는가?' 물으라."

[疏] 第五, 指示後友라 分三이니 初, 指後位요 次, 頌前法이요 後, 善財得益이라 今初에 開敷樹華者는 約事컨대 在香樹閣內故요 約位컨대 七地가 是有行이니 有開發無相住故니라

■ (마) 다음 선지식을 지시함이다. 셋으로 나누리니 ㄱ. 다음 지위를 가리킴이요, ㄴ. 앞의 법을 게송으로 찬탄함이요, ㄷ. 선재동자가 얻은 이익이다. 지금은 ㄱ.이니 '나무의 꽃을 피움'이란 현상을 잡으면 향기 나는 나무로 만든 집 안에 있기 때문이요, 지위를 잡으면 제7. 원행지는 유(有)의 행법이니 모양 없는 머무름을 개발함이 있는 까닭이다.

ㄴ. 앞의 법을 게송으로 찬탄하다[偈讚前法] 2.
ㄱ) 두 게송은 앞의 법의 체성과 작용을 노래하다[二偈頌前體用]

(二頌 35下4)

爾時에 守護一切城主夜神이 欲重宣此解脫義하사 爲善財童子하여 而說頌言하되

그때 모든 성을 수호하는 밤 맡은 신이 이 해탈의 뜻을 다시 밝히려고 선재동자에게 게송을 말하였다.

菩薩解脫深難見이라　　　　虛空如如平等相이니
普見無邊法界內에　　　　　一切三世諸如來하고
보살의 깊은 해탈 보기 어려워
진여와 같은 허공 평등한 모양
그지없는 법계의 안에 계시는
세 세상의 모든 여래 두루 보나니

出生無量勝功德하며　　　　證入難思眞法性하며
增長一切自在智하며　　　　開通三世解脫道로다
한량없이 훌륭한 공덕을 내며
부사의한 참법의 성품에 들어
온갖 것에 자재한 지혜 기르고
세 세상 해탈도를 열어 통하네.

[疏] 二, 頌中에 頌前法者는 臨去殷勤하여 囑令修學故라 十一偈를 分二니 初, 二偈는 頌前體用이요 餘頌은 顯法根深이라 於中에 亦二니 初, 頌初劫이요 後, 一偈는 頌類顯多劫이라 前中에 三이니 初三은 通頌初後요 次四는 別頌於初佛에 得法이요 後一은 頌中間百佛과 及後結文이니라

■ ㄴ. (앞의 법을) 게송으로 찬탄함 중에 '앞 선지식의 법을 노래함'이란 은근함에 다달아서 부촉하여 하여금 닦고 배우게 하는 까닭이다.

11개의 게송을 둘로 나누리니 ㄱ) 두 게송은 앞의 법을 얻는 체성과 작용을 노래함이요, ㄴ) 나머지 아홉 게송은 앞의 법을 얻은 근원이 깊음을 노래함이다. 그중에도 또한 둘이니 (ㄱ) (여덟 게송은) 첫째 겁을 노래함이요, (ㄴ) 한 게송은 게송으로 여러 겁을 유례하여 밝힘이니 (ㄱ) 중에 셋이다. a. 세 게송은 처음과 나중을 통틀어 노래함이요, b. 네 게송은 첫 부처님의 득법을 개별로 노래함이요, c. 한 게송은 중간의 백 부처님과 뒤의 결론한 경문을 노래함이다.

ㄴ) 아홉 게송은 앞의 법을 얻은 근원이 깊음을 노래하다[九偈頌前根深] 2.

(ㄱ) 여덟 게송은 첫째 겁을 노래하다[八偈頌前初劫] 3.
a. 세 게송은 처음과 나중을 통틀어 노래하다[三偈通頌初後]

(經/過於 34下6)

過於刹轉微塵劫하여　　　爾時有劫名淨光이요
世界名爲法焰雲이요　　　其城號曰寶華光이라
세계의 티끌처럼 많은 겁 전에
그때에 정광이란 겁이 있었고
그 세계의 이름은 법 불꽃 구름이요,
서울 이름 보배 꽃 광명이라 해.

其中諸佛興於世하시니　　量與須彌塵數等이라
有佛名爲法海音이니　　　於此劫中先出現하시며[31]

---

31) 量與는 嘉淸合綱鼓纂續金弘昭本作無量, 準晉譯貞元譯及上長行 應從南杭續大作量與.

그 세상 나시었던 많은 부처님
한량없는 수미산 티끌 같은데
법해음이라 하는 부처님께서
이 겁에 가장 먼저 나시었으며

乃至其中最後佛이   名爲法界焰燈王이니
如是一切諸如來에   我皆供養聽受法하라
맨 나중 나시었던 부처님 이름
법계염등왕이라 일컬으시니
이렇게 나시었던 여러 여래를
내가 모두 공양하고 법을 들었소.

b. 네 게송은 첫째 부처님을 따로 밝히다[四偈別顯初佛]

(經/我見 35上2)

我見法海雷音佛의   其身普作眞金色하며
諸相莊嚴如寶山하고   發心願得成如來하라
법해뇌음 부처님 내가 뵈오니
그의 몸은 모두 다 황금빛이요
여러 모양 장엄하심 보배 산 같아
나도 여래 이루려고 발심했으며

我暫見彼如來身하고   卽發菩提廣大心하여
誓願勤求一切智하니   性與法界虛空等이로다

저 부처님 몸매를 잠깐 뵈옵고
광대한 보리심을 즉시 냈으며
서원하고 온갖 지혜 구하려 하니
그 성품이 법계의 허공과 같아

由斯普見三世佛과　　　　　　　　及以一切菩薩衆하며
亦見國土衆生海하고　　　　　　　而普攀緣起大悲하라
이리하여 세 세상 부처님들과
모든 보살 대중을 두루 뵈오며
국토와 중생 바다 다 보고 나서
그런 것들 반연하여 대비심 내며

隨諸衆生心所樂하여　　　　　　　示現種種無量身하여
普遍十方諸國土하여　　　　　　　動地舒光悟含識하라
중생들의 좋아하는 마음을 따라
한량없는 갖가지 몸 나타내어서
시방의 모든 국토 두루 가득히
땅 흔들고 빛을 펴서 중생 깨닫게 하네.

c. 한 게송은 백 분 부처님을 통틀어 노래하다[一偈通頌百佛]

(經/見第 35上10)

見第二佛而親近하며　　　　　　　亦見十方刹海佛과
乃至最後佛出興하니　　　　　　　如是須彌塵數等이로다

둘째 나신 부처님 가까이 뵙고
시방세계 부처님도 다 뵈었으며
마지막 부처님이 나시기까지
수미산 티끌 수와 같이 많거늘

(ㄴ) 한 게송은 여러 겁과 유례하여 밝히다[一偈頌類顯多劫]

(經/於諸 35下2)

於諸刹轉微塵劫에　　　　所有如來照世燈을
我皆親近而瞻奉하여　　　令此解脫得淸淨하노라
모든 세계 티끌 수 갑절 겁 동안
나시는 세상 등불 여러 부처님
내가 다 친근하고 받자와 섬겨
이 해탈을 청정하게 닦아 이뤘노라.

ㄷ. 선재동자가 얻은 이익[善財得益] 2.
ㄱ) 장항으로 이익을 말하다[長行敍益] (三善 37上2)

爾時에 善財童子가 得入此菩薩甚深自在妙音解脫故로 入無邊三昧海하며 入廣大總持海하며 得菩薩大神通하며 獲菩薩大辯才하여 心大歡喜하여
이때 선재동자는 <보살의 매우 깊고 자유자재한 묘한 음성의 해탈>에 들어갔으므로, 그지없는 삼매 바다에 들어가고, 크고 넓은 다라니 바다에 들어가서, 보살의 큰 신통과 보살

의 큰 변재를 얻고는 마음이 매우 환희하여

[疏] 三, 善財得益이라 雖通由前文이나 亦近由此니라 於中에 先, 長行敍益이요 後, 觀察下는 偈頌慶讚이라 十偈를 分四니 初一은 讚福智超絕이요 次四는 歎悲智甚深이라 念念에 攀緣一切境은 不礙分別事故오 心心에 永斷諸分別은 常契理故니라 又上句는 約觀이요 下句는 約止니 即止觀雙運이라 了達無性은 成無分別이요 而起大悲는 成上攀緣이니 攀緣이 即分別耳라 不唯屬妄이니라 次四는 總顯德圓하여 離障攝益이요 後一, 成行入位니라

■ ㄷ. 선재동자가 얻은 이익이다. 비록 앞의 경문 때문이지만 또한 가깝게는 이것 때문이다. 그중에 ㄱ) 장항으로 이익을 말함이요, ㄴ) 觀察 아래는 게송으로 경하하고 찬탄함이다. 열 게송을 넷으로 나누리니 (ㄱ) (한 게송은) 복과 지혜가 특출하다고 찬탄함이요, (ㄴ) 네 게송은 자비와 지혜가 매우 깊음을 찬탄함이니, 생각 생각에 온갖 경계를 반연하고 현상을 분별함을 장애하지 않는 까닭이다. 마음과 마음에 영원히 모든 분별을 끊고 항상 이치와 계합하는 까닭이다. 또한 위 구절은 위빠사나를 잡았고, 아래 구절은 사마타를 잡았으니 곧 사마타와 위빠사나를 함께 움직이고 성품 없음을 요달하여 분별 없음을 성취하여서 대비심을 일으켜서 위의 반연을 성취함이다. 반연은 곧 분별일 뿐이니 오직 망심에만 속하지는 않는다. (ㄷ) 네 게송은 덕이 원만함을 총합하여 밝혀서 장애를 여의고 이익에 포섭됨이요, (ㄹ) 행법을 이루고 지위에 들어감이다.

ㄴ) 게송으로 경하하고 찬탄하다[偈頌慶讚] 4.

(ㄱ) 복과 지혜가 특출하다[福智超絶] (經/觀察 36上1)

觀察守護一切城主夜神하고 以偈讚曰,
모든 성 수호하는 밤 맡은 신을 관찰하고 게송으로 찬탄하였다.

已行廣大妙慧海하며　　　　已度無邊諸有海하사
長壽無患智藏身과　　　　　威德光明住此衆이로다
광대한 지혜 바다 이미 행하고
그지없는 업 바다를 이미 건너서
장수하고 근심 없는 지혜의 몸이
위덕과 광명으로 여기 계시네.

(ㄴ) 네 게송은 자비와 지혜가 매우 깊다[悲智甚深] (經/了達 36上4)

了達法性如虛空하사　　　　普入三世皆無礙하여
念念攀緣一切境하되　　　　心心永斷諸分別이로다
법의 성품 허공같이 통달하시고
세 세상 들어가되 걸림이 없어
생각으론 모든 경계 반연하여도
마음에는 여러 분별 아주 끊었고

了達衆生無有性하되　　　　而於衆生起大悲하며
深入如來解脫門하사　　　　廣度群迷無量衆이로다

중생들의 성품 없음 통달하고도
중생에게 대비심을 일으키시며
여래의 해탈문에 깊이 들어가
한량없는 중생을 제도하시고

觀察思惟一切法하며　　　　　了知證入諸法性하사
如是修行佛智慧하여　　　　　普化衆生令解脫이로다
온갖 법을 관찰하여 생각해 알고
모든 법의 성품에 증하여 들며
부처님의 지혜를 이렇게 닦아
중생을 교화하여 해탈하게 하며

天是衆生調御師라　　　　　　開示如來智慧道하사
普爲法界諸含識하여　　　　　說離世間衆怖行이로다
당신은 중생들을 지도하는 이
여래의 지혜 길을 열어 보시며
온 법계의 수없는 중생들에게
공포에서 떠나는 행을 말씀해.

(ㄷ) 네 게송은 덕이 원만함을 총합하여 밝히다[總顯德圓]
　　　　　　　　　　　　　　(經/已住 36下2)

已住如來諸願道하며　　　　　已受菩提廣大敎하며
已修一切徧行力하며　　　　　已見十方佛自在로다

여래의 서원 길에 이미 머물고
보리의 큰 교법을 이미 받았고
온갖 것에 두루하는 힘을 닦아서
시방에 자재하신 부처 뵈었네.

天神心淨如虛空하여　　　普離一切諸煩惱하며
了知三世無量刹에　　　　諸佛菩薩及衆生이로다
신의 마음 깨끗하기 허공과 같아
여러 가지 번뇌를 두루 여의고
세 세상 한량없는 여러 세계와
부처·보살·중생을 모두 아시며

天神一念悉了知　　　　晝夜日月年劫海하며
亦知一切衆生類의　　　種種名相各差別이로다
천신은 한 생각에 낮과 밤이며
날과 달과 해와 겁을 모두 아시고
중생들의 여러 종류 이름과 형상
제각기 차별함을 죄다 아시며

十方衆生生死處와　　　有色無色想無想을
隨順世俗悉了知하사　　引導使入菩提路로다
시방세계·중생의 죽고 나는 곳
형상 세계·무형 세계 유상과 무상
이런 길을 세속 따라 모두 다 알고

인도하여 보리에 들게 하시네.

(ㄹ) 행법을 완성하고 지위에 들어가다[成行入位] (經/已生 36下10)

已生如來誓願家하며　　　　已入諸佛功德海하사
法身淸淨心無礙하여　　　　隨衆生樂現衆色이로다
여래의 서원 집에 이미 나시고
부처님 공덕 바다 이미 들어가
마음이 걸림 없고 법 몸이 청정하여
중생 따라 여러 몸을 나타내신다.

(바) 덕을 사모하여 예배하고 물러가다[戀德禮辭] (經/時善 37上9)

時에 善財童子가 說此頌已하고 禮夜神足하며 遶無量帀
하며 殷勤瞻仰하고 辭退而去하니라
이때 선재동자는 이 게송을 말하고 나서, 밤 맡은 신의 발에
예배하고 수없이 돌고 은근하게 앙모하면서 하직하고 물러
갔다.

[火字卷中 終]

大方廣佛華嚴經 제72권
大方廣佛華嚴經疏鈔 제72권 火字卷下
제39 入法界品 ⑬

제39. 법계에 증득해 들어가는 품[入法界品] ⑬

제38. 개부수화주야신은 온갖 중생이 탐욕과 번뇌에 쌓여 살고 있는 어려운 오탁 세상에 보광명(普光明)아가씨로 와서 중생을 모두 구제하여 불국토를 만들어 놓은 기적을 이루어 놓은 것이다. 어떤 사람이 태어나느냐에 따라 악도가 선도가 되고 마군이 모두 천사가 되는 것이 바로 대승의 보살행 덕분이다. 經云,

대왕이 나시기 7일 전에	王生七日前에
이상한 상서가 나타나	先現靈瑞相하니
보는 이마다 생각하기를	見者咸心念하되
세상을 구제할 이가 나시려는가.	救世今當出이로다
나에게는 전생 일 아는 지혜가 있어	我得宿命智하여
여러 겁 동안에 있었던	能知一切劫에
내 일과 남의 일을	自身及他人하여
분명하게 모두 아노라.	分別悉明了하노라

大方廣佛華嚴經 제72권
大方廣佛華嚴經疏鈔 제72권 火字卷下

제39. 법계에 증득해 들어가는 품[入法界品] ⑬

사) 제38. 개부수화주야신 선지식[開敷樹華主夜神] 6.
- 제7. 원행지(遠行地)에 의탁한 선지식

(가) 가르침에 의지해 나아가 구하다[依敎趣求] (第七 1上7)
(나) 만나서 공경을 표하고 법문을 묻다[見敬諮問] (經/見其)

爾時에 善財童子가 入菩薩甚深自在妙音解脫門하여 修行增進하고 往詣開敷一切樹華夜神所하여 見其身이 在衆寶香樹樓閣之內의 妙寶所成師子座上하사 百萬夜神의 所共圍遶하고 時에 善財童子가 頂禮其足하며 於前合掌하여 而作是言하되 聖者여 我已先發阿耨多羅三藐三菩提心하니 而未知菩薩이 云何學菩薩行이며 云何得一切智리잇고 唯願垂慈하사 爲我宣說하소서

이때 선재동자는 보살의 매우 깊고 자유자재한 묘한 음성의 해탈문에 들어가서 수행이 증진하여 모든 나무의 꽃을 피우는 밤 맡은 신에게 나아가서 보니, 그 신의 몸이 보배향 나무로 지은 누각 안에서 묘한 보배로 만든 사자좌에 앉았는데, 백만의 밤 맡은 신이 함께 모시고 있었다. 선재동자

는 그의 발에 예배하고 앞에 서서 합장하고 말하였다. "거룩하신 이여, 저는 이미 아뇩다라삼먁삼보리심을 내었사오나, 보살이 어떻게 보살의 행을 배우며 어떻게 온갖 지혜를 얻나이까? 바라옵건대 자비하신 마음으로 저에게 말씀하여 주소서."

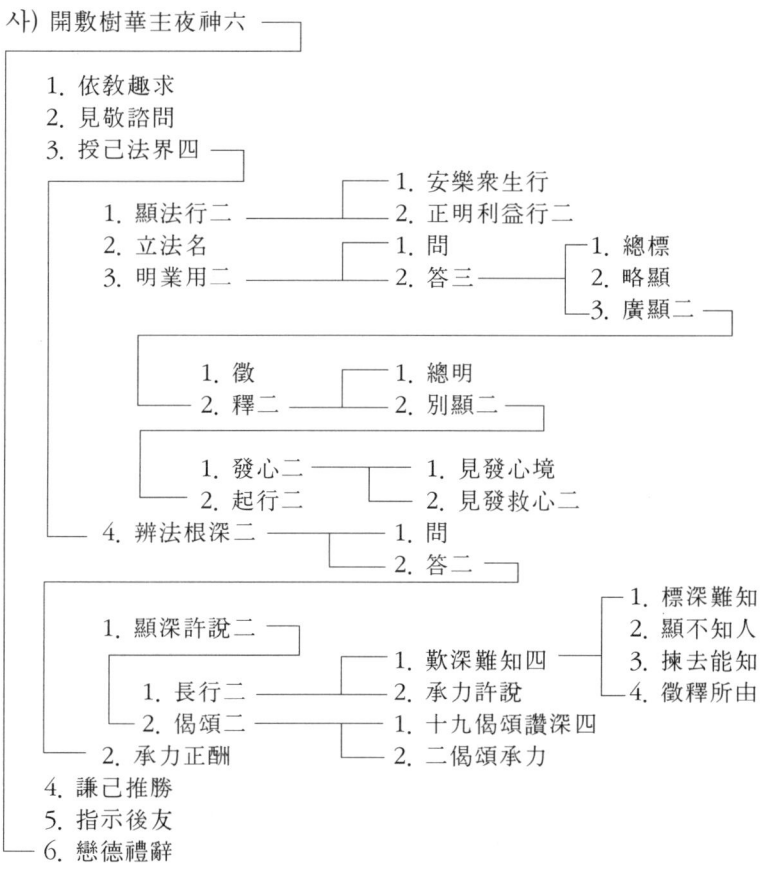

[疏] 第七, 開敷一切樹華夜神이니 寄遠行地라 初二는 可知니라

■ 사) 제38. 나무의 꽃을 피우는 밤 맡은 신은 제7. 원행지에 의탁한 선지식이다. 처음의 두 과목[(가) 가르침에 의지해 나아가 구함과 (나) 만나서 공경을 표하고 법문을 구함]은 알 수 있으리라.

[鈔] 寄遠行地者는 謂至無相住功用後邊하여 出過世間二乘道故라
● '제7. 원행지에 의탁한다'는 것은 이른바 모양 없음으로 공용행의 뒤쪽에 이르러 세간과 이승을 뛰어난 도인 까닭이다.

(다) 자신의 법계를 설해 주다[授己法界] 4.

ㄱ. 법과 행을 밝히다[顯法行] 2.
ㄱ) 중생을 안락하게 하는 행법[安樂衆生行] (第三 2上9)

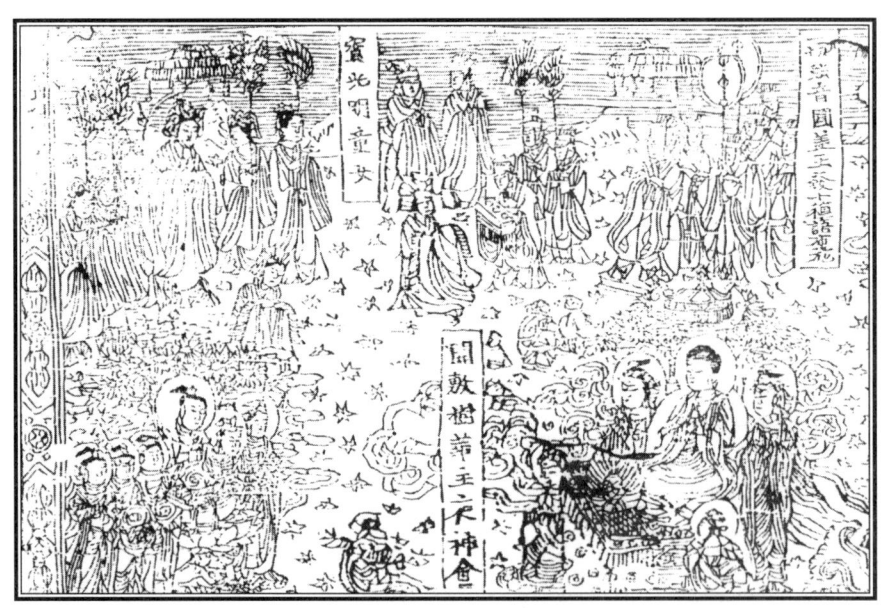

❖ 開敷樹華야신의 전생인 寶光明동녀가 一切法音圓滿蓋왕을 만나 발심하는 모습 변상도 (제72권)

夜神이 言하시되 善男子여 我於此娑婆世界에 日光已沒하고 蓮華覆合하여 諸人衆等이 罷遊觀時에 見其一切若山若水와 若城若野인 如是等處의 種種衆生이 咸悉發心하여 欲還所住하고 我皆密護하여 令得正道하며 達其處所하여 宿夜安樂케하노라

밤 맡은 신이 말하였다. "착한 남자여, 나는 이 사바세계에서 해가 지고 연꽃이 오므리어 사람들이 구경하던 일을 파할 적에, 여러 가지 산이나 물이나 성지나 벌판 등지에 있던 여러 가지 중생들이 모두 그들의 있던 데로 돌아가려는 이들을 보면 내가 가만히 보호하여 바른 길을 찾게 하며 가려는 곳에 가서 밤을 편안히 지내게 하노라."

[疏] 第三, 夜神言下는 授己法界라 於中에 四니 一, 顯法行이요 二, 立法名이요 三, 明業用이요 四, 辨根深이라 今初에 亦是法門의 所作業用이니 對先問行일새 故로 總示其行이요 未擧法門之名이라 於中에 二니 先, 明安樂衆生行이요

- (다) 夜神言 아래는 자신의 법계를 설해 줌이다. 그중에 넷이니 ㄱ. 법과 행을 밝힘이요, ㄴ. 법문의 명칭을 세움이요, ㄷ. 업과 작용을 설명함이요, ㄹ. 근기가 깊음을 밝힘이다. 지금은 ㄱ.이니 또한 법문으로 지은 업과 작용이니 앞과 상대하여 행법을 묻는 연고로 총합하여 그 행법을 보이기만 하고 법문의 명칭을 거론하지는 않았다. 그중에 둘이니 ㄱ) 중생을 안락하게 하는 행법이요,

ㄴ) 이익하는 행법을 밝히다[正明利益行] 2.

(ㄱ) 총상으로 밝히다[總] (後善 2下2)
(ㄴ) 별상으로 밝히다[別] (後爲)

善男子여 若有衆生이 盛年好色하여 憍慢放逸하여 五欲自恣하면 我爲示現老病死相하여 令生恐怖하여 捨離諸惡하고 復爲稱歎種種善根하여 使其修習하며 爲慳悋者하여 讚歎布施하며 爲破戒者하여 稱揚淨戒하며 有瞋恚者면 敎住大慈하며 懷惱害者면 令行忍辱하며 若懈怠者면 令起精進하며 若散亂者면 令修禪定하며 住惡慧者면 令學般若하며 樂小乘者면 令住大乘하며 樂着三界諸趣中者면 令住菩薩願波羅蜜하며 若有衆生이 福智微劣하여 爲諸結業之所逼迫하여 多留礙者면 令住菩薩力波羅蜜하며 若有衆生이 其心暗昧하여 無有智慧면 令住菩薩智波羅蜜케하니

"착한 남자여, 어떤 중생이 한창 나이에 혈기가 충실하며 교만하고 방탕하여 다섯 가지 욕락을 마음껏 하거든, 나는 그에게 늙고 병들어 죽는 일을 보이어 두려운 생각을 내고 나쁜 짓을 버리게 하며, 다시 가지가지 착한 뿌리를 칭찬하여 닦아 익히게 하는데, (1) 인색한 이에게는 보시를 찬탄하고, (2) 파계하는 이에게는 청정한 계율을 칭찬하고, (3) 성 잘 내는 이에게는 인자한 데 머물게 하고, (4) 해칠 마음을 가진 이에게는 참는 일을 하게 하고, (5) 게으른 이에게는 정진하게 하고, (6) 산란한 이에게는 선정을 닦게 하고, (7) 나쁜 꾀를 가진 이에게는 반야를 배우게 하고, (8) 소승을

좋아하는 이는 대승에 머물게 하고, (9) 세 세계의 여러 길을 좋아하는 이는 보살의 서원바라밀다에 머물게 하고, (10) 만일 중생이 복과 지혜가 미약하여 번뇌와 업의 핍박으로 걸림이 많은 이는 보살의 힘바라밀다에 머물게 하며, (11) 만일 중생이 마음이 어두워 지혜가 없으면 보살의 지혜바라밀다에 머물게 하노라.

[疏] 後, 善男子若有下는 利益衆生行이니 令物로 斷惡修善故라 於中에 先, 總이요 後, 爲慳吝下는 別顯十度로 治十蔽障이라

- ㄴ) 善男子若有 아래는 이익하는 행법을 밝힘이니 중생으로 하여금 악함을 끊고 착함을 닦는 까닭이다. 그중에 (ㄱ) 총상으로 밝힘이요, (ㄴ) 爲慳吝 아래는 별상으로 십바라밀로 열 가지 덮는 장애를 다스림에 대해 밝힌 내용이다.

ㄴ. 법문의 명칭을 세우다[立法名] (第二 2下6)

善男子여 我已成就菩薩出生廣大喜光明解脫門하라
착한 남자여, 나는 이미 <보살의 큰 기쁨을 내는 광명의 해탈문>을 성취하였노라."

[疏] 第二, 善男子我已成下는 立法名이라 此有二意하니 一, 望前稱己니 益物悲智之心일새 故生大喜요 二者, 望後照佛이니 攝生廣大悲智일새 故生大喜니라

- ㄴ. 善男子我已成 아래는 법문의 명칭을 세움이다. 여기에 두 가지

의미가 있으니 (1) 앞을 바라보면 자신과 칭합함이니 중생을 이익하는 자비와 지혜의 마음인 연고로 큰 기쁨이 생겨남이요, (2) 뒤를 바라보면 부처님을 비춤이니 중생을 포섭하여 광대한 자비와 지혜인 연고로 큰 기쁨이 생겨난 것이다.

ㄷ. 업과 작용을 밝히다[明業用] 2.

ㄱ) 해탈문에 대해 질문하다[問] (第三 3上6)
ㄴ) 대답하다[答] 3.
(ㄱ) 총합하여 표방하다[總標] (答中)
(ㄴ) 간략히 밝히다[略顯] (二云)

善財가 言하되 大聖이여 此解脫門이 境界云何니잇고 夜神이 言하시되 善男子여 入此解脫에 能知如來普攝衆生巧方便智니 云何普攝고 善男子여 一切衆生의 所受諸樂이 皆是如來威德力故며 順如來敎故며 行如來語故며 學如來行故며 得如來所護力故며 修如來所印道故며 種如來所行善故며 依如來所說法故며 如來智慧日光之所照故며 如來性淨業力之所攝故니라

선재동자가 말하였다. "거룩하신 이여, 이 해탈문의 경계가 어떠하옵니까?" 밤 맡은 신이 말하였다. "착한 남자여, 이 해탈에 들어가면 여래께서 중생들을 두루 거두어 주는 교묘한 방편 지혜를 아느니라. 어떤 것이 두루 거두어 줌이냐 하면 착한 남자여, 모든 중생이 받는 여러 가지 낙은 모두

여래의 위덕의 힘이니, (1) 여래의 가르침을 순종하는 연고며, (2) 여래의 말씀을 실행하는 연고며, (3) 여래의 힘을 배우는 연고며, (4) 여래의 두호하는 힘을 얻은 연고며, (5) 여래의 인가하는 도를 닦는 연고며, (6) 여래의 행하던 착한 일을 심는 연고며, (7) 여래의 말씀한 법을 의지하는 연고며, (8) 여래의 지혜의 햇빛으로 비추는 연고며, (9) 여래의 성품이 깨끗한 업의 힘으로 거두어 주시는 연고이니라.

[疏] 第三, 善財言下는 明業用이라 中에 先은 問이요 後는 答이라 問中에 以是業用分齊일새 故云境界라 答中에 三이니 初, 總標니 謂知佛攝生之智가 爲業用分齊니라 二, 云何普攝下는 略顯普攝之相이니 謂一切佛樂이 皆由佛得일새 故知佛攝이니라

■ ㄷ. 善財言 아래는 업과 작용을 밝힘 중에 ㄱ) (해탈문에 대해) 질문함이요, ㄴ) 대답함이니, ㄱ) 질문함 중에 업과 작용의 영역이므로 경계라고 말하였다. ㄴ) 대답함 중에 셋이니 (ㄱ) 총합하여 표방함이니 이른바 부처님이 중생을 섭수하는 지혜를 알아서 업과 작용의 영역을 삼았다. (ㄴ) 云何普攝 아래는 널리 포섭하는 모양을 간략히 밝힘이다. 이른바 모든 부처님의 즐거움은 모두 부처님으로 인해 얻은 연고로 부처님이 섭수함을 안 것이다.

(ㄷ) 자세히 밝히다[廣顯] 2.
a. 질문하다[徵] (三云 3下3)

云何知然고 善男子여 我入此出生廣大喜光明解脫에 憶

念毘盧遮那如來應正等覺의 往昔所修菩薩行海하여 悉皆明見하나라

어떻게 그런 줄을 아는가 하면, 착한 남자여, 내가 이 <큰 기쁨을 내는 광명의 해탈>에 들어가서, 비로자나 여래·응공·정등각께서 과거에 닦으시던 보살의 수행 바다를 기억하여 분명하게 보았노라."

[疏] 三, 云何知然下는 廣顯巧方便智라 先, 徵이니 可知니라
■ (ㄷ) 云何知然 아래는 교묘한 방편의 지혜를 자세히 밝힘이다. a. 질문함은 알 수 있으리라.

b. 해석하다[釋] 2.
a) 총합하여 설명하다[總明] (後釋 3下3)
b) 개별로 밝히다[別顯] 2.

(a) 발심하던 시절[發心] 2.
㊀ 발심하는 경계를 발견하다[見發心境] (後善)

善男子여 世尊이 往昔爲菩薩時에 見一切衆生이 着我我所하여 住無明暗室하며 入諸見稠林하여 爲貪愛所縛과 忿怒所壞와 愚癡所亂과 慳嫉所纏하여 生死輪廻하며 貧窮困苦하여 不得値遇諸佛菩薩하고
"착한 남자여, 세존께서 옛적에 보살로 계실 때에 모든 중생들이 <나>라 <내 것>이라 하는 데 집착하여 무명이란

어두운 밤에 머물며 여러 소견의 숲속에 들어가서 탐애에 얽매이고 성내는 데 깨지고 어리석은 데 어지럽히고 미워하는 데 감기어서, 나고 죽는 데 윤회하고 빈궁한 데 피곤하여 부처님이나 보살들을 만나지 못하는 것을 보시었느니라.

[疏] 後, 釋이라 意에 云, 我見如來가 從因至果하면 大悲巧攝일새 故知樂由佛生이라 於中에 二니 先, 總明이라 後, 善男子世尊往昔下는 別顯이라 於中에 亦二니 先, 發善巧普攝之心이요 後, 起善巧普攝之行이라 前中에 亦二니 先, 見發心之境이니 沈苦集故오

■ b. 해석함이다. 의미로 말하면, "나는 여래가 인행으로부터 과덕에 이르는 것을 보았으니 대비로 잘 섭수하는 연고로 즐거움은 부처님으로 인해 생겨남을 안다"고 하였다. 그중에 둘이니 a) 총합하여 설명함이요, b) 善男子世尊往昔 아래는 개별로 밝힘이다. 그중에 또한 둘이니 (a) 선교하게 널리 포섭하는 마음을 냄이요, (b) 뛰어나게 널리 섭수하는 행법을 시작함이다. (a) 중에도 둘이니 ㉠ 발심하는 경계를 발견함이니 고제(苦諦)와 집제(集諦)에 잠기는 까닭이다.

㉡ 구제하려는 마음 낸 것을 보다[見發救心] 2.
① 인자함과 대비를 함께 일으키다[並起慈悲] (後見 4下4)
② 자비와 지혜를 함께 움직이다[雙運悲智] (後起)

見如是已에 起大悲心하여 利益衆生하시니 所謂起願得一切妙寶資具하여 攝衆生心과 願一切衆生이 皆悉具足資生之物하여 無所乏心과 於一切衆事에 離執着心과 於

一切境界에 無貪染心과 於一切所有에 無慳悋心과 於一切果報에 無希望心과 於一切榮好에 無羨慕心과 於一切因緣에 無迷惑心하며 起觀察眞實法性心하며 起救護一切衆生心하며 起深入一切法漩澓心하며 起於一切衆生에 住平等大慈心하며 起於一切衆生에 行方便大悲心하며 起爲大法蓋하여 普覆衆生心하며 起以大智金剛杵로 破一切衆生煩惱障山心하며 起令一切衆生으로 增長喜樂心하며 起願一切衆生이 究竟安樂心하며 起隨衆生所欲하여 雨一切財寶心하며 起以平等方便으로 成熟一切衆生心하며 起令一切衆生으로 滿足聖財心하며 起願一切衆生의 究竟皆得十力智果心이니라

그런 것을 보시고는 가엾이 여기는 마음을 내어 중생을 이익하게 하였으니, 이른바 (1) 모든 보배로 된 도구를 얻어 중생을 거두어 주려는 마음과, (2) 모든 중생들이 생활에 필요한 물품을 구족하여 모자람이 없게 하려는 마음과, (3) 모든 일에 집착을 여의게 하려는 마음과, (4) 모든 경계에 물들고 탐내지 않으려는 마음과, (5) 모든 것을 아끼지 않으려는 마음과, (6) 모든 과보에 희망하지 않는 마음과 (7) 모든 영화에 부러워하지 않는 마음과, (8) 모든 인연에 미혹하지 않으려는 마음을 내었다. (9) 진실한 법의 성품을 관찰하려는 마음을 내고, (10) 모든 중생을 구호하려는 마음을 내고, (11) 모든 법의 소용돌이에 깊이 들어가려는 마음을 내고, (12) 모든 중생에 대하여 평등한 데 머물려는 인자한 마음을 내고, (13) 모든 중생에게 방편을 행하려는 가엾이 여기

는 마음을 내고, (14) 큰 법의 일산이 되어 중생을 두루 덮
으려는 마음을 내고, (15) 큰 지혜의 금강저로 모든 중생의
번뇌의 산을 깨뜨리려는 마음을 내고, (16) 모든 중생의 기
쁨을 증장하려는 마음을 내고, (17) 모든 중생을 끝까지 안
락하게 하려는 마음을 내고, (18) 중생의 욕망을 따라 모든
보배를 비 내리려는 마음을 내고, (19) 평등한 방편으로 모
든 중생을 성숙하게 하려는 마음을 내고, (20) 모든 중생으
로 하여금 성스러운 재물을 만족하게 하려는 마음을 내고,
(21) 모든 중생들이 필경에 모두 열 가지 지혜의 열매를 얻
게 하려는 마음을 내었느니라.

[疏] 後, 見如是下는 正發救心이니 令得滅道라 於中에 先, 並起慈悲[32]요
後, 起觀察下는 雙運悲智니라

■ ㈡ 見如是 아래는 구제하려는 마음을 바로 낸 것이니, 하여금 멸제(滅諦)와 도제(道諦)를 얻게 함이다. 그중에 ① 인자함과 대비를 함께 일으킴이요, ② 起觀察 아래는 자비와 지혜를 함께 움직임이다.

(b) 널리 섭수하는 행법을 시작하다[起普攝行] 2.
㈠ 중생을 이익하는 행법을 개별로 밝히다[別明利益衆生行] 3.

① 중생을 섭수하는 행법의 체성을 거론하다[擧攝生行體] (二起 5下6)
② 본래 의미를 밝히다[明本意] (次以)
③ 중생을 섭수함이 두루함을 밝히다[明攝生周徧] (後菩)

---

32) 悲下에 甲續金本有心字.

起如是心已에 得菩薩力하사 現大神變하여 徧法界虛空界하사 於一切衆生前에 普雨一切資生之物하사 隨其所欲하여 悉滿其意하여 皆令歡喜하사 不悔不悋하며 無間無斷하시니 以是方便으로 普攝衆生하여 敎化成熟하사 皆令得出生死苦難하고 不求其報하며 淨治一切衆生心寶하여 令其生起一切諸佛同一善根하여 增一切智福德大海니라

菩薩이 如是念念成熟一切衆生하며 念念嚴淨一切佛刹하며 念念普入一切法界하며 念念皆悉徧虛空界하며 念念普入一切三世하며 念念成就調伏一切諸衆生智하며 念念恒轉一切法輪하며 念念恒以一切智道로 利益衆生하며 念念普於一切世界種種差別諸衆生前에 盡未來劫토록 現一切佛成等正覺하며 念念普於一切世界一切諸劫에 修菩薩行하되 不生二想하시니 所謂普入一切廣大世界海와 一切世界種中에 種種際畔諸世界와 種種莊嚴諸世界와 種種體性諸世界와 種種形狀諸世界와 種種分布諸世界와 或有世界穢而兼淨과 或有世界淨而兼穢와 或有世界一向雜穢와 或有世界一向淸淨과 或小或大와 或麤或細와 或正或側와 或覆或仰한 如是一切諸世界中하사 念念修行諸菩薩行하사 入菩薩位하고 現菩薩力하며 亦現三世一切佛身하사 隨衆生心하여 普使知見케하시니라[33]

이런 마음을 내고는 보살의 힘을 얻고 큰 신통변화를 나타

---

33) 入菩薩位의 位는 聖本及貞元譯作住.

내며, 법계와 허공계에 두루하여 모든 중생의 앞에서 생활에 필요한 모든 물품을 비 내리어 그들의 욕망대로 뜻에 만족하여 환희케 하며, 뉘우치지도 인색하지도 아니하며 끊이는 사이가 없었다. 이러한 방편으로 중생들을 두루 거두어 교화하고 성숙하게 하여 생사의 고통에서 벗어나게 하면서도 갚음을 바라지 아니하며, 여러 중생의 마음 보배를 깨끗하게 다스려서 그들로 하여금 여러 부처님과 같은 착한 뿌리를 일으키게 하며 온갖 지혜와 복덕 바다를 증장하게 하였다.

보살이 이리하여 (1) 잠깐잠깐에 모든 중생을 성숙하게 하며 (2) 잠깐잠깐에 모든 부처님 세계를 깨끗이 장엄하며, (3) 잠깐잠깐에 모든 법계에 두루 들어가며, (4) 잠깐잠깐에 허공계에 두루 가득하며, (5) 잠깐잠깐에 모든 세 세상에 두루 들어가며, (6) 잠깐잠깐에 모든 중생의 지혜를 성취하고 조복하며, (7) 잠깐잠깐에 온갖 법륜을 항상 굴리며, (8) 잠깐잠깐에 온갖 지혜의 도로써 중생을 이익하게 하며, (9) 잠깐잠깐에 모든 세계의 갖가지로 차별한 중생의 앞에서 오는 세월이 끝나도록 모든 부처님의 등정각 이루심을 나타내며, (10) 잠깐잠깐에 널리 모든 세계의 모든 겁에서 보살의 행을 닦아 두 생각을 내지 아니하나니, 이른바 (11) 모든 광대한 세계해의 모든 세계종 가운데 있는 가지가지로 경계가 된 세계와 가지가지로 장엄한 세계와 가지가지의 자체로 된 세계와 가지가지의 형상으로 된 세계와 가지가지 널려 있는 세계에 들어가는 것이라. (12) 어떤 세계는 더러우면서 깨끗함을 겸하였고 (13) 어떤 세계는 깨끗하면서 더 러움을 겸하고, (14) 어떤 세계는 한결같이 더럽기만 하고, (15) 어떤 세계는 한결같이 깨끗하기만 하며, (16) 작기도 하고 크기도 하고 굵기도 하고 가늘기도 하며 (17) 혹은 바르고 혹은 기울고 혹은 엎어지고 혹은 잦혀졌으니, (18) 이러한 여러 가지 세계 중에서 잠깐잠깐에 보살들의 행을 행하고 (19) 보살의 지위에 들어가고 (20) 보살의 힘을 나투며 또한 세 세상 모든 부처님의 몸을 나타내고 중생의 마음을 따라 모두 알고 보게 하느니라.

[疏] 二, 起如是心已下는 起普攝行이라 中에 亦二니 先, 別明利益衆生行이요 後, 善男子毘盧遮那下는 雜明種種行이라 前中에 三이니 初, 擧攝生行體요 次, 以是方便下는 明[34]攝生本意요 後, 菩薩如是念念下는 辨攝生周徧이니 卽廣大義[35]니라

■ (b) 起如是心已 아래는 널리 섭수하는 행법을 시작함 중에 또한 둘이니 ㉠ 중생을 이익하는 행법을 개별로 밝힘이요, ㉡ 善男子毘盧遮那 아래는 갖가지 행법을 섞어서 밝힘이다. ㉠ 중에 셋이니 ① 중생을 섭수하는 행법의 체성을 거론함이요, ② 以是方便 아래는 중생을 섭수하는 행법의 본래 의미를 밝힘이요, ③ 菩薩如是念念 아래는 중생을 섭수하는 주변을 밝힘이니 곧 광대한 뜻이다.

㉡ 갖가지로 교화하고 이익하는 행법을 밝히다[雜明種種化利行] 2.
① 근기를 관찰하다[觀機] (二雜 6下5)

---

34) 明은 甲續本作開, 源原南本作明.
35) 義는 甲續金本作意, 源原南本及行願品疏作義.

善男子여 毘盧遮那如來가 於過去世에 如是修行菩薩行時에 見諸衆生이 不修功德하여 無有智慧하며 着我我所하여 無明翳障하며 不正思惟하여 入諸邪見하며 不識因果하여 順煩惱業하며 墮於生死險難深坑하여 具受種種無量諸苦하시고

착한 남자여, 비로자나 여래께서 지나간 옛날 이렇게 보살의 행을 닦을 적에 여러 중생들의 공덕을 닦지 않고서 지혜가 없어 <나>와 <내 것>에 집착하며, 무명에 가리어서 바르게 생각하지 않고 삿된 소견에 들어가며 원인과 결과를 알지 못하고 번뇌의 업을 따르다가 생사의 험악한 구렁에 빠져서 갖가지 한량없는 괴로움 받는 것을 보고는,

[疏] 二, 雜明種種行이라 中에 二니 先, 明觀機彰苦集無涯요
■ ㈢ 갖가지로 교화하고 이익하는 행법을 밝힘 중에 둘이니 ① 근기를 관찰함이니 고성제와 집성제가 끝없음을 밝힌 내용이다.

② 행법을 닦음이 한량없다[修行無量] 3.
㉮ 중생을 교화하는 이익[化益] (後起 6下5)
㉯ 교화하는 법을 별도로 밝히다[化法] (次爲)
㉰ 교화하는 의미를 결론하다[化意] (後令)

起大悲心하사 具修一切波羅蜜行하사 爲諸衆生하여 稱揚讚歎堅固善根하사 令其安住하여 遠離生死貧窮之苦하고 勤修福智助道之法케하며 爲說種種諸因果門하며

爲說業報不相違反하며 爲說於法證入之處하며 爲說一切衆生欲解하며 及說一切受生國土하사 令其不斷一切佛種하고 令其守護一切佛敎하고 令其捨離一切諸惡하며 又爲稱讚趣一切智助道之法하사 令諸衆生으로 心生歡喜하며 令行法施하여 普攝一切하며 令其發起一切智行하며 令其修學諸大菩薩波羅蜜道하며 令其增長成一切智諸善根海하며 令其滿足一切聖財하며 令其得入佛自在門하며 令其攝取無量方便하며 令其觀見如來威德하며 令其安住菩薩智慧케하시니라

크게 가엾이 여기는 마음을 내어 온갖 바라밀다 행을 갖추어 닦으며 중생들을 위하여 견고하고 착한 뿌리를 일컬어 찬탄하며 편안히 머물게 하여, 생사와 빈궁한 고통을 여의고 복덕과 도를 돕는 법을 닦게 하느니라. (1) 갖가지 인과의 문을 말하며 (2) 업과 과보가 서로 위반하지 않음을 말하며 (3) 법에 증하여 들어갈 곳을 말하며 (4) 모든 중생의 욕망과 이해함을 말하며 (5) 여러 가지로 태어날 국토를 말하며 (6) 그들로 하여금 모든 부처의 종자를 끊지 않게 하며 (7) 모든 부처님의 가르침을 수호하게 하며 (8) 모든 나쁜 짓을 버리게 하며, (9) 또 온갖 지혜에 나아가는 도를 돕는 법을 말하여서 중생들로 하여금 환희한 마음을 내게 하며, (10) 법 보시를 행하여 모든 것을 두루 거두어 주게 하여 온갖 지혜의 행을 일으키게 하며, (11) 모든 보살의 바라밀다의 도를 닦아 배우게 하며, (12) 온갖 지혜를 이루는 여러 착한 뿌리 바다를 증장케 하며, (13) 모든 거룩한 재물을 만족

하게 하며, (14) 부처님의 자유자재한 문에 들어가게 하며, (15) 한량없는 방편을 거두어 가지게 하며, (16) 여래의 위엄과 공덕을 살펴보게 하며, (17) 보살의 지혜에 편안히 머물게 하느니라."

[疏] 後, 起大悲心下는 顯修行無量이라 於中에 三이니 初, 總明化益이요 次, 爲說種種下는 別明化法이요 後, 令諸衆生下는 總結化意니라
- ② 起大悲心 아래는 행법을 닦음이 한량없음을 밝힘이니 그중에 셋이니 ㉮ 중생을 교화하는 이익을 밝힘이요, ㉯ 爲說種種 아래는 교화하는 법을 별도로 밝힘이요, ㉰ 令諸衆生 아래는 교화하는 의미를 결론함이다.

ㄹ. 법을 얻은 근원이 심오함을 밝히다[辨法根深] 2.
ㄱ) 질문하다[問] (第四 7下1)

善財童子가 言하되 聖者여 發阿耨多羅三藐三菩提心이 其已久如니잇고
선재동자가 말하였다. "거룩하신 이께서 아뇩다라삼먁삼보리심을 내신 지는 얼마나 오래되었나이까?"

[疏] 四, 善財童子言下는 辨法根深이니 先, 問이요 後, 答이라 答中에 二니 先, 歎深許說이요 二, 乃往下는 承力正酬라
- ㄹ. 善財童子言 아래는 법을 얻은 근원이 심오함을 밝힘이니 ㄱ) 질문함이요, ㄴ) 대답함이다. ㄴ) 대답함 중에 둘이니 (ㄱ) 심오함을

찬탄하고 설법하기를 허락함이요, (ㄴ) 乃往 아래는 힘을 받들어 바로 대답함이다.

ㄴ) 대답하다[答] 2.
(ㄱ) 심오함을 찬탄하고 설법하기를 허락하다[顯深許說] 2.
a. 장항으로 밝히다[長行] 2.

a) 심오하여 알기 어려움을 찬탄하다[歎深難知] 4.
(a) 심오하여 알기 어려움을 표방하다[標深難知] (前中 7下3)
(b) 알지 못하는 사람을 밝히다[顯不知人] (二一)
(c) 능히 알 사람을 가려내다[揀去能知] (三唯)
(d) 묻는 이유를 묻고 해석하다[徵釋所由] (四何)

夜神이 言하시되 善男子여 此處가 難信이며 難知며 難解며 難入이며 難說이라 一切世間과 及以二乘은 皆不能知요 唯除諸佛神力所護와 善友所攝으로 集勝功德하여 欲樂淸淨하여 無下劣心하며 無雜染心하며 無諂曲心하며 得普照耀智光明心하며 發普饒益諸衆生心과 一切煩惱 及以衆魔無能壞心하며 起必成就一切智心과 不樂一切 生死樂心하며 能求一切諸佛妙樂하며 能滅一切衆生苦惱하며 能修一切佛功德海하며 能觀一切諸法實性하며 能具一切淸淨信解하며 能超一切生死瀑流하며 能入一切如來智海하며 能決定到無上法城하며 能勇猛入如來境界하며 能速疾趣諸佛地位하며 能卽成就一切智力하

며 能於十力에 已得究竟한 如是之人이라야 於此에 能持能入能了니 何以故오 此是如來智慧境界라 一切菩薩도 尚不能知어든 況餘衆生가

밤 말은 신이 대답하였다. "착한 남자여, 이것은 믿기 어렵고 알기 어렵고 이해하기 어렵고 들어가기 어렵고 말하기 어려우니, 모든 세간에서나 이승들도 알지 못하느니라. 오직 부처님들의 신통한 힘으로 두호하고 선지식의 거두어 주는 이는 제외할 것이니, (1) 훌륭한 공덕을 모아 욕망과 좋아함이 청정하여져서 용렬한 마음이 없고 (2) 물든 마음이 없고 (3) 왜곡한 마음이 없으며, (4) 널리 비추는 지혜의 광명한 마음을 얻고, (5) 중생들을 두루 이익하려는 마음과 (6) 모든 번뇌와 여러 마가 깨뜨릴 수 없는 마음을 내고, (7) 온갖 지혜를 기어코 성취하려는 마음과 (8) 모든 생사의 낙을 좋아하지 않는 마음을 일으키며, (9) 모든 부처님의 묘한 낙을 능히 구하고, (10) 모든 중생의 괴로움을 능히 멸하고, (11) 모든 부처님의 공덕 바다를 능히 닦고, (12) 모든 법의 참된 성품을 능히 관찰하고, (13) 모든 청정한 믿음과 이해를 능히 갖추고 (14) 모든 생사의 흐름을 능히 초월하여 모든 여래의 지혜 바다에 능히 들어가며, (15) 능히 위없는 법의 성에 결정코 이르며, (16) 여래의 경계에 능히 용맹하게 들어가며, (17) 모든 부처님의 지위에 빨리 나아가며, (18) 온갖 지혜의 힘을 능히 성취하며, (19) 능히 열 가지 힘에 이미 구경을 얻은 이러한 사람이라야 이것을 능히 지니며 능히 들어가고 능히 통달하리라. 왜냐하면 이것은 여래의 지혜 경

계이므로 모든 보살들도 알지 못하거든 하물며 다른 중생이리오.

[疏] 前中에 二니 先, 長行이라 亦二니 先, 歎深難知요 後, 承力許說이라 前中에 四니 一, 標難知니 非唯久遠難知라 抑亦當時發心에 已得深法하여 滿佛境故어든 況無久近相가 非常見聞故로 難信이요 非聞慧境故로 難知요 非思修故로 難解難入이니 上皆心緣處滅故요 難說者는 言語道斷故니라 二, 一切下는 顯不知人이요 三, 唯除下는 揀去能知니 卽善財之類니라 四, 何以故下는 徵釋所以라 以是佛境故로 權敎菩薩도 尙不能知온 況前劣耶아

(ㄱ) 심오함을 찬탄하고 설법하기를 허락함 중에 둘이니 a. 장항으로 밝힘도 또한 둘이니 a) 심오하여 알기 어려움을 찬탄함이요, b) 힘을 받들어 설법을 허락함이다. a) 중에 넷이니 (a) 심오하여 알기 어려움을 표방함이니, 오래고 멀어서 알기 어려울 뿐만 아니라 또한 당시에 발심했을 뿐이니 이미 심오한 법을 얻은 것은 부처님 경계가 만족한 까닭이다. 하물며 오래고 가까운 모양이 없나니 항상 보고 듣지 않은 연고로 믿기 어려움이요, 들은 지혜의 경계가 아닌 연고로 알기 어려움이요, 생각하는 지혜나 수행하는 지혜가 아닌 연고로 알기 어렵고 들어가기도 어렵나니, 위는 모두 마음으로 인연할 처소가 멸한 까닭이다. '말하기 어려움'은 말하는 길이 끊어진 까닭이다. (b) 一切 아래는 알지 못하는 사람을 밝힘이요, (c) 唯除 아래는 아는 주체를 가려냄이니 곧 선재와 같은 부류이다. (d) 何以故 아래는 그 이유를 묻고 해석함이니 부처님 경계인 까닭이다. 권교(權敎)보살도 오히려 능히 알 텐데 하물며 앞보다 하열함이겠는가?

b) (부처님) 힘을 받들어 설법하기를 허락하다[承力許說] (二然 8上2)

然我今者에 以佛威力으로 欲令調順可化衆生으로 意速淸淨하며 欲令修習善根衆生으로 心得自在하여 隨汝所問하여 爲汝宣說하리라
그러나 내가 이제 부처님의 위신력으로써 화순하여 교화할 만한 중생의 뜻을 빨리 청정케 하며, 착한 뿌리를 닦는 중생의 마음을 자유자재하게 하기 위하여 그대의 물음을 따라 말하느니라."

[疏] 二, 然我今下는 承力許說이니라
■ b) 然我今 아래는 힘을 받들어 설법하기를 허락함이다.

b. 게송으로 밝히다[偈頌] 2.
a) 19개 게송은 심오하여 설하기 어려움을 찬탄하다[十九偈頌讚深] 4.
(a) 한 게송은 심오하여 알기 어려움을 표방하다[一偈標深難知]

(後爾 8上6)

爾時에 開敷一切樹華夜神이 欲重明其義하사 觀察三世如來境界하고 而說頌言하시되
이때에 모든 나무의 꽃을 피우는 밤 맡은 신이 이 뜻을 거듭 밝히려고 세 세상 여래의 경계를 관찰하고 게송을 말하였다.

佛子汝所問　　　　　甚深佛境界여

```
難思刹塵劫에              說之不可盡이로다
```
불자여, 그대가 물은
깊고 깊은 부처님 경계는
헤아릴 수 없는 오랜 겁 동안
말하여도 다할 수 없나니

[疏] 後, 爾時下는 偈頌이라 二十一偈를 分二니 初, 十九偈는 頌歎深難 說이요 後, 二偈는 頌承力爲說이라 前中에 四니 初, 一偈는 頌標深 難說이요

■ b. 爾時 아래는 게송으로 밝힘이니 21개 게송을 둘로 나누리니 a) 19개 게송은 심오하여 설하기 어려움을 찬탄함이요, b) 두 게송은 (부처님) 힘을 받들어 (중생을) 위하여 설함이니 a) 중에 넷이니 (a) 한 게송은 심오하여 알기 어려움을 표방함이다.

(b) 세 게송은 알지 못하는 사람을 노래하다[三偈頌不知人] (二有 8下2)

```
非是貪恚癡와              憍慢惑所覆한
如是衆生等의              能知佛妙法이여
```
탐욕 · 성냄 · 어리석음과
교만과 의혹에 가리어진
이런 중생들이 알 수 있는
부처님의 묘한 법이 아니고

```
非是住慳嫉과              諂誑諸濁意하여
```

煩惱業所覆의　　　　　能知佛境界며
간탐·질투·아첨과 속이는
흐린 마음이나 번뇌와 업에
가리어진 이의 알 수 있는
부처님의 경계가 아니고

非着蘊界處하고　　　　及計於有身하는
見倒想倒人의　　　　　能知佛所覺이로다
오온·12처·18계에 집착하거나
몸이 있다거나 소견이 뒤바뀌고
생각이 뒤바뀐 이의 알 수 있는
부처님의 깨달으심이 아니며

[疏] 二, 有三偈는 頌不知人이요
■ (b) 세 게송은 알지 못하는 사람을 노래함이다.

(c) 한 게송은 그 이유를 해석하다[一偈頌釋所由] (三有 8下4)

佛境界寂靜하고　　　　性淨離分別하니
非着諸有者의　　　　　能知此法性이로다
부처님 경계 고요하고
성품이 깨끗하고 분별 여의어
있다고 고집하는 이로는
이 법의 성품을 알 수가 없어

[疏] 三, 有一偈은 超頌前釋이니 以是佛境일새 故로 惑者不知라
- (c) 한 게송은 게송을 건너뛰어 앞의 이유를 해석함이니 부처님의 경계이기 때문에 미혹한 이는 알지 못한다.

(d) 14개 게송은 아는 주체인 사람을 구분하다[十四偈揀去能知]

(四有 9下5)

生於諸佛家하여　　　爲佛所守護하여
持佛法藏者인　　　　智眼之境界로다
부처님의 가문에 나서
부처님의 수호를 받으며
부처님의 법장을 가지는 이라야
지혜 눈으로 보는 경계이니라.

親近善知識하고　　　愛樂白淨法하여
勤求諸佛力하야사　　聞此法歡喜로다
선지식을 가까이 모시고
희고 깨끗한 법을 좋아하며
부처님의 힘을 구하는 이는
이 법문 듣고 기뻐하리니

心淨無分別하여　　　猶如太虛空하며
慧燈破諸暗이　　　　是彼之境界로다
마음이 깨끗하고 분별없어

마치 허공과 같고
지혜의 등불로 어두움 깨친다면
이것이 그들의 경계이니라.

以大慈悲意로　　　　　普覆諸世間하여
一切皆平等이　　　　　是彼之境界로다
크게 자비한 마음으로
모든 세간을 두루 덮어
온갖 것에 평등하면
이것이 그들의 경계이니라.

歡喜心無着하고　　　　一切皆能捨하여
平等施衆生이　　　　　是彼之境界로다
기쁜 마음 집착이 없어
온갖 것을 모두 버리고
중생에게 평등하게 보시하면
이것이 그들의 경계이니라.

心淨離諸惡하고　　　　究竟無所悔하여
順行諸佛教가　　　　　是彼之境界로다
깨끗한 마음으로 나쁜 일 여의고
끝까지 뉘우침 없으며
부처님의 가르침을 따라 행하면
이것이 그들의 경계이니라.

了知法自性과 及以諸業種하여
其心無動亂이 是彼之境界로다
모든 법의 성품과
모든 업의 씨를 알고
마음이 흔들리지 않으면
이것이 그들의 경계이니라.

勇猛勤精進하고 安住心不退하여
勤修一切智가 是彼之境界로다
용맹하게 꾸준히 노력하고
편안한 마음 물러나지 않아
온갖 지혜 부지런히 닦으면
이것이 그들의 경계이니라.

其心寂靜住三昧하며 究竟淸凉無熱惱하여
已修一切智海因이 此證悟者之解脫이며
마음은 고요히 삼매에 머물고
끝까지 청량하여 번뇌 없으며
온갖 지혜의 원인 닦았으면
이것이 깨달은 이의 해탈이니라.

善知一切眞實相하고 深入無邊法界門하여
普度群生靡有餘가 此慧燈者之解脫이며
모든 진실한 모양 알고

그지없는 법계의 문에 들어가
중생을 제도하여 남김 없으면
이것이 지혜 등 얻은 이의 해탈이니라.

了達衆生眞實性하고
如影普現心水中이
不着一切諸有海하여
此正道者之解脫이며

중생의 진실한 성품 통달해
모든 있다는 데 집착하지 않고
그림자처럼 마음 물에 비치면
이것이 바른 길 걷는 이의 해탈이니라.

從於一切三世佛의
盡諸劫刹勤修行이
方便願種而出生하여
此普賢者之解脫이며

세 세상 모든 부처님의
방편과 서원의 힘으로 나서
모든 세계와 겁에 부지런히 수행하면
이것이 보현의 해탈이니라.

普入一切法界門하여
亦見其中劫成壞하되
悉見十方諸刹海하고
而心畢竟無分別하며

모든 법계의 문에 두루 들어가
시방의 세계 바다 모두 보고
이뤄지고 무너지는 겁을 보아도
끝까지 분별하는 마음 없으며

法界所有微塵中에　　　　　悉見如來坐道樹하사
成就菩提化群品이　　　　　此無礙眼之解脫이로다
법계의 모든 티끌 속마다
여래가 보리수 아래 앉아서
성도하고 중생 교화함을 본다면
이것이 걸림 없는 눈 가진 이의 해탈이니라.

[疏] 四, 有十四偈는 總頌揀去能知라
- (d) 14개 게송은 아는 주체인 사람을 구분함을 총합하여 노래함이다.

b) 두 게송은 힘을 받듦에 대해 노래하다[二偈頌承力] (次第 9下10)

汝於無量大劫海에　　　　　親近供養善知識하고
爲利群生求正法하여　　　　聞已憶念無遺忘이로다
그대는 한량없는 겁 바다에서
선지식을 모셔 공양하였고
중생을 이익하려 바른 법 구하니
듣거든 기억하고 잊지 말아라.

毘盧遮那廣大境이　　　　　無量無邊不可思어늘
我承佛力爲汝說하여　　　　令汝深心轉淸淨이로다
비로자나의 광대한 경계가
한량없고 그지없어 부사의하지만
부처님 힘을 입어 말씀하여서

그대의 깊은 마음 더욱 청정하도다.

[疏] 次第頌前佛力所護等이나 恐繁不配하노니 說者는 隨宜니라
- b) 순서대로 (두 게송은) 앞의 부처님 힘으로 수호함 등이지만, 번거로울까 배대하지 않았으니 말하는 이는 마땅함을 따름을 뜻한다.

(ㄴ) 부처님 힘을 받들어 바로 대답하다[承力正酬] 2.

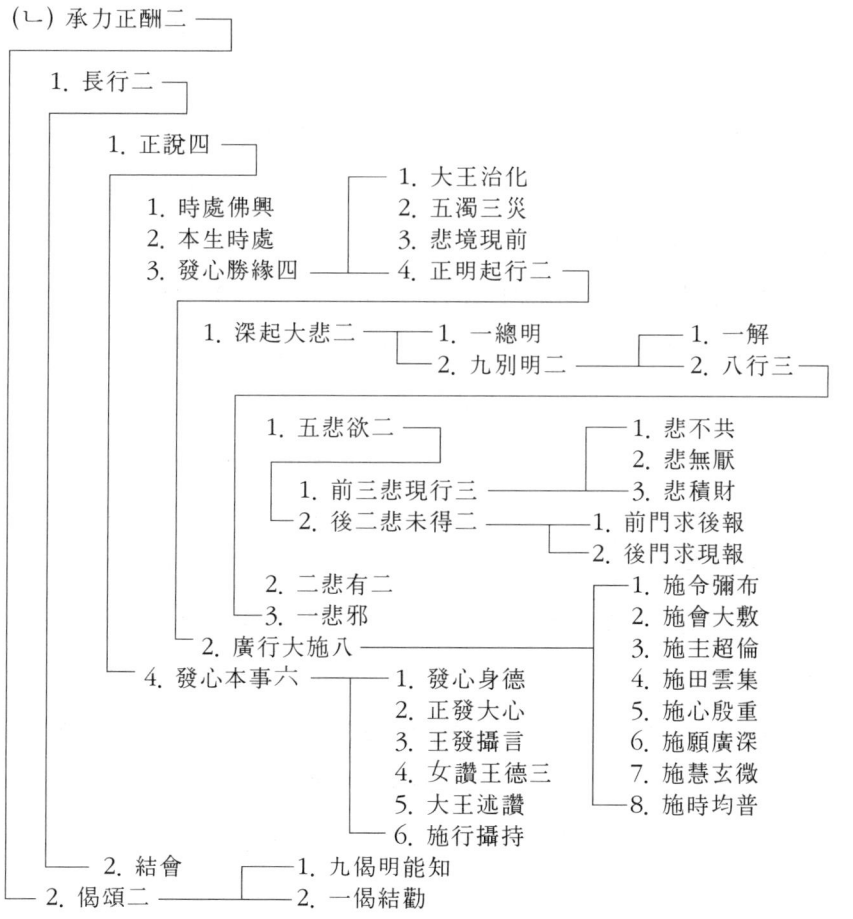

a. 장항으로 밝히다[長行] 2.

a) 바로 설하다[正說] 4.

(a) 부처님이 태어나신 때와 장소[時處佛興] (第二 10上9)

善男子여 乃往古世에 過世界海微塵數劫하여 有世界海하니 名普光明眞金摩尼山이요 其世界海中에 有佛出現하시니 名普照法界智慧山寂靜威德王이라 善男子여 其佛이 往修菩薩行時에 淨彼世界海하니 其世界海中에 有世界微塵數世界種하고 一一世界種에 有世界微塵數世界하고 一一世界에 皆有如來가 出興於世어시든 一一如來가 說世界海微塵數修多羅하고 一一修多羅에 授佛刹微塵數諸菩薩記하사 現種種神力하며 說種種法門하사 度無量衆生하시니라

"착한 남자여, 지나간 옛적 세계해의 티끌 수 겁 전에 한 세계해가 있었으니 이름은 넓은 광명 진금 마니산이요, 그 세계해 가운데 부처님이 나시었으니, 이름이 보조법계지혜산 적정위덕왕이시었다. 그 부처님이 예전 보살의 행을 닦을 적에 그 세계해를 깨끗이 하였는데, 그 세계해 가운데 세계의 티끌 수 세계종이 있고, 낱낱 세계종마다 세계의 티끌 수 세계가 있으며, 낱낱 세계마다 여래께서 나셨으며, 낱낱 여래께서 세계해 티끌 수 경을 말씀하시고, 낱낱 경에서 세계의 티끌 수 보살들에게 수기를 주시며 갖가지 신통한 힘을 나타내고 갖가지 법문을 말하여 한량없는 중생을 제도하였느니라.

[疏] 第二, 承力正酬中에 二니 先, 長行이라 亦二니 先, 正說이요 後, 結會古今이라 前中에 四니 初, 總顯發心하여 時處佛興이요 二, 善男子彼普光明下는 別擧本生時處요 三, 其中有王下는 明發心勝緣이요 四, 時此會中有童女下는 正顯發心本事라

■ (ㄴ) 부처님 힘을 받들어 바로 대답함 중에 둘이니 a. 장항으로 밝힘에도 또한 둘이니 a) 바로 설함이요, b) 옛과 지금을 회통함을 결론함이다. a) 중에 넷이니 (a) 발심하여 부처님이 태어나신 때와 장소를 총합하여 밝힘이요, (b) 善男子彼普光明 아래는 본래 보살행 닦던 때와 장소를 별상으로 거론함이요, (c) 其中有王 아래는 발심하던 뛰어난 인연을 밝힘이요, (d) 時此會中有童女 아래는 보광명녀의 발심하던 옛 일을 바로 밝힘이다.

(b) 본래 보살행 닦던 때와 장소[本生時處] (初二 11上2)

善男子여 彼普光明眞金摩尼山世界海中에 有世界種하니 名普莊嚴幢이요 此世界種中에 有世界하니 名一切寶色普光明이니 以現一切化佛影摩尼王으로 爲體하여 形如天城하고 以現一切如來道場影像摩尼王으로 爲其下際하여 住一切寶華海上하니 淨穢相雜이라 此世界中에 有須彌山微塵數四天下어든 有一四天下가 最處其中하니 名一切寶山幢이라 其四天下가 一縱廣이 十萬由旬이요 一一各有一萬大城이러라 其閻浮提中에 有一王都하니 名堅固妙寶莊嚴雲燈이니 一萬大城이 周帀圍遶하고 閻浮提人壽萬歲時러라

착한 남자여, 저 넓은 광명 진금 마니산 세계해 가운데 한 세계종이 있으니 이름은 두루 장엄한 당이요, 그 세계종 가운데 한 세계가 있으니 이름이 모든 보배 빛 넓은 광명이라, 모든 화신 부처님의 그림자를 나타내는 마니왕으로 자체가 되고, 형상은 하늘 성과 같으며, 모든 여래 도량의 영상을 나타내는 마니왕으로 밑바닥이 되어 모든 보배 꽃 바다 위에 있으니 깨끗하고 더러움이 섞이었으며, 이 세계에 수미산의 티끌 수 사천하가 있고, 한 사천하가 그 복판에 있으니 이름이 온갖 보배 산 당이요, 사천하마다 넓이와 길이가 10만 유순이며, 낱낱 사천하에 각각 1만의 큰 성이 있고, 그 염부제에 한 서울이 있으니 이름이 견고하고 묘한 보배 장엄 구름 등불인데 1만의 큰 성들이 두루 둘러 있다. 그 염부제 사람의 수명이 1만 세 때에

[疏] 初二는 可知니라
- (a) 부처님이 태어나신 때와 장소와 (b) 본래 보살행 닦던 때와 장소는 알 수 있으리라.

(c) 발심하던 뛰어난 인연[發心勝緣] 4.
㈠ 대왕이 다스려 교화하다[大王治化] (三中 11上6)
㈡ 오탁 세계의 세 가지 재앙[五濁三災] (二時)

其中有王하니 名一切法音圓滿蓋라 有五百大臣과 六萬婇女와 七百王子하니 其諸王子가 皆端正勇健하여 有大

威力이러라 爾時에 彼王威德이 普被閻浮提內하여 無有怨敵이니라

時彼世界의 劫欲盡時에 有五濁起하여 一切人衆이 壽命短促하고 資財乏少하며 形色鄙陋하여 多苦少樂하며 不修十善하고 專作惡業하며 更相忿諍하고 互相毁辱하며 離他眷屬하고 妬他榮好하며 任情起見하여 非法貪求일새 以是因緣으로 風雨不時하고 苗稼不登하며 園林草樹가 一切枯槁하며 人民匱乏하여 多諸疫病하며 馳走四方하여 靡所依怙라

왕이 있었으니 이름이 모든 법 음성 원만한 일산이요, 5백 대신과 6만 궁녀와 7백 왕자가 있는데 왕자들이 모든 용모가 단정하고 용맹하여 큰 위덕이 있었으며, 그 왕의 위덕이 염부제에 널리 퍼져서 원수와 대적이 없었느니라.

그 세계에서 겁이 다하려 할 적에, 다섯 가지 흐린 것이 생기어 사람들의 수명은 짧아지고 재물은 모자라고 형상은 더럽고 고통이 많고 낙이 적으며, 열 가지 착한 일은 닦지 않고 나쁜 업만 지으며 서로 다투고 서로 헐뜯으며 다른 이의 권속을 떠나게 하고 남의 영화를 질투하며, 생각대로 소견을 내고 법답지 못하게 탐심을 내었다. 그런 인연으로 풍우가 고르지 못하고 곡식이 풍년들지 않으며, 동산에 풀과 나무가 타죽고 백성들은 궁핍하여 질병이 많아서 사방으로 흘어 다니며 의지할 데가 없어

[疏] 三中에 有四하니 初, 明大王治化니 卽鐵輪王이니 故云閻浮니라 二,

時彼世界下는 五濁爲因하여 感三災果니 壽命短促은 即命濁이요 資財下는 衆生濁이요 不修下는 煩惱濁이요 任情下는 見濁이요 劫濁則通이니라

- (c) 발심하던 뛰어난 인연 중에 넷이 있으니 ㊀ 대왕이 다스려 교화함을 밝힘이니 곧 철륜왕(鐵輪王)인 연고로 '염부제'라고 말하였다. ㊁ 時彼世界 아래는 오탁 세계가 원인이 되고, 세 가지 재앙을 감득함은 결과이다. (1) 수명이 짧고 재촉함은 곧 목숨이 흐림이요, (2) 資財 아래는 중생이 흐림이요, (3) 不修 아래는 번뇌가 흐림이요, (4) 任情 아래는 견해가 흐림이요, (5) 세월이 흐림은 전체 모습이다.

[鈔] 五濁爲因感三災果者는 三災果36)가 有二하니 一, 小三災니 謂饑饉과 疾疫과 刀兵이니 謂七年七月七日에 止니 謂各是一七이니라 二, 大三災니 謂水火風은 壞於器界라 今此는 是前이니 經文에 具云이라 初, 明饑饉이니 以天不降澤故오 二, 多諸疫病이니 即疾疫也오 三, 馳走四方하여 靡所依怙는 義兼刀兵이라 然이나 三災가 復有二義하니 一, 約劫欲盡時의 人壽十歲等이요 二者, 少分이니 往往多起라 今此는 約少分災耳니라

- '오탁세계가 원인이 되고 세 가지 재앙을 감득함은 결과'란 세 가지 재앙에 둘이 있으니 (1) 작은 세 가지 재앙이니 이른바 ① 굶주림 ② 질병 ③ 전쟁과 도적의 재앙이다. 말하자면 7년 7개월 7칠일에 그침을 뜻하나니, 이른바 각기 하나가 일곱임을 뜻한다. (2) 큰 세 가지 재앙이다. 이른바 ① 물 ② 불 ③ 바람은 기세간을 무너뜨린다. 지금 여기는 앞에서 경문에 갖추어 말하되, "① 굶주림을 밝혔으니 하늘이

---

36) 果는 甲南續金本無라 하다.

연못에 내려오지 않는 까닭이다. ② 여러 질병이 많음은 곧 질병과 전염병이다. ③ 사방으로 달아나 의지할 곳이 없나니 뜻은 전쟁이나 도적의 재앙을 겸한다. 그러나 세 가지 재앙은 다시 두 가지 뜻이 있으니 첫째, 겁이 다하는 때를 잡으면 사람의 수명이 열 살인 따위이고, 둘째, 적은 부분으로 자주자주 많이 일어나며 지금 여기에서 적은 부분의 재앙을 잡은 해석일 뿐이다.

㊂ 자비스러운 경계가 나타나다[悲境現前] (三咸 12上10)

咸來共遶王都大城하여 無量無邊百千萬億이 四面周帀하여 高聲大呼하며 或擧其手하고 或合其掌하며 或以頭叩地하고 或以手搥胸하며 或屈膝長號하고 或踊身大叫하며 頭髮蓬亂하고 衣裳弊惡하며 皮膚皴裂하고 面目無光하여 而向王言하되 大王大王하 我等이 今者에 貧窮孤露와 饑渴寒凍과 疾病衰羸와 衆苦所逼으로 命將不久하되 無依無救하며 無所控告일새 我等이 今者에 來歸大王이로소이다 我觀大王의 仁慈智慧하고 於大王所에 生得安樂想과 得所愛想과 得活命想과 得攝受想과 得寶藏想과 遇津梁想과 逢道路想과 値船筏想과 見寶洲想과 獲財利想과 昇天宮想하노이다

모두 서울로 와서 여러 천만억 겹을 둘러싸고, 사방에서 고래고래 소리를 지르며, 손을 들기도 하고 합장하기도 하며, 머리를 땅에 조아리기도 하고 손으로 가슴을 두들기기도 하며, 무릎을 꿇고 부르짖기도 하고 몸을 솟구쳐 외치기도 하

며, 머리를 풀어 헤치고 옷은 남루하며, 살갗이 터지고 눈에는 빛이 없는 이들이 임금을 향하여 하소연하였다. '대왕이여, 대왕이여. 저희들은 지금 빈궁하고 외롭고 굶주리고 헐벗고 병들고 쇠약하여 여러 가지 고통에 시달리고 있습니다. 목숨이 바람 앞의 등불 같사오나 의지할 데도 없고 구해 줄 이도 없사오며, 이런 하소연을 할 데도 없습니다. 그래서 저희들은 이제 대왕을 바라고 왔나이다. 저희들이 보기에는 대왕께서는 매우 인자하시고 매우 슬기로우매 저희들은 (1) 안락을 얻으리란 생각, (2) 사랑을 받으리란 생각, (3) 살려 주시리란 생각, (4) 거두어 주시리란 생각, (5) 보배 광을 얻었다는 생각, (6) 나루를 만났다는 생각, (7) 바른 길을 찾았다는 생각, (8) 뗏목을 만났다는 생각, (9) 보물섬을 보았다는 생각, (10) 금은보화를 얻으리란 생각, (11) 천궁에 올랐다는 생각을 내나이다.'

[疏] 三, 咸來共繞下는 悲境現前이요
■ ㊂ 咸來共繞 아래는 자비스러운 경계가 나타남이요,

㊃ 행법 시작함을 밝히다[正明起行] 2.
① 대비심을 깊게 일으키다[深起大悲] 2.
㋐ 한 문은 총상으로 밝히다[一總明] (四爾 12下5)

爾時大王이 聞此語已하고 得百萬阿僧祇大悲門하여 一心思惟하여 發十種大悲語하니 其十者는 何오 所謂哀哉

衆生이여 墮於無底生死大坑하니 我當云何而速勉濟하여 令其得住一切智地니라

그때 대왕은 이 말을 듣고는, 백만 아승지 가엾이 여기는 문을 얻어 한결같은 마음으로 생각하며, 열 가지 가엾이 여기는 말을 하였다. 무엇이 열인가? (1) 애달프다, 중생이여. 바닥을 모를 생사의 구렁에 빠졌으니 내가 어떻게라도 빨리 건져내어 온갖 지혜의 땅에 머물게 하리라.

[疏] 四, 爾時大王下는 正明起行이라 於中에 二니 先, 深起大悲요

- ㈣ 爾時大王 아래는 행법 시작함을 바로 밝힘이다. 그중에 또한 둘이니 ① 대비심을 깊게 일으킴이요,

[鈔] 先深起大悲者는 此悲心이 與第二地中의 集果[37]로 多同이라 初一, 總明이니 謂三求衆生이 皆墮無底生死深坑하여 難免出故[38]니라

- '① 대비심을 깊게 일으킴'이란 여기의 자비심과 제2. 이구지의 모음의 결과는 대부분 같나니 ㉮ 한 문[(1)]은 총합하여 밝힘이니, 이른바 세 가지로 중생을 구함은 모두 밑바닥 없이 나고 죽음의 깊은 구렁에 빠져서 면하여 벗어나기 어렵기 때문이다.

㈁ 아홉 문은 별상으로 설명하다[九別明] 2.
㉠ 한 문은 핍박에서 풀다[一解] (餘九 13上1)

---

37) 십지품 제2. 이구지에서 攝衆生戒의 뛰어남에 다섯 가지 뜻이 있으니 ① 智 ② 願 ③ 行 ④ 集因 ⑤ 集果이다.
38) 免出은 南續金本作勉出, 案法華經化城喩品云 能於三界獄 勉出諸衆生, 國語云父免其子 兄勉其弟 猶强勸也 謂勸教之.

哀哉衆生이여 爲諸煩惱之所逼迫하니 我當云何而作救護하여 令其安住一切善業이리라
(2) 애달프다, 중생이여. 모든 번뇌의 핍박한 바가 되었으니, 내가 어떻게라도 구제하여 그들로 하여금 온갖 착한 업에 편안히 머물게 하리라.

[鈔] 餘九는 爲別이라 又分爲二니 初一, 解邪니 理外推求를 總名爲邪니 橫計世間의 常樂我淨하여 起貪等惑일새 故令住善業이니라

- ⑭ 아홉 문[(2) ~ (10)]은 별상으로 설명함이다. 또한 둘로 나누리니 ㉠ 한 문[(2)]은 삿된 이치를 풀어서 밖으로 추구함이니 총합하여 삿됨으로 삼았다. 가로로 세간이 '항상하고 즐거우며 나이고 청정함'을 계탁하여 탐욕 등의 미혹을 일으키는 연고로 선업에 머무르게 한다는 뜻이다.

㉡ 여덟 문은 (삿됨을 구하려) 대비를 행하다[八行] 3.
ⓐ 다섯 문은 대비로 중생을 구하려는 욕구[五悲欲求衆生] 2.

㉠ 앞의 세 문은 대비가 나타나는 행[前三悲現行五欲] 3.
㉮ 대비와 함께하지 않는다[悲不共] (餘八 13上8)
㉯ 대비로 싫어함이 없다[悲無厭] (經/哀哉)
㉰ 대비로 재물을 쌓다[悲積財] (經/哀哉)

哀哉衆生이여 生老病死之所恐怖니 我當云何爲作歸依

하여 令其永得身心安隱이며 哀哉衆生이여 常爲世間衆
怖所逼하니 我當云何而爲祐助하여 令其得住一切智道
며 哀哉衆生이여 無有智眼하여 常爲身見疑惑所覆하니
我當云何爲作方便하여 令其得決疑見翳膜이니라39)

(3) 애달프다, 중생이여. 나고 늙고 병들고 죽는 데 떨고 있으니, 내가 어떻게라도 의지할 데가 되어 몸과 마음이 편안함을 영원히 얻게 하리라. (4) 애달프다, 중생이여. 항상 세상의 공포 속에서 시달리니, 내가 어떻게라도 도와주어 온갖 지혜의 길에 머물게 하리라. (5) 애달프다, 중생이여. 지혜의 눈이 없어 내 몸이란 소견의 의혹에 덮이었으니 내가 어떻게라도 방편을 지어 의혹의 소견과 눈에 가린 막을 걷어내 주리라.

[鈔] 餘八은 行邪니 於中에 別顯三求衆生이라 卽分爲三이니 初五는 悲欲求衆生이요 次二는 悲有求衆生이요 後一은 悲邪梵行求衆生이라 初中에 又二니 前三은 悲現行五欲하여 受用生過요 後二는 悲未得五欲하여 追求生過라 前中에 卽爲三別이니 一, 悲不共財衆生이니 欲資身命하여 爲生老等苦之所逼迫하여 而不得安일새 令不着財에 則心安矣니라 二, 悲受無厭衆生이니 內心難滿이며 恐得惡名하며 怖失財利일새 故令得佛因이니라 三, 悲貯積財衆生이니 不能了達財多에 禍多가 名無智眼이니 決其疑見이 卽爲方便이니라

● ㉡ 여덟 문[(3) ~ (10)]은 삿됨을 구하려 (대비를) 행함이니 그중에 세 가지로 중생을 구함은 곧 셋으로 나눈다. ⓐ 다섯 문[(3) ~ (7)]은 대비

---

39) 得決의 決은 合綱本作抉, 北藏作決 宋元本藏本作決, 流通本作抉.

심으로 중생을 구하려 욕구함이요, ⓑ 두 문[(8) (9)]은 대비심이 있어서 중생을 구함이요, ⓒ 한 문[(10)]은 삿되게 범행을 구하는 중생을 어여삐 여김이다. ⓐ 중에 또 둘이니 ㉮ 앞의 세 문[(3) (4) (5)]은 대비가 나타나는 행법이니 다섯 가지 욕심으로 생을 수용한 허물이요, ㉯ 뒤의 두 문[(6) (7)]은 오욕으로 추구하는 생을 얻지 못한 허물을 어여삐 여김이다. ㉮ 중에 곧 세 가지 차별을 삼았으니 ㉠ 재물을 함께하지 않는 중생을 어여삐 여김이니 몸과 목숨을 도우려 하여 태어나고 늙음 등의 괴로움으로 핍박받을 대상이 되었지만 편안하지 못하나니 재물을 집착하지 않게 하면 마음이 편안하다. ㉡ 느낌이 싫지 않은 중생을 어여삐 여김이니 내심으로 만족하기 어렵고 오명(惡名) 얻음을 두려워하여 재물과 이익 잃음을 두려워한 연고로 하여금 부처님의 인행을 얻게 함이요, ㉢ 재물을 쌓고 모은 중생을 어여삐 여김이니 능히 재물이 많으면 재앙이 많음을 요달하지 못함을 지혜 없는 눈이라 이름하나니 그 의심을 결정한 소견은 곧 방편으로 삼는다.

㉯ 두 문은 (오욕을) 얻지 못함을 어여삐 여기다[後二悲未得五欲] 2.
㉮ 앞 문은 후생의 보답을 구하다[前門求後報] (後中 13下10)
㉯ 뒤 문은 현재의 보답을 구하다[後門求現報] (經/哀哉)

哀哉眾生이여 常爲癡暗之所迷惑하니 我當云何爲作明炬하여 令其照見一切智城이며 哀哉眾生이여 常爲慳嫉諂誑所濁하니 我當云何而爲開曉하여 令其證得淸淨法身이며

(6) 애달프다, 중생이여. 항상 어리석음에 미혹되었으니 내

가 어떻게라도 밝은 횃불이 되어 온갖 지혜의 성을 비추어 보게 하리라. (7) 애달프다, 중생이여. 항상 아끼고 질투하고 아첨하는 데 흐려졌으니, 내가 어떻게라도 열어 보여서 청정한 법의 몸을 증득하게 하리라.

[鈔] 後中에 癡闇所迷下의 二門은 悲未得五欲하여 追求生過라 前三은 悲其起[40]惑이요 此二는 悲其造業이니 前門은 悲求後報하여 造有漏善이 如夜暗行에 迷失道路일새 當示慧炬요 後門은 悲求現報하여 造諸惡行호대 慳己所有하고 嫉他勝己하며 諂誑求財하여 諸惑濁亂이니 若絶諸惡하면 則法身淸淨이니라

● ㉠ 중의 癡闇所迷 아래 두 문[(6) (7)]은 오욕으로 생을 추구함을 얻지 못한 허물을 어여삐 여김이다. 앞의 세 문[(3) (4) (5)]은 그 미혹한 바를 어여삐 여김이요, 여기의 두 문[(6) (7)]은 그 지은 바 업을 어여삐 여김이다. 앞 문[(6)]은 후생의 과보를 구하고 유루(有漏)의 선 지음을 어여삐 여김이 마치 밤길을 가다가 길을 미혹하여 잃어버림과 같아서 지혜의 횃불을 보임을 당함이요, 뒤 문[(7)]은 현재의 과보를 구하고 여러 악행을 지어서 그 가진 것 아낌을 어여삐 여기고, 다른 이를 이기고 나서 속이고 재물 구함을 질투하여 모든 미혹으로 흐리고 혼란하여 만일 모든 악행을 끊으면 법의 몸이 청정하리라.

ⓑ 두 문은 구함 있는 중생을 대비심으로 구하다[二悲有求衆生] 2.
ⓒ 앞 문은 도와 합치함이 차별하다[前門卽道差別] (第二 14上8)
ⓒ 뒤 문은 세계와 합치함이 차별하다[後門卽界差別] (經/哀哉)

---

40) 起는 甲續金本作所라 하다.

哀哉衆生이여 長時漂沒生死大海하니 我當云何而普運
度하여 令其得上菩提彼岸이며 哀哉衆生이여 諸根剛强
하여 難可調伏하니 我當云何而爲調御하여 令其具足諸
佛神力이며

(8) 애달프다, 중생이여. 생사하는 바다에 오랫동안 빠졌으니 내가 어떻게라도 널리 건져내어 보리의 저 언덕에 오르게 하리라. (9) 애달프다, 중생이여. 여러 감관이 억세어 조복하기 어려우니, 내가 어떻게라도 잘 다스려 여러 부처님의 신통한 힘을 갖추게 하리라.

[鈔] 第二, 長時漂沒下의 二門은 悲有求衆生이라 前門은 即道差別이니 謂[41]五道循環하여 藏識이 漂溺惑苦大海일새 故令昇彼岸이요 後門은 即界差別이니 謂眼等諸根을 六塵等牽하여 不得自在하여 無有出期일새 以佛威神으로 引之令出이니라

- ⓑ 長時漂沒 아래 두 문[(8) (9)]은 구함 있는 중생을 대비심으로 구함이다. ㉠ 앞 문[(8)]은 도와 합치함이 차별함이니 오도(五道)에 순환하고 장식(藏識)에 빠져서 괴로움의 대해에 미혹하는 연고로 저 언덕에 오르게 함이요, ㉡ 뒤 문[(9)]은 세계와 합치함이 차별함이니 이른바 눈 등의 여러 감관과 육진 경계 등에 이끌려 자재함을 얻지 못하면 벗어날 기약이 없으므로 부처님의 위신력으로 인도하여 벗어나게 하는 것이다.

ⓒ 열째 문은 삿되게 범행을 구하는 중생을 어여삐 여기다
　　[一悲邪梵行求衆生] (第三 14下4)

---

41) 謂는 甲續金本作爲라 하다.

哀哉衆生이여 猶如盲瞽하여 不見道路하니 我當云何而
爲引導하여 令其得入一切智門이라
(10) 애달프다, 중생이여. 소경과 같아서 길을 보지 못하니,
내가 어떻게라도 잘 인도하여 온갖 지혜의 문에 들어가게
하리라.

[鈔] 第三, 以第十門은 悲邪梵行求衆生이니 行不正道하여 迷無我理하여
隨逐邪見하여 乃至九十五種別일새 故引入智門이니라 上十悲中에
皆有所對와 能治일새 略以顯示라 餘如二地하니라
● ⓒ 열째 문[(10)]은 삿되게 범행을 구하는 중생을 어여삐 여김이다. 바
르지 않은 도를 행하여 내가 없는 도에 미혹하며 사견에 따라감으로
나아가 95가지가 차별한 까닭이다. 지혜 문으로 이끌려 들어가나니
위의 열 가지 대비 중에 모두 상대할 대상과 다스리는 주체가 있으니
간략히 밝혀 보임이요, 나머지는 제2. 이구지의 내용과 같다.

② 큰 보시행을 널리 행하다[廣行大施] 8.
㉮ 보시행을 더욱 넓게 펼치다[施令彌布] (後作 17下7)

作是語已하고 擊鼓宣令하되 我今普施一切衆生하리니
隨有所須하여 悉令充足이라하고 卽時頒下閻浮提內大
小諸城과 及諸聚落하여 悉開庫藏하여 出種種物하여 置
四衢道하니 所謂金銀瑠璃摩尼等寶와 衣服飮食과 華香
瓔珞과 宮殿屋宅과 牀榻敷具요 建大光明摩尼寶幢하니
其光觸身하여 悉使安隱하며 亦施一切病緣湯藥과 種種

寶器에 盛衆雜寶와 金剛器中에 盛種種香과 寶香器中에 盛種種衣와 輦轝車乘과 幢旛繒蓋하여 如是一切資生之物을 悉開庫藏하여 而以給施하며 亦施一切村營城邑과 山澤林藪와 妻子眷屬과 及以王位와 頭目耳鼻와 脣舌牙齒와 手足皮肉과 心腎肝肺하여 內外所有를 悉皆能捨하니라

이렇게 말하고는 북을 치고 영을 내리기를, '내가 지금 모든 중생에게 보시하여 필요한 것을 모두 만족하게 하리라' 하고, ㉮ 즉시 염부제에 있는 크고 작은 여러 성과 모든 마을에 선포하여 창고를 열고 갖가지 물품을 내어 네 길거리에 쌓아 놓았으니 금·은·유리·마니 따위의 보배와 의복과 음식과 꽃과 향과 영락과 궁전과 집과 평상과 방석들이 있으며, 큰 광명 마니보배 당기를 세웠으니 그 빛이 몸에 비치면 모두 편안하리라. 또 (1) 여러 가지 병에 필요한 약과 끓는 물을 보시하고 (2) 여러 가지 보배 그릇에 여러 가지 보배를 담았으니, (3) 금강 그릇에는 갖가지 향을 담고 (4) 보배 향 그릇에는 갖가지 옷을 담았으며, (5) 연과 가마와 수레와 당기 번기와 (6) 비단 일산 따위의 여러 가지 살림살이에 필요한 것들을 고방 문을 열어놓고 보시하여 주며, (7) 또 여러 마을과 성시와 동산과 숲과 (8) 처자와 권속과 왕의 지위와 (9) 머리·눈·귀·코·입술·혀·치아·손·발·가죽·살·염통·콩팥·간·허파 따위의 몸속과 (10) 밖에 있는 것들을 베풀어 주었다.

[疏] 後, 作是語已 下는 廣行大施라 於中에 八이니 一, 施令彌布요
- ② 作是語已 아래는 큰 보시행을 널리 행함이다. 그중에 여덟이니 ㉮ 보시행을 더욱 넓게 펼침이요,

㉯ 보시회를 크게 펼치다[施會大敷] (二其 17下8)
㉰ 시주가 더욱 훌륭하다[施主超倫] (三時)

其堅固妙寶莊嚴雲燈城東面에 有門하니 名摩尼山光明이요 於其門外에 有施會處하니 其地廣博하여 淸淨平坦하며 無諸坑坎과 荊棘沙礫이요 一切가 皆以妙寶所成이요 散衆寶華하며 熏諸妙香하며 然諸寶燈하며 一切香雲이 充滿虛空하며 無量寶樹가 次第行列하며 無量華網과 無量香網이 彌覆其上하며 無量百千億那由他諸音樂器가 恒出妙音하니 如是一切가 皆以妙寶로 而爲莊嚴하니 悉是菩薩淨業果報라

於彼會中에 置師子座하되 十寶爲地하고 十寶欄楯과 十種寶樹로 周帀圍遶하며 金剛寶輪으로 以承其下하고 以一切寶로 爲龍神像하여 而共捧持하며 種種寶物로 以爲嚴飾하며 幢幡間列에 衆網覆上하며 無量寶香이 常出香雲하며 種種寶衣가 處處分布하며 百千種樂이 恒奏美音하며 復於其上에 張施寶蓋하여 常放無量寶焰光明하니 如閻浮金이 熾然淸淨하며 覆以寶網하고 垂諸瓔珞하며 摩尼寶帶로 周廻間列하고 種種寶鈴이 恒出妙音하여 勸諸衆生하여 修行善業이어든

時彼大王이 處師子座하니 形容端正하여 人相具足하며 光明妙寶로 以爲其冠하며 那羅延身이 不可沮壞며 一一肢分이 悉皆圓滿하며 性普賢善하고 王種中生하여 於財及法에 悉得自在하며 辯才無礙하고 智慧明達하며 以政治國에 無違命者러라

㈏ 그 견고하고 묘한 보배로 장엄한 구름 등불 성 동쪽에 있으니 이름은 마니산 광명문이고, 그 문 밖에 보시하는 모임이 있으니, 땅이 넓고 청정하고 평탄하여 구렁이나 가시덤불이나 자갈 따위가 없고, 모두 아름다운 보배로 되었으며, 여러 보배 꽃을 흩고 묘한 향을 풍겼으며 여러 가지 보배 등을 켰으니, 모든 향기 구름이 허공에 가득하고, 한량없는 보배 나무가 차례차례 줄을 지었으며, 한량없는 꽃 그물·한량없는 향 그물이 위에 덮이고 한량없는 백천억 나유타 악기에서는 아름다운 음악이 항상 나는데, 이런 것들을 모두 묘한 보배로 장엄하였으니 모두 보살의 깨끗한 업으로 생긴 과보이니라.

㈐ 그 모임 가운데 사자좌를 놓았으니, (1) 열 가지 보배가 바닥이 되고, (2) 열 가지 보배로 난간이 되었으며, (3) 열 가지 보배 나무가 사방으로 둘러섰고, (4) 금강보배 바퀴가 그 밑을 받치었는데, (5) 모든 보배로 용과 신의 형상을 만들어 함께 받들게 하였고 (6) 갖가지 보물로 장엄하였으며 (7) 당기 번기가 사이사이로 벌였고 (8) 여러 가지 그물이 위에 덮이고 (9) 한량없는 보배 향에서는 향기 구름이 나오고 (10) 여러 가지 보배 옷이 곳곳에 깔려 있고, (11) 백천

가지 풍류를 항상 잡히며, (12) 또 그 위에 보배 일산을 받았는데, (13) 한량없는 보배 불꽃 광명을 놓아서 염부단금처럼 찬란하고 깨끗하며 (14) 보배 그물을 덮고 영락을 드리우고, (15) 마니보배로 된 띠가 두루 벌이었고, (16) 갖가지 풍경에서는 항상 묘한 소리를 내어 중생들에게 착한 업을 닦으라고 권하였다.

그때 (17) 대왕이 사자좌에 앉았는데, 얼굴이 단정하고, 거룩한 모습이 구족하며, (18) 빛이 찬란한 보배로 관을 만들어 썼으니, (19) 나라연 같은 몸을 해칠 수 없고 (20) 여러 지절이 모두 원만하고 성품이 너그럽고 어질어서 왕족에 태어났으며, (21) 재물과 법에 자유자재하고 변재가 걸림이 없고 지혜가 통달하여 어진 정사로 나라를 다스리매 명령을 어기는 이가 없었다.

[疏] 二, 其堅固下는 施會大敷요 三, 時彼大王下는 施主超倫이요
- ⓕ 其堅固 아래는 보시회를 크게 펼침이요, ⓖ 時彼大王 아래는 시주가 더욱 훌륭함이요,

㉑ 복전에 보시하러 운집하다[施田雲集] (四爾 17下9)

爾時에 閻浮提無量無數百千萬億那由他衆生이 種種國土와 種種族類와 種種形貌와 種種衣服과 種種言辭와 種種欲樂으로 俱來此會하여 觀察彼王하고 咸言此王이 是大智人이며 是福須彌며 是功德月이라 住菩薩願하여

行廣大施라한대

時에 王이 見彼諸來乞者하시고 生悲愍心하며 生歡喜心하며 生尊重心하며 生善友心하며 生廣大心하며 生相續心하며 生精進心하며 生不退心하며 生捨施心하며 生周徧心하나라 善男子여 爾時彼王이 見諸乞者하시고 心大歡喜하여 經須臾頃이 假使忉利天王과 夜摩天王과 兜率陀天王의 盡百千億那由他劫所受快樂이라도 亦不能及이며 善化天王의 於無數劫所受快樂과 自在天王의 於無量劫所受快樂과 大梵天王의 於無邊劫所受梵樂과 光音天王의 於難思劫所受天樂과 徧淨天王의 於無盡劫所受天樂과 淨居天王의 不可說劫住寂靜樂도 悉不能及이러라 善男子여 譬如有人이 仁慈孝友하되 遭逢世難하여 父母妻息과 兄弟姉妹를 並皆散失이라가 忽於曠野道路之間에 而相値遇하면 瞻奉撫對에 情無厭足인달하여

㉘ 그때 염부제에 한량없고 수없는 백천만억 나유타 중생들이 있는데, 갖가지 국토에서 갖가지 종족과 갖가지 형상과 갖가지 의복과 갖가지 말과 갖가지 욕망을 가진 이들이 이 모임에 모여 와서 대왕을 우러러보면서 이렇게 말하였다. '이 대왕은 큰 지혜가 있는 이며 복이 수미산 같은 이며 공덕이 달 같은 이로서 보살의 서원에 머물러서 광대한 보시를 하시나이다.'

이때 대왕은 저들이 와서 구걸함을 보고, (1) 가엾이 여기는 마음을 내고 (2) 환희한 마음을 내고 (3) 존중하는 마음을 내고 (4) 선지식이란 마음을 내고 (5) 광대한 마음을 내고 (6)

서로 계속하는 마음을 내고 (7) 정진하는 마음을 내고 (8) 물러나지 않는 마음을 내고 (9) 모든 것을 주려는 마음을 내고 (10) 두루한 마음을 내었느니라.

착한 남자여, 그때 대왕이 구걸하는 이들을 보고 크게 환희한 마음을 내는 것이 잠깐 동안이지마는, 가령 도리천왕·수야마천왕·도솔천왕이 백천억 나유타 겁 동안에 받을 쾌락으로도 미칠 수 없고 선화천왕이 수없는 겁 동안에 받을 쾌락과 자재천왕이 한량없는 겁 동안에 받을 쾌락과 대범천왕이 그지없는 겁 동안에 받을 범천의 쾌락과 광음천왕이 헤아릴 수 없는 겁 동안에 받을 천사의 낙과 변정천왕이 다함이 없는 겁 동안에 받을 천왕의 낙과 정거천왕이 말할 수 없는 겁 동안에 고요한 데 머무를 낙으로도 미칠 수 없느니라. 착한 남자여, 마치 어떤 사람이 어질고 인자하고 효도하고 공순한 이로서 난리를 만나 부모·처자·형제·자매와 멀리 헤어졌다가, 뜻밖에 거친 벌판에서 서로 만나 반겨 붙들고 어루만지며 어쩔 줄을 모르듯이,

[疏] 四, 爾時閻浮下는 施田雲集이요
- ㉘ 爾時閻浮 아래는 복전에 보시하러 운집함이요,

㉤ 보시하는 마음은 성하고 존중하다[施心殷重] (五時 17下9)
㉥ 보시하는 서원이 깊고 넓다[施願廣深] (六善)
㉦ 보시하는 지혜가 현묘하다[施慧玄微] (七已)
㉧ 보시하는 시기가 고르고 넓다[施時均普] (八不)

時彼大王이 見來求者하고 心生歡喜도 亦復如是러라 善男子여 其王이 爾時에 因善知識하여 於佛菩提에 解欲增長하며 諸根成就하며 信心淸淨하며 歡喜圓滿하니 何以故오 此菩薩이 勤修諸行하여 求一切智하며 願得利益一切衆生하며 願獲菩提無量妙樂하며 捨離一切諸不善心하며 常樂積集一切善根하며 常願救護一切衆生하며 常樂觀察薩婆若道하며 常樂修行一切智法하며 滿足一切衆生所願하며 入一切佛功德大海하며 破一切魔業惑障山하며 隨順一切如來敎行하며 行一切智無障礙道니라

已能深入一切智流하여 一切法流가 常現在前하며 大願無盡하여 爲大丈夫하며 住大人法하여 積集一切普門善藏하며 離一切着하여 不染一切世間境界하며 知諸法性이 猶如虛空하여 於來乞者에 生一子想하며 生父母想하며 生福田想하며 生難得想하며 生恩益想과 生堅固想과 師想과 佛想하여

不簡方處하며 不擇族類하며 不選形貌하고 隨有來至하여 如其所欲하여 以大慈心으로 平等無礙하여 一切普施하여 皆令滿足하되 求飮食者엔 施與飮食하고 求衣服者엔 施與衣服하며 求香華者엔 施與香華하고 求鬘蓋者엔 施與鬘蓋하며 幢旛瓔珞과 宮殿園苑과 象馬車乘과 牀座被褥과 金銀摩尼의 諸珍寶物과 一切庫藏과 及諸眷屬과 城邑聚落을 皆悉如是普施衆生하니라

㊁ 저 대왕이 와서 구걸하는 이들을 보고 기뻐함도 그와 같았느니라. ㊂ 착한 남자여, 그 대왕이 그때에 선지식을 만나

서 부처님의 보리를 이해하고 욕망함이 더욱 증장하며 근기가 성취하고 믿음이 청정하며 환희함이 만족하였으니, 무슨 까닭인가? 이 보살이 (1) 여러 가지 행을 부지런히 닦아 온갖 지혜를 구하며, (2) 모든 중생이 이익하기를 원하고 보리의 한량없는 낙을 얻기를 원하며, (3) 모든 착하지 못한 마음을 버리고 (4) 모든 착한 뿌리를 모으기를 좋아하며, (5) 모든 중생을 구호하기를 원하고 (6) 살바야의 도를 관찰하기를 좋아하며 (7) 온갖 지혜의 법을 수행하기를 즐기고 (8) 모든 중생의 소원을 만족하게 하며, (9) 모든 부처님의 공덕 바다에 들어가서 (10) 모든 마의 번뇌와 업을 깨뜨리며, (11) 모든 여래의 가르침을 따라서 온갖 지혜의 걸림 없는 도를 행하였느니라.

㉗ 이미 (1) 온갖 지혜의 흐름에 깊이 들어갔으며 (2) 모든 법의 흐름이 항상 앞에 나타나며 (3) 큰 서원이 다함이 없어 대장부가 되었으며 (4) 거룩한 이의 법에 머물러 여러 가지의 착한 일을 쌓아 모으며 (5) 모든 집착을 여의어 모든 세간의 경계에 물들지 않으며, (6) 모든 법의 성품이 허공과 같음을 알고 (7) 와서 구걸하는 이에게 외아들인 생각과 (8) 부모라는 생각과 복밭이란 생각과 (9) 만나기 어려운 생각과 이익하고 은혜롭다는 생각과 견고한 생각과 (10) 스승이란 생각과 부처님이란 생각을 내었느니라.

㉘ 그래서 처소도 가리지 않고 종족의 부류도 택하지 않고 형상도 안 데 없이, 오는 이마다 그의 욕망대로 인자한 마음으로 모든 것을 평등하게 보시하여 만족하게 하였으니, (1)

음식을 구하는 이는 음식을 주고 (2) 옷을 구하는 이는 옷을 주고 (3) 향과 꽃을 구하는 이는 향과 꽃을 주고 (4) 화만과 일산을 구하는 이는 화만과 일산을 주며, (5) 당기 · 번기 · 영락 · (6) 궁전 · 동산 · 정원 · (7) 코끼리 · 말 · 수레 · (8) 평상 · 보료 · 금 · 은 · 마니 · 보물과 (9) 고방에 쌓아둔 것과, (10) 권속 · 도시 · 마을들을 모두 이렇게 중생들에게 보시하였느니라.

[疏] 五, 時王見彼下는 施心殷重이요 六, 善男子其王爾時下는 施願廣深이요 七, 已能深入下는 施慧玄微요 八, 不揀方下는 施時均普니라

㈤ 時王見彼 아래는 보시하는 마음이 성하고 존중함이요, ㈥ 善男子其王爾時 아래는 보시하는 서원이 깊고 넓음이요, ㈦ 已能深入 아래는 보시하는 지혜가 그윽이 미묘함이요, ㈧ 不揀方 아래는 보시하는 시기가 고르고 넓음이다.

(d) 보광명녀가 발심하던 옛 일[發心本事] 6.
㊀ 발심하던 몸의 덕행[發心身德] (第四 18下8)
㊁ 대승의 보리심을 발하다[正發大心] (二時)
㊂ 대왕이 섭수하는 말을 하다[王發攝言] (三爾)

時此會中에 有長者女하니 名寶光明이니 與六十童女로 俱하되 端正姝妙하여 人所喜見이라 皮膚金色이요 目髮紺靑이며 身出妙香하고 口演梵音하며 上妙寶衣로 以爲莊嚴하고 常懷慚愧하여 正念不亂하며 具足威儀하고 恭

敬師長하며 常念順行甚深妙行하여 所聞之法을 憶持不忘하며 宿世善根이 流潤其心하여 清淨廣大가 猶如虛空하며 等安衆生하고 常見諸佛하여 求一切智니라42)

時에 寶光明女가 去王不遠에 合掌頂禮하여 作如是念하되 我獲善利며 我獲善利니 我今得見大善知識이라하고 於彼王所에 生大師想과 善知識想과 具慈悲想과 能攝受想하여 其心正直하여 生大歡喜하며 脫身瓔珞하여 持奉彼王하고 作是願言하되 今此大王이 爲無量無邊無明衆生하여 作所依處하시니 願我未來에 亦復如是하며 如彼大王의 所知之法과 所載之乘과 所修之道와 所具色相과 所有財産과 所攝衆會가 無邊無盡하고 難勝難壞하여 願我未來에 悉得如是하여 隨所生處하여 皆隨往生이라한대 爾時大王이 知此童女의 發如是心하고 而告之言하시되 童女여 隨汝所欲하여 我皆與汝하리니 我今所有를 一切皆捨하여 令諸衆生으로 普得滿足이로라

㈠ 그때 이 모임 가운데 한 장자의 딸이 있었으니, 이름은 보배 광명이라. 60동녀들과 함께 있었다. (1) 단정하고 아름다워 사람들이 기뻐하니, (2) 살갗은 금빛이고 눈과 머리카락은 검푸르고, (3) 몸에서는 아름다운 향기가 나고 입으로는 범천의 음성을 말하며, (4) 훌륭한 보배 옷으로 단장하였고, (5) 항상 수줍은 모습을 품고 바른 생각이 산란하지 않으며, (6) 위의를 갖추고 어른을 공경하며, (7) 깊고 묘한 행을 따르기를 생각하여 한 번 들은 법은 늘 기억하고

---

42) 端正姝妙의 姝는 元明清源綱杭鼓纂金本及貞元譯作殊, 麗合續本及晉譯作姝 準大正作姝.

잊지 않으며, (8) 전생에 심은 착한 뿌리가 마음을 윤택하게 하매 (9) 청정하고 광대하기가 허공과 같아서 중생들을 평등하게 있게 하며 (10) 부처님들을 항상 보고 온갖 지혜를 구하였느니라.

㈡ 그때 보배 광명 아가씨가 대왕으로부터 멀지 않은 데서 합장 예배하고 이렇게 생각하였다. '나는 좋은 이익을 얻었네. 나는 좋은 이익을 얻었네. 나는 지금 큰 선지식을 뵈었네' 하면서 대왕에 대하여 큰 스승이란 생각과 선지식이란 생각과 자비를 구족한 생각과 능히 거두어 주리라는 생각을 내고는, 마음이 정직하여 환희심을 내고, 몸에 걸었던 영락을 벗어 왕에게 받들고 이렇게 원하였다. '지금 이 대왕께서 한량없고 그지없는 무명 중생의 의지할 데가 되었사오니 나도 오는 세상에서 그와 같이 되어지이다. 이 대왕의 아시는 법과 타시는 수레와 닦으시는 도와 갖추신 모습과 가지신 재산과 거두어 주시는 대중이 그지없고 다함이 없으며 이길 수 없고 파괴할 수 없사오니, 나도 오는 세상에 그와 같이 되며, 그의 나시는 곳에 나도 따라가서 나게 하여지이다.'

㈢ 이때 대왕은 이 아가씨가 이런 마음을 내는 줄을 알고 말하였다. '아가씨여, 네가 욕구하는 대로 모두 너에게 주리라. 내게 있는 온갖 것을 다 버려서 모든 중생들이 모두 만족하게 하리라.'

[疏] 第四, 正顯發心本事라 中에 六이니 一, 發心身德이요 二, 時寶光明

女下는 正發大心이니 同王心故라 三, 爾時大王下는 王發攝言이요 四, 時寶光明下는 女讚王德이요 五, 時彼大王下는 大王述讚이요 六, 王讚女已下는 施行攝持라 六中에 前三은 可知니라

- (d) 보광명녀가 발심하던 옛 일을 바로 밝힘이다. 그중에 여섯이니 ㊀ 발심하던 몸의 덕행이요, ㊁ 時寶光明女 아래는 대승의 마음을 바로 냄이니 왕의 마음과 같은 까닭이다. ㊂ 爾時大王 아래는 대왕이 섭수하는 말을 함이요, ㊃ 時寶光明 아래는 보광명녀가 왕의 공덕을 찬탄함이요, ㊄ 時彼大王 아래는 대왕이 말로 찬탄함이요, ㊅ 王讚女已 아래는 보시행으로 섭수하고 지님이다. 여섯 과목 중에 앞의 셋은 알 수 있으리라.

㊃ 보광명녀가 왕의 공덕을 찬탄하다[女讚王德] 3.
① 마음이 청정함을 표방하다[標心淨] (四女 20上10)

時에 寶光明女가 信心淸淨하고 生大歡喜하여 卽以偈頌으로 而讚王言하되
이때 보배 광명 아가씨는 믿는 마음이 청정하여지고 매우 환희하여 게송으로 대왕을 찬탄하였다.

[疏] 四, 女讚이니 中에 三이니 初, 標心淨이요 次, 發口言이요 後, 展身禮라 口言偈中의 五十二偈를 分二니 初, 二十五偈는 總顯王德이요 後, 王父下의 二十七偈는 顯王本生이라 前中에 有四하니 初, 六偈는 明王未興時損이요 次, 二偈는 明王興世之益이요 三, 有十偈는 翻損成德이니 卽翻十惡이라 四, 有七偈는 明依正難思라

■ ㈣ 보광명녀가 왕의 공덕을 찬탄함이니 그중에 셋이다. ① 마음이 청정함을 표방함이요, ② 입으로 게송을 말함이요, ③ 허리를 굽혀 공경을 표함이다. 입으로 말한 게송 중에 52개 게송을 둘로 나누리니 ㉮ 25개 게송은 왕의 공덕을 총합하여 밝힘이요, ㉯ 王父 아래 27개 게송은 대왕의 본생의 일을 밝힘이다. ㉮ 중에 넷이 있으니 ㉠ 여섯 게송은 대왕이 태어나기 전 험한 시절을 설명함이요, ㉡ 두 게송은 대왕이 나신 뒤의 이익을 설명함이요, ㉢ 열 게송은 손해를 바꾸어 공덕을 이룸은 곧 열 가지 악행을 뒤바꿈이요, ㉣ 일곱 게송은 의보와 정보가 부사의함을 설명함이다.

② 입으로 게송을 말하다[發口言] 2.
㉮ 25개 게송은 왕의 공덕을 총합하여 밝히다[二十五偈總顯王德] 4.
㉠ 여섯 게송은 대왕이 태어나기 전 험난한 시절[六偈未興時損]

(經/往昔 19上4)

往昔此城邑이　　　　　大王未出時에
一切不可樂이　　　　　猶如餓鬼處하여
지난 옛날 이 성중에
대왕이 나시기 전엔
즐거운 것 하나도 없어
마치 아귀들 사는 데 같았네.

衆生相殺害하고　　　　竊盜縱婬佚하며
兩舌不實語와　　　　　無義麤惡言하며

중생들이 서로 살해하고
훔치고 간음하며
이간하고 거짓말하고
무리하고 욕설만 하며

貪愛他財物하고　　　　　瞋恚懷毒心하고
邪見不善行하여　　　　　命終墮惡道라
남의 재물을 욕심내고
성 잘 내고 표독한 마음 품어
나쁜 소견, 나쁜 행동으로
죽으면 나쁜 길에 떨어지며

以是等衆生이　　　　　　愚癡所覆蔽로
住於顚倒見하여　　　　　天旱不降澤하니
이러한 중생들이
우악하고 어리석고
뒤바뀐 소견에 빠졌으매
매우 가물어 비가 안 오고

以無時雨故로　　　　　　百穀悉不生하며
草木皆枯槁하며　　　　　泉流亦乾竭이로다
때맞게 비가 오지 아니하여
곡식은 싹이 나지 않고
풀과 나무는 타 죽고

샘과 시냇물 모두 마르고

大王未興世에　　　　　津池悉枯涸하고
園苑多骸骨하여　　　　望之如曠野러니
대왕이 아직 나시기 전에
물은 모두 말라 버리고
동산에 해골이 많아
마치 거친 벌판 같았네.

㉡ 두 게송은 대왕이 나신 뒤의 이익[二偈興世之益] (經/大王 19上10)

大王昇寶位에　　　　　廣濟諸群生하시니
油雲被八方하여　　　　普雨皆充洽이로다
대왕께서 임금이 되시어
여러 백성을 건지시니
빛나는 구름 팔방에 퍼져
단비가 흡족하게 내리며

大王臨庶品에　　　　　普斷諸暴虐하시니
刑獄皆止措하고　　　　惸獨悉安隱이로다43)
대왕이 이 나라에 군림하여
여러 가지 나쁜 짓 끊어 주시매
감옥에는 죄인이 없고

---

43) 惸은 合本作煢, 嘉淸杭鼓纂本作煢, 惸明本作煢 希麟音義卷一云 考聲云 孤單也 文字典說云 無兄弟曰惸 說文作煢 皆通用也. 惸 근심할 경. 煢 외로울 경.

외로운 이들 모두 편안하였네.

ⓒ 열 게송은 손해를 바꾸어 공덕을 이루다[十偈翻損成德]

(經/往昔 19下2)

往昔諸衆生이 　　　　　各各相殘害하여
飮血而噉肉이러니 　　　今悉起慈心이로다
예전에는 여러 중생들
서로서로 남을 해치며
피를 빨고 살을 씹더니
지금은 모두 인자하여지고

往昔諸衆生이 　　　　　貧窮少衣服하여
以草自遮蔽하고 　　　　饑羸如餓鬼러니
예전에는 여러 중생들
가난하고 헐벗어서
풀잎으로 앞을 가리고
굶주려서 아귀 같더니

大王旣興世에 　　　　　粳米自然生하고
樹中出妙衣하여 　　　　男女皆嚴飾이로다
대왕이 세상에 나시매
쌀이 저절로 나고
나무에서 의복이 나와

남자와 여자들 새 옷을 입고

昔日競微利하여 　　　　　　非法相陵奪이러니
今時並豐足하니 　　　　　　如遊帝釋園이로다
옛날에는 하찮은 이익을 다투어
법도 없이 서로 빼앗더니
지금은 모든 것이 풍족하여
마치 제석천의 동산에 온 듯하였네.

昔時人作惡에 　　　　　　　非分生貪染하여
他妻及童女를 　　　　　　　種種相侵逼이러니
옛날에는 사람들 나쁜 짓을 하며
턱없이 음탐을 내어
유부녀나 아가씨들을
갖가지로 침해하더니

今見他婦人의 　　　　　　　端正妙嚴飾하되
而心無染着이 　　　　　　　猶如知足天이로다
지금에는 얌전하고
옷 잘 입은 부인을 보고도
마음에 물들지 않아
마치 지족천에나 온 듯하였네.

昔日諸衆生이 　　　　　　　妄言不眞實하며

非法無利益하며　　　　　諂曲取人意러니
옛날에는 여러 중생들
거짓말하고 진실치 못하여
법도 모르고 이익도 없이
아첨하고 잘 보이려 하더니

今日群生類가　　　　　悉離諸惡言하여
其心旣柔軟하고　　　　發語亦調順이로다
지금에는 여러 사람들
나쁜 말은 하나도 없고
마음이 유순하며
하는 말이 모두 화순하도다.

昔日諸衆生이　　　　　種種行邪法하여
合掌恭敬禮　　　　　　牛羊犬屯類러니
옛날에는 여러 중생들
여러 가지로 삿된 짓 하여
개·돼지·소를 보고도
합장하고 절을 하더니

今聞王正法하고　　　　悟解除邪見하여
了知苦樂報가　　　　　悉從因緣起로다
지금은 임금의 바른 법 들어
옳게 알고 사견이 없어져

즐겁고 괴로움이 모두가
인연으로 생기는 줄 알았네.

㉣ 일곱 게송은 의보와 정보가 부사의하다[七偈依正難思]

(經/大王 20上2)

大王演妙音에　　　　　　　　聞者皆欣樂이라
梵釋音聲等이　　　　　　　　一切無能及이로다
대왕이 묘한 법 연설하시매
듣는 이 모두 기뻐하나니
제석과 범천의 음성으로도
이 소리 미칠 수 없고

大王衆寶蓋가　　　　　　　　迥處虛空中하니
擎以瑠璃幹하고　　　　　　　覆以摩尼網하며
대왕의 보배로 된 일산
공중에 높이 솟았는데
유리로 대가 되고
마니 그물로 덮었으며

金鈴自然出　　　　　　　　　如來和雅音하여
宣揚微妙法하여　　　　　　　除滅衆生惑이로다
황금 풍경에서는
여래의 화평한 음성이 나서

미묘한 법을 말하여
중생의 번뇌를 멸하며

次復廣演法　　　　　十方諸佛刹의
一切諸劫中에　　　　如來幷眷屬하며
또 시방 여러 세계의
모든 겁 동안에 나신
여래와 그 권속들의
법을 널리 연설하고

又復次第說　　　　　過去十方刹과
及彼國土中에　　　　一切諸如來하며
또 차례차례로
과거의 시방세계와
그 국토에 계시던
모든 여래를 말하며

又出微妙音하여　　　普徧閻浮界하여
廣說人天等의　　　　種種業差別하니
또 미묘한 음성이
염부제에 퍼져서
인간과 천상의
여러 가지 업의 차별을 말하니

衆生聽聞已에　　　　　自知諸業藏하여
離惡勤修行하여　　　廻向佛菩提로다
중생들이 듣고는
스스로 업의 모임을 알고
악을 버리고 부지런히 닦아
부처님의 보리로 회향하였소.

㉯ 27개 게송은 대왕의 본생의 일[二十七偈顯王本生] 4.
㉠ 네 게송은 선대왕 말기의 역사[四偈先王世末] (後顯 22上2)

王父淨光明이요　　　王母蓮華光이니
五濁出現時에　　　　處位治天下로다
대왕의 아버지는 정광명이고
대왕의 어머니는 연꽃 빛이라.
다섯 가지 흐림이 나타날 적에
임금으로서 천하를 다스리니

時有廣大園하고　　　園有五百池하니
一一千樹遶하여　　　各各華彌覆로다44)
그때 엄청난 동산이 있고
동산에는 5백의 못이 있어
각각 1천의 나무가 둘러서고
못마다 연꽃이 덮이고

---

44) 五는 金本作七誤, 麗宋元明淸合綱杭鼓纂續本及晉譯貞元譯作五.

於其池岸上에　　　　建立千柱堂하니
欄楯等莊嚴이　　　　一切無不備로다
그 못 언덕 위에
집을 지으니 기둥이 천 개라
난간이며 모든 장엄이
모두 구비하였다.

末世惡法起에　　　　積年不降雨하여
池流悉乾竭하고　　　草樹皆枯槁러니
말세가 되고 나쁜 법 생겨
여러 해를 비가 안 오니
못에는 물이 마르고
초목은 말라 죽더니

[疏] 後, 顯王本生이라 中에 四니 初, 四偈는 明先王世末이요 次, 八偈는 明王興先相이요 三, 有七偈는 正顯誕生이요 四, 有八偈는 生後之益이니라

- ㈏ (27개 게송은) 대왕의 본생의 일을 밝힘이다. 그중에 넷이니 ㉠ 네 게송은 선대왕 말기의 역사를 밝힘이요, ㉡ 여덟 게송은 과거에 먼저 일어났던 양상을 밝힘이요, ㉢ 일곱 게송은 대왕이 탄생하던 모습을 밝힘이요, ㉣ 여덟 게송은 태자가 태어난 뒤의 이익이다.

㉡ 여덟 게송은 과거에 먼저 일어났던 양상[八偈往興先相]

(經/王生 20下9)

王生七日前에 　　　先現靈瑞相하니
見者咸心念하되 　　救世今當出이로다
대왕이 나시기 7일 전에
이상한 상서가 나타나
보는 이마다 생각하기를
세상을 구제할 이가 나시려는가.

爾持於中夜에 　　　大地六種動하며
有一寶華池에 　　　光明猶日現하니라
그날 밤중에
여섯 가지로 땅이 진동하며
어느 보배 꽃 덮인 못에는
햇빛처럼 빛나며

五百諸池內에 　　　功德水充滿하며
枯樹悉生枝하여 　　華葉皆榮茂로다
5백 개의 못 안에는
8공덕수가 가득하고
마른 나무에는 가지가 나고
꽃과 잎이 무성하며

池水旣盈滿에 　　　流演一切處하여
普及閻浮地하니 　　靡不皆霑洽이로다
못에 가득한 물은

여러 곳으로 넘쳐흘러서
널리 염부제에까지
흡족하게 적시었으니

藥草及諸樹와   百穀苗稼等의
枝葉華果實이   一切皆繁盛이로다
약풀이나 여러 나무나
온갖 곡식이며 채소들
가지와 잎과 꽃과 열매가
모두 다 번성하였고

溝坑及堆阜와   種種高下處의
如是一切地가   莫不皆平坦이로다45)
구렁과 도랑과 언덕과
높은 곳 낮은 땅의
이런 모든 땅바닥이
한결같이 평탄하여지고

荊棘沙礫等의   所有諸雜穢가
皆於一念中에   變成衆寶玉이로다
가시덤불과 자갈밭
온갖 더러운 것들도
모두 잠깐 동안에

---

45) 堆는 宋元明清合綱杭鼓纂續金本作土追. 溝 봇도랑 구. 坑 구덩이 갱. 堆 언덕 퇴. 阜 언덕 부.

보배 옥으로 변하니

衆生見是已하고 　　　　　　歡喜而讚歎하여
咸言得善利라함이 　　　　　如渴飮美水러라
중생들 이것을 보고
기뻐 찬탄하면서
좋은 이익을 얻은 것이
목마를 때 물 마신 것 같다고 하네.

㊂ 일곱 게송은 대왕이 탄생하던 모습을 밝히다[七偈正顯誕生]

(經/時彼 21上7)

時彼光明王이 　　　　　　眷屬無量衆으로
斂然備法駕하여 　　　　　遊觀諸園苑할새
그때 정광명왕은
한량없는 권속들과 함께
법의 수레를 갖추고
숲 동산에 놀러 가시니

五百諸池內에 　　　　　　有池名慶喜요
池上有法堂하니 　　　　　父王於此住라
5백 연못 가운데
경희라는 못이 있고
못 위에 법당이 있으니

부왕께서 거기 앉으시다.

先王語夫人하되　　　　　我念七夜前에
中宵地震動하고　　　　　此中有光現하니
선왕이 부인께 말하기를
지금부터 이레 전에
밤중에 땅이 진동하면서
여기서 광명이 나타나고

時彼華池內에　　　　　　千葉蓮華出하되
光如千日照하여　　　　　上徹須彌頂이라
저 연못 속에는
천엽 연화가 피었는데
찬란하기 1천 햇빛과 같아
수미산 꼭대기까지 사무쳤소.

金剛以爲莖하며　　　　　閻浮金爲臺하며
衆寶爲華葉하며　　　　　妙香作鬚蘂어든
금강으로 줄기가 되고
염부단금은 꽃판이 되고
여러 가지 보배는 꽃과 잎이며
묘한 향은 꽃술이 되었는데

王生彼華上하여　　　　　端身結跏坐하니

相好以莊嚴하여　　　　　　天神所恭敬이로다
그 연꽃에서 왕이 탄생하여
단정하게 가부하고 앉으니
거룩한 모습으로 장엄하며
하늘과 신명들 공경하였네.

先王大歡喜하사　　　　　　入池自撫鞠하여
持以授夫人하되　　　　　　汝子應欣慶이어다⁴⁶⁾
선왕은 너무 기뻐서
못에 들어가 얼싸안고
나와서 부인께 주면서
당신의 아들이니 경사 났소.

㉣ 여덟 게송은 태자가 태어난 뒤의 이익[八偈生後之益] (經/寶藏 21下4)

寶藏皆涌出하고　　　　　　寶樹生妙衣하며
天樂奏美聲하여　　　　　　充滿虛空中하니
물힌 보배 솟아 나오고
보배 나무에는 옷이 열리며
하늘 풍류의 아름다운 소리
공중에 가득히 차네.

一切諸衆生이　　　　　　　皆生大歡喜하여

---

46) 鞠은 麗本作掬, 宋元明宮聖淸合綱杭鼓纂續金本作鞠, 慧苑音義云 王逸注楚辭曰 撫 持也, 鞠謂撮之也 鞠字正宜從手 案晉譯作掬 貞元譯麗本作掬. 鞠 공 국. 掬 움킬 국.

合掌稱希有하되 　　　善哉救護世여
모든 중생들이
기쁜 마음으로 합장하고
희유한 일이라 외치며
훌륭하다, 세상을 구원할 이여.

王時放身光하사 　　　普照於一切하사
能令四天下로 　　　　暗盡病除滅하시니
왕의 몸으로 광명을 놓아
온갖 것을 두루 비추니
모든 사천하의
암흑은 스러지고 병이 소멸해

夜叉毘舍闍와 　　　　毒蟲諸惡獸의
所欲害人者가 　　　　一切自藏匿이로다
야차와 비사사
독한 벌레와 나쁜 짐승
사람을 해치는 것들
모두 숨어 버리고

惡名失善利와 　　　　橫事病所持인
如是衆苦滅이라 　　　一切皆歡喜로다
나쁜 이름 좋은 이익을 잃고
횡액과 병에 붙들리는 것 등

이런 괴로움 소멸되니
모든 사람들 기뻐 뛰네.

凡是衆生類가 　　　　　相視如父母하여
離惡起慈心하여 　　　　專求一切智로다
여러 가지 중생들이
부모와 같이 서로 보고
나쁜 짓 버리고 인자한 마음으로
온갖 지혜만을 구하며

關閉諸惡趣하고 　　　　開示人天路하며
宣揚薩婆若하사 　　　　度脫諸群生이로다
나쁜 길은 닫아 버리고
인간과 천상의 길을 열며
살바야 드날려
중생들을 제도하나니

我等見大王하고 　　　　普獲於善利하니
無歸無導者가 　　　　　一切悉安樂이니이다
우리들 대왕 뵈옵고
모두 좋은 이익 얻으며
갈 데 없고 지도할 이 없는 이들
모두 다 안락 얻었네.

③ 허리를 굽혀 공경을 표하다[展身敬] (經/爾時 22上5)

爾時에 寶光明童女가 以偈讚歎一切法音圓滿蓋王已하고 遶無量帀하며 合掌頂禮하며 曲躬恭敬하고 却住一面하니라47)

이때 보배 광명 아가씨는 게송으로 모든 법 음성 원만한 일산왕을 찬탄하고, 한량없이 돌고 합장하고 엎드려 절하고는 허리를 굽혀 공경하며 한 곁에 물러가 앉았다.

㊄ 대왕이 말로 찬탄하다[大王述讚] (經/時彼 22上6)
㊅ 보시행으로 섭수하여 지니다[施行攝持] (經/王讚)

時彼大王이 告童女言하시되 善哉童女여 汝能信知他人功德하니 是爲希有로다 童女여 一切衆生이 不能信知他人功德이니라 童女여 一切衆生이 不知報恩하고 無有智慧하며 其心濁亂하고 性不明了하며 本無志力하고 又退修行하나니 如是之人은 不信不知菩薩如來의 所有功德과 神通智慧니라 童女여 汝今決定求趣菩提하여 能知菩薩如是功德하며 汝今生此閻浮提中하여 發勇猛心하여 普攝衆生하여 功不唐捐하니 亦當成就如是功德이로다
王讚女已에 以無價寶衣로 手自授與寶光童女와 幷其眷屬하고 一一告言하시되 汝着此衣하라 時諸童女가 雙膝着地하고 兩手承捧하여 置於頂上이라가 然後而着하니라

---

47) 校訂本云, 案此四女讚王德中 後展身禮.

旣着衣已하고 右遶於王한대 諸寶衣中에 普出一切星宿
光明이어늘 衆人이 見之하고 咸作是言하되 此諸女等이
皆悉端正하여 如淨夜天에 星宿莊嚴이라하니라

㊄ 그때 대왕은 아가씨에게 말하였다. '착하다 아가씨여, 네가 다른 이의 공덕을 능히 믿으니 희유한 일이로다. 아가씨여, 모든 중생들은 다른 이의 공덕을 믿지도 알지도 못하느니라. 아가씨여, 모든 중생들은 은혜 갚을 줄을 알지 못하며 지혜가 없고 마음이 흐리며 성품이 밝지 못하여 뜻과 기운이 없고 수행하는 일까지 물러가나니, 이런 사람들은 보살과 여래의 공덕과 신통한 지혜를 믿지도 않고 알지도 못하느니라. 아가씨여, 너는 이제 결정코 보리에 나아가려 하므로 보살의 이러한 공덕을 능히 아는 것이로다. 너는 지금 이 염부제에 나서 용맹한 마음을 내어 중생을 널리 거두어 주는 공이 헛되지 아니할 것이며, 또 이런 공덕을 성취하리라.'

㊅ 왕은 이렇게 아가씨를 칭찬하고는 훌륭한 보배 옷을 가져 보배 광명 아가씨와 그 권속들에게 주며, 이 옷을 입으라고 낱낱이 말하였다. 그때 아가씨들은 무릎을 땅에 꿇고 두 손으로 옷을 받들어 머리 위에 올려놓았다가 입었다. 옷을 입고는 오른쪽으로 왕을 돌았는데, 보배 옷에는 모든 별 같은 광명이 두루 나오는 것을 여러 사람들이 보고 이렇게 말하였다. '이 아가씨들이 모두 단정하여 깨끗한 밤하늘에 별처럼 장엄하였도다.'

[疏] 身禮와 及王讚述等은 可知니라

- ③ 허리를 굽혀 공경을 표함과 ⑮ 대왕이 말로 찬탄함 등은 알 수 있으리라.

b) 옛과 지금을 회통하여 결론하다[結會古今] (第二 23上8)

善男子여 爾時一切法音圓滿蓋王者는 豈異人乎아 今毘盧遮那如來應正等覺이 是也며 光明王者는 淨飯王이 是며 蓮華光夫人者는 摩耶夫人이 是며 寶光童女者는 卽我身이 是며 其王이 爾時에 以四攝法으로 所攝衆生은 卽此會中一切菩薩이 是니 皆於阿耨多羅三藐三菩提에 得不退轉하며 或住初地와 乃至十地하며 具種種大願하며 集種種助道하며 修種種妙行하며 備種種莊嚴하며 得種種神通하며 住種種解脫하여 於此會中에 處於種種妙法宮殿하니라

착한 남자여, 그때에 모든 법 음성 원만한 왕은 다른 사람이 아니라, 지금의 비로자나여래·응공·정등각이니라. 또 정광명왕은 지금의 정반왕이시고, 연꽃 광명 부인은 마야부인이며, 보배 광명 아가씨는 곧 내 몸이니라. 그 왕이 그때에 네 가지 거두어 주는 법으로 거두어 준 중생들은 지금 이 회상에 있는 여러 보살들이니, 모두 아눗다라삼약삼보디에서 물러나지 않고 초지에도 있고, 내지 십지에도 있으면서, 여러 가지 큰 서원을 갖추고 여러 가지 도를 돕는 법을 모으고 여러 가지 묘한 행을 닦아서 여러 가지 장엄을 갖추고 여러 가지 신통을 얻고 여러 가지 해탈에 머물러 있으면서, 이

모인 가운데서 여러 가지 묘한 법의 궁전에 거처하느니라."

[疏] 第二, 善男子爾時一切下는 結會古今이니라
■ b) 善男子爾時一切 아래는 옛과 지금을 회통하여 결론함이다.

b. 게송으로 노래하다[偈頌] 2.
a) 아홉 게송은 아는 주체를 밝히다[九偈明能知] (第二 24上1)

爾時에 開敷一切樹華主夜神이 爲善財童子하사 欲重宣此解脫義하여 而說頌言하시되
그때 모든 나무의 꽃을 피우는 밤 맡은 신이 선재동자에게 이 해탈의 뜻을 거듭 펴려고 게송을 말하였다.

我有廣大眼하여　　　　　普見於十方
一切刹海中에　　　　　　五趣輪廻者하며
나에게는 넓고 큰 눈이 있어
시방의 모든 세계해에서
다섯 길에 바퀴 돌 듯하는 이를
모두 다 보며

亦見彼諸佛이　　　　　　菩提樹下坐하사
神通徧十方하여　　　　　說法度衆生하노라
그리고 저 여러 부처님께서
보리수 아래 앉으시니

신통이 시방에 가득하며
법을 말하여 중생 제도함을 보노라.

我有淸淨耳하여 　　　　普聞一切聲하며
亦聞佛說法하고 　　　　歡喜而信受하라
나에게는 청정한 귀가 있어
온갖 소리를 다 듣고
부처님이 법을 말씀하시면
환희하게 믿는 것도 듣노라.

我有他心智하니 　　　　無二無所礙하여
能於一念中에 　　　　　悉了諸心海하라
나에게는 남의 속 아는 지혜가 있어
둘도 없고 걸림도 없으며
한 생각에 여러 마음들을
능히 아노라.

我得宿命智하여 　　　　能知一切劫에
自身及他人하여 　　　　分別悉明了하노라
나에게는 전생 일 아는 지혜가 있어
여러 겁 동안에 있었던
내 일과 남의 일을
분명하게 모두 아노라.

我於一念知　　　　　　刹海微塵劫에
諸佛及菩薩과　　　　　五道衆生類하며
나는 또 잠깐 동안에
세계해의 티끌 같은 겁 동안
부처님과 보살과
다섯 길의 중생들을 알며

憶知彼諸佛의　　　　　始發菩提願과
乃至修諸行하여　　　　一一悉圓滿하며
또 여러 부처님께서
처음에 보리심을 내시고
내지 여러 가지 행을 닦아서
낱낱이 원만하심을 알고

亦知彼諸佛의　　　　　成就菩提道하사
以種種方便으로　　　　爲衆轉法輪하며
또 저 부처님들께서
보리를 성취하시고
가지가지 방편으로 중생을 위하여
법륜 굴리심을 알며

亦知彼諸佛의　　　　　所有諸乘海와
正法住久近과　　　　　衆生度多少하노라
또 저 부처님께서

가지신 여러 승들과
바른 법이 머무는 동안과
얼마나 중생을 건지심을 아노라.

[疏] 第二, 爾時下는 偈頌은 但是總相으로 顯已能知라 於中에 先九는 明能知요
- b. 爾時 아래는 게송으로 노래함이니 단지 총상으로만 밝힘을 이미 잘 안 것이다. 그중에 a) 아홉 게송은 아는 주체를 밝힘이요,

b) 한 게송은 결론하여 권하다[一偈結勸] (後一 24上2)

我於無量劫에　　　修習此法門일새
我今爲汝說하노니　佛子汝應學이어다
나는 한량없는 겁 동안
닦아 익힌 이 법문을
이제 너에게 말하노니
불자여, 마땅히 배우라.

[疏] 後一은 結勸이라
- b) 한 게송은 결론하여 권함이다.

(라) 자신은 겸양하고 뛰어난 분을 추천하다[謙己推勝] (經/善男 24上3)

善男子여 我唯知此菩薩出生廣大喜光明解脫門이어니

와 如諸菩薩摩訶薩은 親近供養一切諸佛하여 入一切智大願海하며 滿一切佛諸願海하며 得勇猛智하여 於一菩薩地에 普入一切菩薩地海하며 得淸淨願하여 於一菩薩行에 普入一切菩薩行海하며 得自在力하여 於一菩薩解脫門에 普入一切菩薩解脫門海하나니 而我云何能知能說彼功德行이리오

착한 남자여, 나는 다만 이 <보살의 광대한 기쁜 광명을 내는 해탈문>을 알거니와, 저 보살마하살들의 모든 부처님을 가까이 모시고 공양하며 온갖 지혜의 큰 서원 바다에 들어가서 모든 부처님의 서원 바다를 만족하며, 용맹한 지혜를 얻어 한 보살의 지위에서 모든 보살 지위의 바다에 들어가며, 청정한 서원을 얻어 한 보살의 행에서 모든 보살의 수행 바다에 들어가며 자유자재한 힘을 얻어 한 보살의 해탈문에서 모든 보살의 해탈문 바다에 들어가는 일이야 내가 어떻게 알며 그 공덕의 행을 말하겠는가?

(마) 다음 선지식을 지시하다[指示後友] (經/善男 24上8)
(바) 덕을 사모하여 예배하고 물러가다[戀德禮辭] (經/時善)

善男子여 此道場中에 有一夜神하니 名大願精進力救護一切衆生이니 汝詣彼問하되 菩薩이 云何敎化衆生하여 令趣阿耨多羅三藐三菩提며 云何嚴淨一切佛刹이며 云何承事一切如來며 云何修行一切佛法이리잇고하라
時에 善財童子가 頂禮其足하며 遶無數帀하며 殷勤瞻仰

하고 辭退而去하니라

착한 남자여, 이 도량 안에 한 밤 맡은 신이 있으니, 이름은 큰 서원 정진하는 힘으로 모든 중생 구호하는 이니라. 그대는 그에게 가서 '보살이 어떻게 중생을 교화하여 아눗다라 삼약삼보디에 나아가게 하며, 어떻게 모든 부처님 세계를 깨끗이 장엄하며, 어떻게 모든 여래를 받들어 섬기며, 어떻게 모든 부처님의 법을 닦느냐?'고 물으라."

그때 선재동자는 그의 발에 엎드려 절하고 수없이 돌고 은근하게 앙모하면서 하직하고 물러갔다.

[火字卷下 終]

大方廣佛華嚴經 제73권

大方廣佛華嚴經疏鈔 제73권 帝字卷上

제39 入法界品 ⑭

제39. 법계에 증득해 들어가는 품[入法界品] ⑭

제39. 대원정진력주야신은 '중생을 교화하여 착한 뿌리 내게 하는 해탈문'을 얻었으니, 나는 이 해탈로 인해 모든 법의 성품이 평등함을 깨닫고 한량없는 모양의 97가지 육신을 나타내었다. 과거 선광겁(善光劫)에 법륜음허공등왕여래 시절에 선복(善伏)태자로 태어나 죄인들을 구제하려다 죽을 뻔하다가 왕비의 간청으로 보름간 보시회를 열고 있을 때 부처님이 오셔서 모두를 구제해 준 뒤 발심하여 수행하였다.

잘 조복하는 태자 즐거운 마음으로	善伏太子生歡喜하여
위없는 보리심을 일으키려고	發興無上正覺心하고
여래를 섬기려는 서원 세우고	誓願承事於如來하여
중생의 의지할 곳 되어지려고	普爲衆生作依處러니
그리고는 부처님을 따라 출가해서	便卽出家依佛住하여
온갖 가지 지혜의 길을 닦아서	修行一切種智道일새
그때에 이 해탈문 법을 얻은 후	爾時便得此解脫하여
큰 자비로 모든 중생 제도하였고	大悲廣濟諸群生이로다

大方廣佛華嚴經 제73권
大方廣佛華嚴經疏鈔 제73권 帝字卷上

제39. 법계에 증득해 들어가는 품[入法界品] ⑭

아) 제39. 대원정진력주야신 선지식[大願精進力主夜神] 2.
- 제8. 부동지(不動地)에 의탁한 선지식

(가) 표방하다[標] (第八 1上7)
(나) 해석하다[釋] 6.

ㄱ. 가르침에 의지해 나아가 구하다[依敎趣求] (第一)

爾時에 善財童子가 往大願精進力救護一切衆生夜神所하니라
그때 선재동자는 큰 서원 정진하는 힘으로 모든 중생 구호하는 밤 맡은 신에게 나아갔다.

[疏] 第八, 大願精進力夜神은 寄不動地니 無功用道로 任大願風하여 普救護故라 第一, 依敎趣求니 略無念法이며 亦表無功離念故니라
■ 아) 제39. 대원정진력주야신은 제8. 부동지의 공용 없는 도에 의탁한 선지식이다. 큰 서원의 바람에 맡겨서 널리 구제하고 보호하는 까닭이다. ㄱ. 가르침에 의지해 나아가 구함은 생각하는 법을 생략하여

없음도 또한 공용 없는 생각 여읨을 표한 까닭이다.

아) 大願精進力主夜神二

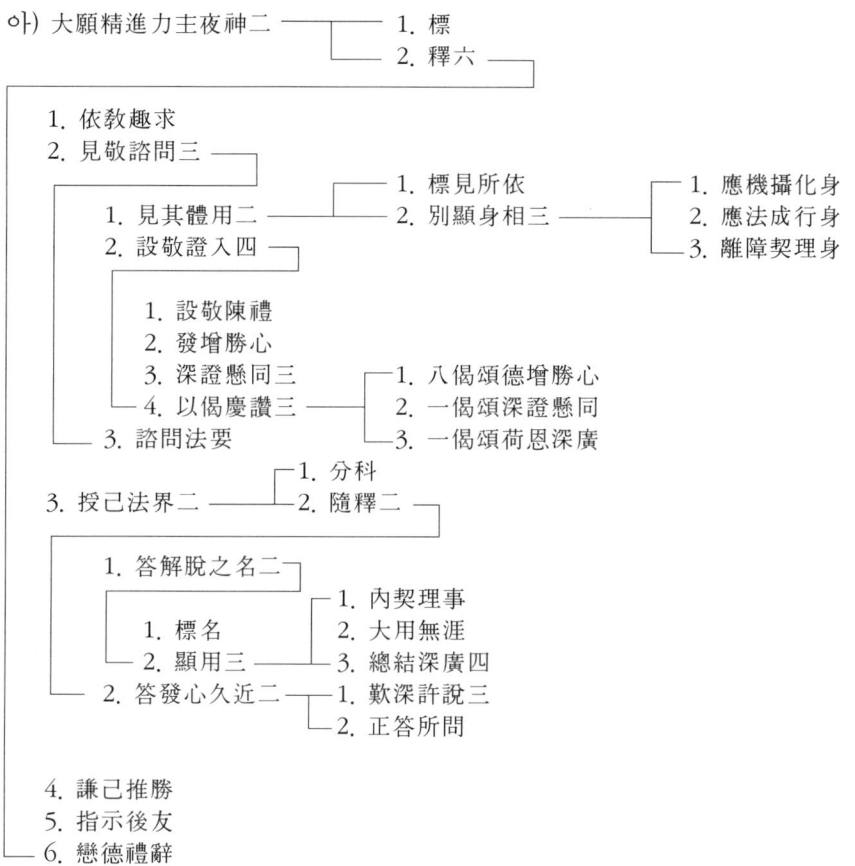

[鈔] 寄第八不動地者는 謂無分別智로 任運相續하여 相用煩惱가 不能動故니라

● '제8. 부동지의 공용 없는 도에 의탁한다'는 것은 이른바 분별없는 지혜로 마음대로 상속하여 모양으로 작용하는 번뇌가 능히 움직이지

않는 까닭이다.

ㄴ. 만나서 공경을 표하고 법문을 묻다[見敬諮問] 3.

ㄱ) 법문의 뛰어난 작용을 보다[見其勝用] 2.
(ㄱ) 의지처에 대해 총상으로 보다[總見所依] (第二 1下3)

見彼夜神이 在大衆中하사 坐普現一切宮殿摩尼王藏師子之座하사 普現法界國土摩尼寶網으로 彌覆其上하고
그 밤 맡은 신이 대중들 가운데서 모든 궁전 나타내는 마니장 사자좌에 앉았는데, 법계의 국토를 두루 나투는 마니 그물이 그 위에 덮이었다.

[疏] 第二, 見彼夜神下는 見敬咨問이라 然이나 亦含二意하니 若約顯說하면 則自此盡偈가 皆第二段이요 至夜神答言下하여 方屬第三, 授己法界라 若約密授하면 則此現勝用이 已爲授己法界니 善財가 發同善友心하여 便已得益이라 義雖通二나 爲欲順文하여 且依前判이라 就文分三이니 初, 見勝用이요 次, 時善財童子下는 設敬證入이요 後, 爾時善財說此偈已下는 咨問法要라 今初에 先, 總見所依요

■ ㄴ. 見彼夜神 아래는 만나서 공경을 표하고 법문을 물음이다. 그러나 또한 두 가지 의미를 포함하나니 만일 드러내 말함을 잡으면 이 끝 게송은 모두 둘째 문단[與我無上法]으로부터 夜神答言까지 아래는 바야흐로 ㄷ. 자신의 법계를 설해 줌에 속한다. 만일 가만히 받음을 잡으면 여기서 뛰어난 작용을 나타내어 이미 자신의 법계를 설해 줌

이 되었으니 선재가 선지식과 같은 마음을 일으켜서 문득 이익을 얻었다. 뜻은 비록 두 가지에 통하지만 경문을 따르기 위하여 우선 앞의 과목에 의지하여 경문에 입각하여 셋으로 나누었으니 ㄱ) 법문의 뛰어난 작용을 봄이요, ㄴ) 時善財童子 아래는 공경을 표하고 증득해 들어감이요, ㄷ) 爾時善財說此偈已 아래는 해탈문과 발심에 대해 물음이다. 지금은 ㄱ)이니 (ㄱ) 의지처에 대해 총상으로 봄이요,

(ㄴ) 몸의 모습을 개별로 밝히다[別顯身相] 3.
a. 근기에 응하여 섭수하고 교화하는 몸[應機攝化身] (後現 2上10)
b. 법에 응하여 행법을 이루는 몸[應法成行身] (次現)
c. 장애를 여의고 이치에 계합하는 몸[離障契理身] (餘是)

現日月星宿影像身하시며 現隨衆生心하여 普令得見身하시며 現等一切衆生形相身하시며 現無邊廣大色相海身하시며 現普現一切威儀身하시며 現普於十方示現身하시며 現普調一切衆生身하시며 現廣運速疾神通身하시며 現利益衆生不絶身하시며 現常遊虛空利益身하시며 現一切佛所頂禮身하시며 現修習一切善根身하시며 現受持佛法不忘身하시며 現成滿菩薩大願身하시며 現光明充滿十方身하시며 現法燈普滅世暗身하시며 現了法如幻淨智身하시며 現遠離塵暗法性身하시며 現普智照法明了身하시며 現究竟無患無熱身하시며 現不可沮壞堅固身하시며 現無所住佛力身하시며 現無分別離染身하시며 現本淸淨法性身이러라

(1) 해와 달이 별의 그림자인 몸을 나투고 (2) 중생들의 마음을 따라 모두 볼 수 있는 몸을 나투고, (3) 모든 중생의 형상과 평등한 몸을 나투고, (4) 그지없이 광대한 빛깔 바다의 몸을 나투고, (5) 온갖 위의를 나타내는 몸을 나투고, (6) 시방에 두루 나타내는 몸을 나투고, (7) 모든 중생을 두루 조복하는 몸을 나투고, (8) 빠른 신통을 널리 부리는 몸을 나투고, (9) 중생들을 이익하여 끊이지 않는 몸을 나투고, (10) 항상 허공에 다니면서 이익하는 몸을 나투고, (11) 여러 부처님 계신 데서 예배하는 몸을 나투고, (12) 모든 착한 뿌리를 닦는 몸을 나투고, (13) 부처님 법을 받아 지니고 잊지 않는 몸을 나투고, (14) 보살의 큰 서원을 이룩하는 몸을 나투고, (15) 광명이 시방에 가득한 몸을 나투고, (16) 법의 등불로 세상의 어둠을 두루 없애는 몸을 나투고, (17) 법이 환술과 같음을 아는 깨끗한 지혜의 몸을 나투고, (18) 티끌의 어둠을 멀리 여의는 법의 성품 몸을 나투고, (19) 넓은 지혜로 법을 비추어 분명히 아는 몸을 나투고, (20) 끝까지 병환이 없고 열이 없는 몸을 나투고, (21) 깨뜨릴 수 없이 견고한 몸을 나투고, (22) 머무는 데 없는 부처님 힘의 몸을 나투고, (23) 분별없이 때를 여의는 몸을 나투고, (24) 본래 청정한 법의 성품 몸을 나투었다.

[疏] 後, 現日月下는 別顯身相이라 有二十四身하니 初十은 卽應機攝化身이요 次, 現一切佛所下의 六身은 是應法成行身이요 餘는 是離障契理身이니 多隨內德[48]하여 顯身差別이며 見身了心이라

■ (ㄴ) 現日月 아래는 몸의 모습을 개별로 밝힘이다. 24가지 몸이 있으니 a. 열 가지 몸은 곧 근기에 응하여 섭수하고 교화하는 몸이요, b. 現一切佛所 아래 여섯 몸은 법에 응하여 행법을 이루는 몸이요, c. 장애를 여의고 이치에 계합하는 몸이니, 대부분 내부의 덕을 따르고 몸의 차별을 밝힌 것은 몸을 보고 마음을 안다는 뜻이다.

ㄴ) 공경을 표하고 증득해 들어가다[設敬證入] 4.
(ㄱ) 공경을 표하고 예를 갖추다[設敬陳禮] (二設 3上8)
(ㄴ) 더욱 수승한 마음을 내다[發增勝心] (第二)

時에 善財童子가 見如是等佛刹微塵數差別身하고 一心頂禮하여 擧體投地라가 良久乃起하여 合掌瞻仰하고 於善知識에 生十種心하니 何等爲十고 所謂於善知識에 生同己心이니 令我精勤하여 辦一切智助道法故며 於善知識에 生淸淨自業果心이니 親近供養하여 生善根故며 於善知識에 生莊嚴菩薩行心이니 令我速能莊嚴一切菩薩行故며 於善知識에 生成就一切佛法心이니 誘誨於我하여 令修道故며 於善知識에 生能生心이니 能生於我無上法故며 於善知識에 生出離心이니 令我修行普賢菩薩所有行願하여 而出離故며 於善知識에 生具一切福智海心이니 令我積集諸白法故며 於善知識에 生增長心이니 令我增長一切智故며 於善知識에 生具一切善根心이니 令我志願으로 得圓滿故며 於善知識에 生能成辦大利益心

---

48) 德下에 甲續金本有應字, 源原南本及行願品疏無.

이니 令我自在하여 安住一切菩薩法故며 成一切智道故며 得一切佛法故니 是爲十이니라

이때 선재동자는 이렇게 세계의 티끌 수와 같이 차별한 몸을 보고, 한결같은 마음으로 엎드려 절하고 몸을 땅에 던졌다가 얼마 만에 일어나서 합장하고 우러러보면서 선지식에게 열 가지 마음을 내었다. 무엇을 열 가지라 하는가? 이른바 (1) 선지식에게 내 몸과 같은 마음을 내니 나로 하여금 부지런히 노력하여 온갖 지혜의 도를 돕는 법을 마련하게 하는 연고라. (2) 선지식에게 자기의 업과 과보를 깨끗이 하는 마음을 내니, 가까이 모시고 공양하여 착한 뿌리를 내는 연고라. (3) 선지식에게 보살의 행을 장엄하는 마음을 내니, 나로 하여금 모든 보살의 행을 빨리 장엄하게 하는 연고라. (4) 선지식에게 모든 부처님 법을 성취하는 마음을 내니, 나를 인도하여 도를 닦게 하는 연고라. (5) 선지식에게 능히 내게 한다는 마음을 내니, 나에게 위없는 법을 내게 하는 연고라. (6) 선지식에게 벗어난다는 마음을 내니, 나로 하여금 보현보살의 행과 원을 수행하여 벗어나게 하는 연고라. (7) 선지식에 온갖 복과 지혜의 바다를 갖추게 하는 마음을 내니, 나로 하여금 여러 가지 좋은 법을 쌓게 하는 연고라. (8) 선지식에게 더욱 자라게 한다는 마음을 내니, 나의 온갖 지혜를 더욱 자라게 하는 연고라. (9) 선지식에게 모든 착한 뿌리를 갖추었다는 마음을 내니, 나의 소원을 원만하게 하는 연고라. (10) 선지식에게 큰 이익을 마련한다는 마음을 내니, 나로 하여금 모든 보살의 법에 자유로 편안히 머물게

하는 연고며, 온갖 지혜의 길을 이루게 하는 연고며, 모든 부처님 법을 얻게 하는 연고니, 이것이 열이니라.

[疏] 二, 設敬證入이라 中에 四니 第一, 設敬陳禮요 第二, 於善知下는 發增勝心이요 第三, 發是心已下는 深證懸同이요 第四, 旣獲此已下는 以偈慶讚이라 初二는 可知니라

■ ㄴ) 공경을 표하고 증득해 들어감이다. 그중에 넷이니 (ㄱ) 공경을 표하고 예를 갖춤이요, (ㄴ) 於善知 아래는 더욱 수승한 마음을 냄이다. (ㄷ) 發是心已 아래는 깊게 증득하여 같은 점을 나타냄이요, (ㄹ) 旣獲此已 아래는 게송으로 경하하고 찬탄함이다. (ㄱ)과 (ㄴ) 은 알 수 있으리라.

(ㄷ) 깊게 증득하여 같은 점을 나타내다[深證懸同] 3.
a. 표방하다[標] 4.

a) 사람과 법이 둘이 아니다[人法無二] (三中 3下2)
b) 인행과 과덕이 둘이 아니다[因果無二] (二因)
c) 자신과 남이 둘이 아니다[自他無二] (三自)
d) 염오와 청정이 둘이 아니다[染淨無二] (四染)

發是心已에 得彼夜神과 與諸菩薩의 佛刹微塵數同行하 니라
이런 마음을 내고는 저 밤 맡은 신이 여러 보살 세계의 티끌 수와 같이 많은 행과 같음을 얻었느니라.

[疏] 三中에 有標와 釋과 結이라 今初에 由前起同己等十心일새 故得同善友等行이라 通論同에 有四義하니 一, 人法無二니 與一切法界로 同이요 二, 因果無二니 與一切諸佛로 同이요 三, 自他無二니 與一切菩薩로 同이요 四, 染淨無二니 與一切衆生으로 同이라 今에 云, 得彼夜神이 與諸菩薩로 同菩薩行은 則正是第三이요 義兼餘三이라 由見初故로 則不殊餘二하야 方爲究竟之同이라 良以八地에 證無生理하여 自他相作이 皆無礙故로 偏此明同이라 故로 下列中에 有無生忍하니라

- (ㄷ) 깊게 증득하여 같은 점을 나타냄 중에 a. 표방함과 b. 해석함과 c. 결론함이 있다. 지금은 a.이니 앞의 자신과 같은 마음 등을 일으킴으로 인하여 선지식과 같은 등의 행법을 얻었으니 통틀어 같음을 논할 적에 네 가지 뜻이 있다. a) 사람과 법이 둘이 아니어서 온갖 법계와 같음이요, b) 인행과 과덕이 둘이 아니어서 모든 부처님과 같음이요, c) 자신과 남이 둘이 아니어서 모든 보살과 같음이요, d) 염오와 청정이 둘이 아니어서 모든 중생과 같다는 뜻이다. 지금은 말하되, "저 주야신이 모든 보살과 보살행이 같음을 얻으면 바로 c) 자신과 남이 둘이 아니니, 뜻은 나머지 셋을 겸한다. 첫째로 발견한 때문이니 남은 둘과 다르지 않아야 비로소 완전히 같음이 된다"라 하였으니, 진실로 제8. 부동지에 무생법인의 이치를 증득하였고, 자신과 남을 서로 지을 적에 모두 걸림 없게 되는 까닭이다. 이것에만 치우쳐 같음을 밝힌 연고로 아래 나열함 중에 무생법인이 있는 것이다.

[鈔] 今初由前起同己等者는 疏文有三하니 初, 得同之因이요 二, 同有四義下는 示同之相이라 言由見初故하면 則不殊餘二者니 謂由證見法界體同일새 故로 上同諸佛하고 下同衆生이니 云, 不殊餘二면 則於

菩薩爲究竟之同이라하고 三, 良以八地下는 偏說此文이니 明同之由 니라

- '지금은 a.이니 앞의 자신과 같은 마음 등을 일으킴으로 인함'은 소 문에 셋이 있다. (1) 같음을 얻은 원인이요, (2) 同有四義 아래는 같 은 모양을 보임이다. '처음에 봄으로 인한 까닭'이라 말하면 남은 둘 과 다르지 않은 것이다. 이른바 증득함으로 인하여 법계와 체성이 같 음을 본 연고로 위로는 모든 부처님과 같고, 아래로 중생과 같나니 이르되, "남은 둘과 다르지 않으면 보살에게 끝까지 같음이 된다"라 말하였고, (3) 良以八地 아래는 치우처 이 경문만 말하였으니, 같은 이 유를 밝힌 것이다.

b. 해석하다[釋] (二所 6下7)

所謂同念이니 心常憶念十方三世一切佛故며 同慧니 分別決了一切法海差別門故며 同趣니 能轉一切諸佛如來妙法輪故며 同覺이니 以等空智로 普入一切三世間故며 同根이니 成就菩薩淸淨光明智慧根故며 同心이니 善能修習無礙功德하여 莊嚴一切菩薩道故며 同境이니 普照諸佛所行境故며 同證이니 得一切智하여 照實相海淨光明故며 同義니 能以智慧로 了一切法眞實性故며 同勇猛이니 能壞一切障礙山故며 同色身이니 隨衆生心하여 示現身故며 同力이니 求一切智하여 不退轉故며 同無畏니 其心淸淨하여 如虛空故며 同精進이니 於無量劫에 行菩薩行하되 無懈倦故며 同辯才니 得法無礙智光明故며 同

無等이니 身相淸淨하여 超世間故며 同愛語니 令一切衆生으로 皆歡喜故며 同妙音이니 普演一切法門海故며 同滿音이니 一切衆生이 隨類解故며 同淨德이니 修習如來淨功德故며 同智地니 一切佛所에 受法輪故며 同梵行이니 安住一切佛境界故며 同大慈니 念念普覆一切國土衆生海故며 同大悲니 普雨法雨하여 潤澤一切諸衆生故며 同身業이니 以方便行으로 敎化一切諸衆生故며 同語業이니 以隨類音으로 演說一切諸法門故며 同意業이니 普攝衆生하여 置一切智境界中故며 同莊嚴이니 嚴淨一切諸佛刹故며 同親近이니 有佛出世에 皆親近故며 同勸請이니 請一切佛轉法輪故며 同供養이니 常樂供養一切佛故며 同敎化니 調伏一切諸衆生故며 同光明이니 照了一切諸法門故며 同三昧니 普知一切衆生心故며 同充徧이니 以自在力으로 充滿一切諸佛刹海하여 修諸行故며 同住處니 住諸菩薩大神通故며 同眷屬이니 一切菩薩로 共止住故며 同入處니 普入世界微細處故며 同心慮니 普知一切諸佛刹故며 同往詣니 普入一切佛刹海故며

이른바 (1) 생각함이 같으니, 마음으로 항상 시방의 모든 세세상 부처님을 생각하는 연고라. (2) 슬기가 같으니, 모든 법 바다의 차별한 문을 분별하여 결정하는 연고라. (3) 나아감이 같으니, 모든 부처님 여래의 묘한 법륜을 굴리는 연고라. (4) 깨달음이 같으니, 허공과 같은 지혜로 모든 세 가지 세간에 널리 들어가는 연고라. (5) 근기가 같으니, 보살의 청정한 광명의 지혜 뿌리를 성취하는 연고라. (6) 마음이 같

으니, 걸림 없는 공덕을 잘 닦아서 모든 보살의 도를 장엄하는 연고라. (7) 경계가 같으니, 부처님의 행하시는 경계를 널리 비추는 연고라. (8) 증득함이 같으니, 온갖 지혜로 실상의 바다를 비추는 깨끗한 광명을 얻은 연고라. (9) 이치가 같으니, 지혜로써 모든 법의 진실한 성품을 아는 연고라. (10) 용맹이 같으니, 모든 장애의 산을 깨뜨리는 연고라. (11) 육신이 같으니, 중생의 마음을 따라 몸을 나타내는 연고라. (12) 힘이 같으니, 온갖 지혜를 구하여 물러나지 않는 연고라. (13) 두려움 없음이 같으니, 마음이 청정하기 허공과 같은 연고라. (14) 정진이 같으니, 한량없는 겁에 보살의 행을 행하여 게으르지 않은 연고라. (15) 변재가 같으니, 법에 걸림 없는 지혜의 광명을 얻는 연고라. (16) 평등할 이 없음이 같으니, 몸매가 청정하여 세간에서 뛰어난 연고라. (17) 사랑스러운 말이 같으니, 모든 중생들이 다 기뻐하는 연고라. (18) 묘한 음성이 같으니, 모든 법문 바다를 두루 연설하는 연고라. (19) 원만한 음성이 같으니, 모든 중생들이 제 나름으로 아는 연고라. (20) 깨끗한 덕이 같으니, 여래의 깨끗한 공덕을 닦아 익히는 연고라. (21) 지혜의 지위가 같으니, 모든 부처님 계신 데서 법륜을 받는 연고라. (22) 청정한 행이 같으니, 모든 부처님의 경계에 편안히 머무는 연고라. (23) 크게 인자함이 같으니, 생각마다 모든 국토의 중생 바다를 널리 덮는 연고라. (24) 크게 가엾이 여김이 같으니, 법 비를 널리 내려서 모든 중생을 윤택하게 하는 연고라. (25) 몸으로 짓는 업이 같으니, 방편의 행으로 모든 중생들을 교화하는 연고라. (26) 말로 짓는 업이 같으니, 종류를 따르는 음성으로 모든 법문을 연설하는 연고라. (27) 뜻으로 짓는 업이 같으니, 중생들을 두루 포섭하여 온갖 지혜의 경계 속에 두는 연고라. (28) 장엄함이 같으니, 모든 부처님 세계를 깨끗이 장엄하는 연고라. (29) 친근함이 같으니, 부처님이 세상에 나시면 모두 가까이 모시는 연고라. (30) 권하여 청함이 같으니, 모든 부처님께 청하여 법륜을 굴리게 하는 연고라. (31) 공양함이 같으니, 항상 모든 부처님께 공양하기를 좋아하는 연고라. (32) 교화함이 같으니, 모든 중생들을 조복하는 연고라. (33) 광명이 같으니, 모든 법문을 밝게 비추는 연고라. (34) 삼매가 같으니, 모든 중생의 마음을 널리 아는 연고라. (35) 두루 가득함이 같으니, 자재한 힘으로 모든 부처님의 세계 바다에 충만하여 행을 닦는 연고라. (36) 머무는 곳이 같으니, 모든 보살의 큰 신통에 머무는 연고라. (37) 권속이 같으니, 모든 보살들과 함께 있는 연고라. (38) 들어가는 곳이 같으니, 세계의 미세한 곳에 두루 들어가는 연고라. (39) 마음으로 생각함이 같으니, 모든 부처님의 세계를 널리 아는 연고라. (40) 나아감이 같으니, 모든 부처님 세계 바다에 두루 들어가는 연고라.

同方便이니 悉現一切諸佛刹故며 同超勝이니 於諸佛刹에 皆無比故며 同不退니 普入十方하되 無障礙故며 同破暗이니 得一切佛成菩提智大光明故며 同無生忍이니 入一切佛眾會海故며 同徧一切諸佛刹網이니 恭敬供養不

可說剎諸如來故며 同智證이니 了知彼彼法門海故며 同修行이니 順行一切諸法門故며 同希求니 於淸淨法에 深樂欲故며 同淸淨이니 集佛功德하여 而以莊嚴身口意故며 同妙意니 於一切法에 智明了故며 同精進이니 普集一切諸善根故며 同淨行이니 成滿一切菩薩行故며 同無礙니 了一切法皆無相故며 同善巧니 於諸法中에 智自在故며 同隨樂이니 隨衆生心하여 現境界故며 同方便이니 善習一切所應習故며 同護念이니 得一切佛所護念故며 同入地니 得入一切菩薩地故며 同所住니 安住一切菩薩位故며 同記莂이니 一切諸佛이 授其記故며 同三昧니 一刹那中에 普入一切三昧門故며 同建立이니 示現種種諸佛事故며 同正念이니 正念一切境界門故며 同修行이니 盡未來劫토록 修行一切菩薩行故며 同淨信이니 於諸如來無量智慧에 極欣樂故며 同捨離니 滅除一切諸障礙故며 同不退智니 與諸如來智慧等故며 同受生이니 應現成熟諸衆生故며 同所住니 住一切智方便門故며 同境界니 於法界境에 得自在故며 同無依니 永斷一切所依心故며 同說法이니 已入諸法平等智故며 同勤修니 常蒙諸佛所護念故며 同神通이니 開悟衆生하여 令修一切菩薩行故며 同神力이니 能入十方世界海故며 同陀羅尼니 普照一切總持海故며 同秘密法이니 了知一切修多羅中妙法門故며 同甚深法이니 解一切法如虛空故며 同光明이니 普照一切諸世界故며 同欣樂이니 隨衆生心하여 而爲開示하여 令歡喜故며 同震動이니 爲諸衆生하여 現神通力하

여 普動十方一切刹故며 同不虛니 見聞憶念에 皆悉令其心調伏故며 同出離니 滿足一切諸大願海하여 成就如來十力智故니라

(41) 방편이 같으니 모든 부처님의 세계를 다 나타내는 연고라. (42) 훌륭하게 뛰어남이 같으니, 여러 부처님 세계에서 견줄 데가 없는 연고라. (43) 물러나지 않음이 같으니, 시방에 두루 들어가되 걸림이 없는 연고라. (44) 어둠을 깨뜨림이 같으니, 모든 부처님의 보리의 지혜를 이루시는 큰 광명을 얻는 연고라. (45) 생사 없는 지혜가 같으니, 모든 부처님의 대중이 모인 바다에 들어가는 연고라. (46) 두루함이 같으니, 모든 부처님의 세계 그물에서 말할 수 없는 세계의 여러 여래에게 공경하고 공양하는 연고라. (47) 지혜로 증득함이 같으니, 저들의 법문 바다를 분명히 아는 연고라. (48) 수행함이 같으니, 모든 부처님의 법문을 따라 행하는 연고라. (49) 바라고 구함이 같으니, 청정한 법을 매우 좋아하는 연고라. (50) 청정함이 같으니, 부처님의 공덕을 모아 몸과 입과 뜻을 장엄하는 연고라. (51) 묘한 뜻이 같으니, 온갖 법을 지혜로 분명히 아는 연고라. (52) 정진이 같으니, 모든 착한 뿌리에 두루 들어가는 연고라. (53) 깨끗한 행이 같으니, 모든 보살의 행을 만족하게 이루는 연고라. (54) 걸림 없음이 같으니, 모든 법이 모양이 없음을 아는 연고라. (55) 교묘함이 같으니, 모든 법에 지혜가 자재한 연고라. (56) 따라 좋아함이 같으니, 중생의 마음을 따라 경계를 나타내는 연고라. (57) 방편이 같으니, 모든 익힐 것을 잘

익히는 연고라. (58) 보호하여 염려함이 같으니, 모든 부처님의 보호하여 염려하실 것을 얻는 연고라. (59) 지위에 들어감이 같으니, 모든 보살의 지위에 들어가게 되는 연고라. (60) 머무를 바가 같으니, 모든 보살의 자리에 편안히 머무는 연고라. (61) 수기함이 같으니, 모든 부처님이 수기를 주시는 연고라. (62) 삼매가 같으니, 한 찰나 동안에 모든 삼매문에 두루 들어가는 연고라. (63) 세우는 것이 같으니, 가지가지 부처님 일을 나타내는 연고라. (64) 바르게 생각함이 같으니, 모든 경계의 문을 바르게 생각하는 연고라. (65) 수행함이 같으니, 오는 세월이 끝나도록 모든 보살의 행을 수행하는 연고라. (66) 깨끗한 믿음이 같으니, 모든 여래의 한량없는 지혜를 매우 좋아하는 연고라. (67) 버리는 것이 같으니, 모든 장애를 멸하여 없애는 연고라. (68) 물러나지 않는 지혜가 같으니, 모든 여래의 지혜와 평등한 연고라. (69) 태어남이 같으니, 세상을 응하여 나타나서 모든 중생을 성숙하게 하는 연고라. (70) 머무는 바가 같으니, 온갖 지혜의 방편문에 머무는 연고라. (71) 경계가 같으니, 법계의 경계에 자재함을 얻는 연고라. (72) 의지할 데 없음이 같으니, 모든 의지하려는 마음을 영원히 끊는 연고라. (73) 법을 말함이 같으니, 모든 법의 평등한 지혜에 들어간 연고라. (74) 부지런히 닦음이 같으니, 항상 부처님들의 보호하여 염려하심을 입는 연고라. (75) 신통이 같으니, 중생을 깨우쳐서 모든 보살의 행을 닦게 하는 연고라. (76) 신통한 힘이 같으니, 시방의 세계 바다에 능히 들어가는 연고라. (77) 다라니가 같으니, 모든 다라니 바다를 두루 비추는 연고라. (78) 비밀한 법이 같으니, 모든 경의 묘한 법문을 아는 연고라. (79) 매우 깊은 법이 같으니, 모든 법이 허공과 같음을 이해하는 연고라. (80) 광명이 같으니, 모든 세계를 두루 비추는 연고라. (81) 기뻐서 좋아함이 같으니, 중생의 마음을 따라 열어 보여서 기쁘게 하는 연고라. (82) 진동함이 같으니, 중생에게 신통한 힘을 나타내어 시방의 모든 세계를 모두 진동하는 연고라. (83) 헛되지 않음이 같으니, 보고 듣고 기억함이 모두 그들의 마음을 조복하게 하는 연고라. (84) 벗어남이 같으니, 모든 큰 서원 바다를 만족하여 여래의 열 가지 힘의 지혜를 성취하는 연고라.

[疏] 二, 所謂下는 列釋이라 八十四同에 各有標名과 釋義하니 文相은 自顯이니라

- b. 所謂 아래는 84가지 같은 점을 나열하여 해석함이다. 각기 a) 명칭을 표방함과 b) 뜻을 해석함이 있으니, 경문의 양상은 자연히 드러나게 된다.

c. 총합하여 결론하다[結] (三時 7上1)

時에 善財童子가 觀察大願精進力救護一切衆生夜神하고 起十種淸淨心하여 獲如是等佛刹微塵數同菩薩行하니라

이때 선재동자는 큰 서원 정진하는 힘으로 모든 중생을 구

호하는 밤 맡은 신을 살펴보고 열 가지 청정한 마음을 일으
키며, 이렇게 세계의 티끌 수와 같이 많은 보살과 같은 행을
얻었다.

[疏] 三, 時善財童子觀察下는 總結이요
- c. 時善財童子觀察 아래는 총합하여 결론함이다.

(ㄹ) 게송으로 경하하고 찬탄하다[以偈慶讚] 3.
a. 여덟 게송은 공덕이 더욱 수승한 마음을 노래하다[八偈頌德增勝心] 8.
a) 선지식에게 내 몸과 같은 마음을 노래하다 (第四 7下4)

旣獲此已에 心轉淸淨하여 偏袒右肩하며 頂禮其足하며
一心合掌하고 以偈讚曰,
이런 것을 얻고는 마음이 더욱 청정하여 오른 어깨를 드
러내며 그의 발에 절하고 일심으로 합장하여 게송을 말하
였다.

我發堅固意하여　　　　　　志求無上覺일새
今於善知識에　　　　　　　而起自己心이로다
나는 굳건한 뜻을 내어
위없는 깨달음을 구하려고
지금 선지식에게
나와 같은 마음을 내었네.

b) 선지식에게 자기의 업과 과보를 깨끗이 하는 마음을 노래하다

以見善知識일새　　　　集無盡白法하여
滅除衆罪垢하고　　　　成就菩提果로다
선지식을 보기만 하면
그지없이 깨끗한 법을 모으며
여러 가지 죄를 없애고
보리의 열매를 이루리라.

c) 선지식에게 보살의 행을 장엄하는 마음을 노래하다

我見善知識하고　　　　功德莊嚴心하니
盡未來刹劫토록　　　　勤修所行道로다
나는 선지식을 뵈옵고
공덕으로 마음을 장엄하고
오는 세계의 겁이 다하도록
행할 도를 부지런히 닦고

d) 선지식에게 모든 부처님 법을 성취하는 마음을 노래하다

我念善知識이　　　　攝受饒益我하사
爲我悉示現　　　　　正敎眞實法이로다
내가 생각하니 선지식께서
나를 거두어 이익하게 하며

또 바른 교의 진실한 법을
나에게 보여 주시며

e) 선지식에게 능히 내게 한다는 마음을 노래하다

關閉諸惡趣하고　　　　　顯示人天路하며
亦示諸如來의　　　　　　成一切智道로다
나쁜 길을 닫아 버리고
인간·천상의 길을 보여 주시며
여러 부처님이 이루신
온갖 지혜의 길도 보이시네.

f) 선지식에게 벗어난다는 마음을 노래하다

我念善知識이　　　　　是佛功德藏이라
念念能出生　　　　　　虛空功德海하사
생각하건대 선지식은
부처님의 공덕의 창고라
잠깐잠깐마다 허공과 같은
공덕 바다를 능히 내시며

g) (7) 온갖 복과 지혜의 바다를 갖추게 하는 마음과 (8) 선지식에게 더욱 자라게 한다는 마음을 노래하다

與我波羅蜜하며　　增我難思福하며
長我淨功德하며　　令我冠佛繒이로다
나에게 바라밀다를 주시고
헤아릴 수 없는 복을 늘게 하며
깨끗한 공덕을 자라게 하여
부처님의 비단 관을 나에게 씌우고

h) (9) 모든 착한 뿌리를 갖추었다는 마음과 (10) 큰 이익을 마련한다는 마음을 노래하다

我念善知識이　　能滿佛智道하시니
誓願常依止하여　　圓滿白淨法이로다
또 생각하니 선지식은
부처님의 지혜를 만족하고
원만하고 깨끗한 법을
항상 의지하려 하시니

[疏] 第四, 以偈慶讚이라 十偈를 分三이니 初, 八은 頌前發增勝心이라 次第로 頌前十句니 初, 六偈는 各頌一句오 第七偈의 上三句는 頌第七이요 下句는 頌第八이요 第八偈의 上半은 頌第九요 下半은 頌第十이라

(ㄹ) 게송으로 경하하고 찬탄함이다. 열 게송을 셋으로 나누니 a. 여덟 게송은 앞에서 공덕이 더욱 수승한 마음 낸 것을 노래함이니 순서대로 앞의 열 구절을 노래하였다. 여섯 게송은 각기 한 구절을 노래하였고, 일곱째 게송[與我波羅蜜-]의 위의 세 구절은 (7) 온갖 복과

지혜의 바다를 갖추게 하는 마음을 노래하고, 아래 구절[令我冠佛繪]은 (8) 선지식에게 더욱 자라게 한다는 마음을 노래하였다. 여덟째 게송의 위의 반[我念善知識-]은 (9) 모든 착한 뿌리를 갖추었다는 마음을 노래하고, 아래의 반[誓願常依止-]은 (10) 큰 이익을 마련한다는 마음을 노래하였다.

b. 한 게송은 깊게 증득하여 같은 점을 나타내다[一偈頌深證懸同]

(二有 7下7)

我以此等故로　　　　　　功德悉具足하니
普爲諸衆生하여　　　　　說一切智道로다
나는 이런 것을 말미암아
모든 공덕을 구족하고
널리 중생을 위하여
온갖 지혜의 도를 연설하네.

[疏] 二, 有一偈는 頌前深證懸同이요
■ b. 한 게송은 깊게 증득하여 같은 점을 나타냄이요,

c. 한 게송은 은혜 받음이 깊고 광대함을 노래하다[一偈頌荷恩深廣]

(三一 7下7)

聖者爲我師하여　　　　　與我無上法하시니
無量無數劫에　　　　　　不能報其恩이로다

거룩하신 나의 스승님
나에게 위없는 법 주시니
한량없고 수없는 겁에도
그 은혜를 다 갚지 못하리.

[疏] 三, 一偈는 頌荷恩深重이니라
- c. 한 게송은 은혜 받음이 깊고 광대함을 노래함이다.

ㄷ) 해탈문과 발심에 대해 묻다[諮問法要] (第三 8上2)

爾時에 善財가 說此偈已하고 白言하되 大聖이여 願爲我說하소서 此解脫門이 名爲何等이며 發心已來가 爲幾時耶며 久如에 當得阿耨多羅三藐三菩提니잇고
그때 선재동자는 이 게송을 말하고 다시 여쭈었다. "크게 거룩하신 이여, 바라옵건대 말씀하소서. 이 해탈문의 이름은 무엇이오며, 발심하신 지는 얼마나 오래되었사오며, 어느 때에 아뇩다라삼먁삼보디를 얻었나이까?"

[疏] 第三, 咨問法要라 前에 已覩解脫之用일새 故不問云何修行하고 直徵名而已라 文有三問이니라
- ㄷ) 해탈문과 발심에 대해 물음이다. 앞에서 이미 해탈문의 작용을 본 연고로 어떻게 수행할까를 묻지 않고, 바로 이름을 물었을 뿐이다. 경문에 세 가지 질문이 있다.

ㄷ. 자신의 법계를 설해 주다[授己法界] 2.

ㄱ) 과목 나누기[分科] (第三 8上5)
ㄴ) 과목에 따라 해석하다[隨釋] 2.
(ㄱ) 해탈문의 명칭을 대답하다[答解脫之名] 2.
a. 명칭을 표방하다[標名] (前中)

夜神이 告言하시되 善男子여 此解脫門이 名教化衆生令生善根이니

밤 말은 신이 말하였다. "착한 남자여, 이 해탈문의 이름은 <중생을 교화하여 착한 뿌리 내게 하는 해탈문>이니,

[疏] 第三, 夜神告言下는 授己法界니 前卽黙授요 今方言授라 於中에 二니 初, 答名問이요 後, 答發心久近이라 所以不答第三, 成菩提者는 有二意故니 一, 顯悲增이니 如休捨說이요 二, 顯久成이니 示居因位라 故로 下의 所救千佛도 尙已久成이온 況能救耶아 前中에 二니 先, 標名이니 謂現身廣化하여 令生諸善이니 究竟得佛일새 故名爲根이니라

ㄷ. 夜神告言 아래는 자신의 법계를 설해 줌이니, ㄱ) 앞은 묵연히 설해 줌이요, ㄴ) 지금은 비로소 말해 줌이다. 그중에 둘이니 (ㄱ) 해탈문의 명칭을 대답함이요, (ㄴ) 발심의 역사를 대답함이다. 그러므로 셋째에 보리를 이룸에 대해 대답하지 않은 것은 두 가지 의미가 있는 까닭이다. (1) 대비가 늘어남은 제8. 휴사(休捨)우바이 처소에서 설한 내용과 같으며, (2) 오래 성취함을 밝힘은 인행 지위에 머무름을 보인 연고로 아래 천 분 부처님이 구제한 바일 텐데 오히려 이미 오래전에

성불하여 구제하는 주체와 견주겠는가? (ㄱ) 중에 둘이니 a. 명칭을 표방함이니 이른바 몸을 나투어 널리 교화하여 하여금 모든 '선근'을 생기게 하였고, 마지막에 부처를 이루게 한 연고로 '뿌리'라고 이름하였다.

[鈔] 所救千佛等者는 法華經如來壽量品에 云, 我實成佛已來로 經無量無邊不可思議阿僧祇劫故라하니라
- '천 분 부처님이 구제한 바' 등이란 『법화경』 여래수량품에 이르되, "내가 성불한 지는 한량없고 가없는 불가사의한 아승지의 나유타 겁이니라"라고 하였다.

b. 그 업과 작용을 밝히다[顯用] 3.
a) 이치와 현상을 안으로 계합하다[內契理事] (後我 8下7)

我以成就此解脫故로 悟一切法自性平等하며 入於諸法眞實之性하며 證無依法하여 捨離世間하며 悉知諸法色相差別하며 亦能了達青黃赤白이 性皆不實하여 無有差別이니라

나는 이 해탈을 성취하였으므로 모든 법의 성품이 평등함을 깨달았고, 법의 진실한 성품에 들어가 의지함이 없는 법을 증득하였으며, 세간을 여의었으면서도 모든 법의 모양이 차별함을 알고, 또 푸르고 누르고 붉고 흰 것의 성품이 실답지 아니하여 차별이 없는 것도 분명히 통달하였노라.

[疏] 後, 我以成就下는 顯其業用이니 謂契理之用일새 故로 用而無涯며 動寂無二라 於中에 三이니 初, 明內契理事니라

- b. 我以成就 아래는 그 업과 작용을 밝힘이다. 이른바 이치에 계합한 작용인 연고로 작용하면서도 끝이 없어서 움직임과 고요함이 둘이 없다. 그중에 셋이니 a) 이치와 현상을 안으로 계합함을 밝힘이요,

[鈔] 初明內契理事者는 此義는 全同十通之中의 一切色身智通이니 前已廣說일새 故但略科하여 總出其意라 今當重說하리니 由內證實일새 故外現色이라 所以로 起信論에 云, 問曰, 若諸佛法身이 離於色相者인댄 云何能現色相고 答曰, 卽此法身이 是色體故로 能現於色이니 所謂從本已來로 色心不二라 以色性이 卽智性故로 色體無形을 說名智身이요 以智性이 卽色性故로 說名法身이 徧一切處라 所現之色이 無有分齊하여 隨心能示十方世界의 無量菩薩과 無量報身과 無量莊嚴이 各各差別하여 皆無分齊며 而不相妨이니 此非心識分別能知니 以眞如自在用義故라하니라 釋曰, 彼雖約佛이나 今此位極하여 大同佛也니라 次釋經文하리라 又此三段이니 初, 明內契理事는 明色卽空이요 二, 明大用廣現色身者는 空卽色故요 後結深廣은 不礙悲故라 今初에 由了法界가 無定實色일새 擧體卽空이로되 而非斷空이요 空中無色이나 不礙色故라 色空無礙하고 存亡隱顯이 皆自在故로 方能隨樂하여 現種種色故라 先明其內契事理니라

- a) '이치와 현상을 안으로 계합함을 밝힘'이란 이 뜻은 열 가지 신통 중의 온갖 색신의 지혜 신통과 완전히 같나니, 앞에서 이미 자세하게 설명했으므로 단지 과목만 생략하여 그 의미를 총합하여 내보였고,

지금 마땅히 거듭 말하리라. 안으로 실법을 증득함으로 말미암아 밖으로 색신을 나투었으니, 그러므로 『기신론』에 이르되, "묻노라. 제불의 법신이 색상을 여의었을진댄 어찌하여 능히 색상을 나타내는가?" 답하노라. "이 법신이 곧 색의 체성이기 때문에 능히 색을 나타낸다. 이른바 본래로부터 색과 마음은 둘이 아니라 색의 성품이 곧 지혜인 까닭에 색의 자체는 형체가 없으니 지신(智身)이라 하고, 지혜의 체성이 곧 색인 까닭에 법신이 일체처에 두루 했다 하느니라. 나타난 색도 분제가 없어서 마음을 따라 능히 시방세계의 무량보살과 무량보신과 무량장엄을 시현하되 각각 차별되어 모두가 분제가 없되 서로 방해하지도 않으니, 이는 마음과 인식의 분별로 능히 알 바가 아니라 진여의 자재한 작용의 뜻이기 때문이니라"고 하였다. 해석하자면 저기에 비록 부처님을 잡았어도 지금 이 지위가 궁극으로 부처님과 크게는 같다. 다음에 경문을 해석하였으니, 또 이 세 문단은 a) 이치와 현상을 안으로 계합함을 밝혔으니, 색이 곧 공임을 밝히고, b) 큰 작용이 (무애하여) 색신을 널리 나타낸다면 공이 곧 색이기 때문이요, c) 깊고 광대함을 결론함이니 대비를 장애하지 않는 까닭이다. 지금은 a)이니 법계는 정해진 실법이나 색법이 없어서 전체가 공과 합치하지만 단멸한 공이 아님이니, 공 가운데 색이 없으며 색을 장애하지도 않는 까닭이요, 색과 공이 걸림 없고 있고 없음과 숨고 나타남에 모두 자재하므로 비로소 능히 즐거움을 따를 것이니, 갖가지 색법을 나타내는 연고로 먼저 그 안으로 현상과 이치에 계합함을 밝힌 것이다.

經中에 先, 明證實離相이요 後, 雙了性相이라 今初에 悟一切法自性이 平等者는 此句는 總明이니 云何平等고 次에 云, 入於諸法眞實之

性故니 謂眞實性中에 無差別相하며 無種種相하며 無無量相하며 萬法一如어니 何有不等이리요 此眞實性이 依何立故로 復次明證無依法이니 所謂不依於色이며 不依於空이라 若萬法依空인대 空無所依요 今萬法依眞이라 眞無所依니 卽無依印[49]法門故라 捨離世間은 世間에는 卽有種種差別커니와 斯則性尙不立이어니 何況於相이리요 亦不依空立色하며 亦不依色立空하며 亦無異하며 無不異하며 無卽하며 無不卽하여 斯見亦絶커늘 强名內證이니라

後, 悉知諸法色相差別下는 雙了性相이니 初, 明了相이니 空卽色故요 後, 亦能了達下는 此明了性이니 色卽空故라 又上句는 色中無空이요 下句는 空中無色이라 又上句는 色能容空이요 下句는 空能容色이니라 又上句는 空能顯色이요 下句는 色能顯空이라 無障無礙니라

● 경문 중에 (1) 실법을 증득하면 모양 여읨을 밝힘이요, (2) 성품과 모양을 함께 요달함이다. 지금은 (1)이니 온갖 법이 자기 체성이 평등함을 깨닫는다면 이런 구절은 무엇이 평등함을 총합하여 밝혔는가? 다음에 이르되, "모든 법의 진실한 성품에 들어간 까닭이다"라고 하였다. 이른바 진실한 성품 속에는 차별된 모양이 없고 갖가지 모양도 없으며 한량없는 모양도 없어서 만 가지 법이 한결같나니 어째서 평등하지 않음이 있겠는가? 이런 진실한 성품은 무엇을 의지하여 건립한 때문인가? 또다시 의지함 없는 법을 분명히 증득하였으니, 이른바 색법을 의지하지 않고 공을 의지하지도 않는다. 만일 만법이 공을 의지하지만 공은 의지한 곳이 없으며 지금은 만 가지 법이 진여를 의지하고 나아가 의지할 대상이 없음은 곧 의지함 없음으로 법문을 인가한 연고로 세간을 버리고 여의나니, 세간은 곧 갖가지 차별이 있기

---

[49] 印은 續本作卽, 南金本無 原及行願品疏有.

때문이다. 이렇다면 성품도 오히려 건립하지 않는데 어찌 하물며 모양이겠는가? 또한 공에 의지하여 색을 건립하지 않으며 또한 색을 의지하여 공을 건립하지도 않고, 다른 것도 없고 다르지 않음도 없으며, 합치함이 없고 합치하지 않음도 없나니 이런 견해조차 또한 끊어진 것을 억지로 '안으로 증득한다'고 이름한 것이다.

(2) 悉知諸法色相差別 아래는 성품과 모양을 함께 요달함이다. ① 모양을 요달하면 공이 곧 색임을 밝힌 것이요, ② 亦能了達 아래는 이렇게 성품을 분명히 요달하면 색이 곧 공이기 때문이다. 또한 위 구절은 색법 중에 공이 없음이요, 아래 구절은 공중에 색법이 없음이다. 또한 위 구절은 색이 능히 공을 용납하고 아래 구절은 공이 능히 색을 용납함이다. 또한 위 구절은 공이 능히 색을 드러냄이요, 아래 구절은 색이 능히 공을 드러냄이니 장애가 없고 걸림도 없다는 뜻이다.

b) 큰 작용은 끝이 없다[大用無涯] (二而 12上7)

而恒示現無量色身하노니 所謂 種種色身과 非一色身과 無邊色身과 清淨色身과 一切莊嚴色身과 普見色身과 等一切眾生色身과 普現一切眾生前色身과 光明普照色身과 見無厭足色身과 相好清淨色身과 離眾惡光明色身과 示現大勇猛色身과 甚難得色身과 一切世間無能暎蔽色身과 一切世間共稱歎無盡色身과 念念常觀察色身과 示現種種雲色身과 種種形顯色色身과 現無量自在力色身과 妙光明色身과 一切淨妙莊嚴色身과 隨順成熟一切眾生色身과 隨其心樂現前調伏色身과 無障礙普光明

色身과 淸淨無濁穢色身과 具足莊嚴不可壞色身과 不思議法方便光明色身과 無能映奪一切色身[50]과 無諸暗破一切暗色身과 集一切白淨法色身과 大勢力功德海色身과 從過去恭敬因所生色身과 如虛空淸淨心所生色身과 最勝廣大色身과 無斷無盡色身과 光明海色身과 於一切世間에 無所依平等色身과 徧十方無所礙色身과 念念現種種色相海色身과 增長一切衆生歡喜心色身과 攝取一切衆生海色身과 一一毛孔中에 說一切佛功德海色身과 淨一切衆生欲解海色身과 決了一切法義色身과 無障礙普照耀色身과 等虛空淨光明色身과 放廣大淨光明色身과 照現無垢法色身과

그러면서도 (1) 한량없는 모양의 육신을 나타내나니 이른 바 갖가지 육신, 하나 아닌 육신, 그지없는 육신, 청정한 육신, 모든 것으로 장엄한 육신, 여럿이 보는 육신, 모든 중생과 같은 육신, 여러 중생의 앞에 나타나는 육신, 광명이 널리 비추는 육신, (11) 보기에 싫지 않은 육신, 잘생긴 모습이 청정한 육신, 모든 악을 여의고 빛나는 육신, 큰 용맹을 나타내는 육신, 얻기 어려운 육신, 모든 세간에서 가릴 이 없는 육신, 모든 세간에서 함께 칭찬하여 다함이 없는 육신, 잠깐마다 항상 관찰하는 육신, 갖가지 구름을 나타내는 육신, 갖가지 형상으로 빛을 나타내는 육신, (21) 한량없이 자재한 힘을 나타내는 육신, 묘한 광명이 있는 육신, 온갖 것으로 깨끗하고 묘하게 장엄한 육신, 모든 중생을 따라서 성

---

[50] 無能映奪은 明宮淸合綱杭鼓纂續金本作映 玆從麗宋元本, 案貞元譯云 一切無能映奪色身 能映奪一切色身 今譯合兩句爲一句 故云無能奪奪一切.

숙하게 하는 육신, 마음에 좋아함을 따라 앞에 나타나 조복하는 육신, 걸림 없이 널리 빛나는 육신, 깨끗하고 더럽지 않은 육신, 장엄을 구족하여 무너뜨릴 수 없는 육신과 부사의한 법의 방편으로 빛나는 육신이며, 온갖 것을 가릴 수 없는 육신, (31) 어두움이 없어 모든 어둠을 깨뜨리는 육신, 모든 희고 깨끗한 법을 모은 육신, 큰 세력의 공덕 바다 육신, 과거에 공경한 원인으로 생긴 육신, 허공같이 청정한 마음으로 생긴 육신, 가장 훌륭하고 광대한 육신, 끊임없고 다함없는 육신, 광명 바다 육신, 모든 세간에 의지할 데 없고 평등한 육신, 시방에 두루하여 걸림 없는 육신, (41) 잠깐잠깐마다 가지가지 빛깔 바다를 나타내는 육신, 모든 중생의 기쁜 마음을 늘게 하는 육신이며, 모든 중생 바다를 거두어 들이는 육신, 낱낱 털구멍에서 모든 부처님의 공덕 바다를 말하는 육신, 모든 중생의 욕망과 이해하는 바다를 깨끗이 하는 육신, 모든 법과 이치를 결정코 분명히 아는 육신, 장애 없이 널리 비추는 육신, 허공과 같은 깨끗한 광명 육신, 넓고 크고 깨끗한 광명을 놓는 육신, 때 없는 법을 비추어 나타내는 육신,

無比色身과 差別莊嚴色身과 普照十方色身과 隨時示現應衆生色身과 寂靜色身과 滅一切煩惱色身과 一切衆生福田色身과 一切衆生見不虛色身과 大智慧勇猛力色身과 無障礙普周徧色身과 妙身雲普現世間皆蒙益色身과 具足大慈海色身과 大福德寶山王色身과 放光明普照世

間一切趣色身과 大智慧淸淨色身과 生衆生正念心色身
과 一切寶光明色身과 普光藏色身과 現世間種種淸淨相
色身과 求一切智處色身과 現微笑令衆生生淨信色身과
一切寶莊嚴光明色身과 不取不捨一切衆生色身과 無決
定無究竟色身과 現自在加持力色身과 現一切神通變化
色身과 生如來家色身과 遠離衆惡徧法界海色身과 普現
一切如來道場衆會色身과 具種種衆色海色身과 從善行
所流色身과 隨所應化示現色身과 一切世間見無厭足色
身과 種種淨光明色身과 現一切三世海色身과 放一切光
明海色身과 現無量差別光明海色身과 起諸世間一切香
光明色身과 現不可說日輪雲色身과 現廣大月輪雲色身
과 放無量須彌山妙華雲色身과 出種種鬘雲色身과 現一
切寶蓮華雲色身과 興一切燒香雲徧法界色身과 散一切
末香藏雲色身과 現一切如來大願身色身과 現一切語言
音聲演法海色身과 現普賢菩薩像色身이니라

(51) 견줄 데 없는 육신, 차별하게 장엄한 육신, 시방을 두루 비추는 육신, 때를 따라 나타나서 중생을 응해 주는 육신, 고요한 육신이며, 모든 번뇌를 없앤 육신, 모든 중생의 복 밭인 육신, 모든 중생의 봄이 헛되지 않은 육신, 큰 지혜의 용맹한 힘인 육신, 거리낌 없이 두루 가득한 육신, (61) 묘한 몸 구름이 널리 나타나 세간이 모두 이익을 받는 육신, 큰 자비 바다를 구족한 육신, 큰 복덕 보배 산왕 육신, 광명을 놓아 세간의 온갖 길을 비추는 육신, 큰 지혜 청정한 육신, 중생의 바른 생각을 내는 육신, 모든 보배 광명 육신이

며, 넓은 광명 갈무리 육신, 세간의 갖가지 청정한 모양을 나타내는 육신, 온갖 지혜의 처소를 구하는 육신, (71) 미소를 나투어 중생의 깨끗한 믿음을 내게 하는 육신, 모든 보배로 장엄한 광명 육신, 모든 중생을 취하지도 않고 버리지도 않는 육신, 결정도 없고 끝닿는 데도 없는 육신, 자재하게 가지하는 힘을 나타내는 육신, 모든 신통변화를 나투는 육신, 여래의 가문에 태어나는 육신, 모든 악을 멀리 여의고 법계 바다에 두루하는 육신, 모든 여래의 도량에 모인 회중에 두루 나타나는 육신이며, 갖가지 빛깔 바다를 구족한 육신, (81) 착한 행에서 흘러나오는 육신, 교화할 이를 따라 나타내는 육신, 모든 세간에서 보아도 싫은 줄 모르는 육신, 갖가지 깨끗한 광명 육신, 모든 세 세상 바다를 나타내는 육신, 모든 광명 바다를 놓는 육신, 한량없이 차별한 광명 바다를 나타내는 육신, 모든 세간의 향기 광명을 일으키는 육신, 말할 수 없는 해 바퀴 구름을 나타내는 육신이며, 광대한 달 바퀴 구름을 나타내는 육신, (91) 한량없는 수미산의 묘한 꽃 구름을 놓는 육신, 가지가지 화만 구름을 내는 육신, 모든 보배 연꽃 구름을 나타내는 육신, 모든 사르는 향 구름을 일으켜 법계에 두루하는 육신, 모든 가루 향 갈무리 구름을 흩는 육신, 모든 여래의 큰 서원 몸을 나타내는 육신, 모든 말과 음성으로 법 바다를 연설하는 육신, (98) 보현보살의 형상을 나타내는 육신들이니라.

[疏] 二, 而恒下는 明大用無涯라 略顯九十八種色身하니 幷初後標結하

면 卽爲百身이라 起信等論에 明八地는 當色自在地하니 故로 此에 廣
辨色身이라 種種은 約其類別이요 非一은 約一類而多라 餘는 可思準
이니라

- b) 而恒 아래는 큰 작용은 끝이 없음이다. 간략히 98가지 육신을 밝
  혔고 더불어 처음과 나중에 표방하고 결론하였으니 곧 백 가지 몸이
  되었다. 『기신론』 등에는 제8. 부동지에 형색에 자재한 지[色自在地]를
  배대하여 밝힌 연고로 여기서 육신을 자세히 밝혔고, 갖가지는 그 종
  류를 잡아 구분하였으며, 하나가 아님은 한 부류면서 많은 것을 잡
  은 해석이다. 나머지는 생각해 보면 준하여 알 수 있으리라.

[鈔] 二而恒下明無涯大用者는 經中初句에 云, 而能示現無量色身者는
牒前起後일새 故云而能이라 由上空不礙色일새 故能現色이니라 又若
以色으로 爲色이면 不能現色이어니와 今에 卽色非色일새 故無不現이니
라 又卽空之色하야 方爲妙色이니 故로 躡上明色空不二하야 成上眞
空이요 不二而二가 斯爲妙色이니 色空融卽이 爲眞法界요 緣起無盡
일새 卽一現多니라 起信等論에 明八地가 當色自在者는 起信에 云,
四者는 現色不相應染이니 依色自在地하야 能離故라하니라 釋曰, 何
以得知論是八地오 前有七地하고 後有九故라 言等論者는 等取瑜
伽等이라 卽上八地에 由證無生하야 絶色累故로 得十自在와 十身相
作하야 如影普現이라하니 皆色自在니라

- b) '而恒 아래는 큰 작용이 끝이 없음'이란 경문 중에 첫 구절에 "그러
  면서도 한량없는 모양의 육신을 나타낸다"고 말한 것은 앞을 따와서
  뒤를 시작함인 연고로 '그러면서 능히'라 하였고, 위의 공이 색을 장애
  하지 않음으로 인하여 능히 육신을 나타낸 것이다. 또한 만일 색으

로 색을 삼았으면 능히 육신을 나타내지 못했을 것이니, 지금은 곧 색이 색이 아닌 연고로 나투지 못함이 없으며, 또한 공과 합치한 색이라야 비로소 묘한 색이 되는 연고로 위의 색과 공이 둘이 아님을 토대로 위의 진실한 공을 이루며, 둘이 아니면서 둘인 것을 여기서 묘한 색[妙色]이라 한 것이다. 색과 공이 융섭하고 합치하므로 진실한 법계라 하고, 연기가 끝이 없으므로 곧 하나에 여럿을 나타낸 것이다. '기신론 등에서 제8. 부동지에 형색에 자재한 지를 배대하여 밝힌 것'은 『기신론』에 이르되, "넷째는 현색불상응염(現色不相應染)이니 색자재지(色自在地; 不動地)에 의지해서 능히 여의기 때문이요"라고 하였다. 해석하자면 어째서 논에서는 제8지에서 안다고 하였는가? 앞에는 제7지가 있고 뒤에는 제9지가 있는 까닭이다. '기신론 등'이란『유가사지론』을 함께 취하였으니 곧 위의 제8. 부동지에 무생(無生)을 증득함으로 말미암아 형색으로 인한 번뇌를 끊는 연고로 '열 가지 자재[十自在]'를 얻고 '열 가지 몸을 서로 지어서[十身相作]' 그림자처럼 널리 나타내는 것이 모두 색에 자재함이란 뜻이다.

c) 깊고 광대함을 총합 결론하다[總結深廣] 4.
(a) 업 지을 대상을 결론하다[結所作業] (三念 13下2)
(b) 밝히는 주체인 원인을 결론하다[結能顯因] (二善)
(c) 고요와 작용을 함께 결론하다[雙結寂用] (三善)
(d) 깊고 광대함을 성취함으로 결론하다[結成深廣] (四一)

念念中에 現如是等色相身하여 充滿十方하여 令諸衆生으로 或見或念하며 或聞說法하며 或因親近하며 或得開

悟하며 或見神通하며 或覩變化하여 悉隨心樂하여 應時
調伏하여 捨不善業하고 住於善行케하니 善男子여 當知
此由大願力故며 一切智力故며 菩薩解脫力故며 大悲力
故며 大慈力故로 作如是事니라

善男子여 我入此解脫에 了知法性이 無有差別하되 而能示
現無量色身하여 一一身에 現無量色相海하며 一一相에 放
無量光明雲하며 一一光에 現無量佛國土하며 一一土에 現
無量佛興世하며 一一佛에 現無量神通力하여 開發衆生의
宿世善根하여 未種者로 令種하며 已種者로 令增長하며 已
增長者로 令成熟하여 念念中에 令無量衆生으로 於阿耨多
羅三藐三菩提에 得不退轉케하노라

잠깐잠깐마다 이러한 빛깔 육신을 나타내어 시방에 가득하
여 (1) 중생들로 하여금 보거나 생각하거나 법문 말함을 듣
거나 가까이 모시거나 하여, (5) 깨달음을 얻게도 하고 신통
을 보게도 하고 변화를 보게도 하되, (8) 마음에 좋아함을
따라 조복하여 착하지 못한 업을 버리고 (10) 착한 행에 머
물게 하느니라. 착한 남자여, 이것은 큰 원력을 말미암은 연
고며, 온갖 지혜의 힘인 연고며, 보살의 해탈한 힘인 연고
며, 크게 가엾이 여기는 힘인 연고며, 크게 인자한 힘인 연
고로 이런 일을 짓느니라.

착한 남자여, 나는 이 해탈에 들어서 (1) 법의 성품이 차별
이 없음을 알면서도 (2) 한량없는 육신을 능히 나타내며,
(3) 낱낱 몸마다 한량없는 모습 바다를 나타내고, (4) 낱낱
모습에서 한량없는 광명 구름을 놓고, (5) 낱낱 광명에서 한

량없는 부처님의 국토를 나타내고, (6) 낱낱 국토에 한량없는 부처님이 나심을 나타내며, (7) 낱낱 부처님이 한량없는 신통한 힘을 나타내어 중생들의 지난 세상에 지은 착한 뿌리를 열어 내나니, (8) 심지 못한 이는 심게 하고, (9) 이미 심은 이는 자라게 하고, (10) 이미 자란 이는 성숙하게 하며, (11) 잠깐잠깐 동안에 한량없는 중생으로 아눗다라삼먁삼보디에서 물러나지 않게 하노라.

[疏] 三, 念念中現下는 總結深廣이라 於中에 四니 一, 結所作之業이요 二, 善男子當知下는 結能現所因이요 三, 善男子我入下는 雙結寂用無礙요 四, 一一身下는 結成深廣이니라

- c) 念念中現 아래는 깊고 광대함을 총합 결론함이다. 그중에 넷이니 (a) 업 지을 대상을 결론함이요, (b) 善男子當知 아래는 밝히는 주체인 원인을 결론함이요, (c) 善男子我入 아래는 고요와 작용을 함께 결론함이요, (d) 一一身 아래는 깊고 광대함을 성취함으로 결론함이다.

(ㄴ) 발심의 역사를 대답하다[答發心久近] 2.
a. 깊음을 찬탄하고 설법을 허락하다[歎深許說] 3.
a) 질문을 따와서 설법을 허락하다[牒問許說] (第二 13下7)

善男子여 如汝所問하여 從幾時來로 發菩提心이며 修菩薩行한 如是之義는 承佛神力하여 當爲汝說하리라
착한 남자여, 그대가 묻기를 '언제부터 보리심을 내었으며

보살의 행을 닦았느냐?' 하였거니와, 이런 이치를 부처님의 신통한 힘을 받자와 그대에게 말하리라.

[疏] 第二, 善男子如汝所問下는 答發心久近이라 中에 二니 初, 歎深許說이요 後, 正答所問이라 前中에 三이니 初, 牒問許說이요 二, 善男子菩薩智輪下는 歎法甚深이요 三, 佛子菩薩智輪雖復下는 結承力說이라

- (ㄴ) 善男子如汝所問 아래는 발심의 역사를 대답함이다. 그중에 둘이니 a. 깊음을 찬탄하고 설법을 허락함이요, b. 법이 매우 깊음을 찬탄함이다. a. 중에 셋이니 a) 질문을 따와서 설법을 허락함이요, b) 善男子菩薩智輪 아래는 법이 매우 깊음을 찬탄함이요, c) 佛子菩薩智輪雖復 아래는 힘을 받들어 설법함을 결론함이다.

b) 법이 매우 깊음을 찬탄하다[歎法甚深] 2.
(a) 법으로 설하다[法說] 2.
㈠ 바로 표방하다[正標] (二中 14上5)
㈡ 비방을 해석하다[釋妨] (後隨)

善男子여 菩薩智輪이 遠離一切分別境界하여 不可以生死中長短染淨廣狹多少인 如是諸劫으로 分別顯示니 何以故오 菩薩智輪이 本性淸淨하여 離一切分別網하며 超一切障礙山하여 隨所應化하여 而普照故니라
착한 남자여, 보살의 지혜 바퀴는 모든 분별하는 경계를 멀리 여의었으므로 생사 중에 있는 길고 짧고 물들고 깨끗하

고 넓고 좁고 많고 적은 그러한 겁으로는 분별하여 보일 수 없느니라. 왜냐하면 보살의 지혜 바퀴는 본래부터 성품이 깨끗하여 모든 분별의 그물을 여의고 모든 장애의 산을 초월하였지마는, 교화할 만한 이를 따라서 널리 비추는 연고이니라.

[疏] 二中에 先, 法說이요 後, 喩明이라 今初에 先은 標요 後는 釋이라 釋中에 先, 正釋이라 本性은 約理요 離分別은 約智요 超障은 約所斷이라 後, 隨所應下는 釋妨이니 旣無長短이어늘 今說長短者는 爲利生故니 欲長則長하면 顯法根深이요 欲短에 便短하면 顯法超勝이니라

■ b) (법이 매우 깊음을 찬탄함) 중에 (a) 법으로 설함이요, (b) 비유로 밝힘이다. 지금은 (a)이니 ㊀ 앞은 표방함이요, ㊁ 뒤는 해석함이다. ㊁ 해석함 중에 ① 바로 해석함이니 본래 성품은 이치를 잡은 해석이며, 분별을 여읨은 지혜를 잡은 해석이며, 장애를 초월함은 끊을 대상을 잡은 해석이다. ② 隨所應 아래는 비방을 해석함이다. 이미 길고 짧음이 없는데 지금 길고 짧음을 말한 것은 중생을 이롭게 하기 위한 까닭이니, 긴 것을 길게 하려면 법의 근본이 깊음을 밝혀야 하고, 짧은 것을 문득 짧게 하려면 법이 훌륭함을 밝혀야 한다는 뜻이다.

(b) 비유로 밝히다[喩明] 5.
㊀ 밝은 태양이 시간을 따르다[皎日隨時] (後喩 15下4)
㊁ 태양이 그림자를 나타내다[日輪現影] (二日)

善男子여 譬如日輪이 無有晝夜로되 但出時名晝요 沒時

名夜인달하여 菩薩智輪도 亦復如是하여 無有分別하며 亦無三世로되 但隨心現하여 敎化衆生일새 言其止住前劫後劫이니라 善男子여 譬如日輪이 住閻浮空에 其影이 悉現一切寶物과 及以河海諸淨水中이어든 一切衆生이 莫不目見하되 而彼淨日은 不來至此인달하여 菩薩智輪도 亦復如是하여 出諸有海하고 住佛實法하여 寂靜空中에 無有所依하되 爲欲化度諸衆生故로 而於諸趣에 隨類受生이나 實不生死하며 無所染着하며 無長短劫과 諸想分別이니 何以故오 菩薩이 究竟離心想見一切顚倒하고 得眞實見하여 見法實性하며 知一切世間이 如夢如幻하여 無有衆生이언마는 但以大悲大願力故로 現衆生前하여 敎化調伏이니라

착한 남자여, 비유컨대 ㊀ 해는 낮과 밤이 없지마는 뜨는 때를 낮이라 하고 지는 때를 밤이라 하나니, 보살의 지혜 바퀴도 그와 같아서 분별도 없고 세 세상도 없지마는 교화받을 중생이 마음에 나타남을 따라서 머물러 있는 것을 말하여 앞의 겁·뒤의 겁이라 하느니라.

착한 남자여, ㊁ 마치 해가 염부제의 허공에 떴을 적에 그림자가 모든 보물이나 강과 바다의 맑은 물에 나타나는 것을 모든 중생들이 눈으로 보지마는 저 해는 여기 오는 것이 아니니라. 보살의 지혜 바퀴도 그와 같아서 생사 과보 바다에서 뛰어나 부처님의 참된 법의 고요한 허공에 머물러서 의지한 데가 없거니와, 중생들을 교화하기 위하여 여러 길에서 여러 종류로 태어나지마는, 실제로는 생사하지도 않

고 물들지도 않으며, 긴 세월·짧은 세월이라는 생각의 분별이 없느니라. 왜냐하면 보살은 모든 뒤바뀐 생각과 소견을 끝까지 여의고, 진실한 견해를 얻어 법의 참성품을 보았으므로 모든 세간이 꿈과 같고 환술과 같아서 중생이 없는 줄을 알지마는 큰 자비와 큰 원력으로 중생의 앞에 나타나서 교화하고 조복하느니라.

[疏] 後, 喩顯이라 有五하니 一, 皎日隨時喩니 謂日體恒明이나 映山出沒이라 智無三世나 心障見殊니라 二, 日輪現影喩니 謂白日은 無來로되 隨處隱顯이요 智輪常寂이나 機見短長이니라

■ (b) 비유로 밝힘이다. 다섯 과목이 있으니 ㊀ 밝은 태양이 시간을 따르는 비유이니 이른바 태양의 체성이 항상 밝아서 산이 뜨고 짐을 비추었으니 지혜는 삼세(三世)가 없고, 마음은 다른 것 보는 것을 장애함이요, ㊁ 태양이 그림자를 나타내는 비유이니 이른바 밝은 해는 옴이 없어서 곳을 따라 숨고 나타나며, 지혜 바퀴는 항상 고요하여 근기가 짧고 긴 것을 보는 것이다.

㊂ 빈 배로 물건을 운반하다[虛舟運物] (三虛 15下6)
㊃ 태허공은 걸림 없다[太虛無礙] (四太)
㊄ 허깨비로 화현함은 진실됨이 없다[幻化無眞] (五幻)

佛子여 譬如船師가 常以大船으로 於河流中에 不依此岸하며 不着彼岸하며 不住中流하고 而度衆生하되 無有休息인달하여 菩薩摩訶薩도 亦復如是하여 以波羅蜜船으로

於生死流中에 不依此岸하며 不着彼岸하며 不住中流하고 而度衆生하되 無有休息하나니 雖無量劫에 修菩薩行이나 未曾分別劫數長短이니라

佛子여 如太虛空이 一切世界가 於中成壞하되 而無分別하여 本性淸淨하여 無染無亂하며 無礙無厭하며 非長非短이라 盡未來劫토록 持一切刹인달하여 菩薩摩訶薩도 亦復如是하여 以等虛空界廣大深心으로 起大願風輪하여 攝諸衆生하여 令離惡道하고 生諸善趣하며 悉令安住一切智地하여 滅諸煩惱生死苦縛하되 而無憂喜疲厭之心이니라

善男子여 如幻化人이 肢體雖具나 而無入息과 及以出息과 寒熱饑渴과 憂喜生死十種之事인달하여 菩薩摩訶薩도 亦復如是하여 以如幻智平等法身으로 現衆色相하여 於諸有趣에 住無量劫하여 敎化衆生하되 於生死中一切境界에 無欣無厭하며 無愛無恚하며 無苦無樂하며 無取無捨하며 無安無怖하니라

불자여, 마치 ㊂ 뱃사공이 항상 큰 배를 타고 강 가운데 있어서 이 언덕을 의지하지도 않고 저 언덕에 닿지도 않고 가운데 머물지도 않으면서 중생을 건네주기를 쉬지 아니하느니라. 보살마하살도 그와 같아서 바라밀다 배를 가지고 생사의 흐름에 있어서 이 언덕을 의지하지도 않고 저 언덕에 닿지도 않고 가운데 머물지도 않으면서 중생을 제도하기를 쉬지 아니하나니, 비록 한량없는 겁 동안에 보살행을 닦으면서 일찍이 겁의 길고 짧음을 분별하지 아니하느니라.

불자여, 마치 ㊃ 큰 허공은 모든 세계가 그 속에서 이룩되

고 무너지거니와 본성품이 청정하여 물들지도 어지럽지도 않고 걸림도 없고 만족함도 없으며, 길지도 않고 짧지도 아니하여 오는 세월이 끝나도록 모든 세계를 가지고 있느니라. 보살마하살도 그와 같아서 허공과 같이 넓고 크고 깊은 마음으로 큰 서원인 바람 둘레를 일으키어 모든 중생들을 거두어 주는데, 나쁜 길을 여의고 착한 길에 나게 하며, 온갖 지혜 자리에 머물게 하여 번뇌와 생사의 속박을 없애지마는 근심하거나 기뻐하거나 고달파하는 마음이 없느니라. 착한 남자여, 마치 ㈤ 요술로 만든 사람이 몸과 사지를 갖추었지마는 숨을 들이쉬고 내쉬고 차고 덥고 굶주리고 목마르고 근심하고 기뻐하고 나고 죽는 열 가지 일이 없느니라. 보살마하살도 그와 같아서 환술 같은 지혜와 평등한 법의 몸으로써 여러 가지 모습을 나타내어 모든 업보의 길에서 한량없는 겁을 지나면서 중생을 교화하지마는 죽고 사는 모든 경계에 대하여 기쁨도 싫음도 없고, 사랑함도 성냄도 없으며, 괴로움도 즐거움도 없고, 가짐도 버림도 없으며, 편안함도 공포함도 없느니라.

[疏] 三, 虛舟運物喩니 喩菩薩이 無住攝生이니라 四, 太虛無礙喩니 喩於菩薩의 無功益物이니라 五, 幻化無眞喩는 喩卽用而寂이라 然이나 上諸夜神이 歎深을 皆倣斯法喩니라

- ㈢ 빈 배로 물건을 운반하는 비유로 보살은 머무름 없이 중생을 포섭함을 비유함이요, ㈣ 태허공이 걸림 없는 비유로 보살은 공용 없이 중생 이익함을 비유함이요, ㈤ 허깨비로 화현함은 진실이 없는 비유로

작용과 합치하면서 고요함을 비유함이다. 그러나 위의 모든 주야신은 깊음을 찬탄함이니 모두 여기의 법과 비유를 모방한다는 뜻이다.

[鈔] 然上諸夜神歎深皆倣斯法喩者는 然多問發心時之久近이어늘 而答智輪이 卽體用故라 然斯五喩가 非無有義나 皆前에 已有일새 故로 疏不釋이니라

● '그러나 위의 모든 주야신은 깊음을 찬탄함이니 모두 여기의 법과 비유를 모방한다'는 것은 그런데 발심하던 때가 멀고 가까움을 물었는데, 지혜 바퀴는 체성과 합치한 작용이라고 대답한 까닭이다. 그러나 이런 다섯 가지 비유는 뜻이 없는 것은 아니지만 모두 앞에 이미 있는 연고로 소가 해석하지 않은 것이다.

c) (부처님의) 힘을 받들어 설법함을 결론하다[結承力說] (三結 16上5)

佛子여 菩薩智慧가 雖復如是甚深難測이나 我當承佛威神之力하여 爲汝解說하여 令未來世諸菩薩等으로 滿足大願하고 成就諸力케 하리라

불자여, 보살의 지혜가 비록 이렇게 깊고 깊어 헤아릴 수 없거니와 내가 부처님의 위신력을 받들어 그대에게 말하며, 오는 세상의 모든 보살들로 하여금 큰 서원을 만족하여 모든 힘을 성취케 하리라.

[疏] 三, 結承力爲說은 可知니라
■ c) (부처님의) 힘을 받들어 설함을 결론함은 알 수 있으리라.

b. 질문에 바로 대답하다[正答所問] 2.

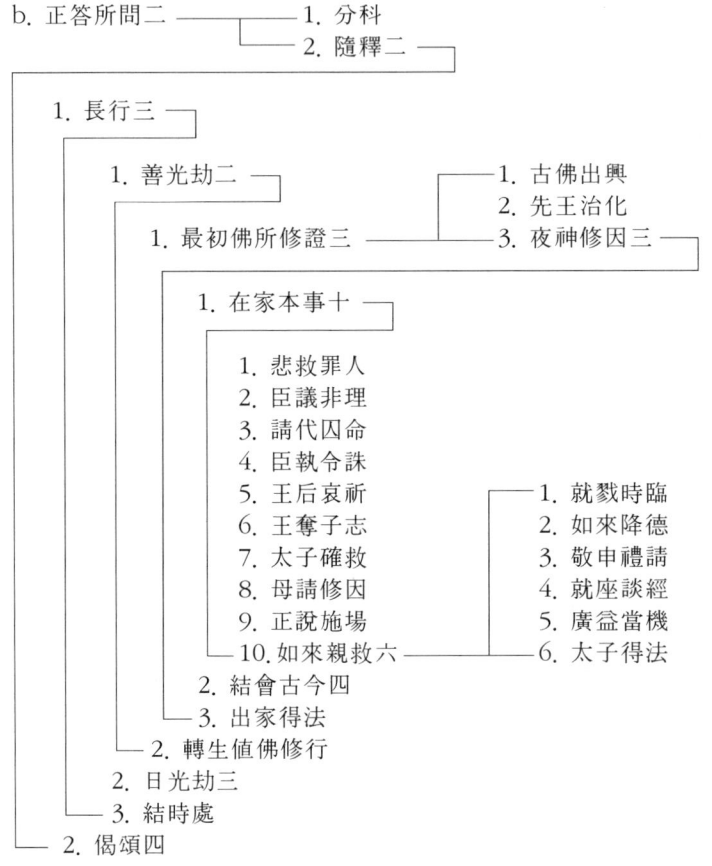

a) 과목 나누기[分科] (二佛 16下4)

b) 과목에 따라 해석하다[隨釋] 2.

(a) 장항으로 밝히다[長行] 3.

㊀ 선광겁의 역사[善光劫] 2.

① 최초 부처님이 수행하고 증득한 결과[最初佛所修證] 3.
㉮ 옛 부처님이 출현하시다[古佛出興] (前中)

佛子여 乃往古世에 過世界海微塵數劫하여 有劫하니 名善光이요 世界는 名寶光이며 於其劫中에 有一萬佛이 出興于世하시니 其最初佛이 號法輪音虛空燈王이라 如來應正等覺十號圓滿이러니 彼閻浮提에 有一王都하니 名寶莊嚴이요 其東不遠에 有一大林하니 名曰妙光이며 中有道場하니 名爲寶華라 彼道場中에 有普光明摩尼蓮華藏師子之座어든 時彼如來가 於此座上에 成阿耨多羅三藐三菩提하사 滿一百年토록 坐於道場하사 爲諸菩薩諸天世人과 及閻浮提宿植善根已成熟者하여 演說正法하시니라

불자여, 지나간 옛적 세계해의 티끌 수 겁 전에 한 겁이 있었으니, 이름이 착한 빛이요, 세계의 이름은 보배 광명이었느니라. 그 겁 동안에 1만 부처님이 세상에 나셨으니 그 첫 부처님의 이름은 법륜음허공등왕 여래·응공·정등각이어서 열 가지 호가 원만하셨느니라. 그 염부제에 한 서울이 있으니 이름이 보배 장엄이요, 그 동쪽으로 멀지 않은 곳에 큰 숲이 있으니 이름이 묘한 빛이요, 그 숲속에 보배 꽃이란 도량이 있고, 그 도량에 보광명마니연화장 사자좌가 있었는데, 그 부처님이 이 사자좌에서 아눗다라삼약삼보디를 이루시고, 백년 동안을 이 도량에 앉아서 모든 보살과 천상사람과 인간 사람과, 염부제에서 착한 뿌리를 심어서 성숙한 이들을 위하여 바른 법을 연설하셨느니라.

[疏] 二, 佛子乃往下는 正答所問이라 先, 長行이요 後, 偈頌이라 前中에 三이니 初, 善光劫中에 行因得法이요 次, 日光劫內에 供佛修行이요 後, 總結時處라 初中에 二니 先, 明最初佛所修證이요 後, 轉生値佛 修行이라 前中에 三이니 初, 古佛出興이라

■ b. 佛子乃往 아래는 질문에 바로 대답함이니 (a) 장항으로 밝힘이요, (b) 게송으로 거듭 노래함이다. (a) 장항으로 밝힘 중에 셋이니, ㊀ 선광겁 중에 인행을 행하여 법을 얻음이요, ㊁ 일광겁 안에 부처님께 공양 올리는 수행이요, ㊂ 시간과 장소를 결론함이다. ㊀ 중에 둘이니 ① 최초 부처님이 수행하고 증득함을 밝힘이요, ② 생을 바꾸어 부처님을 친견하고 수행함이다. ① 중에 셋이니 ㉮ 옛 부처님이 출현함이요,

❖ 大願精進力주야신을 만나 과거 전생에 善伏태자가 法輪音虛空여래 처소에서 죄인을 구제하려고 보시행을 베푸는 모습 변상도(제73권)

⑭ 승광왕(勝光王)이 다스려 교화하다[先王治化] (二是 17上2)

是時國王이 名曰勝光이니 時世人民이 壽一萬歲라 其中에 多有殺盜婬佚과 妄語綺語와 兩舌惡口와 貪瞋邪見하여 不孝父母하며 不敬沙門婆羅門等할새 時王이 爲欲調伏彼故로 造立囹圄하여 枷鎖禁閉하여 無量衆生이 於中受苦러니라

그때 임금의 이름은 훌륭한 빛이요, 사람들의 목숨은 1만 살인데 그 가운데는 살생하고 훔치고 음란하고 방탕하고 거짓말, 비단 말, 이간하는 말, 욕설하며, 탐욕 많고 성내고 나쁜 소견 가지고, 부모에게 불효하고, 사문·바라문을 공경하지 않는 이가 많았으므로, 임금은 그들을 조복하기 위하여 감옥을 만들고 칼과 고랑과 수갑들을 마련하여 한량없는 중생이 그 속에서 고생하고 있었다.

[疏] 二, 是時國王下는 先王治化라 囹圄者는 周之獄名이라
■ ⑭ 是時國王 아래는 승광왕이 다스려 교화함이다. 영어(囹圄)는 주(周)나라의 감옥 이름이다.

㉰ 야신이 인행을 닦다[夜神修因] 3.
㉠ 재가 시절의 본사[在家本事] 10.

ⓐ 선복(善伏)태자가 죄인을 대비심으로 구제하다[悲救罪人] (三王 19下8)
ⓑ 신하들이 이치가 틀리다고 논의하다[臣議非理] (二臣)

제39. 입법계품 ⑭ 5) 十地位 (39) 大願精進力주야신   449

ⓒ 죄수의 목숨을 대신하려고 청하다[請代囚命] (三請)
ⓓ 신하들이 죄수를 죽이라고 고집하다[臣執令誅] (四臣)

王有太子하니 名爲善伏이니 端正殊特하여 人所喜見이요 具二十八大人之相이라 在宮殿中이라가 遙聞獄囚의 楚毒音聲하고 心懷傷愍하여 從宮殿出하여 入牢獄中하여 見諸罪人이 杻械枷鎖로 遞相連繫하여 置幽暗處하여 或以火炙하며 或以煙熏하며 或被榜笞하며 或遭臏割하며 裸形亂髮하며 飢渴羸瘦하며 筋斷骨現하여 號叫苦劇하고 太子見已에 心生悲愍하여 以無畏聲으로 安慰之言하되 汝莫憂惱하며 汝勿愁怖하라 我當令汝로 悉得解脫케하리라하고 便詣王所하여 而白王言하되 獄中罪人이 苦毒難處하니 願垂寬宥하고 施以無畏하소서

時王이 卽集五百大臣하여 而問之言하시되 是事云何오 諸臣이 答言하되 彼罪人者는 私竊官物하며 謀奪王位하여 盜入宮闈라 罪應刑戮이니 有哀救者도 罪亦至死니이다 時彼太子가 悲心轉切하여 語大臣言하되 如汝所說이니 但放此人하고 隨其所應하여 可以治我하라 我爲彼故로 一切苦事를 悉皆能受하여 粉身殞命이라도 無所顧惜하고 要令罪人으로 皆得免苦니 何以故오 我若不救此衆生者인댄 云何能救三界牢獄諸苦衆生이리오 一切衆生이 在三界中하여 貪愛所縛과 愚癡所蔽로 貧無功德하여 墮諸惡趣하며 身形鄙陋하여 諸根放逸하며 其心迷惑하여 不求出道하며 失智慧光하여 樂著三有하며 斷諸福德

하고 滅諸智慧하며 種種煩惱가 濁亂其心하며 住苦牢獄하고 入魔胃網하며 生老病死와 憂悲惱害의 如是諸苦가 常所逼迫이어니 我當云何令彼解脫이리오 應捨身命하여 而拔濟之로다

時諸大臣이 共詣王所하여 悉擧其手하고 高聲唱言하되 大王이여 當知하소서 如太子意인댄 毁壞王法하여 禍及萬人이니 若王愛念하여 不責治者인댄 王之寶祚가 亦不久立이니이다 王聞此言하시고 赫然大怒하사 令誅太子와 及諸罪人이러니라

ⓐ 그 임금의 태자는 이름이 조복 잘하는 이인데, 단정하고 특수하여 사람들이 보기를 좋아하며 28가지 거룩한 모습을 구족하였다. 궁중에 있으면서 옥에 갇힌 죄수들이 고생하는 소리를 듣고 가엾은 마음을 이기지 못하여 대궐에서 나와 옥으로 달려가 보았다. 모든 죄수들이 고랑에 채워지고 칼에 씌워지고 쇠사슬에 서로 묶이어서 캄캄한 속에 갇혔는데, 불에 볶이고 연기에 쏘이고 곤장에 맞고 코를 베이기도 하였으며, 발가벗기고 머리카락이 헝클어지고 기갈이 자심하고 몸이 수척하고 근육이 터지고 뼈가 드러나 지독한 고통을 부르짖고 있었다. 태자가 보고는 착한 마음을 내어 두려움이 없는 음성으로 위로하였다. '너희들은 걱정하지 말고 공포에 떨지 말라. 내가 너희들을 이 고통에서 벗어나게 하리라.' 태자는 임금 계신 곳에 가서 여쭈었다. '옥에 갇힌 죄인들이 고통이 막심하오니, 관대하게 용서하시어 두려움 없음을 베푸십시오.'

ⓑ 왕은 5백 대신들을 모으시고 이 일을 물으셨다. 대신들은 이렇게 대답하였다. '저 죄인들은 관청의 물품을 훔치고 왕의 자리를 뺏으려 하고, 궁중에 침입하였사오니, 죄는 열 번 죽어 마땅하오며, 만일 구하려는 이가 있으면 그도 사형을 받아야 합니다.' ⓒ 그때 태자는 슬픈 마음이 간절하여 대신들에게 말하였다. '당신들의 말과 같을진댄, 저 사람들은 놓아 주고 그들이 받을 형벌로 나를 다스리라. 나는 그들을 위하여 모든 형벌을 다 받을 것이며, 몸이 가루가 되고 목숨이 끊어져도 아낄 것이 없으며, 다만 저 죄인들의 고통을 면하게 하리라. 왜냐하면 내가 만일 이 중생들을 구원하지 못한다면 어떻게 삼계라는 옥중에서 고통받는 중생을 구원하리오. 모든 중생들이 삼계 가운데서 탐욕과 애정에 얽매이고 어리석음에 가리어서 가난하여 공덕이 없고, 여러 가지 나쁜 길에 떨어져서 형상이 더럽고 모든 기관이 방일하며, 마음이 아득하여 나갈 길을 구하지 못하고, 지혜의 빛을 잃어 세 세계를 좋아하며 모든 복덕을 끊고, 지혜를 멸하였으며, 갖가지 번뇌가 마음을 어지럽게 하며 고통의 옥에 갇히고 마의 그물에 들어가 나고 늙고 병들고 죽음과 근심하고 슬퍼하고 시끄럽고 해치어서 이런 고통이 항상 괴롭히나니, 내가 어찌하면 저들을 해탈하게 하리오. 마땅히 몸과 목숨을 버리어 구제하리라.'

ⓓ 이때 대신들이 왕에게 나아가서 손을 들고 외치었다. '대왕이시여, 저 태자의 생각은 국법을 깨뜨리고 만민에게 화난을 미치게 하려 하옵니다. 대왕께서 태자를 사랑하고 책

벌하지 않으시면 대왕의 지위도 오래도록 보존하지 못하리이다.' 왕은 이 말을 듣고 대노하여 태자와 모든 죄인들을 사형시키려 하였다.

[疏] 三, 王有太子下는 夜神修因이라 於中에 亦三이니 初, 明在家本事요 二, 結會古今이요 三, 出家得法이라 今初에 有十하니 一, 悲救罪人이니 正答發心之始라 榜笞는 捶擊也오 臏은 謂刖足之流니라 二, 臣議非理요 三, 請代囚命이요 四, 臣執令誅라 言寶祚者는 祚는 位也라 易에 云, 聖人之大寶曰位라하니라

㉔ 王有太子 아래는 야신이 인행을 닦음이다. 그중에도 또 셋이니 ㉠ 재가 시절의 본사를 밝힘이요, ㉡ 옛과 지금을 결론하여 회통함이요, ㉢ 출가해서 법을 깨달음이다. 지금은 ㉠에 열 과목이 있으니 ⓐ 죄인을 대비심으로 구제하여 처음 발심한 때에 대한 대답이다. 곤장을 맞음[榜笞]은 종아리를 치는 것이요, 정강이뼈는 발을 자르는 종류를 말한다. ⓑ 신하들이 이치가 틀리다고 논의함이요, ⓒ 죄수의 목숨을 대신하려고 청함이요, ⓓ 신하들이 죄수를 죽이라고 고집함이다. 왕의 보위(寶位)라 말한 것은 임금의 지위를 뜻한다. 『주역(周易)』에 이르되, "(인간 세상을 다스리는) 성인의 가장 큰 보배는 지위라 말한다"라고 하였다.

ⓔ 왕후가 애절하게 읍소하다[王后哀祈] (五王 20上2)
ⓕ 대왕이 태자의 의지를 꺾다[王奪子志] (六王)
ⓖ 태자의 구제할 의지를 확인하다[太子確救] (七太)
ⓗ 모후가 인행 닦기를 간청하다[母請修因] (八母)
ⓘ 보시하는 도량을 설치하다[正設施場] (九正)

王后聞之하시고 愁憂號哭하며 毀形降服하여 與千婇女로 馳詣王所하여 擧身投地하여 頂禮王足하고 俱作是言하되 唯願大王은 赦太子命하소서 王卽廻顧하여 語太子言하시되 莫救罪人하라 若救罪人이면 必當殺汝리라51)

爾時太子가 爲欲專求一切智故며 爲欲利益諸衆生故며 爲以大悲普救攝故로 其心堅固하여 無有退怯하여 復白王言하되 願恕彼罪하소서 身當受戮하리이다 王言하시되 隨意하리라

爾時에 王后가 白言하되 大王하 願聽太子半月行施하여 恣意修福한 然後治罪하소서 王卽聽許하시다

時에 都城北에 有一大園하니 名曰日光이니 是昔施場이라 太子往彼하여 設大施會하니 飮食衣服과 華鬘瓔珞과 塗香末香과 幢幡寶蓋의 諸莊嚴具를 隨有所求하여 靡不周給이라

ⓔ 왕후가 이 일을 알고는 근심하고 부르짖으며, 초라한 모습과 허름한 의복으로 1천 시녀와 함께 임금 계신 데 나아가 몸을 땅에 던지며 왕의 발에 엎드려 절하고 이렇게 말하였다. '바라옵건대 대왕이시어, 태자의 목숨을 용서하옵소서.' ⓕ 임금은 태자를 돌아보면서, '죄인들을 구원하려 하지 말라. 만일 죄인을 구원한다면 너를 죽이리라' 하였다. ⓖ 그때 태자는 오로지 온갖 지혜를 구하기 위하여, 여러 중생들을 이익하게 하기 위하여, 크게 가엾이 여김으로써 널리 구원해 주기 위하여 마음이 굳세어지고 물러나거나 겁

---

51) 王后聞之의 之는 續金本作知, 麗宋元明淸合綱杭鼓纂本及晉譯貞元譯作之.

나는 일이 없어져서 왕에게 여쭈었다. '바라옵건대 저들의 죄를 용서하시면 제 몸이 사형을 받겠나이다.' 왕은 '네 뜻대로 하리라' 하였다. ⓗ 이때 왕후는 다시 왕에게 여쭈었다. '대왕이시여, 태자로 하여금 보름 동안만 보시를 행하여 마음대로 복을 지은 뒤에 죄를 받도록 허락하옵소서.' 왕은 그 일을 허락하였다.

ⓘ 그때 서울의 북쪽에 큰 동산이 있으니 이름이 햇빛이라. 그곳은 옛적에 보시하던 곳인데, 태자는 그곳에 가서 크게 보시하는 모임을 열고, 음식·의복·화만·영락·바르는 향·가루 향·당기·번기·보배 일산과 모든 장엄거리를 사람들이 달라는 대로 모두 주었다.

[疏] 五, 王后哀祈요 六, 王奪子志요 七, 太子確救52)요 八, 母請修因이요 九, 正設施場이라

- ⓔ 왕후가 애절하게 읍소함이요, ⓕ 대왕이 태자의 의지를 꺾음이요, ⓖ 태자의 구제할 의지를 확인함이요, ⓗ 모후가 인행 닦기를 간청함이요, ⓘ 보시하는 도량을 바로 설치함이다.

㉠ 여래께서 친히 구제하시다[如來親救] 6.
㉡ 죽일 때가 되어 부처님 친히 오시다[就戮時臨] (十經 20上3)
㉢ 법륜음여래가 덕을 베푸시다[如來降德] (二時)
㉣ 공경히 예배하고 청법하다[敬申禮請] (三爾)
㉤ 법좌에 나아가 경을 말씀하다[就座談經] (四以)

---

52) 確은 嘉弘南續本作礭, 源大金本作確 嘉興藏音釋云 礭同確.

經半月已하여 於最後日에 國王大臣과 長者居士와 城邑人民과 及諸外道가 悉來集會러니 時에 法輪音虛空燈王如來가 知諸衆生의 調伏時至하시고 與大衆俱하되 天王은 圍遶하며 龍王은 供養하며 夜叉王은 守護하며 乾闥婆王은 讚歎하며 阿修羅王은 曲躬頂禮하며 迦樓羅王은 以淸淨心으로 散諸寶華하며 緊那羅王은 歡喜勸請하며 摩睺羅伽王은 一心瞻仰하여 來入彼會어시늘

爾時太子와 及諸大衆이 遙見佛來에 端嚴殊特하사 諸根寂定이 如調順象하며 心無垢濁이 如淸淨池하며 現大神通하며 示大自在하며 顯大威德하며 種種相好로 莊嚴其身하며 放大光明하여 普照世界하며 一切毛孔에 出香焰雲하며 震動十方無量佛剎하며 隨所至處하여 普雨一切諸莊嚴具하며 以佛威儀와 以佛功德으로 衆生見者가 心淨歡喜하여 煩惱消滅하니라 爾時太子와 及諸大衆이 五體投地하여 頂禮其足하며 安施牀座하고 合掌白言하되 善來世尊하 善來善逝하 唯願哀愍하사 攝受於我하사 處于此座하소서 以佛神力으로 淨居諸天이 卽變此座하여 爲香摩尼蓮華之座어늘 佛坐其上하시니 諸菩薩衆도 亦皆就座하여 周帀圍遶하니라

時彼會中에 一切衆生이 因見如來하여 苦滅障除하니 堪受聖法이라 爾時如來가 知其可化하사 以圓滿音으로 說修多羅하시니 名普照因輪이라 令諸衆生으로 隨類各解케하시니라

ⓙ 이렇게 보름이 지나서 마지막 날이 되었는데, ⓚ 임금과

대신과 장자와 거사와, 성 안에 있는 백성들과 여러 외도들이 모두 모여 왔다. ㉤ 이때에 법륜음허공등왕여래께서 중생들을 조복할 때가 된 줄을 아시고 대중들과 함께 이 동산으로 오시는데 천왕들은 둘러싸고 용왕은 공양하고 야차왕은 수호하고 건달바왕은 찬탄하고 아수라왕은 허리 굽혀 절하고 가루라왕은 깨끗한 마음으로 보배 꽃을 흩고 긴나라왕은 환희하여 권하고 마후라가왕은 일심으로 우러러보면서 모임 가운데로 들어왔다.

㉥ 이때 태자와 대중들은 부처님 오시는 것을 멀리서 보았다. 단정하고 존엄하고 특별하시며 여러 기관이 고요하심은 길 잘든 코끼리 같고, 마음에 때가 없기는 깨끗한 못과 같으며, 큰 신통을 나투시고 크게 자재하심을 보이시고 큰 위덕을 나타내시며 여러 가지 거룩한 모습으로 몸을 장엄하였고, 큰 광명을 놓아 널리 세계에 비추며 모든 털구멍으로는 향기 불꽃 구름을 내어 시방의 한량없는 세계를 진동하며, 이르는 곳마다 여러 가지 장엄거리를 비 내리시니, 부처님의 위의와 부처님의 공덕으로 보는 중생들의 마음이 깨끗하고 환희하여 번뇌가 소멸되었다. 이때 태자와 대중들은 땅에 엎드려 부처님 발에 절하고 평상을 차려 놓고 합장하고 여쭈었다. '잘 오시나이다. 세존이시여, 잘 오시나이다. 부처님이시여, 바라옵건대 저희들을 가엾이 여기시며 저희들을 거두어 주시사 이 자리에 앉으시옵소서.' 부처님의 신통한 힘으로 정거천 사람들이 그 자리를 변화하여 향마니 연화좌를 만드니, 부처님은 그 위에 앉으시고 보살 대

중도 자리에 나아가 들러앉았다.

㉓ 그때 모임 가운데 있던 모든 중생은 여래를 뵈옵고 괴로움이 멸하고 장애가 없어져서 거룩한 법을 들을 만하였다. 여래께서는 교화할 시기인 줄을 아시고 원만한 음성으로 경을 말씀하시니, 그 이름은 원인을 두루 비추는 해라, 여러 중생이 제 나름대로 이해하였다.

[疏] 十, 經半月下는 如來親救라 於中에 六이니 一, 就戮時臨이요 二, 時法輪下는 如來降德이요 三, 爾時太子下는 敬申禮請이요 四, 以佛神下는 就座談經이라 言普照因輪者는 謂令知善惡이 各自有因이니 罪人은 惡因所招요 太子는 善因當滿故라

① 經半月 아래는 여래께서 친히 구제하심이다. 그중에 여섯 과목이니 ㉠ 죽일 때가 되어 부처님이 친히 오심이요, ㉡ 時法輪 아래는 법륜음여래가 덕을 베푸심이요, ㉢ 爾時太子 아래는 공경히 예배하고 청법함이요, ㉣ 以佛神 아래는 법좌에 나아가 경을 말씀하심이다. '원인을 두루 비추는 해[普照因輪]'란 이른바 선과 악이 각기 자신에게 원인이 있음을 알게 함이니 죄인의 나쁜 업이 초래한 원인을 태자가 착한 인행으로 맞추어 만족하게 하는 까닭이다.

㉔ 인연 대중에 널리 이익 주다[廣益當機] (五時 20上7)
㉕ 선복태자가 법을 깨닫다[太子得法] (六善)

時彼會中에 有八十那由他衆生이 遠塵離垢하여 得淨法眼하며 無量那由他衆生이 得無學地하며 十千衆生이 住

大乘道하고 入善賢行하여 成滿大願하니 當爾之時하여 十
方各百佛刹微塵數衆生이 於大乘中에 心得調伏하며 無
量世界一切衆生이 免離惡趣하고 生於天上하며 善伏太
子가 卽於此時에 得菩薩敎化衆生令生善根解脫門하니라
㉡ 그 회중에 있던 80나유타 중생들은 티끌과 때를 멀리 여
의고 깨끗한 법 눈을 얻었으며, 한량없는 나유타 중생들은 배
울 것 없는 지위를 얻었고, 10천 중생은 대승의 도에 머물러
서 보현의 행에 들어가 큰 서원을 성취하였다. 이때에 시방
으로 각각 백 세계의 티끌 수 중생들은 대승법 가운데서 마
음이 조복되고 한량없는 세계의 모든 중생은 나쁜 길을 여의
고 천상에 태어났고, ㉣ 잘 조복하는 태자는 그 즉시로 보살
이 중생을 교화하여 착한 뿌리를 내게 하는 해탈문을 얻었다.

[疏] 五, 時彼會下는 廣益當機요 六, 善伏下는 太子得法이라
- ㉡ 時彼會 아래는 인연 대중에 널리 이익 줌이요, ㉣ 善伏 아래는 선
복태자가 법을 깨달음이다.

[鈔] 臏謂刖足者는 然俗有五刑하니 劓와 墨과 宮과 割과 臏은 大辟也니라
- '빈형(臏刑)은 발을 자르는 종류'란 그런데 세속에 다섯 가지 형벌이
  있어서 코 베는 의형(劓刑), 몸에 먹으로 글자 새기는 묵형(墨刑), 생식
  기를 없애는 궁형(宮刑),[53] 사지를 자르는 할형(割刑), 정강이뼈를 베

---

53) 궁형(宮刑) : 고대 중국에서 시행되던 다섯 가지 형벌 중 하나이다. 남자는 생식기를 없애거나 썩혔으며, 여자는 질을 폐쇄시켜 자손 생산을 불가능하게 했다. 가장 대표적인 궁형의 방법은 고환을 실이나 줄로 친친 묶어두어서 그것이 썩어서 떨어져 나가게 하는 것이었다. 다리 하나를 절단하는 월형(刖刑), 코를 베는 의형(劓刑) 피부에 검은 문신을 새기는 묵형(墨刑), 사지를 자르는 할형(割刑), 정강이뼈를 베는 빈형(臏刑) 등이다. 臏 정강이뼈 빈. 刖 벨 월. 劓 코 벨 의. 墨 글자 새길 묵. 宮 썩힐 궁.

는 빈형(臏刑) 등이니 '큰 허물'이란 뜻이다.

ⓒ 옛과 지금을 결론하여 회통하다[結會古今] 4.
ⓐ 자신의 일로 결론하다[結自身] (二善 21下3)
ⓑ 대신을 결론하다[結大臣] (二結)
ⓒ 감옥의 죄수를 결론하다[結獄囚] (三結)
ⓓ 왕의 권속을 결론하다[結王屬] (四結)

善男子여 爾時太子가 豈異人乎아 我身이 是也니 我因往昔에 起大悲心하여 捨身命財하여 救苦衆生하며 開門大施하여 供養於佛하여 得此解脫하라 佛子여 當知하라 我於爾時에 但爲利益一切衆生일새 不着三界하며 不求果報하며 不貪名稱하며 不欲自讚하여 輕毀於他하며 於諸境界에 無所貪染하며 無所怖畏하고 但莊嚴大乘出要之道하며 常樂觀察一切智門하여 修行苦行하여 得此解脫하라 佛子여 於汝意云何오 彼時에 五百大臣이 欲害我者는 豈異人乎아 今提婆達多等五百徒黨이 是也니 是諸人等이 蒙佛敎化하여 皆當得阿耨多羅三藐三菩提라 於未來世에 過須彌山微塵數劫하여 爾時有劫하니 名善光이요 世界는 名寶光이어든 於中成佛하여 其五百佛이 次第興世하리니 最初如來는 名曰大悲요 第二는 名饒益世間이요 第三은 名大悲師子요 第四는 名救護衆生이며 乃至最後는 名曰醫王이니 雖彼諸佛이 大悲平等이나 然其國土와 種族父母와 受生誕生과 出家學道와 往詣道

場과 轉正法輪과 說修多羅와 語言音聲과 光明衆會와 壽命法住와 及其名號는 各各差別하리라

佛子여 彼諸罪人을 我所救者는 卽拘留孫等賢劫千佛과 及百萬阿僧祇諸大菩薩이 於無量精進力名稱功德慧如來所에 發阿耨多羅三藐三菩提心하고 今於十方國土에 行菩薩道하여 修習增長此菩薩教化衆生令生善根解脫者가 是며 時에 勝光王은 今薩遮尼乾子大論師가 是며 時에 王宮人과 及諸眷屬은 卽彼尼乾六萬弟子가 與師俱來하여 建大論幢하고 共佛論議어늘 悉降伏之하여 授阿耨多羅三藐三菩提記者가 是니 此諸人等이 皆當作佛하되 國土莊嚴과 劫數名號가 各各有異하리라

착한 남자여, ⓐ 그때의 태자는 다른 이가 아니라 곧 내 몸이었으니, 나는 옛적에 크게 가엾이 여기는 마음을 내어 몸과 목숨과 재물을 버리어서 고통받는 중생들을 구제하였고, 크게 보시하는 문을 열고 부처님께 공양하였으므로 이 해탈을 얻었노라. 불자여, 나는 그때에 다만 모든 중생을 이익하려 하였을 뿐이고, 세 세계에 애착하지도 않고 과보를 구하지도 않고 명예를 탐하지도 않고, 자기는 칭찬하고 남은 훼방하지도 않았으며, 모든 경계에 대하여 탐내고 물들지도 않고 두려워함도 없었으며, 오직 대승으로 벗어날 길을 장엄하고, 온갖 지혜의 문을 관찰하기를 좋아하면서 고행을 닦아 이 해탈문을 얻었노라. ⓑ 불자여, 그대는 어떻게 생각하는가? 그때 나를 해하려 하던 5백 대신이 어찌 다른 사람이랴. 지금의 제바달다의 5백 무리들이니, 이 사람들도

부처님의 교화를 받고 다 아눗다라삼약삼보디를 얻을 것이니라. 오는 세상에 수미산의 티끌 수 겁을 지나서 그때에 겁의 이름은 착한 빛이요, 세계의 이름은 보배 광명이니, 그 가운데서 성불하여 5백 부처님이 차례로 세상에 나실 터이니라. 첫 부처님 이름은 대비시고, 둘째 부처님은 요익세간이시고, 셋째 부처님은 대비사자이시고, 넷째 부처님은 구호중생이시며, 내지 마지막 부처님은 의왕이시니라. 비록 여러 부처님의 가엾이 여기심이 평등하거니와, 그 국토와 문벌과 부모와 태어나서 탄생하고 출가하여 도를 닦고 도량에 나아가 바른 법륜을 굴리어 경을 말씀하시는 말씀과 음성과 광명과 모인 대중과 수명과 법이 세상에 머무는 일과 그 명호는 각각 다르시니라.

ⓒ 불자여, 내가 구원한 그 죄인들은 곧 구루손 등 현겁의 1천 부처님과 백만 아승지 큰보살들로서 무량정진력명칭공덕혜여래에게서 아눗다라삼약삼보디심을 내었고, 지금 시방의 국토에서 보살의 도를 행하며 이 보살이 중생을 교화하여 착한 뿌리를 내게 하는 해탈을 닦아서 늘게 하는 이들이니라. ⓓ 그때의 훌륭한 빛 임금은 지금의 살차니건자 대논사요, 그 왕궁에 있던 이와 권속들은 니건의 6만 제자로서 스승과 함께 와서 큰 논의 당기를 세우고 부처님과 논의하다가 항복하여 아눗다라삼약삼보디의 수기를 받은 이들이니 이 사람들도 장래에 부처를 이룰 것이며, 그 국토의 장엄과 겁의 수와 명호는 각각 다르니라.

[疏] 二, 善男子爾時太子下는 結會古今이라 分四니 初, 結自身하여 正酬發心之問이요 二, 結大臣이요 三, 結獄囚요 四, 結王屬이니 並文處를 可知니라 薩遮는 有也오 尼乾은 不繫也니 裸形自餓하여 不繫衣食故니라

- ㉡ 善男子爾時太子 아래는 옛과 지금을 결론하여 회통함이니 넷으로 나누리라. ⓐ 자신의 일로 결론함이니, 발심에 대한 질문에 대답함이요, ⓑ 대신을 결론함이요, ⓒ 감옥의 죄수를 결론함이요, ⓓ 왕의 권속을 결론함이니, 경문과 함께하면 알 수 있으리라. 살자(薩遮)는 있다는 뜻이며, 니건(尼乾)은 얽매이지 않음의 뜻이니 벌거벗은 형상과 스스로 굶주려서 옷과 음식에 속박되지 않는 까닭이다.

㉢ 출가해서 법을 깨닫다[出家得法] (三佛 22上9)

佛子여 我於爾時에 救罪人已에 父母聽我捨離國土妻子財寶어늘 於法輪音虛空燈王佛所에 出家學道하고 五百歲中에 淨修梵行하여 卽得成就百萬陀羅尼와 百萬神通과 百萬法藏과 百萬求一切智勇猛精進하여 淨治百萬堪忍門하며 增長百萬思惟心하며 成就百萬菩薩力하며 入百萬菩薩智門하며 得百萬般若波羅蜜門하며 見十方百萬諸佛하며 生百萬菩薩大願하며 念念中에 見十方各照百萬佛刹하며 念念中에 憶念十方世界前後際劫百萬諸佛하며 念念中에 知十方世界百萬諸佛變化海하며 念念中에 見十方百萬世界所有衆生의 種種諸趣와 隨業所受와 生時死時와 善趣惡趣와 好色惡色하며 其諸衆生의 種

種心行과 種種欲樂과 種種根性과 種種業習과 種種成就를 皆悉明了하노라

불자여, 나는 그때에 죄인을 구원하고는 부모의 허락을 얻어 국토와 처자와 재물을 버리고 법륜음허공등왕 부처님 계신 데서 출가하여 도를 배우며 5백 년 동안 범행을 닦아서 백만 다라니와 백만 신통과 백만 법장을 성취하고 백만의 온갖 지혜를 구하려고 용맹하게 정진하며 백만의 참는 문을 깨끗하게 다스리고 백만의 생각하는 마음을 늘게 하고 백만의 보살의 힘을 성취하고 백만의 보살 지혜의 문에 들어가 백만의 반야바라밀다 문을 얻었노라.

(1) 시방의 백만 부처님을 뵈옵고 백만 보살의 큰 원을 내었으며, (2) 생각마다 시방으로 각각 백만의 부처님 세계를 비추어 보고, (3) 생각마다 시방세계의 지난 겁과 오는 겁에 나시는 백만 부처님을 기억하고, (4) 생각마다 시방세계의 백만 부처님의 변화 바다를 알고, (5) 생각마다 시방의 백만 세계에 중생들이 여러 가지 길에서 업을 따라 태어나는 때·죽는 때와, (6) 착한 길·나쁜 길과·좋은 모습·나쁜 모습을 보며, (8) 그 중생들의 갖가지 마음과 (9) 갖가지 욕망과 (10) 갖가지 근성과 (11) 갖가지 익힌 업과 (12) 갖가지 성취함을 다 분명하게 아노라.

[疏] 三, 佛子我於爾時下는 明出家得法이라 各言百萬은 義當彼時에 已得四地니라

- ㉢ 佛子我於爾時 아래는 출가해서 법을 깨달음이다. 각기 백만이라

말한 것은 이치로 저 때가 이미 제4. 염혜지를 얻음에 해당한다는 뜻
이다.

[鈔] 義當彼時已得四地者는 初地는 百이요 二地는 千이요 三地는 萬이요
四地는 百萬故니라
● '이치로 저 때가 이미 제4. 염혜지를 얻음에 해당한다'는 것은 초지는
백이요, 제2. 이구지는 천이요, 제3. 발광지는 만이요, 제4. 염혜지는
백만이기 때문이다.

② 생을 바꾸어 부처님을 친견하고 수행하다[轉生値佛修行]
(二佛 23上4)

佛子여 我於爾時命終之後에 還復於彼王家受生하여 作
轉輪王하여 彼法輪音虛空燈王如來滅後에 次卽於此에
値法空王如來하여 承事供養하며 次爲帝釋하여 卽此道
場에 値天王藏如來하여 親近供養하며 次爲夜摩天王하
여 卽於此世界에 値大地威力山如來하여 親近供養하며
次爲兜率天王하여 卽於此世界에 値法輪光音聲王如來
하여 親近供養하며 次爲化樂天王하여 卽於此世界에 値
虛空智王如來하여 親近供養하며 次爲他化自在天王하
여 卽於此世界에 値無能壞幢如來하여 親近供養하며 次
爲阿修羅王하여 卽於此世界에 値一切法雷音王如來하
여 親近供養하며 次爲梵王하여 卽於此世界에 値普現化
演法音如來하여 親近供養하라 佛子여 此寶光世界善光

劫中에 有一萬佛이 出興于世어시늘 我皆親近하여 承事供養하라

불자여, 나는 (1) 그때에 목숨이 마친 뒤에 다시 그 왕가에 태어나서 전륜왕이 되었고, (2) 법륜음허공등왕여래가 열반한 뒤에 또 여기서 법공왕여래를 만나서 받자와 섬기고 공양하였으며, (3) 다음에는 제석이 되어 이 도량에서 천왕장여래를 만나 친근하고 공양하였으며, (4) 다음에는 수야마천왕이 되어 이 세계에서 대지위력산여래를 만나 친근하고 공양하였으며, (5) 다음에는 도솔타천왕이 되어 이 세계에서 법륜광음성왕여래를 만나 친근하고 공양하였으며, (6) 다음에는 화락천왕이 되어 이 세계에서 허공지왕여래를 만나 친근하고 공양하였으며, (7) 다음에는 타화자재천왕이 되어 이 세계에서 무능괴당여래를 만나 친근하고 공양하였으며, (8) 다음에는 아수라왕이 되어 이 세계에서 일체법뇌음왕여래를 만나 친근하고 공양하였으며, (9) 다음에는 범왕이 되어 이 세계에서 보현화연법음여래를 만나 친근하고 공양하였노라. 불자여, 이 보배 광명 세계의 착한 빛 겁 가운데서 1만 부처님이 세상에 나시었는데, 내가 다 친근하게 섬기고 공양하였노라.

[疏] 二, 佛子我於爾時命終下는 明轉生値佛修行하여 略列八佛하고 通結一萬이니라

■ ② 佛子我於爾時命終 아래는 생을 바꾸어 부처님 친견하고 수행함을 밝힘이니, 간략히 여덟 부처님을 나열하여 통틀어 1만으로 결론

하였다.

㈢ 일광겁의 역사[日光劫] 3.
① 총합하여 표방하고 거론하다[總標擧] (第二 24上2)
② 열 분 부처님을 나열하다[列十佛] (次最)
③ 득법을 결론하다[結得法] (後於)

次復有劫하니 名曰日光이요 有六十億佛이 出興於世하시니 最初如來가 名妙相山이며 我時爲王하니 名曰大慧니 於彼佛所에 承事供養하며 次有佛出하시니 名圓滿肩이니 我爲居士하여 親近供養하며 次有佛出하시니 名離垢童子니 我爲大臣하여 親近供養하며 次有佛出하시니 名勇猛持니 我爲阿修羅王하여 親近供養하며 次有佛出하시니 名須彌相이니 我爲樹神하여 親近供養하며 次有佛出하시니 名離垢臂니 我爲商主하여 親近供養하며 次有佛出하시니 名師子遊步니 我爲城神하여 親近供養하며 次有佛出하시니 名爲寶髻니 我爲毘沙門天王하여 親近供養하며 次有佛出하시니 名最上法稱이니 我爲乾闥婆王하여 親近供養하며 次有佛出하시니 名光明冠이니 我爲鳩槃茶王하여 親近供養하노라
於彼劫中에 如是次第有六十億如來가 出興於世어시늘 我常於此에 受種種身하여 一一佛所에 親近供養하여 敎化成就無量衆生하며 於一一佛所에 得種種三昧門과 種種陀羅尼門과 種種神通門과 種種辯才門과 種種一切智

門과 種種法明門과 種種智慧門하여 照種種十方海하며 入種種佛刹海하며 見種種諸佛海하여 清淨成就하며 增長廣大하나라

㈢ 다음에 또 겁이 있으니 이름이 일광겁이라. 60억 부처님이 세상에 나셨는데, (1) 맨 처음 부처님의 이름이 묘상산이시고, 나는 큰 지혜라는 왕이 되어 그 부처님을 받자와 섬기며 공양하였고, (2) 다음에 나신 부처님은 원만견이신데 나는 거사가 되어 친근하며 공양하였고, (3) 다음에 나신 부처님은 이구동자신데 나는 대신이 되어 친근하며 공양하였고, (4) 다음 나신 부처님은 용맹지신데 나는 아수라왕이 되어 친근하며 공양하였고, (5) 다음에 나신 부처님은 수미상이신데 나는 나무 맡은 신이 되어 친근하며 공양하였고, (6) 다음에 나신 부처님은 이구비신데 나는 장사 물주가 되어 친근하며 공양하였고, (7) 다음에 나신 부처님은 사자유보신데 나는 성 맡은 신이 되어 친근하며 공양하였고, (8) 다음에 나신 부처님은 보계신데 나는 비사문 천왕이 되어 친근하며 공양하였고, (9) 다음에 나신 부처님은 최상법칭이신데 나는 건달바왕이 되어 친근하며 공양하였고, (10) 다음에 나신 부처님은 광명관이신데 나는 구반다왕이 되어 친근하며 공양하였노라.

그 겁 가운데 이렇게 차례로 60억 여래가 세상에 나시었는데, 나는 항상 여기에서 여러 가지 몸을 받아 가지고 부처님 계신 데마다 친근하며 공양하면서 한량없는 중생을 교화하여 성취케 하였고, 날날 부처님 계신 데서 갖가지 삼매문과

갖가지 다라니문과 갖가지 신통문과 갖가지 변재문과 갖가지 온갖 지혜의 문과 갖가지 법을 밝히는 문과 갖가지 지혜의 문을 얻어, 갖가지 시방 바다를 비추며, 갖가지 부처님 세계 바다에 들어가며 갖가지 부처님 바다를 보아서 청정하게 성취하며 증장하고 광대케 하였노라.

[疏] 第二, 次復有劫下는 明日光劫中에 値佛修行이라 中에 三이니 初, 總標擧요 次, 最初下는 別列十佛이요 後, 於彼劫下는 總結得法이라

■ ㈡ 次復有劫 아래는 일광겁의 역사를 밝힘 중에 부처님 만나고 수행함이니 그중에 셋이다. ① 총합하여 표방하고 거론함이요, ② 最初 아래는 열 분 부처님을 나열함이요, ③ 於彼劫 아래는 법을 깨달음으로 결론함이다.

㈢ 시간과 장소를 결론하다[總結時處] (第三 24上9)

如於此劫中에 親近供養爾所諸佛하여 於一切處一切世界海微塵數劫에 所有諸佛이 出興於世어시든 親近供養하여 聽聞說法하고 信受護持도 亦復如是하여 如是一切諸如來所에 皆悉修習此解脫門하며 復得無量解脫方便하라

㈢ 이 겁에서 저러한 부처님을 친근하며 공양한 것처럼, 모든 곳에서 온갖 세계해의 티끌 수 겁에 모든 부처님이 세상에 나실 적마다 친근하고 공양하며, 법문을 듣고 믿어 받고 보호해 가지기도 또한 그렇게 하였으며, 이러한 모든 부처

님 처소에서 이 해탈문을 닦아 익혔으며, 다시 한량없는 해탈의 방편을 얻었노라.

[疏] 第三, 如於此劫下는 總結時處니 修行得法이니라
- ㉛ 如於此劫 아래는 시간과 장소를 총합 결론함이니 수행하여 법을 깨닫는다는 뜻이다.

(b) 게송으로 거듭 노래하다[偈頌] 4.
㊀ 한 게송은 힘을 받들어 설법을 허락하다[一偈頌承力許說]

(第二 24下4)

爾時에 救護一切衆生主夜神이 欲重宣此解脫義하사 卽爲善財하여 而說頌言하되
이때 모든 중생을 구호하는 밤 맡은 신이 이 해탈의 뜻을 거듭 펴려고 선재동자에게 게송을 말하였다.

汝以歡喜信樂心으로　　　問此難思解脫法일새
我承如來護念力하여　　　爲汝宣說應聽受어다
그대가 환희하여 믿는 마음으로
부사의한 해탈법을 내게 물으니
부처님의 염려하는 힘을 받자와
그대에게 말하노니 자세히 들어라.

[疏] 第二, 偈頌이라 中에 有三十四頌을 分四니 初, 一頌은 承力許說이라

■ (b) 게송으로 거듭 노래함이다. 그중에 34개 게송을 넷으로 나누리니 ㊀ 한 게송은 힘을 받들어 설법을 허락함이다.

㊁ 두 게송은 옛 부처님이 출현하시다[二偈頌古佛出興] (次二 24下10)

過去無邊廣大劫에　　　　　　過於刹海微塵數하여
時有世界名寶光이요　　　　　其中有劫號善光이라
그지없고 넓고 큰 지나간 겁이
세계 바다 티끌 수 보다 많은데
그때의 세계 이름 보배의 광명이며
그 세계의 겁 이름 착한 빛이다.

於此善光大劫中에　　　　　　一萬如來出興世어시늘
我皆親近而供養하고　　　　　從其修學而解脫하라
이 시절의 착한 빛 큰 겁 동안에
1만 여래 세상에 나시는 이를
내가 모두 친근하고 공양하면서
그를 따라 배우고 해탈 얻었네.

[疏] 次, 二頌은 古佛出興이라
■ ㊁ 두 게송은 옛 부처님이 출현하심이다.

㊂ 한 개 반의 게송은 선대왕이 다스려 교화하다[一偈半頌先王治化]
(次一 25上4)

時有王都名喜嚴이니 　　　　　縱廣寬平極殊麗하여
雜業衆生所居住라　　　　　　或心淸淨或作惡이로다
그때에 서울 이름 기쁜 장엄이니
사방이 반듯하고 매우 화려해
여러 업을 지은 중생 살고 있는데
어떤 이는 청정하고 어떤 이는 악하더라.

爾時有王名勝光이라　　　　　恒以正法御群生이러니
그 서울에 훌륭한 빛 임금이 있어
언제나 정법으로 중생을 교화하는데

[疏] 次, 一偈半은 先王治化라
■　㈢ 한 개 반의 게송은 선대왕이 다스려 교화함이요,

㈣ 나머지 게송은 야신이 닦은 인행을 노래하다[餘頌夜神修因] 4.
① 아홉 개 반의 게송은 재가 시절의 본사[九偈半頌在家本事]
　　　　　　　　　　　　　(餘頌 26上10)

其王太子名善伏이니　　　　　形體端正備衆相이로다
잘 조복하는 이라는 태자 있으니
형상이 단정하고 모습은 거룩하여

時有無量諸罪人이　　　　　　繫身牢獄當受戮이어늘
太子見已生悲愍하여　　　　　上啓於王請寬宥한대

그때에 한량없는 여러 죄인들이
옥중에 갇히어서 죽게 되는데
태자는 그를 보고 자비한 마음으로
왕에게 여쭙기를 '용서하소서.'

爾時諸臣共白王하되　　今此太子危王國이니이다
如是罪人應受戮이어늘　如何悉救令除免이리잇고
이때에 신하들은 왕께 말하되
태자의 이런 말은 나라 망치니
죄인들은 형벌을 받아야 하는데
어떻게 용서하여 주게 되리까?

時勝光王語太子하시되　汝救彼罪自當受리라
太子哀念情轉深하여　　誓救衆生無退怯이러니
태자에게 훌륭한 빛 임금의 말씀이
'용서하면 그 죄를 네가 받는다.'
태자는 자비하신 마음이 간절하여
중생들을 구하기에 겁이 없었다.

時王夫人婇女等이　　　俱來王所白王言하되
願放太子半月中에　　　布施衆生作功德케하소서
그때에 왕의 부인이 시녀 데리고
임금 앞에 나아가 아뢰는 말씀이
'태자에게 허락하여 보름 동안만

보시하여 공덕을 짓게 하소서.'

時王聞已卽聽許한대　　　　　設大施會濟貧乏할새
一切衆生靡不臻이라　　　　　隨有所求咸給與러니
대왕은 이 말을 듣고 허락하여서
보시회를 마련하고 가난을 구제하여
모든 중생 그곳으로 모여드는데
요구대로 모든 것 베풀어 주나니

如是半月日云滿에　　　　　太子就戮時將至라
大衆百千萬億人이　　　　　同時瞻仰俱號泣이러니
이렇게 보시하기 보름이 차서
태자의 죽을 시간 닥쳐왔으매
백천만억 사람들 몰려들어서
한꺼번에 쳐다보고 울부짖는다.

彼佛知衆根將熟하고　　　　而來此會化群生하시되
顯現神變大莊嚴하시니　　　靡不親近而恭敬이어늘
여러 사람 근성이 익은 줄 알고
중생을 교화하려 부처님이 오셔서
신통변화 나투어 장엄하시니
친근하여 공경하지 않는 이 없네.

佛以一音方便說　　　　　　法燈普照修多羅하시니

無量衆生意柔軟하여 　　　　悉蒙與授菩提記로다
부처님이 한결같은 음성과 방편으로써
두루 비추는 경을 말씀하시니
한량없는 중생들 마음이 화평하여
아뇩보리 수기를 모두 받았고

善伏太子生歡喜하여 　　　　發興無上正覺心하고
誓願承事於如來하여 　　　　普爲衆生作依處러니
잘 조복하는 태자 즐거운 마음으로
위없는 보리심을 일으키려고
여래를 섬기려는 서원 세우고
중생의 의지할 곳 되어지려고

[疏] 餘頌은 夜神修因이라 於中에 四니 初, 九偈半은 頌在家本事라

■ ㈣ 나머지 게송은 야신이 닦은 인행이다. 그중에 넷이니 ① 아홉 개 반의 게송은 재가 시절의 본사를 노래함이요,

② 한 게송은 출가해서 법을 깨닫다[一偈頌出家得法] (次一 26下1)

便卽出家依佛住하여 　　　　修行一切種智道일새
爾時便得此解脫하여 　　　　大悲廣濟諸群生이로다
그러고는 부처님을 따라 출가해서
온갖 가지 지혜의 길을 닦아서
그때에 이 해탈문 법을 얻은 후

큰 자비로 모든 중생 제도하였고

[疏] 次, 一偈는 頌出家得法이라
- ② 한 게송은 출가해서 법을 깨달음이요,

③ 두 게송은 1만 부처님을 섬긴 일을 노래하다[二偈頌事佛一萬]

(三有 26下1)

於中止住經劫海하여　　諦觀諸法眞實性하고
常於苦海救衆生하여　　如是修習菩提道할새
그 속에서 겁 바다를 지나가면서
모든 법의 참된 성품 자세히 살피고
언제나 고해에서 중생 건지며
이렇게 보리도를 닦아 익히고

劫中所有諸佛現을　　悉皆承事無有餘하여
咸以淸淨信解心으로　　聽聞持護所說法하며
그 겁에서 나시는 모든 부처님을
받자와 섬기면서 남기지 않고
청정하게 믿고 아는 마음으로써
말씀하신 법문 듣고 지니었으며

[疏] 三, 有二偈는 頌一萬佛이라
- ③ 두 게송은 1만 부처님을 섬긴 일을 노래함이요,

④ 17개 게송은 시간과 장소를 총합 결론하다[十七偈頌總結時處] 3.
㉮ 한 게송은 간략히 표방하다[一偈略標] (四次 28上6)

次於佛刹微塵數　　　　　無量無邊諸劫海에
所有諸佛現世間을　　　　一一供養皆如是로다
그 다음에 세계의 티끌 수처럼
한량없고 그지없는 겁 바다에서
그 세상에 나시는 모든 부처님을
모두 다 이와 같이 공양하였소.

㉯ 세 게송은 총합하여 회통하다[三偈總會] (次三 28上7)

我念往昔爲太子하여　　　見諸衆生在牢獄하고
誓願捨身而救護일새　　　因其證此解脫門하라
나는 옛날 태자로 있었을 적에
중생들이 옥중에 갇힘을 보고
서원코 몸을 버려 구원했으며
그 연유로 이 해탈문을 증득하였고

經於佛刹微塵數　　　　　廣大劫海常修習하여
念念令其得增長하고　　　復獲無邊巧方便하라
세계에 티끌처럼 많은 겁 바다
지내 오며 이것을 항상 익히어
생각 생각 그 법문 증장케 하고

그지없는 좋은 방편 다시 얻었소.

　　　彼中所有諸如來를　　　　　我悉得見蒙開悟하여
　　　令我增明此解脫과　　　　　及以種種方便力하라
　　　저 가운데 나 계시는 여러 부처님
　　　내가 모두 뵈옵고 깨달았으며
　　　내가 얻은 해탈문 더욱 밝았고
　　　가지가지 방편도 함께 늘었소.

㈑ 13개 게송은 법을 깨달음을 노래하다[十三偈得法] (後十 28上7)

　　　我於無量千億劫에　　　　　學此難思解脫門일새
　　　諸佛法海無有邊을　　　　　我悉一時能普飮하라
　　　한량없는 천만억 오랜 겁 동안
　　　부사의한 해탈문 배워 얻었고
　　　부처님 법 바다 그지없거늘
　　　나는 모두 한꺼번에 능히 마셨소.

　　　十方所有一切刹에　　　　　其身普入無所礙하여
　　　三世種種國土名을　　　　　念念了知皆悉盡하라
　　　시방에 많이 있는 모든 세계에
　　　이 몸이 들어가서 걸림이 없고
　　　세 세상 가지가지 국토의 이름
　　　잠깐잠깐 모두 알아 남김 없으며

三世所有諸佛海를　　　　　一一明見盡無餘하며
亦能示現其身相하여　　　　普詣於彼如來所하라
세 세상의 수없는 부처님 바다
낱낱이 분명하게 모두 보았고
그 몸의 모습까지 나타내어서
여래의 계신 곳에 두루 나가며

又於十方一切刹　　　　　一切諸佛導師前에
普雨一切莊嚴雲하여　　　　供養一切無上覺하며
그리고 또 시방의 모든 세계에
모든 부처님의 계신 데마다
여러 가지 장엄 구름 널리 비 내려
위없는 무상각께 공양하였고

又以無邊大問海로　　　　　啓請一切諸世尊하여
彼佛所雨妙法雲을　　　　　皆悉受持無忘失하며
또 다시 그지없는 물음으로써
수많은 세존들께 여쭈어 보고
그 부처님 말씀하는 묘한 법 구름
모두 받아 지니어 잊지 않았고

又於十方無量刹　　　　　一切如來衆會前에
坐於衆妙莊嚴座하여　　　　示現種種神通力하며
시방의 한량없는 모든 세계에

계시는 부처님과 대중 앞에서
기묘하게 장엄한 자리에 앉아
가지가지 신통한 힘 나타냈으며

又於十方無量刹에　　　　　示現種種諸神變하되
一身示現無量身하고　　　　無量身中現一身하며
시방의 한량없는 여러 세계에
가지가지 신통변화 나타내는데
한 몸에 한량없는 몸을 나투고
한량없는 몸속에 한 몸 나투며

又於一一毛孔中에　　　　　悉放無數大光明하여
各以種種巧方便으로　　　　除滅衆生煩惱火하며
또 다시 하나하나 털구멍 속에
수없는 큰 광명을 두루 놓으며
가지가지 교묘한 방편으로써
중생의 번뇌 불을 꺼서 멸하고

又於一一毛孔中에　　　　　出現無量化身雲하여
充滿十方諸世界하여　　　　普雨法雨濟群品하라
또 다시 하나하나 털구멍 속에
한량없는 화신 구름 나타내어서
시방의 온 세계에 가득히 차게 하여
법 비를 두루 내려 중생을 제도했네.

十方一切諸佛子가　　　　　　入此難思解脫門하여
悉盡未來無量劫토록　　　　　安住修行菩薩行이어든
시방에 수가 없는 모든 불자들은
부사의한 이 해탈문 빨리 들어가
오는 세상 한량없는 겁이 다하도록
편안히 보살행을 닦아 행하며

隨其心樂爲說法하여　　　　　令彼皆除邪見網하고
示以天道及二乘과　　　　　　乃至如來一切智하라
좋아하는 마음 따라 법을 말하여
저들의 삿된 소견 없애 버리고
하늘 길과 성문과 연각들이며
여래의 온갖 지혜 보여 주시며

一切衆生受生處에　　　　　　示現無邊種種身하여
悉同其類現衆像하여　　　　　普應其心而說法하니
모든 중생 태어나는 곳을 따라서
그지없는 갖가지 몸을 보이되
그들의 종류 따라 형상 나투며
그 마음 맞추어서 법을 말하니

若有得此解脫門이면　　　　　則住無邊功德海하되
譬如刹海微塵數하여　　　　　不可思議無有量이로다
누구나 이 해탈문 얻기만 하면

그지없는 공덕 바다 머무르리니
세계해의 티끌 수가 한량없듯이
헤아릴 수가 없고 끝이 없으리.

[疏] 四, 次於佛刹下의 有十七偈는 頌總結時處得法이라 於中에 三이니 初一은 略標요 次三은 總會古今이요 後, 十三偈는 重頌末後에 得法深廣이라

■ ④ 次於佛刹 아래에 17개 게송이 있으니 법을 깨달은 시간과 장소를 총합 결론함이다. 그중에 셋이니 ㉮ 한 게송은 간략히 표방함이요, ㉯ 세 게송은 옛과 지금을 총합하여 회통함이요, ㉰ 13개 게송은 마지막 게송에 법이 깊고 광대함을 깨달음을 노래함이다.

ㄹ. 자신은 겸양하고 뛰어난 분을 추천하다[謙己推勝] (四善 28下6)

善男子여 我唯知此教化衆生令生善根解脱門이어니와 如諸菩薩摩訶薩은 超諸世間하여 現諸趣身하며 不住攀緣하여 無有障礙하며 了達一切諸法自性하며 善能觀察一切諸法하며 得無我智하여 證無我法하며 教化調伏一切衆生하되 恒無休息하며 心常安住無二法門하며 普入一切諸言辭海하나니 我今云何能知能說彼功德海와 彼勇猛智와 彼心行處와 彼三昧境과 彼解脱力이리오

"착한 남자여, 나는 다만 이 <중생을 교화하여 착한 뿌리를 내게 하는 해탈문>을 알거니와, 저 보살마하살들이 모든 세간을 초월하여 여러 길의 몸을 나타내며, 머무름 없이 반연

하여 장애가 없고 모든 법의 성품을 분명히 알며, 온갖 법을 잘 관찰하여 내가 없는 지혜를 얻고 내가 없는 법을 증득하며, 모든 중생을 교화하고 조복하되 쉬지 아니하고, 마음이 항상 둘이 아닌 법문에 머무르고 모든 말씀 바다에 두루 들어가는 일이야 내가 어떻게 알며, 저의 공덕 바다와 저의 용맹한 지혜와 저의 마음으로 행하는 것과 저의 삼매의 경계와 저의 해탈의 힘을 어떻게 말하겠는가.

[疏] 四, 善男子我唯知下는 謙己推勝이라
■ ㄹ. 善男子我唯知 아래는 자신은 겸양하고 뛰어난 분을 추천함이다.

ㅁ. 다음 선지식을 지시하다[指示後友] (第五 28下10)
ㅂ. 덕을 사모하여 예배하고 물러가다[戀德禮辭] (經/時善)

善男子여 此閻浮提에 有一園林하니 名嵐毘尼요 彼園에 有神하니 名妙德圓滿이니 汝詣彼問하되 菩薩이 云何修菩薩行하며 生如來家하여 爲世光明하되 盡未來劫토록 而無厭倦이리잇고하라
時에 善財童子가 頂禮其足하며 遶無量帀하며 合掌瞻仰하고 辭退而去하니라
착한 남자여, 이 염부제에 람비니 숲 동산이 있고, 그 숲에 묘한 덕이 원만한 신이 있으니, 그대는 저에게 가서 보살이 어떻게 보살의 행을 닦아 여래의 가문에 태어나며, 세상의 빛이 되어 오는 세월이 다하도록 고달픔이 없느냐고 물어

라."
이때 선재동자는 그의 발에 엎드려 절하고 한량없이 돌고 합장하고 우러러보면서 하직하고 물러갔다.

[疏] 第五, 指示後友라 嵐毘尼林은 此云樂勝圓光이니 昔有天女가 下生此處일새 因以爲名이니 表九地에 總持光明이 無不照故라 友名妙德圓滿者는 善慧無缺故라 然此園이 在迦毘羅城東二十里하니 是摩耶生佛之處라 又從九地하여 當得受職일새 是故로 令問生如來家니라

ㅁ. 다음 선지식을 지시함이다. 람비니(嵐毘尼) 숲은 즐거움이 뛰어난 둥근 광명이라 번역한다. 예전에 천녀가 이곳으로 하생(下生)함으로 인하여 이름한 것이다. 제9. 선혜지가 다라니 광명이 비추지 못함이 없음을 표한 까닭이다. 선지식의 이름이 '묘한 덕이 원만함[妙德圓滿]'이라 이름한 것은 좋은 지혜가 빠짐이 없기 때문이다. 그러나 이 원림이 가비라성 동쪽으로 20리에 있으니 마야부인이 부처님을 낳은 장소이며, 또한 제9. 선혜지로부터 직위를 받는 법운지를 얻음에 해당하나니, 이런 연고로 하여금 여래의 가문에 태어난 것에 대해 질문하게 한 것이다.

[帝字卷上 終]

화엄경청량소 제32권

| 초판 1쇄 발행_ 2020년 9월 1일

| 저_ 청량징관
| 역주_ 석반산

| 펴낸이_ 오세룡
| 편집_ 손미숙 박성화 김정은 김영미
| 기획_ 최은영 곽은영
| 디자인_ 김효선 고혜정 장혜정
| 홍보 마케팅_ 이주하
| 펴낸곳_ 담앤북스
　　　　서울특별시 종로구 새문안로3길 23 경희궁의 아침 4단지 805호
　　　　대표전화 02)765-1251 전송 02)764-1251 전자우편 damnbooks@hanmail.net
　　　　출판등록 제300-2011-115호
| ISBN 979-11-6201-233-8 04220

정가 30,000원